普通高等教育交通运输专业教材

运输技术经济学

（第6版）

倪安宁　主　编
隽志才　主　审

人民交通出版社股份有限公司
北京

内 容 提 要

本书是普通高等教育交通运输专业教材《运输技术经济学(第5版)》的修订版,修订时注意吸取本学科最新研究成果,密切结合交通运输领域工程实践,使之适应新时代交通强国战略背景下交通运输类人才培养的要求。本教材主要内容包括:运输技术经济学的基本原理和方法、运输项目技术经济评价的方法体系、不确定性分析、综合评价与决策方法、价值工程、运输技术经济预测、运输设备更新的技术经济论证与评价等。教材中第二至十二章均附有例题和复习思考题,便于自学。

本书主要供交通运输、土木工程(道桥)和物流工程等专业的本科生教学使用,也可作为其他理工科工程硕士及高年级本科学生的教学参考书;同时也可作为交通运输工程和经济管理人员的培训教材和学习参考用书。

图书在版编目(CIP)数据

运输技术经济学/倪安宁主编. —6 版. —北京:
人民交通出版社股份有限公司,2020.6
ISBN 978-7-114-16370-8

Ⅰ.①运… Ⅱ.①倪… Ⅲ.①运输经济学—技术经济学 Ⅳ.①F503

中国版本图书馆 CIP 数据核字(2020)第 036005 号

书　　名:	运输技术经济学(第6版)
著 作 者:	倪安宁
责任编辑:	钟　伟
责任校对:	赵媛媛
责任印制:	刘高彤
出版发行:	人民交通出版社股份有限公司
地　　址:	(100011)北京市朝阳区安定门外外馆斜街3号
网　　址:	http://www.ccpcl.com.cn
销售电话:	(010)59757973
总 经 销:	人民交通出版社股份有限公司发行部
经　　销:	各地新华书店
印　　刷:	北京市密东印刷有限公司
开　　本:	787×1092　1/16
印　　张:	23.5
字　　数:	541 千
版　　次:	1989 年 5 月　第 1 版
	1998 年 6 月　第 2 版
	2003 年 8 月　第 3 版
	2007 年 10 月　第 4 版
	2013 年 6 月　第 5 版
	2020 年 6 月　第 6 版
印　　次:	2022 年 7 月　第 6 版　第 2 次印刷
书　　号:	ISBN 978-7-114-16370-8
定　　价:	58.00 元

(有印刷、装订质量问题的图书由本公司负责调换)

PREFACE 第6版前言

运输技术经济学是应用经济学的一个分支，是技术经济学原理和方法在交通运输领域的应用，是一门与工程实践联系非常紧密，研究交通运输领域工程实践中经济问题和经济规律以及项目评价理论和方法的科学。《运输技术经济学》原名《公路运输技术经济学》，1989年第1版，1998年第2版，是国内最早的密切结合交通运输领域工程实践编写的教材。2003年第3版是按照普通高等教育"十五"国家级规划教材选题的要求修订完成的。2007年第4版列入了人民交通出版社"十一五"重点教材。2013年第5版为普通高等教育规划教材。本次出版的教材是第6版，结合该学科近年来的不断发展，对部分内容及时进行了更新，结构进行了调整和梳理，更加便于学习。

运输技术经济学是交通运输工程类本科学生的一门必修学科基础课程。本门课程的教学目标是向学生传授技术经济分析的基本原理和方法，技术经济学应用于交通运输工程项目评价的基本知识和技能，使其树立经济观点，建立经济意识，具有对交通运输工程项目技术方案进行技术经济论证、预测、分析、评价和决策的能力。

由于我国交通运输事业的快速发展和本门学科理论及应用的最新进展，第5版教材一些内容已经不能完全适应新时代交通强国战略下交通运输工程实践和交通运输专业的教学需要，有必要进行修订。本次修订，总结了前五版使用中的教学经验和问题，调整了部分章节的内容和次序，修订的主要内容包括：①根据本学科的最新进展及国家发布的新政策和规定，选择新的例题和案例，更新书后复习思考题，适当考虑通用性，增加内容深度，注意学习国内外同类教材好的体例和习题，使得非交通运输类专业也可以选用本教材。②对第二章中项目投资及估算内容及方法进行了更新，结合近年来的"营改增"，增值税调整等政策，论述、细化了税费估算及利润的核算及分配的相关内容；原来的第五章调整为第七章，放到项目财务分析及国民经济分析基本方法和内容之后，便于学习和理解；第十章中增加了分时租赁方式的介绍。③考虑到各高校专业基础课程理论学习时长缩减的趋势，对部分章节内容进行了一定程度的精简，保留了核心内容，降低了部分内容的深度，删减了部分知识点重复的例题，主要体现在第一、九、十一及十二章。

新版教材能够更好地适应交通运输工程实践的需要和交通运输类人才培养的要求,体现出如下特色:注意吸取本学科最新研究成果,结合我国交通运输工程应用和教学实践的具体材料,在理论上反映工程经济分析的前沿;除了在文字上论述理论、方法外,尽可能运用流程图、示意图、例表以及必要的模型和数据加以规范,以保证理论方法分析的科学性和可理解性,力图做到提高和增强教材的系统性、理论性和实践指导作用。

全书由上海交通大学交通运输工程系倪安宁主编,上海交通大学隽志才教授主审。具体编写分工为:第一、三、四、七章由倪安宁编写;第二、八章由吉林大学交通学院刘华胜编写;第五、九、十一、十二章由青岛理工大学陈秀峰编写;第七、十章由长安大学贾文娟编写。在本书编写过程中参考了国内外众多学者的著作,并得到了胡昊教授、李朝阳教授等专家的大力帮助,在此表示衷心的感谢。

由于编写人员水平有限,书中难免有些疏漏及不妥之处,恳请广大读者提出宝贵意见。

编 者

2019 年 11 月

CONTENTS 目　　录

第一章　绪论 ········ 1
第一节　运输技术经济学的研究对象 ········ 1
第二节　运输技术经济学的基本原理和方法 ········ 5

第二章　技术经济分析基本要素及其估算 ········ 13
第一节　项目投资及估算 ········ 13
第二节　成本和费用估算 ········ 32
第三节　投资项目的收益估算 ········ 43
第四节　投资项目现金流量 ········ 53
复习思考题 ········ 58

第三章　资金的时间价值及等值计算 ········ 60
第一节　资金的时间价值、利息与利率 ········ 60
第二节　现金流量与资金等值计算 ········ 63
第三节　资金等值计算公式及其应用 ········ 65
第四节　Excel 电子表格的运用 ········ 77
复习思考题 ········ 83

第四章　运输项目经济效果评价方法 ········ 85
第一节　经济效果评价指标 ········ 85
第二节　运输项目方案的评价与决策 ········ 105
第三节　Excel 电子表格的运用 ········ 116
复习思考题 ········ 119

第五章　项目财务分析 ········ 124
第一节　项目可行性研究 ········ 124
第二节　资金筹措 ········ 127
第三节　项目财务收入和费用识别 ········ 140
第四节　项目财务分析 ········ 145
第五节　案例分析——公路建设项目财务分析 ········ 155
复习思考题 ········ 161

第六章　运输基础设施项目的经济分析 ········ 165
第一节　运输基础设施项目的公共性和外部性 ········ 165
第二节　运输基础设施项目的费用效益识别 ········ 166
第三节　运输基础设施项目的经济评价方法 ········ 174

第四节　公共项目的民间参与——特许权经营 180
　　第五节　案例分析——公路建设项目经济评价 182
　　复习思考题 189

第七章　不确定性分析 190
　　第一节　盈亏平衡分析 190
　　第二节　敏感性分析 197
　　第三节　概率分析 202
　　第四节　蒙特卡罗模拟分析 207
　　第五节　风险决策 212
　　第六节　Excel 电子表格的运用 218
　　复习思考题 222

第八章　运输项目的综合评价与决策 224
　　第一节　综合评价与决策基本原理 224
　　第二节　多目标评分综合评价法 228
　　第三节　模糊综合评价法 234
　　第四节　综合评价函数法 239
　　第五节　层次分析法 242
　　复习思考题 247

第九章　运输项目后评价 251
　　第一节　概述 251
　　第二节　运输项目后评价程序与方法 255
　　第三节　运输项目后评价的内容 258
　　第四节　运输项目后评价报告的编制 264
　　复习思考题 267

第十章　运输设备更新的经济分析 268
　　第一节　运输设备更新的基本原理 268
　　第二节　设备的大修理及其技术经济分析 271
　　第三节　运输设备更新及其技术经济分析 274
　　第四节　设备现代化改装及技术经济分析 285
　　第五节　运输设备租赁的经济分析 287
　　第六节　Excel 电子表格的运用 292
　　复习思考题 294

第十一章　价值工程 295
　　第一节　价值工程概述 295
　　第二节　对象选择和信息收集 299
　　第三节　功能分析 302
　　第四节　功能评价 306
　　第五节　价值工程的改进与创新 314

  复习思考题 319
第十二章　运输技术经济预测 320
 第一节　技术经济预测概述 320
 第二节　技术经济预测的方法 324
 第三节　运输需求预测 344
  复习思考题 349
附表 351
参考文献 365

第一章 绪 论

　　交通运输是国民经济的基础产业,是社会扩大再生产和商品经济发展的先决条件。交通运输业的适度发展对促进国民经济的快速增长和社会进步具有重要作用。交通运输完成经济活动中人与物的空间位移,反映着人类克服自然阻力的能力。这种能力的增长离不开技术进步的推动力。在不断提高人与物位移能力的斗争中,交通运输联系着同时也代表着未来的各种新技术、新能源、新材料。应用超导技术开发建设高速低耗的轨道运输系统,发展航天技术以实现星际间人与物的位移等,都说明现代高新技术成果会很快地应用到交通运输领域。先进路面材料的应用、高速公路的建设、智能运输系统及自动驾驶技术的开发反映了我国交通运输技术水平的不断提高,交通强国战略的提出更是进一步彰显了交通运输在国家及社会经济发展中的重要地位。

　　交通运输的发展是以工程技术的应用为基本内容的。从本质上说,任何工程技术的应用都以经济发展为目的,都必然会涉及资源的有效利用问题。运输技术经济学正是为解决技术应用中的经济问题而发展起来的一个应用经济学的分支。

第一节　运输技术经济学的研究对象

　　运输技术经济学是应用经济学的一个分支,是技术经济学原理和方法在运输这一特定领域中的应用。它是一门研究运输技术领域经济问题和经济规律,研究运输技术进步与经济增长之间相互关系的科学。它的研究对象有以下三个方面。

一、研究交通运输工程实践活动的经济效果,寻求提高经济效益途径和方法

　　通常,国内外许多学者称技术经济学为工程经济学或技术经济效果学。工程是指人们综合应用科学的理论和技术的手段去改造客观世界的具体实践活动,以及它所取得的实际成果。在长期的生产和生活实践中,人们根据数学、物理学、化学、生物学等自然科学和经济地理等社会科学的理论,并应用各种技术手段,去研究、开发、设计、制造产品或解决工艺和使用等方面的问题,逐渐形成了门类繁多的专业工程,如交通运输工程、物流工程、机械工程、建筑工程、水利工程、航天工程等。

　　本章所讲的技术是广义的,技术是人类在利用、改造自然过程中取得的知识、能力和物质手段的集合。在现代生产中,技术被看作是一种自然资源转变为另一种产出性资源的手段,生产过程中投入与产出之间的转化是由技术实现的。从这个意义上来说,技术可以看成是四个基本要素的组合:生产工具与装备,生产技能与经验,生产资料与信息,生产组织与计划管理。技术的四要素是相互补充的,在任何经济活动中都要同时发挥作用,缺一不可。四要素中,任何一个要素的改善与提高都是技术进步的体现。技术进步是物质生产的技术基

础以及与此相适应的组织与管理技术的改进与提高。从表现形态来看，交通运输部门与其他产业部门一样，技术可分成体现为机器、设备、基础设施等生产条件和工作条件的物质技术（硬技术）与体现工艺方法、程序、信息、经验、技巧和管理能力的非物质技术（软技术）。不论是物质技术还是非物质技术，它们都是以科学知识为基础形成的，并遵循一定的科学规律、互相结合，在生产中共同发挥作用。

技术的使用直接涉及生产活动中的投入与产出。所谓投入是指各种资源（包括设备、厂房、基础设施、原材料、能源等物质要素和具有各种知识和技能的劳动力）的消耗或占用；所谓产出则是指各种形式的产品或服务。人们在社会生产活动中可以使用的资源总是有限的。从这个意义上说，技术本身也属于资源的范畴，它虽然有别于日益减少的自然资源，可以重复使用和再生，但是在特定的时期内，相对于人们的需求而言，不论是在数量上还是在质量上都是稀缺的。如何有效地利用各种资源，满足人类社会日益增长的物质生活需要是经济学研究的一个基本问题。而技术经济效果学就是研究在各种技术的使用过程中如何以最小的投入取得最大产出的一门学问。投入产出在技术经济分析中一般被归结为用货币量计的费用和效益，所以也可以说，技术经济效果学是研究技术应用的费用与效益之间关系的科学。

技术经济分析能帮助我们在一个工程项目尚未实施之前估算出它的经济效果，并通过对其他不同方案的比较，选出最有效利用现有资源的方案，从而使投资决策建立在科学分析的基础上。技术经济分析还能帮助我们在日常生活中选择合理的技术方案，改进产品的设计和生产工艺，用最低的成本生产出符合用户需要的产品或提供有效的服务，提高生产的经济效益和社会效益。

总之，技术经济学的研究对象是工程项目的经济性。这里所说的项目是指投入一定资源的计划、规划和方案，并可以进行分析和评价的独立单元。因此，工程项目的含义是很广泛的，它可以是一个拟建中的工厂、车间，也可以是一项技术革新或改造的计划，可以是设备，甚至设备中某一部件的更换方案，也可以是一项巨大的水利枢纽或交通设施。任何工程项目都可以划分成更小的、便于进行分析和评价的子项目。通常，一个项目是指有独立的功能和明确的费用投入者。例如，拟建一个汽车工厂，采用的是通用轮胎。轮胎可以由本厂制造，也可以向其他工厂购进甚至进口。这样，轮胎一项可以作为一个独立项目进行专门研究。又如，某水利工程，其水坝和引水渠道等在规划、设计和效益发挥上密不可分，把它们分成两个项目就不合适了。

二、研究技术和经济相互关系，探讨技术与经济相互促进、协调发展

技术和经济是人类社会不可缺少的两个方面，存在着对立统一的关系。一方面，技术进步是推动社会经济发展的重要条件和手段，例如，由于科学技术的进步产生了许多全新的产业，如微电子工业、计算机工业、生物工程工业、高分子工业等；由于技术进步，提高了传统产业的技术装备程度和工艺水平；由于技术进步，使传统的靠天吃饭的粗放式农业，逐步过渡到旱涝保收的田园式的集约化的农业；由于技术进步，大大地减轻了劳动强度，改善了劳动条件和劳动安全程度，扩大了就业范围；随着技术进步，人们改善和利用自然界的能力不断增强，从深度和广度上扩大了对自然资源的利用；由于交通和通信技术的发展，促进了商品

信息的传播,扩大了商品交换等。另一方面,技术的发展不能脱离一定的社会条件和经济基础。任何一项新技术的产生和发展由社会经济发展的需要所引起的,且在一定社会经济条件下得到应用和推广。社会因素(例如民族传统、人口状况、劳动者的素质、社会结构、经济管理体制等)和经济条件对科学技术的发展有很大影响,它们既是技术发展的动力,又为技术发展指明了方向。然而,技术的进步和发展需要大量的资金、人力和物力。经济的发展为技术发展提供了可能性和必要性,同时也制约着技术的发展。在发展中国家,一方面,要发展本国经济,必须采用先进的技术;另一方面,必须根据本国的经济实力选择适用的技术,不能超越自己的实际能力选用价格昂贵的尖端技术。技术和经济之间这种相互渗透、相互促进的关系,使任何技术的发展和应用都不仅仅是一个技术的问题,而同时又是一个经济的问题。研究技术与经济之间的关系,探讨如何通过技术进步促进经济发展,在经济发展中推动技术进步,是技术经济学一项重要的任务,也是技术经济学进一步丰富和发展的一个新领域。

在这一领域中,与工程技术人员的日常工作关系最密切的问题是技术选择问题,即在特定的经济环境条件下,选择什么样的技术去实现特定的目标。技术选择分宏观技术选择和微观技术选择。宏观技术选择是指涉及面较广的技术采用问题,其影响的广泛性和深远性超出一个企业的范围,影响整个国民经济的发展和社会进步。例如,从近期来看,发展我国的电力工业,是优先发展火电,还是优先发展水电,或者是优先发展核电;从长远来看又应作如何选择。又如,要解决我国的城市交通问题,是大力发展小汽车,还是采用发展公共交通加自行车的办法。再如,我国铁路运输的牵引动力,应该以蒸汽机为主,还是以内燃机车为主,或者是以电力机车为主,这些都是涉及范围很广的宏观决策问题,每一项决策都与采用和发展什么技术有关,而且最终都会影响整个国家经济、技术和社会的发展。微观技术选择是指企业范围内的产品、工艺和设备的选择。企业生产什么产品,用怎样的方式生产,采用什么样的工艺过程,选用什么样的设备等,是影响企业市场竞争能力和经济效益的关键性问题,所以,技术选择是企业经营活动中的重要决策。微观技术选择虽然直接涉及各个企业的生存与发展,但最终也将影响整个国民经济的发展。

我国是一个发展中国家,必须根据实际情况确定技术选择的原则。总的来说,我国的技术选择要注意经济效果,兼顾技术的适用性与先进性,要防止两种倾向:一方面,要防止不顾国情,忽视现有的经济技术现状,盲目追求技术先进性的倾向;另一方面,要防止故步自封,片面强调现有基础,看不到发展的潜力与优势,不敢采用先进技术的倾向。我国现阶段的技术体系应该同时包容各种层次的技术,既要有国际先进水平的新技术、高技术,也要有某些在工业发达国家已被淘汰的传统技术。当然,随着我国经济技术的发展,在整个技术体系中,前一种技术的比例会不断增加,后一种技术的比例会不断减少。

三、研究如何通过技术创新推动技术进步,进而获得经济增长

技术进步是物质生产的技术基础以及与此相适应的组织和管理技术的改进与提高。技术创新是技术进步中最活跃的因素,它是生产要素一种新的组合,是创新者将科学知识与技术发明用于工业化生产,并在市场上实现其价值的一系列活动,是科学技术转化为生产力的实际过程。

技术创新的内容包括：新产品的生产，新技术、新工艺在生产过程中的应用，新资源的开发，新市场的开辟。

技术创新是在商品的生产和流通过程中实现的。单纯的创造发明不成其为技术创新，只有当它们被用于经济活动时，才成为技术创新。技术创新是通过由科技开发、生产、流通和消费四个环节构成的完整系统，实现其促进经济增长的作用。其中，生产和流通是使技术创新获得经济意义的关键环节。缺少这两个环节，科技发明就不能转化为社会财富，就没有经济价值，同时，消费者（指广义的用户）也不能将各自的反映或评价传递给科技人员，发明创造就只能停留在实验室中，不能进入经济领域，无法转化为生产力，也就不是技术经济学中所要研究的技术创新。

各国经济发展的实践经验表明，哪里技术创新最活跃，哪里的经济就最发达。技术创新不断促进新产业的诞生和传统产业的改造，不断为经济注入新的活力，因此，各工业发达国家，无不想尽各种方法，利用各种经济技术政策，力图形成一种推动技术创新的机制与环境。

根据上述技术与技术进步的定义，技术进步的内容包括：劳动者生产技能的提高，生产方法的改进，劳动手段的变革，以及技术知识的丰富和发展。广义的技术进步中还包括微观与宏观层次上组织管理技术的提高。

就交通运输业来说，技术进步体现为以运输线路网、运输场站技术等级提高为主体的运行条件改善；以运输工具为主的装备技术水平改善；劳动者知识水平和文化素质的提高；运营组织管理水平的提高；开展新的运输服务项目和在运输系统的建设与运营中推广应用新技术。因此，对交通运输技术进步的分析，我们可以从宏观和微观两个层次来考察：宏观层次上要考察运输基础设施的技术状态；微观层次上要考察运输装备构成及性能的改善与提高，人员素质的提高和组织管理水平的提高等。

现代经济学家们把一国经济的增长，即是用国民生产总值和人均国民生产总值衡量的一个国家物质生产能力及其利用效率的持续增长，归结为劳动、资本投入和技术进步的结果。技术进步是现代经济增长的主动因。但技术投入要与劳动者的知识与技能联系在一起，技术进步也要物化在机器、设备等物化资本之中。在产品创新的情况下，则是新的设备、新的技能与新的加工方法的全新组合。在经济增长中，特别是在内涵扩大再生产中，不能没有新的劳动投入，不能没有新的资本积累，更不能没有技术的更新。三种要素相互融合，共同作用于经济增长，成为经济增长的直接影响因素。

技术进步是促进交通运输业发展，提高生产效率的重要因素。研究技术进步与经济增长的关系，认识技术进步在经济增长中的重要作用，分析交通运输技术进步过程中的问题，发现薄弱环节，采取相应的对策，加速运输事业的发展，是运输技术经济学的重要研究内容。

技术应用的经济效果，技术与经济的关系，技术进步与经济增长是技术经济学研究的三个主要领域。作为交通运输专业大学生学习技术经济学的教科书，本教材仅选择本学科最基本的内容，即技术经济分析的基本原理和方法，重点讨论技术应用的经济效果问题，其中包括：

(1)技术经济学的基本原理和方法。经济效益理论、方案比较理论和方法、资金的时间价值、技术经济预测、价值工程、技术经济效果的评价指标与方法。

(2)技术经济的评价方法体系。技术方案的财务分析、费用效益分析、不确定性分析、综合评价。

(3)技术经济学应用于交通运输宏观和微观分析对象。运输基础设施项目、运输设备更新的技术经济论证和评价。

第二节 运输技术经济学的基本原理和方法

技术经济学的基本原理是该学科建立的基础和对开展各项研究带有普遍指导意义的基本理论和准则。从这一概念出发,技术经济学的基本原理包括:技术与经济相互作用理论、技术与经济协调发展理论、技术创新理论、技术进步促进经济增长理论、技术评价与技术选择理论、费用效益分析理论等。本教材重点讨论交通运输工程领域技术应用的经济效果问题,因此,本节简要介绍技术经济学的方法体系、费用效益分析的理论与方法、方案比较的理论与方法以及技术经济分析的一般程序。

一、技术经济学的方法体系

技术经济学是一门以技术经济分析方法为主体的应用学科,方法论是技术经济学的重要组成部分,其方法体系分为三个层次:第一个层次是唯物辩证法的方法论,是技术经济学的基本方法论;第二个层次是基本方法和专门方法,基本方法是适用于解决技术经济问题的普遍方法,专门方法是技术经济学某些特定领域或解决某个特定问题的方法;第三个层次是一些更具体的方法。技术经济学的方法体系如图1-1所示。

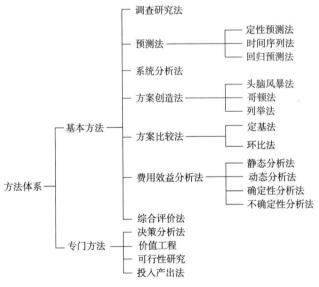

图1-1 技术经济学方法体系

二、费用效益分析的理论与方法

技术经济学研究的一个基本问题,是如何利用有限的资源生产出尽可能多的产品或劳务,即花一定费用取得尽可能大的经济效益。工程项目建设的根本目标都是满足人们物质生活和精神生活的需要,这种满足程度越高,则说明它对国民经济的贡献越大,经济效果越好。工程项目对每个人产生的效益可以用个体对此所具有的支付意愿来度量。费用效益分析是以福利经济学为理论基础的。福利经济学以社会全体人员经济福利总和作为研究对象,研究经济政策或活动对于个人或集体福利(得到好处或满足欲望)的影响。它提出要使物质资源配置达到最合理的程度,必须通过国家经济政策的调度,使"边际私人纯产品"和"边际社会纯产品"相等,从而使"边际私人纯产值"和"边际社会纯产值"相等。此处,边际私人纯产品是厂商投入一个生产要素所增加的纯产品,边际私人纯产品乘以市场价格就是边际私人纯产值。社会投入一个生产要素所增加的纯产品,叫边际社会纯产品。在假定完全竞争的条件下,通过资源转移,可以使边际私人纯产值等于边际社会纯产值,并导致各个生产部门的边际社会纯产值彼此相等。这就是最优资源配置的标准,也就是国民收入最大化的标准。通过采取或不采取某项经济政策(或活动)两种社会经济状态下福利水平的对比,试图得出何种社会状况为优,然后判断该项经济政策的成功与否及应不应该执行的结论。

福利经济学提出的三个社会目标是:

(1)最大的选择自由。在维持社会利益的前提下,能自由选择项目、自由提供要素、自由经营企业等,认为这是达到最优生活的一个重要方面。

(2)最高的经济效率。在既定的资源、技术和消费偏好下,通过资源的最优配置和利用,达到最高的经济效率,获得最大的个人收入。所有要素都用于最好的途径,没有任何的浪费,生产成本最低。这样,个人的欲望就能获得最大满足,社会就能得到最大的经济福利。

(3)最公平的分配。通过累进税调节收入,缩小富人和穷人的分配差距。兴办社会福利设施,发放失业补助和救济,使收入公平化,这样就能增加货币收入的总效用,从而增加社会福利总量。当富人货币收入的效用等于穷人货币收入的效用时,也就是所有社会成员货币收入的效用彼此相等时,社会福利总量达到最大。

以上这些福利经济学理论观点都已成为费用效益分析的理论依据。在方法论上,费用效益分析采用"支付意愿"和"消费者剩余"作为方案效益计算和比较的依据。支付意愿是在既定的收入水平下消费者为获得某项物品或服务愿意支付的价格。假定社会效益是个人效益的总和,而个人效益则能通过消费者对物品的支付意愿来度量,支付意愿与市场价格之差就是消费者剩余。如某个项目实施后,可使市场价格降低,低于消费者原来愿意支付的价格,这样就获得了消费者剩余。例如修建一条捷径公路或增加一个外贸港口,使货主进出口货物的运输距离缩短,装卸时间得到节约,船舶停港时间减少,这些节约都可以用消费者剩余来描述。

在费用效益分析中,费用和效益有相同的量纲,以便从两者的比较中得出评价结论。因此,对费用没有独立的定义,只是认定费用是一种效益的牺牲。项目对一切有用资源的耗用或占用都意味着国民经济失去了其他产生效益的机会。在这些其他机会中选择能产生最大效益的机会作为牺牲的机会,把这部分潜在的效益作为费用,这就是机会费用的原则或者叫机会成本。在资源紧缺的情况下,机会费用的原则实质上是讲求资源利用效率的原则,因为只有这样才能保证把资源用到能产生最大效益的地方去。

在技术经济分析中,成本费用以及收入的界定是为今后的决策服务的,这与会计、财务或税务的成本费用不同,其主要区别是:技术经济分析中强调的是机会成本,而避免用与此对立的沉没成本。沉没成本是指过去已发生的、与以后的方案选择均无关的成本费用,也就是说,这些费用对所有的备选方案都是相同的、无法改变的,因此在技术经济分析中应不予考虑。联系我们生活中的决策例子:一个学生准备在外面租一个月的房子写论文,看中了一套,月租金1300元,付了定金100元,无论租与否,定金都不退。过了一周,他又发现了一套,面积和使用条件都相同,月租金只有1210元,不收定金。从月租金看,视乎后者便宜了90元,但正确的决策应该选择前面那个房子。因为已付的定金100元是沉没成本,无论租或不租那个房子,这笔钱都已经花了,是无法挽回的。正确的比较应是第一方案的1200元(1300 - 100 = 1200)与第二方案的1210元相比。按最小费用判据,应选择第一方案。

关于沉没成本,再举一个经典例子。企业在过去买了一台设备花费50万元(原值),现在账面上的净值(原值扣除使用期间的折旧)是20万元。现在这台设备在市场上只值5万元。如果现在考虑是否要对该设备进行更新,"无"方案(不更新)的设备价值既不是50万元,也不是20万元,而是5万元。前面的50万元或20万元都是沉没成本,是无法挽回的支出。也有人把设备的减值15万元(20 - 5 = 15)看作是沉没成本,这个减值损失同样也不能用来作为设备更新决策的数据。设想,如果市场上有同样功能(包括使用费和使用年限都相同)的设备可供更换,价格只有6万元(包括拆除、安装等各种费用和损失),那么要不要更换?如果根据沉没成本进行比较,会得出要更换的结论,而显然这个结论是错误的。正确的做法是新设备的6万元与老设备的5万元进行比较,结论是不更换。如果更换,要达到同样的效果,企业要多付出1万元(6 - 5 = 1),因为更换出来的设备只能卖5万元,而更新要花6万元,净损失1万元。这里,对旧设备的价值估计的原则是:用作其他用途(备选方案),最大机会价值是多少,这就是机会成本的概念。

机会成本是指由于资源的有限性,考虑了某种用途,就失去了其他被使用而创造价值的机会。在所有这些其他可能被利用的机会中,把能获取最大价值作为项目方案使用这种资源的成本,称之为机会成本。作为决策,采用机会成本是合理的:只有把可能实现的、最大的效益牺牲作为成本,才能保证决策有现实性,而又不浪费资源。在上面的例子中,老设备出卖是最好的机会,那么机会成本就是5万元。有些资产,特别是房屋、土地,机会成本有可能比沉没成本高出许多,把它们作为项目投入时就要以机会成本作为价格,如果按这样的方法计算,投资回报不理想还不如把这些资产变现。机会成本通常是隐性的而非账面的或显性的。例如,某企业考虑搞一个项目,要用到原来空着的仓库,作为新项目的这笔投入,可能没有账面上的显性支出。但是,这个仓库有出租的机会,就应该把最大可能的出租收入作为新项目占用仓库的费用。又如,投资者用自有资金来投资,尽管项目没有为此支付资金占用的利息,但这笔资金被占用肯定会牺牲其他获利的机会。这就要求新项目的投资回报不应低于其他投资机会的回报,如至少不应低于存银行或买国债的利息。这种对资金要求的回报就叫资金占用的机会成本。

三、经济效果的概念

经济效果是指经济活动中占用和消耗的劳动量(包括活劳动与物化劳动)与取得的有用成果(产品或劳务)之间的比较,即投入与产出、费用与效益的比较。经济效果有时也称为经济效益。工程经济分析的核心是经济效益原则,工程实践活动的经济效益一般有两种表达形式,即:

$$经济效益 = \frac{产出(有用成果)}{投入(劳动耗费)} \quad (1\text{-}1)$$

或

$$经济效益 = 产出(有用成果) - 投入(劳动耗费) \quad (1\text{-}2)$$

式(1-1)是相对效果，式(1-2)是绝对效果，比值(或差值)越大，表示经济效益越好。

式(1-1)、式(1-2)中的劳动耗费是指在生产过程中消耗的活劳动和物化劳动。其中，活劳动消耗是指生产过程中具有一定的科学知识和生产经验并掌握一定生产技能的人的脑力和体力的消耗。物化劳动消耗包括两个方面：一方面是指原材料、燃料、动力、辅助材料等在投入生产过程中一次被消耗掉，失去原有形态，改变物理和化学的性能，转化为另一种形态和性能的使用价值；另一方面是指厂房、机器设备、技术装备等生产工具，在投入生产过程中定期循环使用，逐渐磨损或失效，这种磨损也是物化劳动消耗。

有用成果是指生产过程中所创造出来的对社会有用的成果。如果有些产出毫无用处，则这些产出就不会带来任何经济效益。

对工程项目进行分析，要以经济效益为核心考察项目是否具有较好的经济效益，并选择效益好的项目先上马。后面章节中所介绍的指标体系大部分都是以不同的方法，从不同的角度构造的反映经济效益的指标。效益最大化是评价项目的核心宗旨。

作为重点概念，有必要对"经济效益"作进一步的理解与论述。

经济效益可以依据不同的标准(或站在不同的角度)划分为以下几种类型。

1. 宏观经济效益与微观经济效益

宏观经济效益是从整个国民经济角度考察的经济效益。考察工程项目对国民经济的贡献是不能忽视的环节。项目引起的社会最终产品的增减，对生态、环境的影响以及对就业、国家安定等方面的贡献都属于宏观经济效益的范畴。宏观经济效益也称为社会经济效益或国民经济效益。

微观经济效益是指从个体(或企业)角度考察的效益。生产项目的直接投入、直接产出是微观经济效益的主要构成。利润最大化是企业追求的目标。微观经济效益大小也是评价和选择项目的重要依据。对项目的微观分析也称为财务分析(财务评价)。

2. 直接经济效益与间接经济效益

直接经济效益是指项目自身直接产生并得到的经济效益，即生产项目系统直接创造的经济效益，如产品销售收入等。间接经济效益是指项目导致的自身之外的经济效益，即生产项目引起的其系统之外的效益。如某企业生产项目的上马引起其他企业效益的增加；某大型钢铁基地的建成使重型机械部门的闲置生产能力得以启用，这相当于节约了费用。这些效益都是原项目的间接效益。间接效益的分析只有在对项目进行国民经济评价时才考虑。又如，某项目对资源的占用与耗费或多或少影响其他项目对资源的利用，进而减少其他项目对国民经济的贡献。这应计入对原项目进行国民经济评价的间接费用。

3. 短期经济效益与长期经济效益

短期经济效益是指短期内可以实现的经济效益，长期经济效益是指较长时间后能够实现的经济效益。

四、技术经济分析的可比原理

方案比较是寻求合理的经济和技术方案的必要手段,也是工程项目经济评价的重要组成部分。在项目可行性研究过程中进行各项经济和技术决策时,均应根据实际情况对各种可能的方案进行筛选,并对筛选出的几个方案进行经济效果计算,结合其他因素详细论证比较,最终作出抉择。工程技术方案要具有以下3个方面的可比基础。

1. 满足需求的可比性

对工程项目实现同一社会经济目标的不同技术方案要在满足同样需要的前提下比较其经济性。这包括产量指标可比性和质量指标可比性。

1)产量指标可比性

对运输业要求线路设计通过能力和完成运输周转量相同,如比较公路线路走向方案或两地间使用不同运输方式的方案进行比较时,不能将不同设计通过能力的方案进行直接比较。

2)质量指标可比性

当不同方案的产品质量不同时,不能对比。首先要使质量上都满足相同程度的需求,例如公路等级不同,所提供的汽车行驶速度、道路服务条件都不相同,显然不具备可比原则。不同性能的公路及汽车所提供的服务安全性、舒适性显然也不具有可比性。因此,要采用一定的技术方法将其转换为可比方案。

2. 费用效益的可比性

1)指标形式可比性

为使指标可比,费用和效益通常均采用货币计值的价值型指标。

前面说过,作为经济分析,在市场导向的经济中,用货币来度量工程项目的效果是最普遍的。有些效果不直接表现为货币的量纲,但是为了比较,也希望能尽可能地转化为货币单位。例如,环境、安全、教育和卫生等效果,由于治理资源的有限性以及与经济协调发展的必要性,这些效果通过权衡也有可能转化为以货币形式度量。实在不行,也应尽可能加以量化(如用物理量)与所花的代价进行比较。工程经济分析不能代替最终的决策,但要为决策提供尽可能多的信息。把一些目标定性地绝对化是不科学的。如"安全第一""环境保护一票否决"等,作为重视这些问题的口号是可以的,但不具有可供操作的意义,因为不可能把所有的经济活动都停下来以保证安全和环境不被破坏。

本门课程的中心内容是介绍工程经济分析中的各种判据,也就是通过一个或几个指标的比较来评判选择项目方案。本门课程着重从企业(或组织)所有者的长期经济利益角度选择这些判据。基于这样的假设——所有者以一定投资资本,通过工程项目的实施,取得最大的投资回报。这种分析也叫财务分析,因为这种分析都是基于以货币为量纲的数据。

2)计算价格的可比性

项目耗费与效益用货币形式表现时,要通过价格计算,应保证不同资源比价合理。财务分析用现行市场价格,国民经济评价用影子价格。

3)计算范围的可比性

方案比较可按各个方案所含的全部因素(相同因素和不同因素)计算各方案的全部经济

效益和费用,进行全面的对比,也可仅就不同因素计算相对经济效益和费用,进行局部的对比。要特别注意各个方案间的可比性,遵循效益与费用计算口径和范围对应一致的原则,必要时应考虑相关效益和相关费用。

不同方案的使用寿命、产出效益(功能)、投资和运行费用可能都不相同(如果都相同,就不存在比较和决策的问题了,随机地选一个方案就可以了),更要注意项目方案之间的可比性。如果两个方案的寿命期不同,就失去了总费用比较的基础,就要设法通过更新,使寿命期相同,或者采用年度费用作为比较的基础。又如,费用支出总量相同,而分布的时间不同,比较费用总量就没有意义。例如,功能相同的设备,投资大的项目的经常性运行费用较低,投资小的项目运行费用较高。由于投资是近期的支出,运行费用是日后的支出,简单加和的比较是没有意义的。这就要设法通过考虑资金时间价值的换算来比较,在后面章节中会详细说明这种比较的方法和指标。

只有方案产生结果间的差别才对方案的比选有意义,因此,可只集中注意方案结果之间有差异方面的比较。功能完全相同的,可只比较费用;投资相同的,可只比较经常性的运行费用;费用相同的,可只比较功能和效用。例如,企业内部某车间局部设备的更新和改造项目,就可以只比较"有"或"无"。这种更新改造项目对企业支出和收益产生的差异,可只看收益由此增加了多少,费用又增加了多少,就以这种差额来进行比较和评价。这就是所谓的"增量比较",而无须太多关注企业由此产生的总量变化。

3. 时间因素的可比性

由于资金时间价值原理的作用,不同时间下,同样数量的货币是不等值的,在技术方案比较中要满足时间因素的可比性。这包括两方面内容:

(1)对使用寿命不同的方案进行经济效果比较,必须用相同的计算期作为比较的基础。

(2)技术方案在不同时间产生的费用和效益,不能将它们简单相加,必须考虑资金的时间价值,利用统一的复利计算至同一基准时刻再进行比较。

方案比选还应注意在某些情况下使用不同指标导致相似结论的可能性。根据方案的实际情况(计算期是否相同,资金有无约束条件及效益是否相同等)选用适当的比较方法和指标,这将在第四章中论述。

上述的各种可比性,都是理论上的理想情况,实际工作中要尽量满足这些要求。在遇到各方案不具备上述的某种可比性时,可采用修正计算的方法,将不可比的指标修正为可比的指标。例如,运输周转量不同,可把两个方案各自的总投资及经营费用均化为单位周转量投资及单位周转量的经营费用。经过这样的处理,两个方案才能有一定的可比性。又如,A、B两个方案的其他条件相同,只是投资时间不同,A方案的投资时间比B方案晚6个月,这种情况下可以计算B方案早投资6个月所需要付出的利息。在比较A、B两个方案时,B方案所付出的6个月利息应计入B方案的耗费之内。

五、系统分析、定性分析与定量评价相结合

为了分析技术进步与经济发展的关系,探讨在运用先进技术的前提下,经济增长的规律,以及分析、计算、比较可供选择的方案,要求用系统的观点全面分析各种影响因素,使计算分析工作科学化,分析结果定量化。近二十年来,在技术经济的分析研究中,较广泛地应

用了运筹学、计量经济学模型、系统动力学、系统仿真等优化方法和计算机手段,提高了技术经济分析的准确性,拓宽了技术经济定量分析的范围。但是有些因素,例如工程项目对环境的影响、对边远少数民族地区经济发展的影响等,一般难以用定量指标表示,要作定性分析,所以工程经济的研究方法应该是定性分析与定量分析相结合,且尽量扩大定量分析的范围。

六、充分揭示和估计项目的不确定性

对工程项目的经济分析涉及对未来可能发生结果的预测和估计,这些结果都具有不确定性。这种不确定性是无法避免的,即使是不建设工程项目、按现状延续的"无"项目,将来可能出现的变化也是不确定的。分析人员的任务是尽可能事先揭示和估计这种不确定性有多少,以及对项目的影响程度,这将在本教材的第七章中详细讨论。

七、技术经济分析的一般程序

在工程经济学所讨论的问题中,都经常对某个工程项目和技术方案,或对行业技术经济发展规划进行技术经济的综合分析。由于不同项目、方案及所要分析的具体内容有所不同,对不同项目、方案进行技术经济分析的内容也有所不同,但对不同项目、方案技术经济分析的基本思路与基本方法是相近的,且具有一般的程序。技术经济分析的一般程序如图1-2所示。

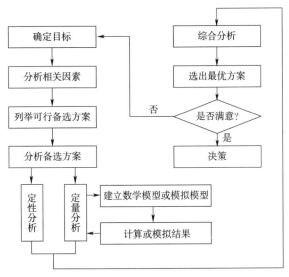

图1-2 技术经济分析的一般程序

(1)确定目标。即确定工程项目、方案所要达到的技术目标与经济目标,通常用有用成果指标表示,例如,总产量、设备的主要功能与性能、项目所能带来的利润。

(2)分析相关因素。分析直接或间接影响项目、方案的所有因素,如国家政策、财力、人力、物力、生态环境、交通运输条件,项目与方案所在地区的工农业及文化教育事业发展情况以及企业的生产技术与管理条件等。

(3)明确限制条件。在分析相关因素的基础上,找出影响项目、方案的主要影响因素和直接影响因素,明确限制项目、方案的条件,并尽量明确限制条件的具体数据。

在确定目标、分析相关因素、明确限制条件3个步骤中,要搜集大量的有关资料和数据,包括相关的技术经济发展信息、当前的情况和数据、有关的基础设施、车辆的技术参数、运输周转量情况及发展预测等资料。

(4) 制订可行的备选方案。在上述工作的基础上,初步制订 1~2 个或若干可行的具体方案。这些方案是为了进行分析比较、选优用的,因此在制订备选方案时,思路应尽量广阔,逻辑应尽量严密,不可遗漏那些可能成为最优的方案。在保证不遗漏最优方案的条件下,又希望尽量减少备选方案个数,以简化后面的分析、评价工作。

迄今为止,多数情况下的设计、决策变量还不可能是连续的,只能在给定方案中进行选择。所谓决策就是在两个或两个以上的备选方案中作出选择。因此,形成尽可能多的备选方案是提高工程设计和决策水平的基础。如果一旦忽略了潜在的、可行的备选方案,就有可能失去进一步优化决策的机会。工程技术人员经常要多问"还有没有其他可行的方案?"诸如此类的问题。例如,大到发电厂方案是建火电还是水电?在火电方案中是用煤、油还是天然气?每台机组功率是 $90 \times 10^4 \mathrm{kW}$ 还是 $75 \times 10^4 \mathrm{kW}$?小到厂房结构上是用钢结构还是钢筋混凝土结构?在形成备选方案过程中,工程技术人员的创新精神是极为重要的。

在这些备选方案中,有一个是特殊的方案,这就是保持原有的情况延续的方案,所谓"不干什么"或"无"项目方案。实际上,最终选定的项目方案都得与这个"无"项目方案进行评价比较,这就是所谓"有、无对比","有"这个项目与"没有"这个项目进行比选,以确定项目是否实施。例如,在考虑改善城市道路的交通项目时,方案一是新建干线,方案二是对原有干线进行拓宽。如果比选的结果是方案一(新建干线)较好,最后还要与既不新建也不拓宽的维持现有道路延续的"无"方案进行比较。有可能因为投资太大,暂时不建为好。对"无"项目的界定要合情合理,不可有意拔高"无"项目状况以贬低项目实施的必要性。以上面这个城市道路建设为例,有项目的交通状况不能与目前状况相比(可能改善不大),而应与不搞这个项目以后可能出现的交通状况相比(可能会得出有较大改善的结论)。

(5) 分析备选方案。对备选的若干个方案的有用成果、耗费及效益进行定性与定量分析。在定量分析中找出某些指标与参数之间的相互关系,建立数学模型,根据已知的有关资料,推算出所需要的指标数值。

(6) 综合评价与决策。根据定性与定量分析的结果,对备选的各个方案作出综合评价。所有的备选方案均不能满足所确定目标时,要重新考虑目标的可行性,对目标进行适当的调整,再重新进行上述的各个步骤,直至得到令人满意的方案,最终作出决策。

第二章　技术经济分析基本要素及其估算

运输项目技术方案的经济分析要通过效益(有用成果)和费用(投入)相比较,分析评价投资项目的经济效益。投资项目的经济分析包括财务分析和国民经济分析。这两个层次经济分析的目标、角度以及费用与效益的计算范围尽管不同,但所要计算的现金流量构成,即基本经济要素,不外乎为投资、成本、费用和利税等项。它们是计算各种经济效果指标的基础。要做好经济分析,必须首先考察项目在整个寿命期内各种经济要素的变动情况。本章主要讨论现金流量的构成及相关要素的估算。

第一节　项目投资及估算

一、建设项目总投资的构成

建设项目总投资,一般是指进行某项工程建设花费的全部费用。生产性建设工程项目总投资包括建设投资和铺底流动资金两部分;非生产性建设工程项目总投资则只包括建设投资。建设项目总投资组成见表2-1。

建设项目总投资组成表　　　　　　表2-1

			费 用 名 称
建设项目总投资	建设投资	工程费用	建筑安装工程费
			设备及工器具购置费
		工程建设其他费用	建设管理费:建设单位管理费、代建管理费、监理费、招标投标费、社会中介机构审查费及其他管理性质的费用
			建设用地费:土地征用及迁移补偿费、土地复垦及补偿费、森林植被恢复费、土地使用税、耕地占用税等
			可行性研究费
			研究试验费
			勘察设计费
			环境影响评价费
			劳动安全卫生评价费
			场地准备及临时设施费
			引进技术和进口设备其他费
			工程保险费

续上表

费用名称			
建设项目总投资	建设投资	工程建设其他费用	联合试运转费
			特殊设备安全监督检验费
			市政公用设施配套费
			专利及专有技术使用费
			系统集成等信息工程的费用支出
			生产准备费
			办公和生活家具购置费
		预备费	基本预备费
			涨价预备费
		建设期融资费用:包括项目建设期间发生的各类借款利息、债券利息、国外借款手续费及承诺费、汇兑损益、债券发行费用及其他债务利息支出等	
	流动资产投资——铺底流动资金		

1. 建设投资

建设投资由建筑安装工程费、设备及工器具购置费、工程建设其他费用、预备费(包括基本预备费和涨价预备费)和建设期利息组成。

1) 建筑安装工程费

建筑安装工程费,是指建设单位用于建筑和安装工程方面的投资,由建筑工程费和安装工程费两部分组成。建筑工程费是指建设工程涉及范围内的建筑物、构筑物、场地平整、道路、室外管道铺设、大型土石方工程费用等;安装工程费是指主要生产、辅助生产、公用工程等单项工程中需要安装的机械设备、电气设备、专用设备、仪器仪表等设备的安装及配件工程费,以及工艺、供热、供水等各种管道、配件、闸门和供电外线安装工程费用等。

(1)按照费用构成要素划分,建筑安装工程费由人工费、材料费(包含工程设备,下同)、施工机具使用费、企业管理费、利润、规费和税金组成,其中人工费、材料费、施工机具使用费、企业管理费和利润包含在分部分项工程费、措施项目费、其他项目费中。

(2)建筑安装工程费按照工程造价形成由分部分项工程费、措施项目费、其他项目费、规费、税金组成,分部分项工程费、措施项目费、其他项目费包含人工费、材料费、施工机具使用费、企业管理费和利润。

2) 设备及工器具购置费

设备及工器具购置费,是指按照建设工程设计文件要求,建设单位(或其委托单位)购置或自制达到固定资产标准的设备和新建、扩建项目配置的首套工器具及生产家具所需的费用。设备及工器具购置费由设备原价、工器具原价和运杂费(包括成套设备公司服务费)组成。在生产性建设工程中,设备及工器具投资主要表现为其他部门创造的价值向建设工程中的转移,但这部分投资是建设工程项目投资中的积极部分,它占项目投资比例提高,意味着生产技术进步和资本有机构成提高。

3）工程建设其他费用

工程建设其他费用，是指未纳入以上两项的，根据设计文件要求和国家有关规定应由项目投资支付的、为保证工程建设顺利完成和交付使用后能够正常发挥效用而发生的一些费用。工程建设其他费用可分为三类：第一类是土地使用费，包括土地征用及迁移补偿费和土地使用权出让金；第二类是与项目建设有关的费用，包括建设单位管理费、勘察设计费、研究试验费、建设工程监理费等；第三类是与未来企业生产经营有关的费用，包括联合试运转费、生产准备费、办公和生活家具购置费等。

4）预备费和建设期利息

建设投资可分为静态投资部分和动态投资部分。静态投资部分由建筑安装工程费、设备及工器具购置费、工程建设其他费和基本预备费构成。动态投资部分，是指在建设期内，因建设期利息和国家新批准的税费、汇率、利率变动以及建设期价格变动引起的建设投资增加额，包括涨价预备费和建设期利息。

2. 流动资金

流动资金，是指为维持生产所占用的全部周转资金，它是流动资产与流动负债的差额。流动资产包括各种必要的现金、各种存款、应收及预付款项及存货。流动负债主要是指应付账款、预收账款。值得指出的是，这里说的流动资产是指为维持一定规模生产所需的最低周转资金和存货；流动负债只含正常生产情况下平均的应付账款、预收账款，不包括短期借款。为了表示这种区别，把资产负债表通常含义下的流动资产称为流动资产总额，它除上述最低需要的流动资产外，还包括生产经营活动中新产生的盈余资金。同样，把通常含义下的流动负债叫流动负债总额，它除应付账款外，还包括短期借款，当然也包括为解决净运营资金投入所需要的短期借款。

3. 投资资金的来源

从整个投资投入阶段的资金来源、投资的构成和形成的资产的角度可以用图2-1来概要地表达。

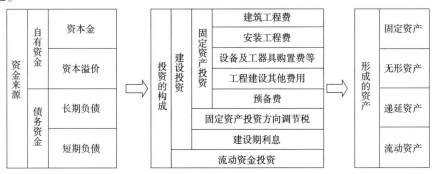

图2-1 投资构成简图

投资资金的来源可划分为两大块，即权益资金和负债资金。权益资金指的是企业股东提供的资金。权益资金不需要归还，筹资的风险小，但其期望的报酬率高。负债资金包括长期负债(长期借款、长期债券发行收入和融资租赁的长期应付款)和流动负债(这里指的是短期借款)。权益资金的来源渠道和筹措方式，应根据融资主体的特点选择。例如，采用新设法人融资方式，权益资金可通过股东直接投资、发行股票、政府财政性资金等渠道和方式筹措。建设项目一般依靠项目自身的盈利能力来偿还债务,以项目投资形式的资产、未来收益或权益作为融资担保的基础。债务资金可通过商业银行贷款、政策性银行贷款、外国政府贷款、国际金融机构贷款、出口信贷、企业债券、国际债券、融资租赁等渠道和方式筹措。在经济评价中,优先股股票被视为权益资金,可转换为债券,在未兑换为股票前应视为债务资金,公司的股东对公司提供的贷款,即股东贷款,应视为债务资金。

4. 固定投资

固定投资是指形成企业固定资产、无形资产和递延资产的投资。

固定投资中形成固定资产的支出叫作固定资产投资。固定资产是指使用期限超过1年的房屋、建筑物、机器、机械、运输工具以及与生产经营有关的设备、器具、工具等。在这些资产的建造或购置过程中发生的全部费用构成固定资产投资。投资者用现有的固定资产作为投入的,应按照评估确认或者合同、协议约定的价值作为投资;融资租赁的,按照租赁协议或者合同确定的价款加运输费、保险费、安装调试费等计算其投资。耕地占用税也应算作固定资产投资的组成部分。

无形资产投资是指专利权、商标权、著作权、土地使用权、非专利技术和商誉等的投入。递延资产投资主要指开办费,包括筹建期间的人员工资、办公费、培训费、差旅费、印刷费和注册登记费等。

除了以上固定投资的实际支出或作价价值形成固定资产、无形资产和递延资产的原值外,筹建期间的借款利息和汇兑损益,凡与构建固定资产或者无形资产有关的计入相应的资产原值,其余都计入开办费,形成递延资产原值的组成部分。

二、建设投资的估算

1. 建设投资简单估算法

在投资决策的前期阶段,如投资机会研究、项目建议书和可行性研究阶段,只能对这些投资费用进行估算。不同的研究阶段所具备的条件和掌握的资料不同,估算的方法和准确程度也不相同,建设投资的简单估算法有单位生产能力估算法、生产能力指数法、比例估算法、系数估算法和估算指标法等,其中估算指标法依据指标制订依据的范围和粗略程度又分为多种。单位生产能力估算法最为粗略,一般仅用于投资机会研究阶段。生产能力指数法相比单位生产能力估算法准确度提高,在不同阶段都有一定应用,但范围受限。初步可行性研究阶段主要采用估算指标法,也可根据具体条件选择其他估算方法。实践中,可根据所掌握的信息资料和工作深度,将上述几种方法结合使用,目前常用的有以下几种方法。

1) 生产能力指数法

这种方法是根据已建成的、性质类似的工程或装置的实际投资额和生产能力,按拟建项目的生产能力,推算出拟建项目的投资。一般说来,生产能力增加1倍,投资不会也增加1倍,而往往是小于1的倍数。根据行业的不同,可以找到这种指数关系,即:

$$I_c = I_r \left(\frac{D_c}{D_r}\right)^{m_0} \varphi \tag{2-1}$$

式中:I_c, I_r——拟建工程、已建工程或装置的投资额;

D_c, D_r——拟建工程、已建工程或装置的生产能力;

φ——因建设地点和时间的不同而给出的调整系数;

m_0——投资生产能力指数。

【例2-1】 已建成的某投资项目年生产能力为30万t,建设投资为8000万元,如拟建同一类项目,其生产能力预计为年产60万t。假设该类项目的生产能力指数为0.6,物价修正指数为1.2,试估算该拟建项目的建设投资为多少?

解:将有关数据代入式(2-1),可得:

$$I_c = 8000 \times \left(\frac{60}{30}\right)^{0.6} \times 1.2 = 14551(万元)$$

2) 比例估算法

这种方法是以拟建项目或装置的设备购置费为基数,根据已建成的同类项目或装置的建筑工程、安装工程及其他费用占设备购置费的百分比推算出整个工程的投资费用,即:

$$I_c = E_c(1 + \varphi_1 m_1 + \varphi_2 m_2 + \varphi_3 m_3) \tag{2-2}$$

式中: I_c——拟建工程的投资额;

E_c——拟建工程的设备购置费;

m_1、m_2、m_3——建筑工程、安装工程和其他费用占设备费用的百分比;

φ_1、φ_2、φ_3——相应的调整系数。

【例2-2】 某新建项目设备投资为10000万元。根据已建同类项目统计情况,一般建筑工程占设备投资的28.5%,安装工程占设备投资的9.5%,其他费用占设备投资的7.8%。假定各种工程费用的上涨与设备费用上涨是同步的,即 $\varphi_1 = \varphi_2 = \varphi_3 = 1$,试估算该项目的投资额。

解:根据式(2-2),该项目的投资额为:

$$I_c = E_c(1 + \varphi_1 m_1 + \varphi_2 m_2 + \varphi_3 m_3) = 10000 \times (1 + 28.5\% + 9.5\% + 7.8\%)$$
$$= 14580(万元)$$

3) 估算指标法

估算指标法俗称扩大指标法。估算指标是一种比概算指标更为扩大的单项工程指标或单位工程指标,以单项工程或单位工程为对象,综合了项目建设中的各类成本和费用,具有较强的综合性和概括性。

单项工程指标一般以单项工程生产能力单位投资表示,如工业窑炉砌筑以"元/m³"表示;变配电站以"元/(kV·A)"表示;锅炉房以"元/蒸汽吨"表示。

单位工程指标一般以如下方式表示:房屋区别不同结构形式以"元/m²"表示;道路区别不同结构层、面层以"元/m²"表示;管道区别不同材质、管径以"元/m"表示。

估算指标在使用过程中应根据不同地区、不同时期的实际情况进行适当调整,因为地区、时期不同,设备、材料及人工的价格均有差异。估算指标法的精确度相对比概算指标低,主要适用于初步可行性研究阶段。

2. 建设投资分类估算法

在项目可行性研究阶段,要求的投资估算精度较高,需通过工程量的计算,采用相对准确的分类估算法进行估算。建设投资分类估算法是对构成建设投资的各类投资,即工程费用(含建筑工程费、设备购置费和安装工程费)、工程建设其他费用和预备费(含基本预备费和涨价预备费)分类进行估算。

1)估算步骤

(1)分别估算建筑工程费、设备购置费和安装工程费。

(2)汇总建筑工程费、设备购置费和安装工程费,得出分装置的工程费用,然后加和得出项目建设所需的工程费用。

(3)在工程费用的基础上估算工程建设其他费用。

(4)以工程费用和工程建设其他费用为基础,估算基本预备费。

(5)在确定工程费用分年投资计划的基础上,估算涨价预备费。

(6)加和求得建设投资。

2)工程费用估算

(1)估算内容。建筑工程费是指为建造永久性建筑物和构筑物所需要的费用,主要包括以下几部分内容:

①各类房屋建筑工程和列入房屋建筑工程预算的供水、供暖、卫生、通风、煤气等设备费用及其装设、油饰工程的费用,列入建筑工程的各种管道、电力、电信和电缆导线敷设工程的费用。

②设备基础、支柱、工作台、烟囱、水塔、水池、灰塔等建筑工程以及各种窑炉的砌筑工程和金属结构工程的费用。

③建设场地的大型土石方工程、施工临时设施和完工后的场地清理等费用。

④矿井开凿、井巷延伸、露天矿剥离、石油、天然气钻井、修建铁路、公路、桥梁、水库、堤坝、灌渠及防洪等工程的费用。

(2)估算方法。建筑工程费的估算方法有单位建筑工程投资估算法、单位实物工程量投资估算法和概算指标投资估算法。前两种方法比较简单,后一种方法要以较为详细的工程资料为基础。

①单位建筑工程投资估算法。单位建筑工程投资估算法,是以单位建筑工程量投资乘以建筑工程总量来估算建筑工程费的方法。一般工业与民用建筑以单位建筑面积(m^2)投资,铁路路基以单位长度(km)投资,矿山掘进以单位长度(m)投资,乘以相应的建筑工程总量计算建筑工程费。

②单位实物工程量投资估算法。单位实物工程量投资估算法,是以单位实物工程量投资乘以实物工程量总量来估算建筑工程费的方法。土石方工程按单位体积(m^3)投资,矿井巷道衬砌工程按每延长米投资,路面铺设工程按单位面积(m^2)投资,乘以相应的实物工程量总量计算建筑工程费。

③概算指标投资估算法。在估算建筑工程费时,对于没有前两种估算指标,或者建筑工程费占建设投资比例较大的项目,可采用概算指标估算法。建筑工程概算指标通常是以整个建筑物为对象,以建筑面积、体积等为计量单位确定人工、材料和机械台班的消耗量标准和造价指标。采用概算指标投资估算法需要较为详细的工程资料、建筑材料价格和工程费用指标,工作量较大。估算建筑工程费应编制建筑工程费估算表。

3)设备购置费估算

设备购置费指需要安装和不需要安装的全部设备、仪器、仪表等和必要的备品备件及工器具、生产家具购置费用,可按国内设备购置费、进口设备购置费和工器具及生产家具购置费分类估算。

(1)国内设备购置费估算。国内设备购置费是指为建设项目购置或自制的达到固定资产标准的各种国产设备的购置费用,由设备原价和设备运杂费构成。

$$国内设备购置费 = 设备原价 + 设备运杂费$$

①设备原价。设备原价一般指的是设备制造厂的出厂价,或订货合同价。国产设备原价分为国产标准设备原价和国产非标准设备原价。

国产标准设备是指按照主管部门颁布的标准图纸和技术要求,由国内设备生产厂批量生产的、符合国家质量检测标准的设备。国产标准设备原价一般指的是设备制造厂的交货价,即出厂价。设备的出厂价分两种情况,一是带有备件的出厂价,二是不带备件的出厂价,在计算设备原价时,一般应按带有备件的出厂价计算。如只有不带备件的出厂价,应按有关规定另加备品备件费用。如设备由公司成套供应,还应考虑成套设备费用。国产标准设备原价可通过查询相关价格目录或向设备生产厂家询价得到。

国产非标准设备是指国家尚无定型标准,设备生产厂不可能采用批量生产,只能按订单生产,并根据具体的设计图纸制造的设备。非标准设备的原价有多种计价方法,如成本计算估价法、系列设备插入估价法、分部组合估价法、定额估价法等。但无论采用哪种方法,都应使非标准设备计价接近实际出厂价,并且计算方法相对简单。

②设备运杂费。设备运杂费通常由运输费、装卸费、运输包装费、供销手续费和仓库保管费等各项费用构成。一般按设备原价乘以设备运杂费费率计算。设备运杂费费率按部门、行业或地方的规定执行。

估算国内设备购置费应编制国内设备购置费估算表,详见表2-2。

国内设备购置费估算表　　表2-2

序号	设备名称	型号规格	单位	数量	设备购置费		
					出厂价(元)	运杂费(元)	总价(万元)
合计							

(2)进口设备购置费估算。进口设备购置费由进口设备货价、进口从属费用及国内运杂费组成。

$$进口设备购置费 = 进口设备货价 + 进口从属费用 + 国内运杂费$$

①进口设备货价。进口设备货价按其包含的费用内容不同,可分为离岸价(FOB)与到岸价(CIF)等,通常多指离岸价。离岸价(FOB)是货物成本价,指出口货物运抵出口国口岸(船上)交货的价格;到岸价(CIF)是指成本、运费、保险费的价格之和,从包含的费用内容看,是进口货物抵达进口国口岸的价格,即包括进口货物的离岸价、国外运费和国外运输保险费。进口设备货价可依据向有关生产厂商的询价、生产厂商的报价及订货合同价等研究确定。

②进口从属费用。进口从属费用包括国外运费、国外运输保险费、进口关税、进口环节消费税、进口环节增值税、外贸手续费和银行财务费。

a. 国外运费,即从装运港(站)到达我国抵达港(站)的运费。计算公式为:

$$国外运费 = 进口设备离岸价(FOB) \times 国外运费费率$$

或

$$国外运费 = 单位运价 \times 运量$$

b. 国外运输保险费,是被保险人根据与保险人(保险公司)订立的保险契约,为获得保险人(保险公司)对货物在运输过程中发生的损失给予经济补偿而支付的费用。计算公式为:

$$国外运输保险费 = [进口设备离岸价(FOB) + 国外运费] \times 国外运输保险费费率$$

国外运输保险费费率按照有关保险公司的规定执行。进口设备按到岸价计价时,不必计算国外运费和国外运输保险费。

c. 进口关税,其计算公式为:

$$进口关税 = 进口设备到岸价(CIF) \times 人民币外汇牌价 \times 进口关税税率$$

进口关税税率按照《中华人民共和国海关进出口税则》的规定执行。

d. 进口环节消费税,如进口适用消费税的设备(如汽车),应按规定计算进口环节消费税。

按照相关规定,进口的应税消费品实行从价定率办法计算应纳税额的,按照组成计税价格计算纳税。

$$消费税 = 组成计税价格 \times 消费税税率$$

$$组成计税价格 = \frac{关税完税价格 + 关税}{1 - 消费税税率}$$

进口货物以海关审定的成交价格为基础的到岸价格作为关税完税价格。到岸价格(CIF)包括货价、货物运抵我国境内输入地点起卸前的包装费、运费、保险费和其他劳务费等费用。

可行性研究阶段拟建项目尚未与外商正式签订引进商务合同,进口货物以估算的到岸价格(以人民币表示)暂作为关税完税价格。

$$进口环节消费税 = \frac{进口设备到岸价(CIF) \times 人民币外汇牌价 + 进口关税}{1 - 消费税税率} \times 消费税税率$$

消费税税率按《中华人民共和国消费税暂行条例》及相关规定执行。

e. 进口环节增值税,其计算公式为:

$$进口环节增值税 = [进口设备到岸价(CIF) \times 人民币外汇牌价 + 进口关税 + 进口环节消费税] \times 增值税税率$$

增值税税率按《中华人民共和国增值税暂行条例》及相关规定执行。

f. 外贸手续费,按国家有关主管部门制订的进口代理手续费收取办法计算,其计算公式为:

$$外贸手续费 = 进口设备到岸价(CIF) \times 人民币外汇牌价 \times 外贸手续费费率$$

外贸手续费费率按合同成交额的一定比例收取,成交额度小,费率较高;成交额度大,费率较低,各外贸公司收费也各不相同。可行性研究阶段可参照部门、行业的估算规定选取。

g. 银行财务费,按进口设备货价计取,计算公式为:

银行财务费 = 进口设备离岸价(FOB) × 人民币外汇牌价 × 银行财务费费率

银行财务费费率应根据银行要求选用。可行性研究阶段一般视货价为离岸价,银行财务费费率可参照部门、行业的估算规定选取。

③国内运杂费。国内运杂费通常由运输费、运输保险费、装卸费、包装费和仓库保管费等费用构成,其计算公式为:

国内运杂费 = 进口设备离岸价(FOB) × 人民币外汇牌价 × 国内运杂费费率

估算进口设备购置费一般应编制进口设备购置费估算表,详见表2-3。

进口设备购置费估算表(单位:万元)　　　　　　　　　表2-3

序号	设备名称	台套数	离岸价	国外运费	国外运输保险费	到岸价	进口关税	消费税	增值税	外贸手续费	银行财务费	海关监管手续费	国内运杂费	设备购置费总价
1														
2														
3														
合计														

【例2-3】 某公司拟从国外进口一套机电设备,质量为1500t,离岸价为400万美元。其他有关费用参数为:国外海运费费率为4%;海上运输保险费费率为0.1%;银行财务费费率为0.15%;外贸手续费费率为1%;关税税率为10%;进口环节增值税税率为17%;人民币外汇牌价为1美元 = 6.5元人民币,设备的国内运杂费费率为2.1%。试对该套设备购置费进行估算(保留两位小数)。

解:根据上述各项费用的计算公式,有:

进口设备离岸价(FOB) = 400 × 6.5 = 2600(万元)

国外运费 = 400 × 6.5 × 4% = 104(万元)

国外运输保险费 = (2600 + 104) × 0.1% = 2.70(万元)

进口关税 = (2600 + 104 + 2.70) × 10% = 270.67(万元)

进口环节增值税 = (2600 + 104 + 2.70 + 270.67) × 17% = 506.15(万元)

外贸手续费 = (2600 + 104 + 2.70) × 1% = 27.07(万元)

银行财务费 = 2600 × 0.15% = 3.90(万元)

国内运杂费 = 2600 × 2.1% = 54.60(万元)

该套设备购置费 = 2600 + 104 + 2.70 + 270.67 + 506.15 + 27.07 + 3.9 + 54.60 = 3569.09(万元)

(3)工器具及生产家具购置费估算。工器具及生产家具购置费是指按照有关规定,为保证新建或扩建项目初期正常生产必须购置的第一套工卡模具、器具及生产家具的购置费用。一般以国内设备原价和进口设备离岸价为计算基数,按照部门或行业规定的工器具及生产家具购置费费率计算。

(4)备品备件购置费估算。设备购置费在大多数情况下,采用带备件的原价估算,不必另行估算备品备件费用;在无法采用带备件的原价,需要另行估算备品备件购置费时,应按设备原价及有关专业概算指标(费率)估算。

4)安装工程费估算

(1)估算内容。安装工程费一般包括：

①生产、动力、起重、运输、传动和医疗、实验等各种需要安装的机电设备、专用设备、仪器仪表等设备的安装费。

②工艺、供热、供电、给排水、通风空调、净化及除尘、自控、电讯等管道、管线、电缆等的材料费和安装费。

③设备和管道的保温、绝缘、防腐，设备内部的填充物等的材料费和安装费。

(2)估算方法。投资估算中的安装工程费通常根据行业或专业机构发布的安装工程定额、取费标准进行估算。具体计算可按安装费费率、每吨设备安装费指标或每单位安装实物工程量费用指标进行估算。计算公式为：

$$安装工程费 = 设备原价 \times 安装费费率$$

或

$$安装工程费 = 设备吨位 \times 每吨设备安装费指标$$

或

$$安装工程费 = 安装工程实物量 \times 每单位安装实物工程量费用指标$$

附属管道量大的项目，还应单独估算管道工程费用，有的还要单独列出主要材料费用。在项目决策分析与评价阶段，安装费用也可以按单项工程分别估算。按照上述内容与方法，在分别估算建筑工程费、设备购置费和安装工程费的基础上，汇总形成建设项目的工程费用。

$$工程费用 = 建筑工程费 + 设备购置费 + 安装工程费$$

5)工程建设其他费用估算

(1)建设用地费用。建设项目要取得其所需土地的使用权，必须支付土地征收及迁移补偿费或土地使用权出让(转让)金或租用土地使用权的费用。

(2)建设管理费。建设管理费是指建设单位从项目筹建开始，直至项目竣工验收合格或交付使用为止发生的项目建设管理费用，主要费用内容包括建设单位管理费和工程建设监理费。

(3)可行性研究费。可行性研究费是指在建设项目前期工作中，编制和评估项目建议书(或初步可行性研究报告)、可行性研究报告所需的费用。可行性研究费参照国家有关规定执行，或按委托咨询合同的咨询费数额估算。

(4)研究试验费。研究试验费是指为建设项目提供或验证设计数据、资料等进行必要的研究试验以及按照设计规定在建设过程中必须进行试验、验证所需的费用。研究试验费应按照研究试验内容和要求进行估算。

(5)勘察设计费。勘察设计费是指委托勘察设计单位进行工程水文地质勘察、工程设计所发生的各项费用，包括工程勘察费、初步设计费(基础设计费)、施工图设计费(详细设计费)以及设计模型制作费。勘察设计费参照国家发展和改革委员会、住房和城乡建设部有关规定计算。

(6)环境影响评价费。环境影响评价费是指按照《中华人民共和国环境影响评价法》等相关规定为评价建设项目对环境可能产生影响所需的费用，包括编制和评估环境影响报告书(含大纲)、环境影响报告表等所需的费用。环境影响评价费可参照有关环境影响咨询收费的相关规定计算。

(7) 安全、职业卫生健康评价费。安全、职业卫生健康评价费是指对建设项目存在的职业危险、危害因素的种类和危险、危害程度,以及拟采用的安全、职业卫生健康技术和管理对策进行研究评价所需的费用,包括编制预评价大纲和预评价报告及其评估等的费用。职业安全卫生健康评价费,可参照建设项目所在省(自治区、直辖市)劳动安全行政部门规定的标准计算。

(8) 场地准备及临时设施费。场地准备及临时设施费是指建设场地准备费和建设单位临时设施费。建设场地准备费是指建设项目为达到工程开工条件所发生的场地平整和对建设场地余留的有碍施工建设的设施进行拆除清理的费用。建设单位临时设施费是指为满足施工建设需要而提供到场地界区的、未列入工程费用的临时水、电、气、道路、通信等费用和建设单位的临时建筑物及构筑物搭设、维修、拆除或者建设期间租赁费用,以及施工期间专用公路养护费、维修费。新建项目的场地准备和临时设施费应根据实际工程量估算,或按工程费用的比例计算。改扩建项目一般只计拆除清理费。具体费率按照部门或行业的规定执行。

(9) 引进技术和设备其他费用。引进技术和设备其他费用是指引进技术和设备发生的未计入设备购置费的费用,内容包括:①引进设备材料国内检验费;②引进项目图纸资料翻译复制费、备品备件测绘费;③出国人员费用;④来华人员费用;⑤银行担保及承诺费。

(10) 工程保险费。工程保险费是指建设项目在建设期间根据需要对建筑工程、安装工程、机器设备和人身安全进行投保而发生的保险费用,包括建筑安装工程一切险、引进设备财产保险和人身意外伤害险等。建设项目可根据工程特点选择投保险种,编制投资估算时可按工程费用的比例估算。工程保险费费率按照保险公司的规定或按部门、行业规定执行。建筑安装工程费中已计入的工程保险费,不再重复计取。

(11) 市政公用设施建设及绿化补偿费。市政公用设施建设及绿化补偿费是指使用市政公用设施的建设项目,按照项目所在省(自治区、直辖市)人民政府有关规定,建设或者缴纳市政公用设施建设配套费用以及绿化工程补偿费用。市政公用设施建设及绿化补偿费按项目所在地人民政府规定标准估算。

(12) 超限设备运输特殊措施费。超限设备运输特殊措施费是指超限设备在运输过程中需进行的路面拓宽、桥梁加固、铁路设施、码头等改造时所发生的特殊措施费。超限设备的标准遵从行业规定。

(13) 特殊设备安全监督检查费。特殊设备安全监督检查费是指在现场组装和安装的锅炉及压力容器、压力管道、消防设备、电梯等特殊设备和设施,由安全监察部门按照有关安全监察条例和实施细则以及设计技术要求进行安全检验,应由项目向安全监察部门缴纳的费用。该费用可按受检设备和设施的现场安装费的一定比例估算。安全监察部门有规定的,从其规定。

(14) 联合试运转费。联合试运转费是指新建项目或新增加生产能力的工程,在交付生产前按照批准的设计文件所规定的工程质量标准和技术要求,进行整个生产线或装置的负荷联合试运转或局部联动试车所发生的费用净支出(试运转支出大于收入的差额部分费用)。联合试运转费一般根据不同性质的项目,按需要试运转车间的工艺设备购置费的百分比估算。具体费率按照部门或行业的规定执行。

(15) 安全生产费用。安全生产费用是指建筑施工企业按照国家有关规定和建筑施工安全标准,购置施工安全防护用具、落实安全施工措施、改善安全生产条件、加强安全生产管理等所需的费用。按照有关规定,在我国境内从事矿山开采、建筑施工、危险品生产及道路交通运输的企业以及其他经济组织应提取安全生产费用,其提取基数和提取方式随行业不同有所区别。按照相关规定,建筑施工企业以建筑安装工程费用为基数提取,并计入工程造价。规定的提取比例随工程类别不同而有所不同。建筑安装工程费用中已计入安全生产费用的,不再重复计取。

（16）专利及专有技术使用费。该项费用内容包括:国外设计及技术资料费,引进有效专利、专有技术使用费和技术保密费;国内有效专利、专有技术使用费;商标使用费、特许经营权费等。专利及专有技术使用费应按专利使用许可协议和专有技术使用合同确定的数额估算。专有技术的界定应以省、部级鉴定批准为依据。建设投资中只估算需在建设期支付的专利及专有技术使用费。

（17）生产准备费。生产准备费是指建设项目为保证竣工交付使用、正常生产运营进行必要的生产准备所发生的费用,包括生产人员培训费,提前进厂参加施工、设备安装、调试以及熟悉工艺流程及设备性能等人员的工资、工资性补贴、职工福利费、差旅交通费、劳动保护费、学习资料费等费用。生产准备费一般根据需要培训和提前进厂人员的人数及培训时间按生产准备费指标计算。新建项目以可行性研究报告定员人数为计算基数,改扩建项目以新增定员为计算基数。具体费用指标按照部门或行业的规定执行。

（18）办公及生活家具购置费。办公及生活家具购置费是指为保证新建、改建、扩建项目初期正常生产、使用和管理所必须购置的办公和生活家具、用具的费用。该项费用一般按照项目定员人数乘以费用指标估算。具体费用指标按照部门或行业的规定执行。

工程建设其他费用的具体科目及取费标准应根据各级政府物价部门有关规定,并结合项目的具体情况确定。上述各项费用并不是每个项目必定发生的,应根据项目具体情况进行估算。有些行业可能会发生一些特殊的费用,此处不一一列举。工程建设其他费用按各项费用的费率或者取费标准估算后,应编制工程建设其他费用估算表。

投资估算中也可按照项目竣工后上述工程建设其他费用形成的资产种类,划分为固定资产其他费用、无形资产费用和其他资产费用。

（1）固定资产其他费用。固定资产其他费用是指将在项目竣工时与工程费用一并形成固定资产原值的费用。在投资构成中,固定资产其他费用与工程费用合称为固定资产费用。固定资产其他费用主要包括征地补偿和租地费,建设管理费,可行性研究费,勘察设计费,研究试验费,环境影响评价费,安全、职业卫生健康评价费,场地准备及临时设施费,引进技术和设备其他费用,工程保险费,市政公用设施建设及绿化补偿费,特殊设备安全监督检验费,超限设备运输特殊措施费,联合试运转费和安全生产费用等。

（2）无形资产费用。无形资产费用是指按规定应在项目竣工时形成无形资产原值的费用。按照《企业会计准则——基本准则》（财政部令第76号）规定的无形资产范围,工程建设其他费用中的专利及专有技术使用费、土地使用权出让（转让）金应计入无形资产费用,但房地产企业开发商品房时,相关的土地使用权账面价值应计入所建造房屋建筑物成本。

（3）其他资产费用。其他资产费用是指按规定应在项目竣工时形成其他资产原值的费用。按照有关规定,形成其他资产原值的费用主要有生产准备费、办公及生活家具购置费等待摊销的开办费性质的费用,有的行业还包括某些特殊的费用。另外,某些行业还规定将出国人员费用、来华人员费用和图纸资料翻译复制费列入其他资产费用。

6) 预备费估算

(1) 基本预备费估算。基本预备费是指在项目实施中可能发生,但在项目决策分析与评价阶段难以预计的,需要事先预留的费用,又称工程建设不可预见费。一般由下列3项内容构成:

① 在批准的设计范围内,技术设计、施工图设计及施工过程中所增加的工程费用;经批准的设计变更、工程变更、材料代用、局部地基处理等增加的费用。

② 一般自然灾害造成的损失和预防自然灾害所采取的措施费用。

③ 竣工验收时为鉴定工程质量对隐蔽工程进行必要的挖掘和修复费用。

基本预备费以工程费用和工程建设其他费用之和为基数,按部门或行业主管部门规定的基本预备费费率估算。计算公式为:

基本预备费 = (工程费用 + 工程建设其他费用) × 基本预备费费率

(2) 涨价预备费估算。涨价预备费是对建设工期较长的项目,由于在建设期内可能发生材料、设备、人工、机械台班等价格上涨引起投资增加而需要事先预留的费用,亦称价格变动不可预见费、价差预备费。涨价预备费一般以分年的工程费用为计算基数,计算公式为:

$$PC = \sum_{t=1}^{n} I_t \left[(1+f)^t - 1 \right] \tag{2-3}$$

式中:PC——涨价预备费;

I_t——第 t 年的工程费用;

f——建设期价格上涨指数;

n——建设期;

t——年份。

目前涨价预备费有不同的计算方式,式(2-3)所示的计费基数是最小的,计算出的涨价预备费数额最低。国内外也有将工程费用和工程建设其他费用合计作为计费基数的,甚至有将基本预备费也纳入计费基数的情况,按后者计算的涨价预备费数额最高。

建设期价格上涨指数,政府主管部门有相关规定则按相关规定执行,没有相关规定则由工程咨询人员合理预测。

【例 2-4】 某建设项目的工程费用为 6116.2 万元,建设期 2 年,按照实施进度,工程费用使用比例第 1 年为 40%,第 2 年为 60%;建设期价格上涨指数取 4%。试估算该项目的涨价预备费。

解: 第 1 年工程费用 = 6116.2 × 40% = 2446.5(万元)

第 1 年涨价预备费 = 2446.5 × [(1 + 4%) − 1] = 97.9(万元)

第 2 年工程费用 = 6116.2 × 60% = 3669.7(万元)

第 2 年涨价预备费 = 3669.7 × [(1 + 4%)² − 1] = 299.4(万元)

该项目的涨价预备费 = 97.9 + 299.4 = 397.3(万元)

7) 关于建设投资中的增值税、进项税额

我国于 2009 年开始实施增值税转型改革,由生产型增值税转变为消费型增值税,允许从销项税额中抵扣部分固定资产增值税,同时该可抵扣固定资产进项税额不得计入固定资产原值。

2016 年 5 月 1 日起,我国全面推行营业税改征增值税试点。根据《中华人民共和国增值税暂行条例》《中华人民共和国增值税暂行条例实施细则》(财政部 国家税务总局令第65号)和《关于全面推开营业税改征增值税试点的通知》(财税[2016]36号)等规定,工程项目投资构成中的建筑安装工程费、设备购置费、工程建设其他费用中所含增值税进项税额,应根据国家增值税相关规定实施抵扣。

但是,为了满足筹资的需要,必须足额估算建设投资。为此,建设投资估算应按含增值税进项税额的价格进行。同时,要将可抵扣固定资产进项税额单独列示,以便财务分析中正确计算固定资产原值和应纳增值税。

8) 建设期利息估算

建设期利息是债务资金在建设期内发生并应计入固定资产原值的利息,包括借款(或债券)利息及手续费、承诺费、发行费、管理费等融资费用。

(1) 建设期利息估算的前提条件。

进行建设期利息估算必须先完成以下各项工作:

①建设投资估算及其分年投资计划。

②确定项目资本金(注册资金)数额及其分年投入计划。

③确定项目债务资金的筹措方式(银行贷款或企业债券)及债务资金成本率(银行贷款利率或企业债券利率及发行手续费率等)。

(2) 建设期利息的估算方法。

估算建设期利息应按有效利率计息。项目在建设期内如能用非债务资金按期支付利息,应按单利计息;在建设期内如不支付利息,或用借款支付利息应按复利计息。项目评价中对当年借款额在年内按月、按季均衡发生的项目,为了简化计算,通常假设借款发生当年均在年中使用,按半年计息,其后年份按全年计息。对借款额在建设期各年初发生的项目,则应按全年计息。

建设期利息的计算要根据借款在建设期各年初发生或者在各年内均衡发生的情况,采用不同的计算公式。

①借款额在建设期各年初发生,建设期利息的计算公式为:

$$Q = \sum_{t=1}^{n} [(P_{t-1} + A_t) \times i] \tag{2-4}$$

式中:Q——建设期利息;

P_{t-1}——按单利计息,为建设期第 $t-1$ 年末借款累计;按复利计息,为建设期第 $t-1$ 年末借款本息累计;

A_t——建设期第 t 年借款额;

i——借款年利率;

t——年份。

【例2-5】 某新建项目,建设期为3年,各年初向银行贷款,第1年贷款200万元,第2年贷款300万元,第3年贷款200万元,贷款年利率为6%,每年计息1次,建设期内不支付利息。试计算该项目的建设期利息。

解:第1年贷款利息:

$$Q_1 = (P_{1-1} + A_1) \times i = 200 \times 6\% = 12(万元)$$

第 2 年贷款利息：
$$Q_2 = (P_{2-1} + A_2) \times i = (212 + 300) \times 6\% = 30.72(万元)$$
第 3 年贷款利息：
$$Q_3 = (P_{3-1} + A_3) \times i = (212 + 330.72 + 200) \times 6\% = 446.56(万元)$$
该项目的建设期利息为：
$$Q = Q_1 + Q_2 + Q_3 = 12 + 30.72 + 44.56 = 87.28(万元)$$

②借款额在建设期各年内均衡发生，建设期利息的计算公式为：
$$Q = \sum_{t=1}^{n}\left[\left(P_{t-1} + \frac{A_t}{2}\right) \times i\right] \qquad (2-5)$$

【例 2-6】 某新建项目，建设期为 3 年，第 1 年借款 200 万元，第 2 年借款 300 万元，第 3 年借款 200 万元，各年借款均在年内均衡发生，借款年利率为 6%，每年计息 1 次，建设期内用自有资金按期支付利息。试计算该项目的建设期利息。

解：第 1 年贷款利息：
$$Q_1 = \left(P_{1-1} + \frac{A_1}{2}\right) \times i = \frac{200}{2} \times 6\% = 6(万元)$$
第 2 年贷款利息：
$$Q_2 = \left(P_{2-1} + \frac{A_2}{2}\right) \times i = \left(200 + \frac{300}{2}\right) \times 6\% = 21(万元)$$
第 3 年贷款利息：
$$Q_3 = \left(P_{3-1} + \frac{A_3}{2}\right) \times i = \left(200 + 300 + \frac{200}{2}\right) \times 6\% = 36(万元)$$
该项目的建设期利息为：
$$Q = Q_1 + Q_2 + Q_3 = 6 + 21 + 36 = 63(万元)$$

三、流动资金的估算

流动资金是指项目运营期内长期占用并周转使用的运营资金，不包括运营中临时性需要的资金。

项目运营需要流动资产投资，但项目评价中需要估算并预先筹措的是从流动资产中扣除流动负债（即短期信用融资，包括应付账款和预收账款）后的流动资金。项目评价中流动资金的估算应考虑应付账款对需要预先筹措的流动资金的抵减作用。对有预收账款的某些项目，还应同时考虑预收账款对需要预先筹措的流动资金的抵减作用。

流动资金估算的基础主要是营业收入和经营成本。因此，流动资金估算应在营业收入和经营成本估算之后进行。流动资金估算可按行业要求或前期研究的不同阶段选用扩大指标估算法或分项详细估算法估算。

1. 扩大指标估算法

扩大指标估算法简单易行，但准确度不如分项详细估算法，在项目初步可行性研究阶段可采用扩大指标估算法。某些流动资金需要量小的行业项目或非制造业项目在可行性研究阶段也可采用扩大指标估算法。

扩大指标估算法是参照同类企业流动资金占营业收入的比例(营业收入资金率)、流动资金占经营成本的比例(经营成本资金率)或单位产量占用流动资金的数额来估算流动资金。计算公式分别为：

$$流动资金 = 年营业收入额 \times 营业收入资金率$$

或

$$流动资金 = 年经营成本 \times 经营成本资金率$$

或

$$流动资金 = 年产量 \times 单位产量占用流动资金额$$

2. 分项详细估算法

分项详细估算法虽然工作量较大，但是准确度较高，一般项目在可行性研究阶段应采用分项详细估算法。

分项详细估算法是对流动资产和流动负债主要构成要素，即存货、现金、应收账款、预付账款、应付账款、预收账款等项内容分项进行估算，最后得出项目所需的流动资金数额。计算公式为：

$$流动资金 = 流动资产 - 流动负债$$
$$流动资产 = 应收账款 + 预付账款 + 存货 + 现金$$
$$流动负债 = 应付账款 + 预收账款$$
$$流动资金本年增加额 = 本年流动资金 - 上年流动资金$$

流动资金估算的具体步骤是，首先确定各分项的最低周转天数，计算出各分项的年周转次数，然后再分项估算占用资金额。

1) 各项流动资产和流动负债最低周转天数的确定

采用分项详细估算法估算流动资金，其准确度取决于各项流动资产和流动负债的最低周转天数取值的合理性。在确定最低周转天数时，要根据项目的实际情况，并考虑一定的保险系数。如：存货中的外购原材料、燃料的最低周转天数应根据不同来源，考虑运输方式、运输距离、设计储存能力等因素分别确定。在产品的最低周转天数应根据产品生产工艺流程的实际情况确定。

2) 年周转次数计算

年周转次数按下式计算：

$$年周转次数 = \frac{360}{最低周转天数}$$

各类流动资产和流动负债的最低周转天数参照同类企业的平均周转天数并结合项目特点确定，或按部门(行业)规定执行。

3) 流动资产估算

流动资产是指可以在1年或者超过1年的一个营业周期内变现或耗用的资产，主要包括货币资金、短期投资、应收及预付款项、存货、待摊费用等。为简化计算，项目评价中仅考虑存货、应收账款和现金三项，可能发生预付款项的某些项目，还可包括预付款项。

(1) 存货估算。存货是指企业在日常生产经营过程持有以备出售，或者仍然处在生产过程,或者在生产或提供劳务过程中将消耗的材料或物料等,包括各类材料、商品、在产品、半成品、产成品等。为简化计算,项目评价中仅考虑外购原材料、外购燃料、在产品和产成品,对外购原材料和外购燃料通常需要分品种分项进行计算。计算公式为:

$$存货 = 外购原材料 + 外购燃料 + 其他材料 + 在产品 + 产成品$$

$$外购原材料 = \frac{年外购原材料费用}{外购原材料年周转次数}$$

$$外购燃料 = \frac{年外购燃料费用}{外购燃料年周转次数}$$

$$其他材料 = \frac{年外购其他材料费用}{外购其他材料年周转次数}$$

其他材料是指在修理费中核算的备品备件等修理材料,其他材料费用数额不大的项目,也可以不予计算。

$$在产品 = \frac{年外购原材料、燃料、动力费 + 年工资及福利费 + 年修理费 + 年其他制造费用}{在产品年周转次数}$$

$$产成品 = \frac{年经营成本 - 年其他营业费用}{产成品年周转次数}$$

(2)应收账款估算。在项目评价中,应收账款的计算公式为:

$$应收账款 = \frac{年经营成本}{应收账款年周转次数}$$

应收账款的计算也可用营业收入替代经营成本。考虑到实际占用企业流动资金的主要是经营成本范畴的费用,因此选择经营成本有其合理性。

(3)现金估算。项目评价中的现金是指货币资金,即为维持日常生产经营所必须预留的货币资金,包括库存现金和银行存款。项目评价中,现金的计算公式为:

$$现金 = \frac{年工资及福利费 + 年其他费用}{现金年周转次数}$$

其他费用 = 制造费用 + 管理费用 + 营业费用 - 制造费用、管理费用及营业费用中所含的
　　　　　工资及福利费、折旧费、摊销费、修理费

或

其他费用 = 其他制造费用 + 其他营业费用 + 其他管理费用 + 技术转让费 +
　　　　　研究与开发费 + 土地使用税

(4)预付账款估算。预付账款是指企业为购买各类原材料、燃料或服务所预先支付的款项。在项目评价中,预付账款的计算公式为:

$$预付账款 = \frac{预付的各类原材料、燃料或服务年费用}{预付账款年周转次数}$$

4)流动负债估算

流动负债是指将在1年(含1年)或者超过1年的一个营业周期内偿还的债务,包括短期借款、应付账款、预收账款、应付工资、应付福利费、应交税金、应付股利、预提费用等。为简化计算,项目评价中仅考虑应付账款,将发生预收账款的某些项目,还可包括预收账款。

(1) 应付账款估算。应付账款是因购买材料、商品或接受劳务等而发生的债务,是买卖双方在购销活动中由于取得物资与支付货款在时间上不一致而产生的负债。在项目评价中,应付账款的计算公式为:

$$应付账款 = \frac{年外购原材料、燃料、动力和其他材料费用}{应付账款年周转次数}$$

(2) 预收账款估算。预收账款是买卖双方协议商定,由购买方预先支付一部分货款给销售方,从而形成销售方的负债。在项目评价中,预收账款的计算公式为:

$$预收账款 = \frac{预收的营业收入年金额}{预收账款年周转次数}$$

估算流动资金应编制流动资金估算表。

3. 流动资金估算应注意的问题

(1) 在投入物和产出物的成本估算中,采用不含增值税销项税额和进项税额的价格时,进行流动资金估算时应注意将该销项税额和进项税额分别包含在相应的收入和成本支出中。

(2) 项目投产初期所需流动资金在实际工作中应在项目投产前筹措。为简化计算,项目评价中流动资金可从投产第一年开始安排,运营负荷增长,流动资金也随之增加。但采用分项详细估算法估算流动资金时,运营期各年的流动资金数额应依照上述公式分年进行估算,不能简单地按100%运营负荷下的流动资金乘以投产期运营负荷估算。

【**例 2-7**】 某拟建项目第 4 年开始投产,投产后的年生产成本和费用的估算见表 2-4,各项流动资产和流动负债(应付账款)的周转天数见表 2-5。试估算该项目投产阶段需要投入的净运营资金。

年生产成本和费用估算表(单位:万元)　　　　　　　　　　　表 2-4

序号	项目	计算期				
		4	5	6	7	…
1	外购原材料	2055	3475	4125	4125	
2	进口零部件	1087	1208	725	725	
3	外购燃料	13	25	27	27	
4	外购动力	29	48	58	58	
5	工资及福利费	213	228	228	228	
6	修理费	15	15	69	69	
7	折旧费	224	224	224	224	
8	摊销费	70	70	70	70	
9	利息支出	234	196	151	130	
10	其他费用	324	441	507	507	
11	总成本费用	4264	5930	6184	6163	
12	经营成本(第11项 – 第7项 – 第8项 – 第9项)	3736	5440	5739	5739	

注:1. 经营成本是指生产总成本费用中不包括折旧、摊销和利息的支出和费用;

2. 表中的项目是按成本要素列的,其中各项要素费用包括了制造费用、管理费用、财务费用和销售费用中的该要素费用,第 10 项"其他费用"是指扣除了工资及福利费、折旧费、摊销费、修理费和利息支出后的其他费用。

净运营资金和应付账款的最低周转天数(单位:天) 表2-5

序号	项目	最低周转天数	序号	项目	最低周转天数
1	应收账款	40	2.4	在产品	20
2	存货	—	2.5	产成品	10
2.1	原材料	50	3	现金	15
2.2	进口零部件	90	4	应付账款	40
2.3	燃料	60			

解:按以上资料,列表算出净运营资金的需要量和逐年的投入量,详见表2-6。

流动资金估算表(单位:万元) 表2-6

序号	项目	最低周转天数	周转次数	计算期 4	计算期 5	计算期 6	计算期 7	…	对应表2-4的成本费用项目
(一)	流动资产	—	—						
1	应收账款	40	9	415	604	638	638		第12项
2	存货	—	—						
2.1	原材料	50	7.2	285	483	573	573		第1项
2.2	进口零部件	90	4	272	302	181	181		第2项
2.3	燃料	60	6	2	4	5	5		第3项
2.4	在产品	20	18	190	278	290	290		第1项+第2项+第3项+第4项+第5项+第6项
2.5	产成品	10	36	104	151	159	159		第12项
3	现金	15	24	22	28	31	31		第5项+第10项
	小计	—	—	1290	1850	1877	1877		—
(二)	流动负债	—	—						
4	应付账款	40	9	354	528	548	548		第1项+第2项+第3项+第4项
(三)	流动资金(一)-(二)	—	—	936	1322	1329	1329		—
(四)	流动资金本年增加额	—	—	936	386	7	0		

由表2-6可知,投产年初(第4年初)需投入净运营资金936万元;第5年再投入386万元;第6年再投入7万元。第6年后,假定生产已达正常,净运营资金已不再需要投入,始终保持在1329万元。

四、项目总投资与分年投资计划

1. 项目总投资估算表的编制

按投资估算内容和估算方法估算上述各项投资并进行汇总,编制项目总投资估算表,见表2-7。

项目总投资估算表(单位:万元) 表2-7

序 号	费用名称	投资额		估算说明
		合计	其中:外币	
1	建设投资			
1.1	工程费用			
1.1.1	建筑工程费			
1.1.2	设备购置费			
1.1.3	安装工程费			
1.2	工程建设其他费用			
1.3	基本预备费			
1.4	涨价预备费			
2	建设期利息			
3	流动资金			
项目总投资(第1项+第2项+第3项)				

2. 分年投资计划表的编制

估算出项目建设投资、建设期利息和流动资金后,应根据项目计划进度的安排,编制分年投资计划表,见表2-8。该表中的分年建设投资可以作为安排融资计划,估算建设期利息的基础,由此估算的建设期利息列入该表。流动资金本来就是分年估算的,可由流动资金估算表转入。分年投资计划表是编制项目资金筹措计划表的基础。

分年投资计划表(单位:万元) 表2-8

序 号	项 目	人 民 币			外 币		
		第1年	第2年	……	第1年	第2年	……
1	建设投资						
2	建设期利息						
3	流动资金						
项目总投资(第1项+第2项+第3项)							

实际工作中往往将项目总投资估算表、分年投资计划表和资金筹措表合并,编制成"项目总投资使用计划与资金筹措表"。

第二节 成本和费用估算

一、技术经济分析中常用的成本概念

按照《企业会计准则——基本准则》,费用是指企业在日常活动中发生的、会导致所有者权益减少的、与向所有者分配利润无关的经济利益的总流出,费用只有在经济利益很可能流出从而导致企业资产减少或者负债增加,且经济利益的流出额能够可靠计量时才予以确认。企业为生产产品、提供劳务等发生的费用可归属于产品成本、劳务成本;其他符合费用

确认要求的支出,应当直接作为当期损益列入利润表(主要有管理费用、财务费用和营业费用)。在项目财务分析中,为了对运营期间的总费用一目了然,常常将管理费用、财务费用和营业费用这三项期间费用与生产成本合并为总成本费用。这是财务分析相对会计规定所做的不同处理,但并不会因此影响利润的计算。

项目决策分析与评价中,成本与费用按其计算范围不同,可分为单位产品成本和总成本费用;按成本与产量的关系不同,可分为固定成本和可变成本;按会计核算的要求不同,可分为生产成本(或称制造成本)和期间费用;按财务分析的特定要求有经营成本。

1. 总成本费用

总成本费用是指项目(或方案)在一定时期内(一般为1年)为生产和销售产品而花费的全部成本和费用。总成本费用由生产成本、管理费用、财务费用和销售费用组成。

生产成本是为生产产品或提供劳务而发生的各项生产费用,它包括各项直接支出(直接材料、直接工资和其他直接支出)及制造费用。直接材料是指生产中实际消耗的原材料、辅助材料、备品备件、燃料及动力等;直接工资是指直接从事产品生产人员的工资、奖金及补贴;其他直接支出是指直接从事产品生产人员的职工福利费等;制造费用是指为组织和管理生产所发生的各项费用,包括生产单位(分厂、车间)管理人员工资、职工福利费、折旧费、摊销费、修理费及其他制造费用(办公费、差旅费、劳保费等)。

管理费用是指企业行政管理部门为管理和组织经营活动而发生的各项费用,包括管理人员工资和福利费、折旧费、修理费、技术转让费、无形资产和递延资产摊销费及其他管理费用(办公费、差旅费、劳保费等)。

财务费用是指为筹集资金而发生的各项费用,包括生产经营期间发生的利息净支出及其他财务费用(汇兑净损失、银行手续费等)。

销售费用是指为销售产品和提供劳务而发生的各项费用,包括销售部门人员工资、职工福利费、折旧费、修理费、运输费及其他销售费用(广告费、办公费、差旅费等)。

对于运输企业来说,由于其生产特点,没有产品制造费用和产品销售费用,因此把劳动过程中发生的支出,划分为营业成本、管理费用和财务费用。企业在劳动生产过程中发生的燃料、材料、轮胎、备品配件等物质消耗支出,工资性支出,固定资产折旧费、修理费以及与劳动生产有关的各项支出,按照不同的成本计算对象,直接或者分配计入运输、装卸等主营业务成本和其他业务成本。运输成本项目有车辆费用、运营间接费用。车辆费用包括工资及福利费、燃料费、维修费、折旧费、其他费用等。运营间接费用包括车队、车站为管理组织生产所发生的各项费用。

2. 经营成本

经营成本是从投资方案本身考察的,是在一定时期(通常为1年)内由于生产和销售产品及提供劳务而实际发生的现金支出。它不包括虽计入产品成本费用中,但实际没发生现金支出的费用项目。进行技术方案财务分析时,经营成本按下式计算:

经营成本 = 总成本费用 − 折旧费 − 维简费 − 摊销费 − 借款利息

式中,维简费指矿山项目的维简费;摊销费指无形资产和递延资产的摊销费;无形资产按规定期限分期摊销,没有规定期限的,按不少于10年分期摊销。递延资产中的开办费按照不短于5年的期限分期摊销。

3. 平均成本(AC)与边际成本(MC)

平均成本是产品总成本费用(TC)与产品产量(Q)之比,即平均单位产品成本费用。实际工作中,通常取平均成本作为单位产品成本。边际成本是指每增加一个单位的产品产量所增加的成本。例如生产第 1 个产品时成本为 100 元,而生产两个产品时成本为 130 元,则增加第 2 个单位产品时,成本增加了 30 元,这 30 元就是第 2 个产品的边际成本。边际成本是经济分析中一个很重要的概念。

4. 机会成本

机会成本又称经济成本,它是指利用一定资源获得某种收益时放弃的其他可能的最大收益,或者说它是指生产要素用于某一用途而放弃其他用途时所付出的代价。例如,一定量的某种资源(如资金)用于甲项目投资,就必须要放弃乙项目的投资机会,则乙项目的可能收益即为甲项目的机会成本。

机会成本与资源稀缺性紧密相关。社会在一定时期内资源可供量是有限的,而人类的需求是无限的,这就决定了人类必须对有限的资源如何满足多种需要作出选择,于是便产生了机会成本的概念。在经济分析中,只有充分考虑了某种资源用于其他用途的潜在收益时,才能作出正确决策,使资源得以有效利用。

5. 沉没成本

沉没成本是指过去已经支出而现在无法得到补偿的成本。例如已使用多年的设备,其沉没成本是指设备的账面净值与其现时市场价值之差。

经济活动在时间上是具有连续性的,但从决策的角度看,以往所产生的费用只是造成当前状态的一种因素,当前状态是决策的出发点,当前决策所要考虑的是未来可能发生的费用及所能带来的收益,不考虑以往发生的费用。如在评价两个设备更新方案的得失时,旧设备的账面净值与其现时市场价值之差是一种沉没成本,与选择新设备的更新决策无关。又如一个半途停工下马的工程,现在想恢复建设,此时只考虑从现在起还要再投入的资源及可得到的利益,而不考虑从前已经花费在这"半截工程"上的资源。

6. 可变成本与固定成本

产品成本费用按其与产量变化的关系分为可变成本、固定成本与半可变(半固定)成本。在产品总成本费用中,有一部分费用随产量的增减而成比例地增减,称为可变成本费用(简称可变成本),如原材料费用、计件工资形式下的生产工人工资等。另一部分费用在一定产量范围内与产量的多少无关,称为固定成本,如固定资产折旧费、管理费用等。还有一些费用,虽然也随产量增减而变化,但不是成比例地变化,称为半可变成本。通常将半可变成本进一步分解为可变成本与固定成本。因此,产品总成本费用最终可划分为可变成本和固定成本。

7. 维持运营的投资费用

在运营期内发生的固定资产更新费用和矿产资源开发项目的开拓延伸费用等,应计作维持运营的投资费用,并在现金流量表中将其作为现金流出,同时应适当调整相关报表。

二、总成本费用估算

1. 总成本费用构成与计算式

总成本费用是指在一定时期(项目评价中一般指 1 年)为生产和销售产品或提供服务而

发生的全部费用。财务分析中总成本费用的构成和计算通常由以下两种公式表达。

1)生产成本加期间费用法

总成本费用 = 生产成本 + 期间费用

其中：

生产成本 = 直接材料费 + 直接燃料和动力费 + 直接工资或薪酬 + 其他直接支出 + 制造费用

期间费用 = 管理费用 + 财务费用 + 营业费用

在项目评价中，财务费用一般只考虑利息支出，因此上式可改写为：

期间费用 = 管理费用 + 利息支出 + 营业费用

采用这种方法一般需要先分别估算各种产品的生产成本，然后与估算的管理费用、利息支出和营业费用相加。

2)生产要素估算法

总成本费用 = 外购原材料、燃料及动力费 + 工资或薪酬 + 折旧费 + 摊销费 + 修理费 + 利息支出 + 其他费用

在企业财务核算中，制造费用、管理费用和营业费用中均包括多项费用，且行业间不尽相同。为了估算简便，财务分析中可将其归类估算，上式其他费用系指由这三项费用中分别扣除工资或薪酬、折旧费、摊销费、修理费以后的其余部分。

生产要素估算法是从估算各种生产要素的费用入手，汇总得到项目总成本费用，而不管其具体应归集到哪个产品上。即将生产和销售过程中消耗的全部外购原材料、燃料及动力等费用要素加上全部工资或薪酬、当年应计提的全部折旧费、摊销费以及利息支出和其他费用，构成项目的总成本费用。采用这种估算方法，不必考虑项目内部各生产环节的成本结转，同时也较容易计算可变成本、固定成本和增值税进项税额。

2. 总成本费用各分项的估算要点

下面以生产要素估算法总成本费用构成公式为例，分步说明总成本费用各分项的估算要点。

1)外购原材料、燃料动力费

进行外购原材料和燃料动力费的估算，需要以下基础数据：

(1)相关专业所提出的外购原材料和燃料动力年耗用量。

(2)选定价格体系下的预测价格，应按入库价格计算，即到厂价格并考虑途库损耗；或者按到厂价格计算，同时把途库损耗换算到年耗用量中。

(3)适用的增值税税率，以便估算进项税额。

2)工资或薪酬

工资及福利费是成本费用中反映劳动者报酬的项目，是指企业为获得职工提供的服务而给予各种形式的报酬以及福利费，通常包括职工工资、奖金、津贴和补贴以及职工福利费。

按照生产要素估算法估算总成本费用时，所采用的职工人数为项目全部定员。

执行《企业会计准则——基本准则》的项目(企业)，应当用"职工薪酬"代替"工资和福利费"。职工薪酬包括：①职工工资、奖金、津贴和补贴；②职工福利费；③医疗保险费、工伤保险费和生育保险费等社会保险费；④住房公积金；⑤工会经费和职工教育经费；⑥非货币

性福利;⑦因解除与职工的劳动关系给予的补偿;⑧企业为获得职工提供的服务而给予的其他各种形式的报酬或补偿。

可见,职工薪酬包含的范围大于工资和福利费,例如原在管理费用中核算的由企业缴付的社会保险费和住房公积金以及工会经费和职工教育经费等都属于职工薪酬的范畴。实际工作中,当用"职工薪酬"代替"工资和福利费"时,应注意核减相应的管理费用。

3) 固定资产原值和折旧费

(1) 固定资产与固定资产原值。

我国《企业会计制度》规定,固定资产是指企业使用期限超过1年的房屋、建筑物、机器、机械、运输工具以及其他与生产经营有关的设备、器具、工具等。不属于生产经营主要设备的物品,单位价值在2000元以上,并且使用年限超过2年的,也应当作固定资产。

现行财务制度规定,应计提折旧的固定资产有:房屋及建筑物,在用的机器设备、仪器仪表、运输车辆及工具器具等,季节性停用及修理停用的设备,融资租入和以经营租赁方式租出的固定资产。不计提折旧的固定资产有:未使用或不需用的机器设备、以经营租赁方式租入的固定资产,在建工程项目交付使用以前的固定资产,已提足折旧仍继续使用的固定资产,按规定单独作价作为固定资产入账的土地等。

计算折旧,需要先计算固定资产原值。固定资产原值是指项目投产时(达到预定可使用状态)按规定由投资形成固定资产的价值,包括:工程费用(设备购置费、安装工程费、建筑工程费)和工程建设其他费用中应计入固定资产原值的部分(也称固定资产其他费用)。预备费通常计入固定资产原值。按相关规定建设期利息应计入固定资产原值。

特别应注意,我国自2009年实施增值税转型改革后,允许抵扣部分固定资产进项税额,该部分可抵扣的固定资产进项税额不得计入固定资产原值。

按照生产要素估算法估算总成本费用时,需要按项目全部固定资产原值计算折旧。

(2) 固定资产折旧。

折旧指的是实物资产随着时间流逝和使用消耗在价值上的减少。更具体地说,折旧是一个会计上的概念,它确立了一项对税前收益的年(季、月)度抵减值,这样,时间流逝和使用消耗对一项资产在价值上的影响就可以反映在公司的财务报告中了。在资产实际经济寿命年限内,年度的抵减折旧额应尽量与该年用于创造收入而使用资产消耗价值部分相匹配,直到一项资产不再使用,实际的折旧数目才能确定。此外,由于折旧是一项非现金流出,它可以影响所得税额,所以在进行税后工程经济研究时,必须要对其加以合理地考虑。

固定资产折旧是指在固定资产使用寿命内,按照确定的方法对应计折旧额进行的系统分摊。从本质上讲,折旧也是一种费用,只不过该费用没在计提期间付出实实在在的货币资金,但这种费用是前期已经发生的支出,而这种支出的收益在资产投入使用后的有效使用期内实现,即它是当期的费用,但不是当期的现金流出。

企业一般应当按月提取折旧,当月增加的固定资产,当月不提折旧,从下月起计提折旧;当月减少的固定资产,当月照提折旧,从下月起不提折旧。固定资产提足折旧后,不管能否继续使用,均不再提取折旧;提前报废的固定资产,也不再补提折旧。在财务分析中,折旧费通常按年计列。按生产要素法估算总成本费用时,固定资产折旧费可直接列支于总成本费用。符合税法的折旧费允许在所得税前列支。

固定资产的折旧方法可在税法允许的范围内由企业自行确定。在投资项目计算期的现金流量表中，折旧费并不构成现金流出，但是在估算利润总额和所得税时，它们是总成本费用的组成部分。从企业角度看，折旧的多少与快慢并不代表企业的这项费用的实际支出的多少与快慢。因为它们本身就不是实际的支出，而只是一种会计手段，把以前发生的一次性支出在年度(或季度、月份)中进行分摊，以核算与年(季、月)应缴付的所得税和可以分配的利润。因此，一般说来，企业总希望多提和快提折旧费以期少交和慢交所得税；另一方面，从政府角度看，也要防止企业的这种倾向，保证正常的税收来源。因此，对折旧的计算，国家作出了明确的规定。

按照我国财务制度相关规定，企业固定资产折旧方法，一般应采用平均年限法，即直线法和工作量法折旧。企业专业车队的客、货运汽车、大型设备，可以采用工作量法折旧。在国民经济中具有重要地位、技术进步快的电子生产企业、船舶工业企业、生产"母机"的机械企业、飞机制造企业、汽车制造企业、化工生产企业和医药生产企业以及其他经财政部批准的特殊行业的企业，其机器设备可以采用双倍余额递减法或者年数总和法等快速折旧法，以促进设备更新和技术进步。

无论采用哪种折旧方法，都要考虑固定资产原值、固定资产净残值、固定资产折旧年限3个因素。

①固定资产原值：固定资产原值为取得固定资产的原始成本，即固定资产的账面原价。

②固定资产净残值：固定资产净残值是指预计的固定资产报废时可以收回的残余价值扣除预计清理费用后的数额。固定资产的净残值比例在其原价5%以内的，由企业自行确定。

③固定资产折旧年限：固定资产折旧年限的长短直接影响各期应提的折旧额。企业应根据国家的有关规定，结合本企业的具体情况，合理确定固定资产的折旧年限。

实际中采用的具体折旧计算方法如下：

①直线折旧法。直线折旧法是在设备的规定期限内，平均地分摊设备价值。用公式表示为：

$$D = \frac{K_0 - S}{T} \tag{2-6}$$

$$d = \frac{D}{K_0} \tag{2-7}$$

式中：D——年设备折旧额；

d——设备折旧率；

K_0——设备原始价值；

S——设备残余价值；

T——设备最佳使用年限，在我国用规定年限代替。

直线折旧法计算简便，但折旧速度慢。如果在设备使用期内，设备负荷、开动时间与利用强度等基本相同，由设备得到的经济效益也较均衡时，使用直线折旧法较适宜。而对某些使用期内磨损量变化较大，使用不均衡的设备，这种方法不甚合理。

②定率递减余额法。这种方法是用固定的折旧率乘以扣除累计折旧额后的设备净值。计

算中,折旧率不变,设备净值逐年递减,折旧额也逐年递减,最后产生一个余额。计算公式为:

$$D_m = K_0(1-d)^{m-1}d \tag{2-8}$$

$$d = 1 - \sqrt[T]{\frac{S}{K_0}} \tag{2-9}$$

式中:D_m——第 m 年折旧额。

这种方法虽为加速折旧法,但折旧率计算较麻烦,且会产生余额。

③双倍递减余额法。这种方法采用的折旧率按直线法残值为零时的折旧率的两倍($2/T$)计算,逐年的折旧基数按设备的原值减去累计折旧额后的净值计算。计算公式为:

$$D_m = K_0\left(1-\frac{2}{T}\right)^{m-1}\frac{2}{T} \tag{2-10}$$

为了使折旧总额分摊完,到一定年数后,要改用直线法。当设备使用年数为奇数时,改用直线法的年数为 $T/2+3/2$;当设备使用年数为偶数时,改用直线法的年数为 $T/2+2$。

④年数总和法。这种方法是根据折旧总额乘以递减系数来确定折旧额。设备在最佳使用期内第 m 年度的递减系数(即当年折旧率)为:

$$d_m = \frac{T+1-m}{\frac{T(T+1)}{2}} \tag{2-11}$$

第 m 年的折旧额为:

$$D_m = (K_0 - S)d_m \tag{2-12}$$

这种方法适用于设备修理及维修费,随使用年数而有规律增加的情况。

后三种方法属加速折旧法,其共同特点是:在整个使用期内,前期设备效能高,经济效益好,多提折旧;后期设备效能低,经济效益下降,少提折旧。加速折旧法不仅符合设备的实际情况,而且使企业成本分摊趋于均匀,成本与收益更好地配合;能够较快地回收资金,减少或少冒投资风险,推迟交纳所得税;在使用设备早期,具有较多自我改造和自我发展的潜力,而后期具有较大吸收消化物价上涨的能力和较强的竞争能力。

⑤偿债基金法。这是一种动态折旧法。把每年的折旧额看作年金,折旧完毕时,各年折旧额本利之和即为折旧总额。计算公式为:

$$D = (K_0 - S) \times \frac{i}{(1+i)^T - 1} \tag{2-13}$$

式中:i——年利率。

⑥年金法。这也是一种动态折旧法。将残值折算成现值,利用年金系数计算每年折旧提取额,计算公式为:

$$D = \left[K_0 - \frac{S}{(1+i)^T}\right] \times \frac{i(1+i)^T}{(1+i)^T - 1} \tag{2-14}$$

以下举例说明各种折旧方法的应用及特点。

【例 2-8】 某型号数字控制装置价值为 20000 元,残值率为 10%,使用年限为 6 年,计算年折旧额、折旧率如下。

解:①按直线折旧法计算:

年折旧额　　　　$D = \dfrac{K_0 - S}{T} = \dfrac{20000 - 2000}{6} = 3000（元）$

年折旧率　　　　$d = \dfrac{D}{K_0} \times 100\% = \dfrac{3000}{20000} \times 100\% = 15\%$

②按双倍递减余额法计算：

双倍递减余额法的折旧率取直线折旧法的两倍，即 $d = 30\%$，改用直线折旧法的年数为 $6/2 + 2 = 5$ 年。各年折旧额计算见表2-9。

双倍递减余额法计算表（单位:元）　　　　　　　　表2-9

年　度	设 备 净 值	折 旧 额
1	20000	$20000 \times 30\% = 6000$
2	$20000 - 6000 = 14000$	$14000 \times 30\% = 4200$
3	$14000 - 4200 = 9800$	$9800 \times 30\% = 2940$
4	$9800 - 2940 = 6860$	$6860 \times 30\% = 2058$
5	$6860 - 2058 = 4802$	$(4802 - 2000) \times 1/2 = 1401$
6	$4802 - 1401 = 3401$	1401

③按年数总和法计算：各年折旧额计算见表2-10。

年数总和法计算表（单位:元）　　　　　　　　表2-10

年　度	递 减 系 数	折 旧 额
1	6/21	$18000 \times 6/21 = 5142.9$
2	5/21	$18000 \times 5/21 = 4285.7$
3	4/21	$18000 \times 4/21 = 3428.6$
4	3/21	$18000 \times 3/21 = 2571.4$
5	2/21	$18000 \times 2/21 = 1714.3$
6	1/21	$18000 \times 1/21 = 857.1$
合计	21/21	18000

④按定率递减余额法计算：

年折旧率　　　　$d = 1 - \sqrt[T]{\dfrac{S}{K_0}} = 1 - \sqrt[6]{\dfrac{2000}{20000}} = 32\%$

各年折旧额计算见表2-11。

定率递减余额法计算表（单位:元）　　　　　　　　表2-11

年　度	年初设备净值	折 旧 额
1	20000	$20000 \times 32\% = 6400$
2	$20000 - 6400 = 13600$	$13600 \times 32\% = 4352$
3	$13600 - 4352 = 9248$	$9248 \times 32\% = 2959.4$

续上表

年 度	年初设备净值	折 旧 额
4	9248 − 2959.4 = 6288.6	6288.6 × 32% = 2012.4
5	6288.6 − 2012.4 = 4276.2	4276.2 × 32% = 1368.4
6	4276.2 − 1368.4 = 2907.8	2907.8 × 32% = 930.5

表 2-12 分别比较了 4 种折旧方法前 3 年折旧额之和及前 3 年可回收投资比例。由此可比较各种折旧方法的速度快慢。

各种方法前 3 年可回收投资比例比较　　表 2-12

方法	直线折旧法	双倍递减余额法	年数总和法	定率递减余额法
前 3 年折旧额之和(元)	9000	13140	12857.2	13711.4
前 3 年可回收投资比例	45%	65.7%	64.29%	68.56%

4）固定资产修理费

固定资产修理费是指为保持固定资产的正常运转和使用，充分发挥其使用效能，在运营期内对其进行必要修理所发生的费用，按其修理范围的大小和修理时间间隔的长短可以分为大修理和中小修理。

项目决策分析与评价中修理费可直接按固定资产原值(扣除所含的建设期利息)的一定百分比估算，百分数的选取应考虑行业和项目特点。

按照生产要素估算法估算总成本费用时，计算修理费的基数应为项目全部固定资产原值(扣除所含的建设期利息)。

5）无形资产摊销费

无形资产是指企业拥有或者控制的没有实物形态的可辨认非货币性资产，包括专利权、非专利技术、商标权、著作权、土地使用权和特许权等。在项目决策分析与评价中，可以将项目投资中所包括的专利及专有技术使用费、土地使用权费、商标权费等费用直接转入无形资产原值。但房地产开发企业开发商品房时，相关的土地使用权账面价值应当计入所建造的房屋建筑物成本。

按照有关规定，无形资产从开始使用之日起，在有效使用期限内平均摊入成本。法律和合同规定了法定有效期限或者受益年限的，摊销年限可从其规定，同时注意摊销年限应符合税法关于所得税前扣除的有关要求。无形资产的摊销一般采用年限平均法，不计残值。

6）其他资产摊销费

其他资产原称递延资产，是指除固定资产、无形资产和流动资产之外的其他资产。关于建设投资中哪些费用可转入其他资产，有关制度和规定中不完全一致。项目决策分析与评价中可将生产准备费、办公和生活家具购置费等开办费性质的费用直接形成其他资产。其他资产的摊销也采用年限平均法，不计残值，其摊销年限应注意符合税法的要求。

7）其他费用

其他费用包括其他制造费用、其他管理费用和其他营业费用三项，是指由制造费用、管理费用和营业费用中分别扣除工资或薪酬、折旧费、摊销费和修理费等以后的其余部分。

（1）其他制造费用。制造费用是产品生产成本的重要组成部分。制造费用指企业为生产产品和提供劳务而发生的各项间接费用,但不包括企业行政管理部门为组织和管理生产经营活动而发生的管理费用。

(2)其他管理费用。管理费用是指企业行政管理部门为组织和管理企业生产经营活动所发生的费用。为了简化计算,在项目决策分析与评价中,将管理费用归类为行政管理部门管理人员工资或薪酬、折旧费、无形资产和其他资产摊销费、修理费和其他管理费用几部分。其他管理费用是指由管理费用中扣除工资或薪酬、折旧费、摊销费、修理费以后的其余部分。

(3)其他营业费用。营业费用是指企业在销售商品过程中发生的各项费用以及专设销售机构的各项经费,还包括企业委托其他单位代销产品时所支付的委托代销手续费。为了简化计算,在项目决策分析与评价中,将营业费用归为工资或薪酬、折旧费、修理费和其他营业费用几部分。其他营业费用是指由营业费用中扣除工资或薪酬、折旧费和修理费后的其余部分。

8)利息支出

根据现行财税规定,可以列支于总成本费用的是财务费用,是指企业为筹集所需资金等而发生的费用,包括利息支出(减利息收入)、汇兑损失(减汇兑收益)以及相关的手续费等。在项目决策分析与评价中,一般只考虑利息支出。利息支出的估算包括长期借款利息(即建设投资借款在投产后需支付的利息)、用于流动资金的借款利息和短期借款利息三部分。

(1)建设投资借款利息。建设投资借款一般是长期借款。建设投资借款利息是指建设投资借款在还款起始年初(通常也是运营期初)的余额(含未支付的建设期利息)应在运营期支付的利息。

建设投资借款还本付息方式要由借贷双方约定,通行的还本付息方法主要有等额还本付息和等额还本、利息照付两种,有时也可约定采取其他方法。

(2)流动资金借款利息。项目评价中估算的流动资金借款从本质上说应归类为长期借款,但财务分析中往往设定年终偿还,下年初再借的方式,并按一年期利率计息。

现行银行流动资金贷款期限分为短期(1年以内)、中期(1~3年),财务分析中也可以根据情况选用适当的利率。

在财务分析中,对流动资金的借款偿还一般设定在计算期最后一年,也可在还完建设投资借款后安排。流动资金借款利息一般按当年初流动资金借款余额乘以相应的借款年利率计算。

(3)短期借款利息。项目决策分析与评价中的短期借款是指项目运营期间为了满足资金的临时需要而发生的短期借款,短期借款的数额应在财务计划现金流量表中有所反映,其利息应计入总成本费用表的利息支出中。计算短期借款利息所采用的利率一般可为一年期借款利率。短期借款的偿还按照随借随还的原则处理,即当年借款尽可能于下年偿还。

三、成本费用估算有关的表格

在分项估算上述各成本费用科目的同时,应编制相应的成本费用估算表,包括总成本费用估算表和各分项成本费用估算表,这些报表都属于财务分析的辅助报表。比如M项目建设期2年,运营期6年,按生产要素估算法的总成本费用表参考格式见表2-13。为了编制总成本费用估算表,还需配套编制下列表格:外购原材料费估算表、外购燃料和动力费估算表、固定资产折旧费估算表、无形资产和其他资产摊销费估算表、长期借款利息估算表(可与借款还本付息计划表合二为一)等。这些表格的编制应符合有关规定,并体现行业特点。

总成本费用估算表(单位:万元)　　　　　表 2-13

序号	项　目	运营期					
		3	4	5	6	7	8
	生产负荷	90%	100%	100%	100%	100%	100%
1	外购原材料	26471	29413	29413	29413	29413	29413
2	外购辅助材料	882	980	980	980	980	980
3	外购燃料	6630	7366	7366	7366	7366	7366
4	外购动力	4723	5247	5247	5247	5247	5247
5	工资及福利费	2720	2720	2720	2720	2720	2720
6	修理费	8915	8915	8915	8915	8915	8915
7	其他费用	7681	7936	7936	7936	7936	7936
8	其中:其他营业费用	2298	2553	2553	2553	2553	2553
9	经营成本(第1项+第2项+第3项+第4项+第5项+第6项+第7项)	58022	62578	62578	62578	62578	62578
10	折旧费	37589	37589	37589	37589	37589	37589
11	摊销费	733	733	733	733	733	733
12	利息支出	9998	8664	7180	5629	3985	2242
13	总成本费用合计(第8项+第9项+第10项+第11项)	106342	109543	108080	106529	104885	103032
14	其中:可变成本(第1项+第2项+第3项+第4项+第8项)	41003	45559	45559	45559	45559	45559
15	固定成本(第5项+第6项+第7项−第8项+第9项+第10项+第11项)	65338	63984	62521	60970	59326	57473

注:1. 此例的产品销售委托营销公司,并按产品量收取费用,故其他营业费用全部为可变成本;

2. 表中利息包括应计入总成本费用的全部利息;

3. 表中固定资产折旧年限为6年,无形资产摊销,除场地使用权摊销年限为50年外,其余为6年,其他资产摊销年限为5年;

4. 表中相关数据采用不含税价格计算。

现行的财务会计制度是按成本项目进行成本和费用核算的,由若干个相对独立的成本中心或费用中心分别核算生产成本(为简化起见,在项目分析时,假定当期生产的全部销售,其销售成本就等于生产成本)、销售费用和管理费用。同一投入要素分别在不同的项目中加以记录和核算。这种核算方法的优点是简化了核算过程,便于成本核算的管理;缺点是看不清各种投入要素的比例。特别要指出的是,有些成本和费用要素在性质上与一般的投入要素不同,在投资分析中要做特殊的处理。为此,有必要按成本要素列出总成本费用。需要注意的是,这里的折旧费包括生产成本制造费用中的折旧费和矿山维护费,也包括管理费用和销售费用中的折旧费。工资及福利费和外购原材料、燃料动力费也是如此。

折旧费和摊销费不是一种经常性的实际支出,它们是以前一次性投资支出的分摊。在按年计算成本费用、利润和所得税时,显然应把它们看作是成本费用的组成部分。但是,从项目整个投资周期看,固定资产、无形资产和递延资产的投资都已作为一次性的支出,所以就不能再把折旧和摊销看作是支出,否则会发生重复计算。利息支出也是一种实际支出,在新财务会计制度下,实行的是税后还贷,借款的本金(包括融资租赁的租赁费)要用税后利润和折旧来归还,而生产经营期的利息可计入财务费用。在考察全部投资(包括自有资金及债务资金)时,利息无疑也是投资收益的组成部分,因此也不能把它再看作支出。根据上述理由,将在总成本费用中剔除折旧费、摊销费和利息支出后留存的经营性实际支出定义为经营成本。

第三节　投资项目的收益估算

销售收入是盈利性工程项目的主要收益项目。本节主要讨论收入、成本和利税的关系以及利润和主要税金的计算方法。

一、营业收入与补贴收入估算

投资项目建成并投入生产经营后,投资者最关心的是尽可能快地收回投资并获取尽可能多的利润。因此,首先应明确通过什么途径才能估算出投资的收益。项目收入、成本、利润和税金的关系如图2-2所示,该图是简化了的按成本要素列的总成本费用与销售收入和利润分配关系。这里忽略了营业外的收入和支出,也不考虑企业的其他投资收益,因此利润总额就等于销售利润。

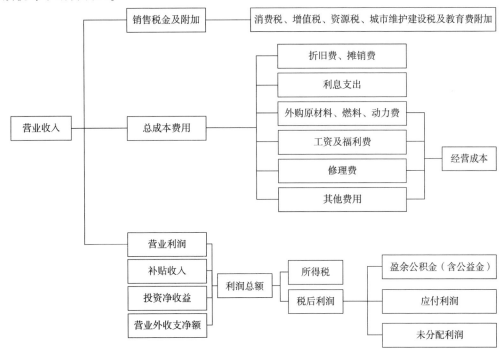

图2-2　销售收入、总成本费用与利润关系示意图

1. 营业收入估算

根据《企业会计准则——基本准则》中的定义,收入是指企业在销售商品、提供劳务及他人使用本企业资产等日常活动中所形成的经济利益的总流入,具体包括商品销售收入、劳务收入、使用费收入、股利收入及利息收入等。收入是企业利润的主要来源。这里的经济利益是指直接或间接流入企业的现金或现金等价物。

营业收入是指销售产品或提供服务所取得的收入,通常是项目财务效益的主要部分。工程项目经济分析中的收入主要是指项目投入运行后,提供的销售收入或劳务收入。商品销售收入主要包括工业企业销售生产的产品以及销售其他的存货如原材料、包装物等所取得的收入,商业企业销售采购的商品所取得的收入。劳务收入包括提供建筑、旅游、运输、饮食、广告、理发、照相、洗染、咨询、代理、培训、产品安装等所取得的收入。

在项目决策分析与评价中,估算营业收入通常假定当年的产品(实际指商品,等于产品扣除自用量后的余额)当年全部销售,也就是当年商品量等于当年销售量。

营业收入估算的具体要求有以下几条。

1) 合理确定运营负荷

计算营业收入,首先要正确估计各年运营负荷(或称生产能力利用率、开工率)。运营负荷是指项目运营过程中负荷达到设计能力的百分比,它的高低与项目复杂程度、产品生命周期、技术成熟程度、市场开发程度、原材料供应、配套条件、管理因素等都有关系。在市场经济条件下,如果其他方面没有大的问题,运营负荷的高低应主要取决于市场。在项目决策分析与评价阶段,通过对市场和营销策略所作研究,结合其他因素研究确定分年运营负荷,作为计算各年营业收入和成本费用的基础。

运营负荷的确定一般有两种方式:一是经验设定法,即根据以往项目的经验,结合该项目的实际情况,粗估各年的运营负荷,以设计能力的百分比表示。常见的做法是设定一段低负荷的投产期,以后各年均按达到年设计能力计,见【例2-9】;二是营销计划法,通过制订详细的分年营销计划,确定各种产出各年的生产量和商品量。项目的运营负荷可能先低后高,再降低,也可能是其他形式。根据项目和产品的具体情况,也有的始终达不到年设计能力,例如季节性强的产品生产项目。

2) 合理确定产品或服务的价格

为提高营业收入估算的准确性,应遵循前述稳妥原则,采用适宜的方法,合理确定产品或服务的价格。

对于某些基础设施项目,其提供服务的价格或收费标准有时需要通过由成本加适当利润的方式来确定,或者根据政府调控价格确定。

3) 多种产品分别估算或合理折算

对于生产多种产品和提供多项服务的项目,应分别估算各种产品及服务的营业收入。对那些不便于按详细品种分类计算营业收入的项目,也可采取折算为标准产品的方法计算营业收入。

4) 编制营业收入估算表

营业收入估算表的格式可随行业和项目而异。项目的营业收入估算表格既可单独给出,也可同时列出各种应纳营业税金及附加以及增值税。

【例 2-9】 某拟建项目(以下简称 M 项目),建设期 2 年,运营期 6 年。根据市场需求和同类项目生产情况,计划投产当年生产负荷达到 90%,投产后第二年及以后各年均为 100%。该项目拟生产 4 种产品,产品价格采用预测的投产期初价格(不含增值税销项税额,以下简称不含税价格),营业收入估算详见表 2-14。

M 项目营业收入估算表　　　　　　表 2-14

序号	项目	年销量(t)	单价(元/t)	运营期收入(万元)					
				3	4	5	6	7	8
1	产品 A	330000	2094	62192	69102	69102	69102	69102	69102
2	产品 B	150000	2735	36923	41025	41025	41025	41025	41025
3	产品 C	50000	3419	15386	17095	17095	17095	17095	17095
4	产品 D	6300	684	388	431	431	431	431	431
生产负荷				90%	100%	100%	100%	100%	100%
营业收入合计				114888	127653	127653	127653	127653	127653

注:1. 本表产品价格采用不含税价格,即营业收入以不含税价格表示;

2. 表中数字加和尾数有可能不对应,系计算机自动取整所致。以下表格都可能有此问题,不再重复说明。

2. 补贴收入估算

根据《企业会计准则——基本准则》,将企业从政府无偿取得货币性资产或非货币性资产称为政府补助,并按照是否形成长期资产区分为与资产相关的政府补助和与收益相关的政府补助。在项目财务分析中,作为运营期财务效益核算的往往是与收益相关的政府补助,主要用于补偿项目建成(企业)以后期间的相关费用或损失。这些补助在取得时应确认为递延收益,在确认相关费用的期间计入当期损益(营业外收入)。

由于在项目财务分析中通常可忽略营业外收入科目,特别是非经营性项目财务分析往往需要推算为了维持正常运营或实现微利所需的政府补助,客观上需要单列一个财务效益科目,可称其为"补贴收入"。

二、税费估算

1. 注意事项

财务分析中涉及多种税费的估算,不同项目涉及的税费种类和税率可能各不相同。税费计取得当是正确估算项目费用乃至净效益的重要因素。要根据项目的具体情况选用适宜的税种和税率。这些税金及相关优惠政策会因时而异,部分会因地而异,项目评价时应密切注意当时、当地的税收政策,适时调整计算,使财务分析比较符合实际情况。

2. 财务分析涉及的税费种类和估算要点

财务分析中涉及的税费主要包括增值税、营业税(已退出)、消费税、资源税、所得税、关税、城市维护建设税和教育费附加等,有些行业还涉及土地增值税、矿产资源补偿费、石油特别收益金和矿区使用费等。此外还有车船税、房产税、土地使用税、印花税和契税等。进行财务分析时应说明税种、征税方式、计税依据、税率等,如有减免税优惠,应说明减免依据及减免方式。在会计处理上,营业税、消费税、资源税、土地增值税、城市维护建设税、教育费附加和地方教育附加等包含在"营业税金及附加"科目中。

1) 增值税

对适用增值税的项目,财务分析应按税法规定计算增值税。

自2009年1月1日起,我国开始施行2008年11月颁布的《中华人民共和国增值税暂行条例》(中华人民共和国国务院令第538号),由过去的生产型增值税改革为消费型增值税,允许抵扣规定范围的固定资产进项税额。2017年10月30日,国务院第191次常务会议通过《国务院关于废止〈中华人民共和国营业税暂行条例〉和修改〈中华人民共和国增值税暂行条例〉的决定》。2017年11月19日,以中华人民共和国国务院令第691号公布。

《中华人民共和国增值税暂行条例》规定,在中华人民共和国境内销售货物或者加工、修理修配劳务(以下简称劳务)、销售服务、无形资产、不动产以及进口货物的单位和个人,为增值税的纳税人,应当依照本条例缴纳增值税。纳税人销售货物、劳务、服务、无形资产、不动产(以下统称应税销售行为),应纳税额为当期销项税额抵扣当期进项税额后的余额。应纳税额计算公式为:

$$应纳税额 = 当期销项税额 - 当期进项税额$$

当期销项税额小于当期进项税额不足抵扣时,其不足部分可以结转下期继续抵扣。

纳税人发生应税销售行为,按照销售额和本条例第二条规定的税率计算收取的增值税额,为销项税额。销项税额计算公式为:

$$销项税额 = 销售额 \times 税率$$

销售额为纳税人发生应税销售行为收取的全部价款和价外费用,但是不包括收取的销项税额。销售额以人民币计算。纳税人以人民币以外的货币结算销售额的,应当折合成人民币计算。

纳税人购进货物、劳务、服务、无形资产、不动产支付或者负担的增值税额,为进项税额。下列进项税额准予从销项税额中抵扣:

(1)从销售方取得的增值税专用发票上注明的增值税额。

(2)从海关取得的海关进口增值税专用缴款书上注明的增值税额。

(3)购进农产品,除取得增值税专用发票或者海关进口增值税专用缴款书外,按照农产品收购发票或者销售发票上注明的农产品买价和11%的扣除率计算的进项税额,国务院另有规定的除外。进项税额计算公式为:

$$进项税额 = 买价 \times 扣除率$$

(4)自境外单位或者个人购进劳务、服务、无形资产或者境内的不动产,从税务机关或者扣缴义务人取得的代扣代缴税款的完税凭证上注明的增值税额。

准予抵扣的项目和扣除率的调整,由国务院决定。

纳税人购进货物、劳务、服务、无形资产、不动产,取得的增值税扣税凭证不符合法律、行政法规或者国务院税务主管部门有关规定的,其进项税额不得从销项税额中抵扣。

下列项目的进项税额不得从销项税额中抵扣:

(1)用于简易计税方法计税项目、免征增值税项目、集体福利或者个人消费的购进货物、劳务、服务、无形资产和不动产。

(2)非正常损失的购进货物,以及相关的劳务和交通运输服务。

(3)非正常损失的在产品、产成品所耗用的购进货物(不包括固定资产)、劳务和交通运输服务。

(4)国务院规定的其他项目。

我国从2011年开始进行营业税改征增值税改革(简称营改增)的试点。从2016年5月1日起,将试点范围扩大到建筑业、房地产业、金融业、生活服务业,并将所有企业新增不动产所含增值税纳入抵扣范围。因此,在财务分析中,应按规定正确计算可抵扣固定资产增值税。

2)营业税

对适用营业税的项目,在进行财务分析时应按税法规定计算营业税。

我国自2009年1月1日起施行新修订的《中华人民共和国营业税暂行条例》(中华人民共和国国务院令第540号),其中规定:在中华人民共和国境内提供本条例规定的劳务、转让无形资产或者销售不动产的单位和个人,为营业税的纳税人,应当依照本条例缴纳营业税。营业税的税目、税率,依照本条例所附的《营业税税目税率表》执行。纳税人提供应税劳务、转让无形资产或者销售不动产,按照营业额和规定的税率计算应纳税额。应纳税额计算公式为:

$$应纳税额 = 营业额 \times 税率$$

2017年11月19日,中华人民共和国国务院令第691号公布《国务院关于废止〈中华人民共和国营业税暂行条例〉和修改〈中华人民共和国增值税暂行条例〉的决定》,营业税全面退出。

3)消费税

我国对部分货物征收消费税。项目评价中涉及适用消费税的产品或进口货物时,应按税法规定计算消费税。

4)土地增值税

土地增值税是按转让房地产(包括转让国有土地使用权、地上的建筑物及其附着物)取得的增值额征收的税种,房地产项目应按规定计算土地增值税。

5)资源税

资源税是国家对开采特定矿产品或者生产盐的单位和个人征收的税种。当前对资源税的征收大多采用从量计征方式,但对原油和天然气等采用从价计征的方式,将来有可能对资源税的计征方式进行全面改革。

6)企业所得税

企业所得税是企业依照税法的规定,针对其生产经营所得和其他所得,按规定的税率计算、缴纳的税款。

(1)企业所得税的计算。企业所得税是以应纳税所得额与企业适用的所得税税率相乘而求得的,其计算公式为:

$$应纳所得税 = 应纳税所得额 \times 适用的所得税税率$$

其中,应纳税所得额是指每一纳税年度的收入总额减去按照税法和财务制度规定的内容和标准准予扣除的项目后的余额,即:

$$应纳税所得额 = 收入总额 - 准予扣除项目金额$$

在实际计算时,可通过对企业的会计利润进行调整而取得。所得税税率是指对纳税人应纳税所得额征税的比例。根据《中华人民共和国企业所得税法》规定,企业所得税的税率为25%。另外,国家根据经济和社会发展的需要,在一定的期限内会对特定的地区、行业或企业的纳税人给予一定的税收优惠,即对其应缴纳的所得税给予减征或免征。如,符合条件的小型微利企业,减按20%的税率征收企业所得税;国家需要重点扶持的高新技术企业,减按15%的税率征收企业所得税。

(2) 纳税调整。应纳税所得和会计利润是两个不同的概念,两者既有联系又有区别。应纳税所得是一个税收概念,是根据《中华人民共和国企业所得税法》,按照一定的标准确定的纳税人在一个时期内的计税所得。而会计利润则是一个会计核算概念,是根据会计准则和会计制度核算出来的企业在一定时期内的经营成果。它们虽然都反映企业在一定时期的所得,但由于用途不同,其计算依据、内容和标准存在着不一致的地方。在具体确定应纳税所得时,应以会计利润为基础,根据税法的规定对其进行调整,即通常所说的纳税调整。

(3) 投资项目所得税的估算。所得税是由企业经营盈利而产生的,是企业的一项重要的现金流出,根据项目与企业的不同,通常略去企业在运行过程中的其他投资收益和营业外收支净额。投资项目生产经营年份的总成本费用=经营成本+折旧费+摊销费+利息支出。年利润总额=年销售收入-总成本费用-销售税金及附加。利润总额经纳税调整后,按适用的税率计算所得税。企业发生的年度亏损,可以用下一年度的税前利润弥补。下一年度利润不足弥补的,可以在5年内连续弥补。按弥补以后的应纳所得税额,再计算所得税。

在工程项目评估中,通常要把所得税考虑进来。理由很简单:与提交工程相关的所得税费用在一定程度上代表了一项主要的现金流出,该流出势必要与用于评估该工程的其他各项现金流入与流出一并考虑。现金流量以此而分为税前现金流量和税后现金流量。

7) 城市维护建设税、教育费附加和地方教育附加

(1) 城市维护建设税以纳税人实际缴纳的增值税和消费税税额为计税依据,分别与增值税和消费税同时缴纳。城市维护建设税税率根据纳税人所在地而不同,在市区、县城或镇,或不在市区、县城或镇的,税率分别为7%、5%和1%。

(2) 教育费附加以各单位和个人实际缴纳的增值税和消费税税额为计征依据,教育费附加费率为3%,分别与增值税、营业税、消费税同时缴纳。

(3) 地方教育附加。为贯彻落实《国家中长期教育改革和发展规划纲要(2010—2020年)》,进一步规范和拓宽财政性教育经费筹资渠道,支持地方教育事业发展,根据国务院有关工作部署和具体要求,2010年财政部发布《关于统一地方教育附加政策有关问题的通知》,一是要求统一开征地方教育附加;二是统一地方教育附加征收标准。地方教育附加征收标准统一为单位和个人(包括外商投资企业、外国企业及外籍个人)实际缴纳的增值税和消费税税额的2%。

(4) 根据《国务院关于统一内外资企业和个人城市维护建设税和教育费附加制度的通知》(国发〔2010〕35号),自2010年12月1日起,对外商投资企业、外国企业及外籍个人征收城市维护建设税和教育费附加。

8) 关税

关税是以进出口应税货物为纳税对象的税种。项目决策分析与评价中涉及应税货物的进出口时,应按规定正确计算关税。引进设备材料的关税体现在投资估算中,而进口原材料的关税体现在成本中。

三、利润核算与分配

1. 利润的核算

企业在一定时期内生产经营活动的最终财务成果,是用货币形式反映的企业生产经营活动的效率和效益的最终体现,是以企业生产经营所创造的收入与所发生的成本对比的结果。企业最终的财务成果一般有两种可能:一种是取得正的财务成果,即利润;另一种则是负的财务成果,即亏损。企业的利润,就其构成来看,既可通过生产经营活动而获得,也可通过投资活动而获得,还包括那些与生产经营活动无直接关系的事项所引起的盈亏。根据《企业会计制度》,利润是指企业在一定会计期间的经营成果,包括利润总额、营业利润和净利润。

1)利润总额

企业的利润总额包括营业利润、投资净收益和营业外收支净额以及补贴收入等,即:

利润总额 = 营业利润 + 投资净收益 + 营业外收支净额 + 补贴收入

2)营业利润

营业利润是企业从事生产经营活动所取得的净收益,是指主营业务利润(主营业务收入减去主营业务成本和主营业务税金及附加),加上其他业务利润,减去营业费用、管理费用和财务费用后的金额。其具体构成内容见以下公式:

营业利润 = 主营业务利润 + 其他业务利润 - 管理费用 - 财务费用 - 营业费用

3)投资净收益

投资净收益是指企业投资收益扣除投资损失后的数额,即:

投资净收益 = 投资收益 - 投资损失

投资收益包括对外投资分得的利润、股利和债券利息,投资到期收回或者中途转让、出售取得款项高于账面价值的差额等。

投资损失包括投资到期收回或中途转让、出售取得的款项低于账面价值的差额等。

4)营业外收支净额

营业外收支净额是指与企业生产经营无直接关系的收入与支出的差额,即:

营业外收支净额 = 营业外收入 - 营业外支出

营业外收入和营业外支出,是指企业发生的与其生产经营活动无直接关系的各项收入和各项支出。营业外收入包括固定资产盘盈、处置固定资产净收益、处置无形资产净收益、罚款净收入等。营业外支出包括固定资产盘亏、处置固定资产净损失、处置无形资产净损失、债务重组损失、计提的无形资产减值准备、计提的固定资产减值准备、计提的在建工程减值准备、罚款支出、捐赠支出、非常损失等。

5)补贴收入

补贴收入指企业收到的各种补贴收入,包括国家拨入的亏损补贴、退回的增值税等。

6)净利润

净利润又称税后利润,是指企业缴纳所得税后形成的利润,是企业所有者权益的组成部分,也是企业进行利润分配的依据。其计算公式为:

净利润 = 利润总额 - 所得税

在以上构成利润组成项目的指标中,真正反映企业盈利能力的是营业利润,它是一个企业依靠自己的经营活动取得的正常收益。而其他各个指标一般只能反映企业在某一个会计期间所取得的偶然收益,并不能代表企业的正常经营水平。

2. 我国企业利润分配的一般顺序

1) 利润分配的项目

按照《中华人民共和国公司法》的规定,公司利润分配的项目包括以下部分:

(1) 盈余公积金。盈余公积金从净利润中提取形成,用于弥补公司亏损、扩大公司生产经营或者转为增加公司资本。盈余公积金分为法定盈余公积金和任意盈余公积金。公司分配当年税后利润时应当按照10%比例提取法定盈余公积金;当盈余公积金累计额达到公司注册资本的50%时,可不再继续提取。任意盈余公积金的提取由股东大会根据需要决定。

(2) 公益金。公益金也从净利润中提取形成,专门用于职工集体福利设施建设。公益金按照税后利润的5%~10%的比例提取形成。

(3) 股利(或投资者分配的利润)。公司向股东支付股利,要在提取盈余公积金、公益金之后。股利的分配应以各股东持有股份的数额为依据,每一股东取得的股利与其持有的股份数成正比。股份有限公司原则上应从累计盈利中分派股利,无盈利不得支付股利,即所谓"无利不分"的原则。但若公司用盈余公积金抵补亏损以后,为维护其股票信誉,经股东大会特别决议,也可用盈余公积金支付股利,不过这样支付股利后留存的法定盈余公积金不得低于注册资本的25%。非股份制企业则以利润分配的方法向投资者分配收益。

2) 利润分配的顺序

企业向股东(投资者)分派股利(分配利润),应按一定的顺序进行。按照《中华人民共和国公司法》的有关规定,利润分配应按下列顺序进行:

(1) 计算可供分配的利润。将本年净利润(或亏损)与年初未分配利润(或亏损)合并,计算出可供分配的利润。如果可供分配的利润为负数(即亏损),则不能进行后续分配;如果可供分配利润为正数(即本年累计盈利),则进行后续分配。

(2) 计提法定盈余公积金。提取盈余公积金的基数,不是可供分配的利润,也不一定是本年的税后利润。只有不存在年初累计亏损时,才能按本年税后利润计算提取数。若年初有累计未弥补的亏损,则以抵减年初累计亏损后的本年净利润(可供分配的利润)为基数计算提取数。一般按税后利润的10%提取。

(3) 计提公益金。按上述步骤以同样的基数计提公益金,一般按税后利润的5%~10%提取。

(4) 计提任意盈余公积金。向股东分配利润之前提取任意盈余公积金作为公司的留存收益,主要是出于经营管理上的需要,为了控制向投资者分配利润的水平以及调整各年利润波动而采取的限制措施。

(5) 向股东(投资者)支付股利(分配利润)。公司股东大会或董事会违反上述利润分配顺序,在抵补亏损和提取法定盈余公积金、公益金之前向股东分配利润的,必须将违反规定发放的利润退还给公司。

在借款本金还清以前,必要时要用税后利润偿还借款本金,再分配利润。

严格地讲,投资者的利益分配有两种形式:第一种就是经上述计算出的利润分配,这是已经变现了的现金。还有一部分是作为投资者在企业中的盈余资金,它包括盈余公积金、公益金、折旧费和摊销费等扣除借款本金偿还以后的余留部分。这些盈余资金虽不能向投资者分配，但可按照规定用于弥补亏损或转增资本金或用于再投资，至少可以存入银行赚取利息。如果把以上两种形式的利益和权益都看作是投资者的收益，完整的收益应该用下式表述：

收益 = 销售收入 − 经营成本 − 所得税 − 借款本金偿还 − 借款利息支付

需要注意的是，弥补上年度亏损只是在计算当年所得税和计算当年法定公积金时起作用，在计算投资者的现金流入时，各年已考虑了盈余和亏损的因素，不应再用以后年份的税后利润弥补上年度的亏损，否则会造成现金流出的重复计算。

【例 2-10】 某投资项目投产后的前两年的收入和成本费用情况见表 2-15，试计算投资者在这两年中的全部投资收益。

投资收益与利润的关系（单位：万元）　　　　表 2-15

序号	项目		投产期		备注
			2	3	（第三年数字）
1	销售收入		2500	3500	
2	销售税金及附加		120	170	
3	总成本费用		2500	2550	
	其中：折旧与摊销		950	950	
	利息支付		450	400	
	经营成本		1100	1200	
4	利润总额		−120	780	
5	弥补亏损后应纳税所得额		0	660	780 − 120 = 660
6	所得税（税率 25%）		0	165	660 × 25% = 165
7	税后利润		−120	615	780 − 165 = 615
8	弥补以前年度亏损		0	120	
9	提取盈余公积金			49.5	(615 − 120) × 10% = 49.5
10	偿还借款本金		500	500	
	其中：用折旧费与摊销费		500	500	
	用税后利润		0	0	
11	利润分配		0	445.5	615 − 120 − 49.5 = 445.5

解： 虽然投资者在该项目投产后的前两年中只得到现金分配的利润 445.5 万元（第 3 年），其实际可用于回收投资的收益（即权益资金的投资净现金流量）是（单位：万元）：

项目	第 2 年	第 3 年
销售收入	2500	3500
− 经营成本	1100	1200
− 销售税金及附加	120	170
− 所得税	0	165
− 借款利息支付	450	400
− 借款本金偿还	500	500
净现金流量	330	1065

或

项　　目	第 2 年	第 3 年
税后利润	−120	615
＋折旧费与摊销费	950	950
−借款本金偿还	500	500
投资者的全部收益	330	1065

第 2 年可用于回收投资的收益是 330 万元,第 3 年为 1065 万元,其中第 3 年投资者到手的现金是 445.5 万元,其余部分是留在企业的盈余资金。

对于股份制企业,利润以股利的形式分配,即先支付优先股股利,再按公司章程或者股东会议决议提取任意盈余公积金,再分配普通股股利。当年无利润时,不得分配股利,但在用盈余公积金弥补亏损后,经股东会议特别决议,可以按照不超过股票面值 6% 的比例用盈余公积金分配股利,在分配股利后,企业法定盈余公积金不得低于注册资金的 25%。盈余公积金可以用于转增资本金,以送配股或再发行的方式扩大资本金,但转增资本金后,企业的法定盈余公积金一般不低于注册资金的 25%。

由以上分析可知,在投资收益的整个周期的计算中,可用于回收投资的收益不仅仅是税后利润,但是税后利润是反映企业各年财务业绩的重要指标。如果年年亏损或者没有利润,那么投资项目肯定连投入的本金都收不回来。此外,计算利润时,对所得税支出和利润分配的估算都是不可少的。因此,在投资财务分析中损益与利润分配估算表是必不可少的。

利润与利润分配表应反映项目计算期内各年销售(营业)收入、总成本费用、利润总额等情况,用于计算总投资收益率、权益投资的净利润等指标,见表 2-16。

利润与利润分配表(单位:万元)　　　　　　　表 2-16

序号	项　　目	合计	计算期					
			1	2	3	…	n
1	销售收入						
2	销售税金及附加						
3	总成本费用						
	其中:经营成本						
	折旧与摊销费						
	利息支出						
4	贴补收入						
5	利润总额(第 1 项 − 第 2 项 − 第 3 项 + 第 4 项)						
6	弥补以前年度亏损						
7	应纳税所得额(第 5 项 − 第 6 项)						
8	所得税						
9	税后利润(第 5 项 − 第 8 项)						

续上表

序号	项 目	合计	计算期				
			1	2	3	…	n
10	期初未分配利润						
11	可供分配利润(第9项+第10项)						
12	提取法定盈余公积金						
13	提取公益金						
14	可供投资者分配的利润(第11项－第12项－第13项)		计算指标： 息税前利润(第5项+利息支出)； 息税折旧摊销前利润(息税前利润+折旧+摊销)				
15	应付优先股股利						
16	提取任意盈余公积金						
17	应付普通股股利(第14项－第15项－第16项)						
18	未分配利润(第14项－第15项－第16项－第17项)						
19	累计未分配利润						

第四节 投资项目现金流量

一、项目现金流量计算期

项目现金流量分析涉及整个计算期的数据。项目计算期是指对项目进行经济评价应延续的年限,是财务分析的重要参数,包括建设期和运营期。

1. 建设期

建设期是指从项目资金正式投入起到项目建成投产止所需要的时间。建设期的确定应综合考虑项目的建设规模、建设性质(新建、扩建和技术改造)、项目复杂程度、当地建设条件、管理水平与人员素质等因素,并与项目进度计划中的建设工期相协调。项目进度计划中的建设工期是指项目从现场破土动工起到项目建成投产止所需要的时间,两者的终点相同,但起点可能有差异。对于既有法人融资的项目,评价用建设期与建设工期一般没有差异。但新设法人项目需要先注册企业,届时就需要投资者投入资金,其后项目才开工建设,因而两者的起点会有差异。因此根据项目的实际情况,评价用建设期可能大于或等于项目实施进度中的建设工期。

对于一期、二期连续建设的项目,滚动发展的总体项目等,应结合项目的具体情况确定评价用建设期。

2. 运营期

运营期应根据多种因素综合确定,包括行业特点、主要装置(或设备)的经济寿命期(考虑主要产出物生命周期、主要装置物理寿命、综合折旧年限等确定)等。对于中外合资项目,还要考虑合资双方商定的合资年限。在按上述原则估定运营期后,还要与该合资运营年限相比较,再按两者孰短的原则确定。

二、项目现金流量确定及分类

1. 相关现金流量的确定

项目现金流量指投资项目在其计算期内各项现金流入量与现金流出量的统称。项目投资中的现金是广义的现金,不仅包括各种货币资金,而且包括项目需要投入企业拥有的非货币资源的变现价值(或重置成本),如:一个项目需要使用原有厂房、设备和材料等,则相关的现金流量是它们的变现价值,而不是账面价值。

现金流出量:指由于采纳某个项目引起的现金支出的增加额。

现金流入量:指由于采纳某个项目引起的现金流入的增加额。

在辨别相关现金流量时,应坚持以下原则:

(1)明确是现金流量不是利润,但在计算现金流量的时候,可以在利润的基础上进行一些调整,使之转化为净现金流量。

(2)现金流量是有无对比的增量现金流量而非总量的现金流量。定义中指的现金流量是增量的概念(即接受或拒绝某个投资方案后,企业总现金流量因此发生的变化),也可称为是相关现金流量。

(3)相关现金流量是未来发生的,而非过去发生的,即沉没成本不应该考虑在内。沉没成本是指已经发生的不能收回的成本,不属于相关成本,正在评估的项目无论是否采纳,沉没成本都已经发生了,其数额的多少不影响投资决策。

(4)相关现金流量不能忽视机会成本。机会成本是在决策过程中选择某个方案而放弃其他方案所丧失的潜在收益,属于相关成本。

在确认项目的全部投资现金流量时还应注意在现金流量分析中不扣除利息费用。投资项目的资金来源主要是股东投资和债权人投资。当从公司角度,或者说从全体投资者角度分析现金流量时,利息费用实际上是债权投资者的收益,包括利息在内的现金流量净额,才是全体投资者从投资项目中获取的现金流量。同时,计算投资项目评价指标时,采用的资本成本通常是公司的加权平均资本成本,是受到项目不同融资来源影响的综合资本成本。现金流量与资本成本的口径一致,由此得出的评价结果是合理的。

2. 利润与现金流量

在投资决策时,主要是依据项目的现金流量,而不是项目的利润,这是因为:

(1)投资项目具有长期性,需要考虑货币的时间价值,要将不同时点上的现金收入或支出调整到同一时点进行汇总和比较;而在利润的计量中,收入与费用的确认不考虑现金的实际收到和支出的时间。

(2)一些影响投资项目的现金流量在利润中得不到确认,例如净运营资金的投资支出额或回收额等。

(3)在整个投资有效年限内,利润总计与现金流量总计是相等的。所以,可用现金净流量取代利润作为评价净收益的指标。

(4)利润的计量有时带有主观随意性。会计上对同一种业务的处理可能存在多种方法,比如存货计价方法、固定资产折旧方法等,不同方法的使用导致同一收入或费用项目具有不同的发生额,从而形成不同的会计收益,但是一种业务对现金流量的影响只能有一种结果,以实际收到或付出的款额为准。

(5)在投资分析中,现金流动状况比盈亏状况更重要。一个项目能否维持下去,不取决于一定期间是否盈利,而取决于有没有现金用于各项支付。

3. 现金流量的时间选择

在财务分析中,必须正确地考虑现金流量发生的时间。利润表反映的是一年或一个月期间的经营状况,而不能精确地反映在此期间的现金收入与现金费用的发生。由于货币具有时间价值,从理论上讲,分析投资项目现金流量应该与其发生时间相一致。而投资项目的现金流量可能会发生在投资期间的任何时点,因此,在大多数情况下,为了方便地计算和汇集现金流量,按投资各年归集现金流量时,常假定进行投资的现金流量发生在年初,而经营的现金流量发生在年末,所以一般按年分析项目现金流量比较合适。

三、项目现金流量的内容

投资项目的现金流量按照发生的时间顺序和产生来源可以分为初始投资支出现金流、生产经营(营业)现金流量和计算期末现金流量。以下分别讨论这三种现金流量的计算方法。

1. 初始投资支出现金流量

初始投资支出主要指投资项目所需的固定资产支出额和净运营资金(即流动资金投资,下同)的增加额,还包括其他投资费用,如职工培训费和组织筹建费等,与项目计算期中的建设期相对应。在更新资产项目中,期初常会有处理旧资产的业务,也会影响公司的现金流量(类似期末现金流量分析)。

【例2-11】 M公司是一家高新技术企业,成功研制了一种商用的草坪节水喷灌控制系统,如果将它投产,就需要生产场地、厂房和设备。M公司现在可以购买一块价值1000万元的地皮,在此之上建造厂房,造价约700万元,工期为2年,第一年需投资500万元,余下资金为第二年的投资额。2年后,厂房竣工交付使用(经济使用年限为20年),公司需要购置900万元的设备(经济使用年限为5年)进行生产,另需运输及安装费40万元。为满足生产所需的材料等流动资产,还需投入净运营资本200万元。那么M公司在正式生产新产品之前的投资支出情况见表2-17。

初始现金流量表(单位:万元) 表2-17

时间(年)	0	1	2
购置土地	1000		
建造厂房		500	200
购置设备			940
投入净运营资本			200
合计	1000	500	1340

值得注意的是,尽管固定资产支出和流动资产支出大部分发生在投资项目初期,但是在随后的经营期内,也可能由于经营环境的变化,追加固定资产和流动资产投资,或者回收部分原有的固定资产和流动资产投资,这些现金流量也会影响到经营期各年的现金流量。

2. 运营期现金流量

在项目运行的正常年份,如果忽略销售税金及附加等项,则现金流入主要是销售(运营)收入,现金流出是经营成本,非现金流的折旧和摊销不作为现金流出。在考察全部投资者获利能力时,投资借款的利息也不作为现金流出,因为利息可以看作债权投资者的获利。考虑所得税对现金流量的影响,营业净现金流量的计算公式为:

$$\text{营业净现金流量} = \text{运营收入} - \text{经营成本} - \text{所得税} \tag{2-15}$$

即:

$$\begin{aligned}
\text{营业净现金流量} &= \text{运营收入} - \text{经营成本} - \text{所得税} \\
&= \text{运营收入} - (\text{运营总成本} - \text{折旧} - \text{利息支付}) - \text{所得税} \\
&= \text{运营利润} + \text{折旧} + \text{利息支付} - \text{所得税} \\
&= \text{税后净利润} + \text{折旧} + \text{利息支付}
\end{aligned} \tag{2-16}$$

考虑有效所得税率以后,根据式(2-16)可以推导出:

$$\begin{aligned}
\text{营业净现金流量} &= \text{税后净利润} + \text{折旧} + \text{利息支付} \\
&= (\text{运营收入} - \text{运营总成本}) \times (1 - \text{所得税率}) + \text{折旧} + \text{利息支付} \\
&= (\text{运营收入} - \text{经营成本} - \text{折旧} - \text{利息支付}) \times (1 - \text{所得税率}) + \text{折旧} + \\
&\quad \text{利息支付} = (\text{运营收入} - \text{经营成本}) \times (1 - \text{所得税率}) - \text{折旧} \times \\
&\quad (1 - \text{所得税率}) + \text{折旧} - \text{利息支付} \times (1 - \text{所得税率}) + \text{利息支付} \\
&= (\text{运营收入} - \text{经营成本}) \times (1 - \text{所得税率}) - \text{折旧} + \text{折旧} \times \text{所得税率} + \\
&\quad \text{折旧} - \text{利息支付} + \text{利息支付} \times \text{所得税率} + \text{利息支付} \\
&= (\text{运营收入} - \text{经营成本}) \times (1 - \text{所得税率}) + \text{折旧} \times \text{所得税率} + \\
&\quad \text{利息支付} \times \text{所得税率}
\end{aligned} \tag{2-17}$$

从式(2-17)中可以看出,和税前全部投资的现金流有本质的区别,折旧和利息对净现金流有影响。尽管它们本身不作为全部投资的现金流出,但是它们可以抵扣所得税。折旧越多(快)、利息支付越多(资本结构中负债比例越高),税后的净现金流越多。

【例2-12】 设某项目初始投资为20万元,当年投入运营,年销售收入20万元,经营成本10万元,计算期为5年,销售税金及附加忽略不计。分别按直线折旧每年提取折旧额31000元和双倍余额折旧,年折旧额分别是64000元、38400元、23040元、14780元、14780元,试计算税前和税后的净现金流量及相应的投资内部收益率。

解: 考虑直线折旧和双倍余额折旧两种情况时,按式(2-17)计算的各年营业净现金流量分别见表2-18和表2-19。

直线折旧下的投资现金流量表(单位:元)　　　　　　表2-18

序号	年　　末	0	1	2	3	4	5	合计
0	期初投资	-200000						
1	销售收入		200000	200000	200000	200000	200000	
2	经营成本		100000	100000	100000	100000	100000	
3	销售税金及附加(忽略不计)							

续上表

序号	年 末	0	1	2	3	4	5	合计
4	折旧		31000	31000	31000	31000	31000	155000
5	所得税(第1项−第2项−第3项−第4项)×25%		17250	17250	17250	17250	17250	
6	税前净现金流(第1项−第2项−第3项)	−200000	100000	100000	100000	100000	100000	
7	税后净现金流(第1项−第2项−第3项−第5项)	−200000	82750	82750	82750	82750	82750	
8	IRR(税前)	41.04%						
9	IRR(税后)	30.40%						
10	第7项的另一种算法(第1项−第2项)×(1−25%)+第4项×25%		82750	82750	82750	82750	82750	

双倍余额法折旧下的投资现金流量表(单位:元)　　　　表 2-19

序号	年 末	0	1	2	3	4	5	合计
0	期初投资	−200000						
1	销售收入		200000	200000	200000	200000	200000	
2	经营成本		100000	100000	100000	100000	100000	
3	销售税金及附加(忽略不计)							
4	折旧		64000	38400	23040	14780	14780	155000
5	所得税(第1项−第2项−第3项−第4项)×25%		9000	15400	19240	21305	21305	
6	税前净现金流(第1项−第2项−第3项)	−200000	100000	100000	100000	100000	100000	
7	税后净现金流(第1项−第2项−第3项−第5项)	−200000	91000	84600	80760	78695	78695	
8	IRR(税前)	41.04%						
9	IRR(税后)	31.49%						
10	第7项的另一种算法(第1项−第2项)×(1−25%)+第4项×25%		91000	84600	80760	78695	78695	

上述计算结果说明,所得税对税后的现金流是有影响的。总的折旧额不变,加快折旧使所得税晚缴,提高了内部收益率,从 30.40% 提高到 31.49%。

3. 计算期末现金流量

期末现金流量主要指固定资产的处理收入额、处理固定资产利润或损失引起的所得税支出额和净运营资本的回收额。

【例 2-13】 M 公司投资项目结束时,土地的售价预计为 1200 万元,厂房和设备的余值分别为 400 万元和 100 万元。在投资项目结束时,土地、厂房和设备的未计提折旧额,即账面价值为土地不计提折旧,未计提折旧额为最初的取得成本 1000 万元。厂房未计提折旧额为 525 万元。设备由于经济使用年限为 5 年,依税法全额计提折旧,在项目结束时,未计提折旧为零。试计算 M 公司期末现金流量。

解:出售土地、厂房和设备形成的现金流量见表 2-20。

处理长期资产的现金流量表(单位:万元)　　　　表 2-20

项目	名称	土地	厂房	设备
a	变卖收入	1200	400	100
b	减:未计提折旧额(账面价值)	1000	525	
c	资产变卖净损益	200	-125	100
d	所得税支出(税率25%)	50	0	25
	出售业务现金净流量(项目a-项目d)	1150	400	75

项目终结时,期末现金流量并不意味着只是处理设备的回收问题,因为在终结年份,也可能进行经营活动,因此,除了期末现金流量外(表 2-20 最后一行的总数),还有经营净现金流量和净运营资本的回收,净运营资本的回收额为前面各期投入的总额。

复习思考题

1. 已知生产流程相似,年生产能力为 15 万 t 的化工装置,3 年前建成的固定资产投资为 3750 万元。拟建装置年设计生产能力为 20 万 t,2 年建成。假定投资生产能力指数为 0.72,近几年设备与物资的价格上涨率平均为 9% 左右。试用生产能力指数法估算拟建年生产能力为 20 万 t 装置的投资费用。

2. 某项目的总成本费用估算见表 2-21:

总成本费用估算表(单位:万元)　　　　表 2-21

序号	项目	计算期				
		4	5	6	7	…
1	外购原材料	4760	6120	6800	6800	
2	外购燃料、动力	98	126	140	140	
3	工资及福利费	370	370	370	370	
4	修理费	55	55	110	110	
5	折旧费	360	360	360	360	
6	摊销费	112	112	112	112	
7	利息支出	379	318	245	210	
8	其他费用	525	714	821	821	
9	总成本费用	6659	8175	8958	8923	
10	经营成本	5808	7385	8241	8241	

利用表 2-21 所列的运营资金和应付账款的最低周转天数,用分项详细估算法估算本项目的各年流动资金及流动资金本年增加额。

3. 某新建项目建设期 2 年,估计建筑工程费及安装工程费为 8000 万元,设备及工器具购置费为 6000 万元,工程建设其他费用为 9000 万元,基本预备费费率为 10%,建设期价格上涨指数(基于工程费用)预计为 5%。项目工程费用和工程建设其他费用均为第一年投入 60%,第二年投入 40%,全部建设投资的 30% 为自有资金,其余为银行贷款。该项目自有资金和建设投资借款在各年内均衡发生,借款年利率为 6%,每年计息一次,建设期内不支付利息。计算项目工程费用、基本预备费和涨价(价差)预备费及建设期利息。

4. 某公司有一项固定资产原价 50000 元,估计使用年限 5 年,预计清理费用 2000 元,预计残值收入 2800 元。请分别用平均年限法、双倍余额递减法和年数总和法计算年折旧额。

5. 某企业于 2000 年 10 月成立,采用平均年限法以分类折旧方式计提折旧。当月购入机器设备 3 台,归为一类计提折旧。各项固定资产原值、预计净残值率和折旧年限资料见表 2-22。

折旧资料表　　　　表 2-22

设备名称	原值(元)	预计净残值率(%)	折旧年限(年)
甲	360000	5	9
乙	500000	4.4	10
丙	140000	4	8

根据以上资料,计算该类固定资产的年分类折旧率和月分类折旧率,并计算该类固定资产的平均折旧年限。

6. 以表 2-13 和表 2-14 数据为基础,假设项目没有消费税应税产品,根据项目具体情况,营业税金及附加费率为 10%(包括城市维护建设税 5%、教育费附加 3% 及地方教育附加 2%),投入和产出的增值税率为 17%(水、产品 B 除外,为 13%),可抵扣固定资产进项税额已估算为 25827 万元。试估算该项目的营业税金及附加和增值税。

7. 某工程项目的寿命周期为 8 年,期初投资 150 万元,年销售收入为 110 万元,年折旧费用为 20 万元,销售税金为 5 万元,年经营成本为 60 万元,所得税率为 25%,不考虑资产的余值,试计算该工程项目的年净现金流量。

第三章 资金的时间价值及等值计算

在进行运输建设项目的技术经济分析中,必然会涉及时间因素的影响。为了解决不同时间上发生的费用与效益的可比性问题,本章主要介绍资金的时间价值,并讨论资金的等值计算问题。

第一节 资金的时间价值、利息与利率

一、资金的时间价值

1. 资金时间价值的含义

资金的时间价值是指资金在扩大再生产及产品生产、交换过程中的增值,即不同时间发生的等额资金在价值上存在的差别。

资金的价值与时间有密切的关系,资金具有时间价值,这对于投资者来说是显而易见的。现时可以用来投资的一笔资金,比起将来同等数量的资金,即使不考虑通货膨胀因素,也更有价值。这是因为现时可用的资金,能够立即用于投资,并在将来有可能获得比现时的投资额多得多的货币量。

资金的时间价值可以概括为:若将资金存入银行,相当于资金所有者现时失去了对那些资金的使用权利,按放弃这种权利的数值大小和时间长短所取得的报酬(即资金使用者付出的代价);或将资金用于建设项目的投资,通过建设项目的资金运动(生产—交换—生产)而使资金增值。资金的增值,是在生产领域—流通领域—生产领域中,由活劳动新创造的价值的一部分。

资金的时间价值是客观存在的,只要商品生产还存在,就应考虑资金的时间价值,自觉运用"资金只有运动才能增值"的规律,促进商品生产的发展。

2. 资金时间价值存在的原因

资金时间价值的存在是基于两个方面的原因:一方面,以资金表示的资源可以成为资本,存在投资的机会,从而产生对资本投入要素的回报;另一方面,消费者都存在一种潜在的期望,要求现在消费的节省以换回日后更多的消费。后者储蓄的这个期望正好可由投资者的要素回报得以满足,储蓄和投资供需双方的市场均衡就构成了利率的基础。

3. 研究资金时间价值的意义

在建设项目投资技术经济效果评价中,要考虑资金的时间价值,这是从实践中总结出来的。这是因为在实践中通常会遇到下面几种类型的建设项目技术经济效果评价问题:

(1)投资时间不同的建设项目技术经济评价问题;

(2)投产时间不同的建设项目技术经济评价问题;

(3)使用寿命不同的建设项目技术经济评价问题;
(4)建设项目建成后,项目的经营使用费不同时的技术经济评价问题;
(5)建设项目建成后,项目的产出效果不同时的技术经济评价问题等。

这些问题都与时间因素有关,都有必要考虑资金的时间价值。正确地确定资金的时间价值,是建设项目投资技术经济效果评价结论正确的关键,也是提高我国建设项目投资技术经济效果的关键。

4. 资金时间价值的度量

资金的时间价值是以一定量的资金在一定时期内的利息来度量的,而利息是根据本金数额、利率和计息时间和方式来计算的。这里所指的利息是一种广义的概念,是投资净收益与借贷利息的统称。从投资的角度看,资金的时间价值主要取决于以下因素:

(1)投资利润率,即单位投资额取得的利润;
(2)通货膨胀因素,即对货币贬值损失所应作的补偿;
(3)风险因素,即对风险的存在可能带来的损失所应作的补偿。

二、利息与利率

1. 利息与利率的概念

所谓资金的利息,是指占用资金(或放弃使用资金)所付(或所得到)的代价,是占用资金者支付给放弃使用资金者超过本金的部分,这实际上是占用资金者获得的净收益的一种再分配。

单位本金在单位时间内获得的利息就是利率,它是用来衡量资金"异时转换"的价值的。

从生产观点来看,利率可看作收益率,即生产产生的净收益与投资额之比;从消费观点来看,利率是一种导致节余的诱导物,具有推迟消费的吸引力;从资金需求方面来看,利率取决于资本的边际生产能力,即在其他条件不变的情况下,继续追加资本(投资),每追加单位资本所取得的产量增加产生的收益增量,即资本的边际收益率。如果资本的边际收益率大于资本需求者愿支付的利率,那么他还会再借入资金,追加投资;反之不会再追加投资。从资金供给方面来看,利率取决于借贷资本的供给成本,这个供给成本表现为现期消费与将来消费的替代率。因此可以认为,利率是由可供借贷的资本供需均衡所决定的。均衡利率理论表明:利率越高,对资本的需求越少,供给越多;由此会导致利率下降,需求增大,供给减少;在这种不断运动中达到动态的供需平衡。

如果政府规定了高利率或低利率,这时将脱离资金市场的供需均衡点而使资本需求点产生移动。在技术经济分析中,利率又有名义利率、计息期实际利率、年实际利率之分。

2. 名义利率与实际利率

名义利率,即表面上或形式上的利率,指利率的时间单位与计息期的时间单位不一致时的年利率(用 r 表示)。若利率的时间单位与计息期的时间单位相一致,则名义利率等于计息期实际利率,有时也称有效利率。

计息期,又称利息计算周期,是表示利息计算的时间间隔单位。计息期有年、季、月、日等。

计息期实际利率,为按计息期实际计算利息时所用的利率。若名义利率为 r,一年内计

息次数为 m,则计息期的实际利率为 r/m。

年实际利率,即与计息期实际利率等效的年利率,常记为 i;这里的等效,是指用年实际利率 i 每年计息一次与用计息期实际利率 (r/m) 每年计息 m 次所计算的利息额相等。按复利计算时,名义利率与年实际利率有关系式如下:

$$i = \left[1 + \left(\frac{r}{m}\right)\right]^m - 1 \tag{3-1}$$

例如,每半年计息 1 次,每半年计息期的利率为 3%,3% 就是实际计息用的利率,也是资金在计息期内所发生的实际利率。当计息期短于 1 年时,每一计息期的实际利率乘上一年中的计息期数所得到的年利率,如上例中为 3%×2=6%,6% 就是年名义利率,在实际计息中不用这个利率,它只是习惯上的表示形式。例如,每月计息 1 次,月利率为 1%,习惯上称为"年利率为 12%,每月计息 1 次"。通常说的年利率都是指名义利率,如果不对计息期加以说明,则表示 1 年计息 1 次,此时的年利率也就是年有效利率。

3. 单利与复利

资金等值计算的基本方式有两种:单利法和复利法。

单利计息为仅按本金计算利息,对前期所获得的利息不再计息,其计算的利息与占用资金的数额、占用的时间以及计算利息的利率成正比,计算公式为:

$$F = P(1 + ni) \tag{3-2}$$

式中:F——本利和;

P——本金;

n——计息期数(年);

i——单利(年)利率。

所谓复利,即指在计算下一期利息时,要将上一期的利息加入本金中去重复计息,这就是通常所说的"利生利"或"利滚利"。

复利计算较单利复杂,根据现金流量的类型和计息方式的不同,计算公式也不同。通常,复利计算有离散型支付、离散复利;离散型支付、连续复利;连续型支付、离散复利;连续型支付、连续复利四种类型。在技术经济分析评价中,一般采用的是离散型支付、离散复利,即支付和计息是间断的,存在时间间隔。在资金等值计算中,采用复利法比较符合资金运动规律,因而在建设项目技术经济效果评价中,均应采用复利法进行资金等值计算。

在实际生活中,一般也都按复利计息,因为没有理由不让前期产生的利息作为下期的本金计算利息,除非每期都将利息取出。但是,为了储户的方便和易于接受,我国银行目前名义上用的还是单利计算,只是通过存期的不同,规定不同的单利利率。例如,2015 年 10 月 24 日人民币存贷款调整情况为:我国居民银行存款的整存整取一年期利率为 1.5%,二年期年利率为 2.1%,三年期年利率为 2.75%。如果按年利率为 1.5% 的复利计息,其等价的单利利率(平均年利率)应分别为 1.5%,1.51%,1.52%,可见银行为了吸引长期存款,规定的利率还高于等价的复利利率。在贷款方面,银行考虑贷款风险,现行的年利率分别是 4.35%(1 年及 1 年以下),4.75%(1~5 年),4.9%(5 年以上)。

第二节 现金流量与资金等值计算

一、现金流量与现金流量图

1. 现金流量

1) 现金流量的概念

一个建设项目在某一时期内支出的费用称为现金流出,取得的收入称为现金流入。一定期间现金流入量与现金流出量的差额,称为净现金流量。现金的流出量、现金的流入量和净现金流量统称为现金流量。在建设项目投资技术经济评价中,一般按年计算现金流量值。

2) 现金流量的计算

在进行技术经济评价时,先要计算出各年的现金流入量和现金流出量,再计算出各年的净现金流量(流入量与流出量的代数和)。计算时,现金流入量按正值看待,现金流出量作为负值看待。

2. 现金流量图

现金流量图是反映资金运动状态的图示,它是根据现金流量绘制的。在现金流量图中,要反映资金的性质(是收入或是支出)、资金发生的时间和数额大小。现金流量的性质是与对象有关的,收入与支出是对特定对象而言的。贷款人的收入,就是借款人的支出或归还贷款;反之亦然。通常,现金流量的性质是以资金使用者的角度来确定的,分别如图3-1、图3-2所示。

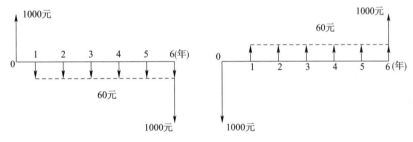

图3-1 借款人的现金流量图　　图3-2 贷款人的现金流量图

现金流量图的作图规则如下:

(1)以横轴为时间轴,越向右延伸表示时间越长;将横轴分成相等的时间间隔,间隔的时间单位以计息期时间单位为准,通常以年为时间单位;时间坐标的起点通常取为项目开始建设年的年初。

(2)凡属收入、借入的资金等,视为正的现金流量;凡是正的现金流量,用向上的箭头表示,可按比例画在对应时间坐标处的横轴上方。

(3)凡属支出、归还贷款等的资金视为负的现金流量;凡是负的现金流量,用向下的箭头表示,可按比例画在对应时间坐标处的横轴下方。

若不按比例绘制,可在箭线旁标注具体的现金流量值,如图3-1、图3-2所示。

3. 现金流量表

现金流量还可以以表的形式表达,借助现金流量表可以更方便地进行方案分析。

例如，有一个投资项目，其收入和支出的情况如表 3-1 所示，其净现金流量的值列在右方。

某项目的现金流量表（单位：万元） 表 3-1

年 末	收 入	支 出	净现金流量
0	0	-5000	-5000
1	4000	-2000	2000
2	5000	-1000	4000
3	0	-1000	-1000
4	7000	0	7000

相同年份发生的现金流量可以相加减，当一个投资方案在相同年份既有收入又有支出时，应计算其净现金流量。净现金流量是同一时期发生的收入（+）与支出（-）的代数和。

显然，现金流量表能够清晰地显示了现金流的时间性、所做的假设和已知的所有数据。大多数情况下，现实情况十分复杂，现金流量图不能反映所有的现金流量金额，因此经常采用现金流量表。

二、资金的等值计算

1. 资金等值的概念

资金的等值，又叫等效值，指在考虑时间因素的情况下，不同时间、不同数额的资金可能具有相等的价值。当其"价值等效"时，这些不同时间、不同数额的资金称为等值。

相同数量的资金在不同的时间点代表着不同的价值。资金必须被赋予时间概念，才能显示其真实价值的意义。例如，现时的 100 元与 1 年后的 100 元数值相等，但价值不等；现实的 100 元与 1 年后的 110 元，数值不等，但如果年利率为 10%，则两者是"等值"的。因为现时的 100 元 1 年后的本利和为 $100 \times (1+10\%) = 110$ 元；同样，1 年后的 110 元，等值于 $110 \times [1/(1+10\%)] = 100$ 元。

资金的等值是以规定的利率为前提的，当各支付系列的利率不同时，其等值关系不成立。

如果两个现金流量等值，则在任何时点也必然等值；位于同一时点时，其价值与数值均相等。

影响资金等值的因素为资金数额大小、利率大小和计息期数的多少。

2. 等值计算

利用等值概念，可以把某一时间（时期、时点）上的资金值变换为另一时间上价值相等但数值不等的资金值，这一换算过程称为资金的等值计算。实际上，复利计算即可看作为等值计算。

3. 研究资金等值及等值计算的意义

在对建设项目进行多方案技术经济效果比较、评价时，每个方案的现金流量值各不相同，这是因为每个方案的资金支出或收入的形式、产生的时间和数额不尽相同。要对方案进行比较、评价，必须将每个方案的所有现金支出和收入折算到某一规定的基准时间点，在价值相等的前提下再进行数值比较。若不对各种支付情况和发生在不同时间的资金进行等值计算或转换,就不能对资金数额值进行数值运算,也就不能在考虑资金时间价值的条件下进行建设项目投资技术经济效果的评价。

第三节 资金等值计算公式及其应用

一、资金等值计算公式

1. 资金等值计算中的基本符号规定

在资金等值计算(复利计算)中的基本符号规定如下:

P——现值(本金或期初金额),即货币资金的现实价值,一般位于所取时间坐标的起点(或零期,例如建设项目开始的第一年初)。

F——终值(或称未来值、复本利和),即相对于现值若干计息期后的价值,位于所取时间坐标的终点(n 期末,$n=1,2,\cdots$)。

A——等额值,表示各期支付金额相等,位于各期期末;当时间单位为年时,又称为等额年值或年金。

n——计息期数,其时间单位可以是年、季、月或日,具体运用公式时,要求应与复利利率的时间单位相一致。

i——计息期的利率。

2. 一次性支付的等值计算公式

资金一次性支付(又称整付),是指支付系列中的现金流量,无论是流出或是流入,均在一个时点上一次性全部发生。资金一次性支付时的等值计算公式有如下几类。

1) 一次性支付终值公式

如图 3-3 所示,已知现值为 P、计息期数为 n、复利利率为 i,则 n 期末的复本利和(终值)F 的计算公式为:

$$F = P(1+i)^n \tag{3-3}$$

式中,$(1+i)^n$ 称为一次性支付(整付)复本利和系数,记为 $(F/P,i,n)$,其值可通过查询复利系数表获取。

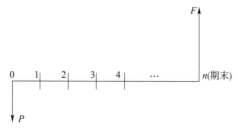

图 3-3 整付时的现金流量图

于是式(3-3)可写作:

$$F = P(F/P,i,n) \tag{3-4}$$

【例 3-1】 某建设项目投资额中,有 2000 万元为向银行贷款,如果贷款年利率按 8%

计,贷款期限为5年,第5年末一次性归还本息,按复利计息,5年末应偿还的本利和为多少?

解:按式(3-3)、式(3-4)计算如下:

$$F = P(1+i)^n = 2000 \times (1+8\%)^5 = 2938.6(万元)$$
$$= P(F/P, 8\%, 5) = 2000 \times 1.4693 = 2938.6(万元)$$

2)一次性支付现值公式

如图3-3所示,已知终值 F,计息期数为 n、复利利率为 i,则现值 P 由式(3-5)计算得出:

$$P = F \frac{1}{(1+i)^n} \tag{3-5}$$

式中,$\frac{1}{(1+i)^n}$ 称为一次性支付(整付)现值系数,记为 $(P/F, i, n)$,其值可通过查询复利系数表获取。于是式(3-5)可写作:

$$P = F(P/F, i, n) \tag{3-6}$$

【例3-2】 某企业持有一期票,3年后到期能兑付100万元,利率以8%复利计。由于企业现时资金周转发生困难,欲用此期票去银行贴现,问其能贴现的现值为多少?

解:现值为:

$$P = F \frac{1}{(1+i)^n} = 100 \times \frac{1}{(1+8\%)^3} = 79.38(万元)$$

3)等额支付的等值计算公式

等额支付时的现金流量图有两种情况,分别如图3-4、图3-5所示。

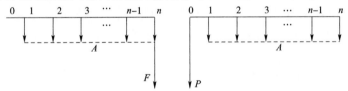

图3-4 现金流量 A 与 F 关系图   图3-5 现金流量 A 与 P 关系图

(1)等额支付复本利和(F)公式。

如图3-4所示,将每期的 A 看作一笔整付(一次性支付)值,由式(3-3)可得式(3-7):

$$F = A(1+i)^{n-1} + A(1+i)^{n-2} + \cdots + A(1+i) + A \tag{3-7}$$

将式(3-7)等式两端同乘以 $(1+i)$,然后再减去式(3-7),可得式(3-8):

$$Fi = A[(1+i)^n - 1] \tag{3-8}$$

故有式(3-9):

$$F = A \frac{(1+i)^n - 1}{i} \tag{3-9}$$

式中,$\frac{(1+i)^n - 1}{i}$ 称为等额支付复利系数,记为 $(F/A, i, n)$,其值可通过查询复利系数表获取。于是式(3-9)可写作:

$$F = A(F/A, i, n) \tag{3-10}$$

【例3-3】 某汽车运输公司为将来的技术改造筹集资金,每年末用利润留成存入银行30万元,欲连续积存5年,银行复利利率为8%,问该公司5年末能用于技术改造的资金有多少?

解: 由式(3-9)有:

$$F = A\frac{(1+i)^n - 1}{i} = 30 \times \frac{(1+8\%)^5 - 1}{8\%} = 175.998(万元)$$

(2)偿债基金公式。

将式(3-9)变形,可得式(3-11):

$$A = F\frac{i}{(1+i)^n - 1} \tag{3-11}$$

此时 A 的含义为,若在 n 期末需要积存 F 数额的资金用于偿还债务,利率为 i,则每期末应积存的金额。此时,将 $\frac{i}{(1+i)^n - 1}$ 称为偿债基金系数,记为 $(A/F, i, n)$,其值可通过查询复利系数表获取。于是式(3-11)可写作:

$$A = F(A/F, i, n) \tag{3-12}$$

【例3-4】 某汽车修理厂欲在5年后进行扩建,估计到时需资金150万元,资金准备自筹,每年由利润和折旧基金中提取后存入银行,若存款按复利计息,利率为6%,每年应提取多少基金?

解: 由式(3-11)有:

$$A = F\frac{i}{(1+i)^n - 1} = 150 \times \frac{6\%}{(1+6\%)^5 - 1} = 26.61(万元)$$

(3)等额支付现值公式。

如图3-5所示,若已知等额值为 A、计息期为 n、利率为 i,则与该等额支付系列等值的现值 P 可由前述等值计算公式导出。由式(3-3)有 $F = P(1+i)^n$,由式(3-9)有 $F = A\frac{(1+i)^n - 1}{i}$,因两 F 值相等,故有等式:$P(1+i)^n = A\frac{(1+i)^n - 1}{i}$,于是可得:

$$P = A\frac{(1+i)^n - 1}{i(1+i)^n} \tag{3-13}$$

式中,$\frac{(1+i)^n - 1}{i(1+i)^n}$ 称为等额支付现值系数,记为 $(P/A, i, n)$,其值可通过查询复利系数表获取。于是式(3-13)可写作:

$$P = A(P/A, i, n) \tag{3-14}$$

【例3-5】 某汽车运输公司预计今后5年内,每年的收益(按年末计)为850万元。若利率按8%计,与该5年的收益"等值"的现值为多少?

解: 由式(3-13)有:

$$P = A\frac{(1+i)^n - 1}{i(1+i)^n} = 850 \times \frac{(1+8\%)^5 - 1}{8\% \times (1+8\%)^5} = 3393.8(万元)$$

(4)资本回收公式。

根据式(3-13),当 P 为已知而 A 为未知时,反求 A,可得:

$$A = P \frac{i(1+i)^n}{(1+i)^n - 1} \tag{3-15}$$

式(3-15)表明,若在期初(零期)投入资金 P,在 n 年末要完全回收资本 P(投资额),若每年末回收的金额相等(均为 A),则只需投资额 P 乘以系数 $\frac{i(1+i)^n}{(1+i)^n-1}$ 就可计算出每一年应回收的金额 A,故称 $\frac{i(1+i)^n}{(1+i)^n-1}$ 为资本回收系数,记为 $(A/P,i,n)$,其值可通过查询复利系数表获取。于是式(3-15)可写为:

$$A = P(A/P, i, n) \tag{3-16}$$

【例 3-6】 某运输公司设备更新中投入资金 800 万元,资金来源为银行贷款,年利率为 6%,要求 10 年内按每年等额偿还,试求每年末的等额收益为多少时才能刚好够偿还该笔借款额?

解:由式(3-15)有:

$$A = P \frac{i(1+i)^n}{(1+i)^n - 1} = 800 \times \frac{6\% \times (1+6\%)^{10}}{(1+6\%)^{10} - 1} = 108.69 (万元)$$

3. 均匀梯度支付系列等值计算公式

1) 等差支付系列等值计算公式

当现金流量随时间的延长每年(或单位时间)以等额递增(或递减)的方式进行时,便形成一个等差支付系列。如图 3-6 所示,设第 1 年末的支付值为 A_1,等差值为 G,于是第 2 年末的支付值为 $A_1 + G$,第 3 年末的支付值为 $A_1 + 2G$,至第 n 年末,其支付值为 $A_1 + (n-1)G$。

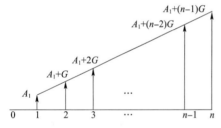

图 3-6 等差支付系列现金流量图

对于这样一个等差支付系列的等值计算,一种简便的方法是将其分解为两个与之等价的支付系列:一个是等额值为 A_1 的等额支付系列;另一个是由 $0, G, 2G, \cdots, (n-1)G$ 组成的等差支付系列,如图 3-7 所示。

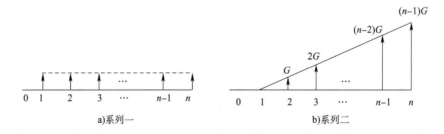

图 3-7 图 3-6 的分解图示

由图 3-7 可见,支付系列一为各年末支付值为 A_1 的等额支付系列,其等值计算问题可由式(3-9)、式(3-13)解决;支付系列二为等差值为 G 的等差支付系列,如果能将其转换为年末支付的等额支付系列,则亦可利用式(3-9)、式(3-13)进行等值计算。

图 3-7 所示支付系列二,将每期末的支付值作为一笔整付(一次支付)值看待。因此,与支付系列二等值的终值(复本利和) F_2 为:

$$F_2 = G(1+i)^{n-2} + 2G(1+i)^{n-3} + 3G(1+i)^{n-4} + \cdots + (n-2)G(1+i) + (n-1)G$$

将上式两端同乘以 $(1+i)$ 再减去上式两端有：

$$i \times F_2 = G(1+i)^{n-1} + G(1+i)^{n-2} + G(1+i)^{n-3} + \cdots + G(1+i)^2 + G(1+i) + G - nG$$

根据式(3-7)，上式可写成：

$$i \times F_2 = G(F/A, i, n) - nG$$

故有：

$$F_2 = G\frac{(F/A, i, n)}{i} - \frac{nG}{i}$$

因有：

$$A_2 = F_2(A/F, i, n)$$

故有：

$$A_2 = \frac{G}{i} - \frac{nG}{i}(A/F, i, n) = G\left[\frac{1}{i} - \frac{n}{(1+i)^n - 1}\right] \tag{3-17}$$

式(3-17)中，$\frac{1}{i} - \frac{n}{(1+i)^n - 1}$ 称为等差系列等额支付复利系数，记为 $(A/G, i, n)$，其值可通过查询复利系数表获取。于是式(3-17)可写作：

$$A_2 = G(A/G, i, n) \tag{3-18}$$

式(3-17)表明，以等差值为 G 的前述支付系列二与等额年值 A_2 的支付系列"等值"。求出 A_2 后，与 A_1 相加，就得等额年值 A：

$$A = A_1 + A_2 \tag{3-19}$$

求出等额年值 A 后，与图3-6支付系列等值的复本利和 F、现值 P 即可分别由式(3-9)和式(3-13)求出。

【例3-7】 某施工企业租用施工机械，第一个月支付租金5000元，考虑到物价上涨等因素的影响，从第二个月起每个月的租金要在前一个月的基础上增加300元，估计租用该机械的时间为18个月，问在月利率为1%时，租用该机械支付租赁费的现值应是多少？

解： 由题意有 $A_1 = 5000, G = 300, n = 18, i = 1\%$。由式(3-17)有：

$$A_2 = G\left[\frac{1}{i} - \frac{n}{(1+i)^n - 1}\right] = 300\left[\frac{1}{1\%} - \frac{18}{(1+1\%)^{18} - 1}\right] = 2470(元)$$

$$A = 5000 + 2470 = 7470(元)$$

则有现值：$P = A\frac{(1+i)^n - 1}{i(1+i)^n} = 7470 \times \frac{(1+1\%)^{18} - 1}{1\% \times (1+1\%)^{18}} = 122496(元)$

2）等比支付系列等值计算公式

如图3-8所示，当现金流量值每期以某一固定的百分比增加（或减少）时，就构成了一个等比支付系列，例如交通量逐年增加的百分比，原材料价格上涨的百分比等。在涉及这一类问题的支付情况、并按复利计算时，就可以用等比支付系列的等值计算公式进行计算。在图3-8中，假定第 t 期末值为 A_t，j 为每年递增（减）的百分比。

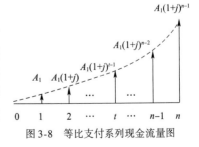

图3-8 等比支付系列现金流量图

由式(3-2),将每期末的值作为整付值转换为现值,可得:

$$P = \sum_{t=1}^{n} A_t \frac{1}{(1+i)^t} = \sum_{t=1}^{n} A_1 \cdot \frac{(1+j)^{t-1}}{(1+i)^t} = \sum \frac{A_1}{(1+j)} \left(\frac{1+j}{1+i}\right)^t \quad (3\text{-}20)$$

(1)当 $j > i$ 时,令 $\frac{1+j}{1+i} = 1 + w$,于是式(3-20)可变换为:

$$P = A_1 \cdot \frac{1}{1+j} [(1+w) + (1+w)^2 + \cdots + (1+w)^n]$$

$$= A_1 \cdot \frac{1+w}{1+j} [1 + (1+w) + (1+w)^2 + \cdots + (1+w)^{n-1}]$$

$$= A_1 \cdot \frac{1+w}{1+j} \cdot \frac{(1+w)^n - 1}{w} \quad (3\text{-}21)$$

将 $(1+w)$ 还原为 $\frac{1+j}{1+i}$,可得:

$$P = A_1 \cdot \frac{(1+j)^n (1+i)^{-n} - 1}{j - i} \quad (3\text{-}22)$$

(2)若 $j < i$,则令 $\frac{1+i}{1+j} = (1+w)$,代入式(3-20),可得:

$$P = A_1 \cdot \frac{1 - (1+j)^n (1+i)^{-n}}{i - j} \quad (3\text{-}23)$$

(3)当 $j = i$ 时,由式(3-20)可得:

$$P = A_1 \cdot \frac{1}{(1+j)} \sum_{t=1}^{n} \left(\frac{1+j}{1+j}\right)^t = \frac{nA_1}{1+j} = \frac{nA_1}{1+i} \quad (3\text{-}24)$$

【例 3-8】 拟建征收车辆过桥费的某公路桥,估算投资额需要 1200 万元。经交通调查推算,该桥建成后的第一年净收益为 120 万元,预测交通量年增长率为 5%,利率 $i = 8\%$,问在 12 年内能否完全回收投资?

解: 由题意知交通量年增长率为 5%,即年净收益的年增长率亦为 5%,于是有 $i = 8\%$,$j = 5\%$,$A_1 = 120$,$n = 12$,由式(3-23)可知,净收益现值为:

$$P = A_1 \cdot \frac{1 - (1+j)^n (1+i)^{-n}}{i - j} = 120 \times \frac{1 - (1+5\%)^{12} \times (1+8\%)^{-12}}{8\% - 5\%} = 1147.368(万元)$$

由于 $P < 1200$,故该公路桥在 12 年内不能完全回收投资。

二、复利系数表及其应用

进行复利计算时,可以直接利用公式求解,但比较烦琐,所以人们已按不同的利率和周期数将各种系数计算出来,编制成复利系数表,只要 i 与 n 已知就可以找到所需要的复利系数。所谓复利系数表,是指根据前面所述复利计算(等值计算)公式中的各个系数,按照复利利率 i 和计息期数 n 的变化而制成的各个系数值的表格,参见本教材附表。利用复利系数表可以进行如下计算。

1. 复利计算

在复利计算中,可以直接用公式进行计算,但利用复利系数表进行计算更为方便。

【例 3-9】 某项目投资 320 万元,资金来源为银行贷款,偿还年限为 8 年内等额偿还,若年复利利率为8%,每年末应等额偿还多少?

解:按复利系数表计算有:
$$A = P(A/P, 8\%, 8) = 320 \times 0.17401 = 55.68(万元)$$

2. 计算未知利率

在对技术方案进行技术经济评价中,有时还需要计算投资报酬率(或内部收益率),主要有以下几种情况。

1) 已知 P、F、n,求利率 i

对这种情况,可以用对数解法求解,亦可以用复利系数表内插求解。

【例3-10】 某项目投资400万元,6年末回收750万元,问投资收益率为多少?

解:(1)用对数法求解有:

由公式 $F = P(1+i)^n$,等式两边同时取对数有:
$$\lg F = \lg P + n\lg(1+i)$$

即:
$$\lg(1+i) = \frac{\lg F - \lg P}{n}$$

进而有 $i = 10^{(\lg F - \lg P)/n} - 1$,代入各值,可得:
$$i = 10^{(\lg 750 - \lg 400)/6} - 1 = 10^{0.0455} - 1 = 11.04\%$$

(2) 查复利系数表计算:

由 $F = P(F/P, i, n)$,有 $(F/P, i, n) = \frac{750}{400} = 1.875$。

令 $i = 10\%$,有 $(F/P, 10\%, 6) = 1.7716$;令 $i = 12\%$,有 $(F/P, 12\%, 6) = 1.9738$。

在 1.7716 ~ 1.9738 之间内插计算,可得 $i = 11.02\%$。

虽然其计算结果的误差是由线性内插产生的,但能满足计算精度要求。

2) 已知 A、F、n,求利率 i

已知等额支付值 A,终值 F,计息期数 n,求复利利率 i。这时用对数解法较烦琐,可利用复利系数表内插。

【例3-11】 某人每年末在银行存入10000元,共存了10年,在复利计息下共得本利和180000元,问其复利利率为多少?

解:由 $F = A(F/A, i, n)$,有 $(F/A, i, n) = F/A$,于是有 $(F/A, i, n) = 180000/10000 = 18$。

查复利系数表,当 $i = 12\%$ 时,$(F/A, 12\%, 10) = 17.549$;当 $i = 15\%$ 时,$(F/A, 15\%, 10) = 20.304$。

于是内插计算 i,可得 $i = 12.49\%$。

故其存款利率为12.49%。

3) 已知 P、A、n,求利率 i

已知现值 P、等额支付值 A,计息期数 n,求复利利率 i。这时可利用复利系数表内插计算。

【例3-12】 某项投资为200万元,在10年内每年收益40万元,按复利计算,其投资收益率为多少?

解:由公式 $P = A(P/A, i, n)$,有 $(P/A, i, 10) = 200/40 = 5.00$。

查复利系数表,当 $i=15\%$ 时,$(P/A,15\%,10)=5.0188$;当 $i=17\%$ 时,$(P/A,17\%,10)=4.6586$。

于是内插计算 i,可得 $i=15.10\%$。

故其投资收益率为 15.10%。

3. 计算未知年数

在技术方案的技术经济评价中,常要根据已知条件计算某投资项目全部偿还投资需要的时间,这时就需要计算未知年数 n。

1) 已知 F、P、i,求计息期数 n

对于这种简单情况,可以用数解法求解,也可以查复利系数表,然后内插求解。

【例 3-13】 要想使现时的 100000 元,在复利利率为 8% 的条件下变为 220000 元,需多少年?

解:由 $F=P(F/P,i,n)$,故有:

$$(F/P,i,n)=F/P=220000/100000=2.20$$

查复利系数表,当 $n=10$ 时,有 $(F/P,8\%,10)=2.1589$;当 $n=11$ 时,有 $(F/P,8\%,11)=2.3316$。内插可得:$n=10.23$(年),即 10 年零 3 个月。

2) 已知 A、F、i,求计息期数 n

对于这种情况,也可以利用复利系数表内插计算。

【例 3-14】 欲在今后进行某项目建设,约需要 350 万元资金,现企业每年只能积存 60 万元,若复利利率为 10%,需要多长时间才能积存所需要的这笔资金?

解:由公式 $F=A(F/A,i,n)$,有:

$$(F/A,10\%,n)=F/A=350/60=5.833$$

查复利系数表,当 $n=4$ 时,有 $(F/A,10\%,4)=4.6410$;当 $n=5$ 时,有 $(F/A,10\%,5)=6.1051$。

内插可得:$n=4.81$(年),即 4 年零 10 个月。

3) 已知 A、P、i,求计息期数 n

在 i 已知而 n 未知时,这时可以利用复利系数表计算未知的计息期数 n。

【例 3-15】 某项目贷款 200 万元,在 0 期一次性投入。项目建设期为 2 年,第 3 年开始运营,年收益为 40 万元,若复利利率为 10%,在投资后多少年能回收投资额?

解:按题意,其现金流量图如图 3-9 所示。

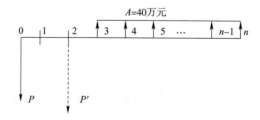

图 3-9 【例 3-15】图示

先将第 1 期期初的 200 万元转换至 2 期末,有:

$$F=200\times(F/P,10\%,2)=200\times1.21=242(万元)$$

将 2 期末的 242 万元看作 P，利用 $P = A(P/A, i, n)$，有：
$$(P/A, i, n) = P/A = 242/40 = 6.05$$

查复利系数表有：

当 $n = 9$ 时，有 $(P/A, 10\%, 9) = 5.759$；

当 $n = 10$ 时，有 $(P/A, 10\%, 10) = 6.1446$。

内插 $(P/A, 10\%, n) = 6.05$，可得 $n = 9.76$ 年。

于是，由投资到偿还全部投资需要的时间（投资回收期）为 $9.76 + 2 = 11.76$（年），即需要 11 年零 9 个月。

【例 3-16】 某地区在做规划时提出，到 2025 年，该地区的工农业总产值在 2005 年的 7000 万元的基础上翻两番，到达 28000 万元，问其年增长率为多少？

解： 由公式 $F = P(F/P, i, n)$，可得 $(F/P, i, n) = F/P = 28000/7000 = 4$。

查复利系数表，当 $i = 7\%$，$n = 20$ 时，$(F/P, 7\%, 20) = 3.8697$；当 $i = 8\%$，$n = 20$ 时，$(F/P, 8\%, 20) = 4.6609$。

显然，所求的 i 值应在 $7\% \sim 8\%$ 之间，用线性内插法可得：

$$i = 7\% + \frac{4.0 - 3.8697}{4.6609 - 3.8697} \times (8\% - 7\%) = 7.2\%$$

故该规划的年增长率为 7.2%。

【例 3-17】 某企业向外资贷款 200 万元建一工程，第三年投产，投产后每年收益 40 万元。若年利率为 10%，问在投产后多少年能归还 200 万元的本息？

解： 以投产之日即第三年初为基准期，将投资折算到第三年初，有：

$$F = 200(F/P, 10\%, 2) = 200 \times 1.2100 = 242（万元）$$

由 $P = A(P/A, i, n)$，可得：

$$(P/A, i, n) = P/A = 242/40 = 6.05$$

查复利系数表，当 $i = 10\%$，$n = 9$ 时，$(P/A, 10\%, 9) = 5.759$；当 $i = 10\%$，$n = 10$ 时，$(P/A, 10\%, 10) = 6.144$。

用线性内插法，可得 $n = 9.8$（年），故在投产后 9.8 年能归还 200 万元的本息。

应该注意的是，在复利表中不论利率 i 还是期数 n 都不是连续的，因此要求两个数值区间的某一个确定的值就要使用线性法。严格地讲，采用线性内插是有误差的，因为系数的变化并不是线性的，但当已知两个相邻系数值相差较小时，可以近似地用线性内插法求解，这种误差对方案评价来说影响甚微，不影响方案评价的结论。

三、等值计算公式的应用

1. 计息期为 1 年的等值计算

计息期为 1 年时，有效利率和（年）名义利率相同，利用上一节介绍的复利计算公式可以直接进行等值计算。

【例 3-18】 当利率为 8% 时，从现在起连续 6 年的年末等额支付为多少时与第 6 年末的 1000000 元等值？

解: $A = F(A/F, i, n) = 1000000 \times \overset{A/F,8\%,6}{(0.1363)} = 136300 (元/年)$

计算表明，当利率为 8% 时，从现在起连续 6 年 136300 元的年末等额支付与第 6 年末的 1000000 元等值。

【例 3-19】 当利率为 10% 时，从现在起连续 5 年的年末等额支付为 600 元，问与其等值的第 0 年的现值为多大？

解: $P = A(P/A, i, n) = 600 \times \overset{P/A,10\%,5}{(3.7908)} = 2274.48 (元)$

计算表明，当利率为 10% 时，从现在起连续 5 年的 600 元年末等额支付与第 0 年的现值 2274.48 元等值。

2. 计息期短于 1 年的等值计算

如果计息期短于 1 年，仍可利用以上的利息公式进行计算，这种计算通常包括以下两种情况。

1）计息期等于支付期

【例 3-20】 年利率为 12%，每半年计息一次，从现在起连续 3 年，每半年为 100 元的等额支付，问与其等值的第 0 年的现值为多大？

解：每计息期的利率 $i = \dfrac{12\%}{2 \text{期}} = 6\%（每半年一期）$

$$n = (3 \text{年}) \times (\text{每年 2 期}) = 6 (\text{期})$$

$$P = A(P/A, i, n) = 100 \times \overset{P/A,6\%,6}{(4.9173)} = 491.73 (元)$$

计算表明，按年利率 12%，每半年计息一次计算利息，从现在起连续 3 年每半年支付 100 元的等额支付与第 0 年的 491.73 元的现值等值。

【例 3-21】 假如有人目前借入 2000 元，在今后 2 年中分 24 次偿还，每次偿还 99.80 元，复利按月计算，试求月实际利率、名义利率和年实际利率。

解：由题意，有 $99.80 = 2000 \times (A/P, i, 24)$

$$(A/P, i, 24) = \dfrac{99.80}{2000} = 0.0499$$

查询复利系数表，上面的数值相当于 $i = 1.5\%$。因为计息期是一个月，所以月实际利率为 1.5%。则名义利率为：

$$r = (\text{每月} 1.5\%) \times (12 \text{个月}) = (\text{每年}) 18\%$$

年实际利率为：

$$i = \left(1 + \dfrac{r}{n}\right)^n - 1 = \left(1 + \dfrac{0.18}{12}\right)^{12} - 1 = 19.56\%$$

2）计息期短于支付期

【例 3-22】 按年利率 12%，每季度计息一次，从现在起连续 3 年的等额年末借款为 1000 元，问与其等值的第 3 年末的欠款金额为多少？

解：其现金流量如图 3-10 所示。

每年向银行借一次，支付期为 1 年，年利率为 12%。每季度计息一次，计息期为一个季度，计息期短于支付期。由于利息按年度计算，而支付在年底，这样，计息期末不一定有支付，所以不能直接采用利息计算公式，需要进行调整，使之符合利息公式的使用条件，调整方法有如下三种。

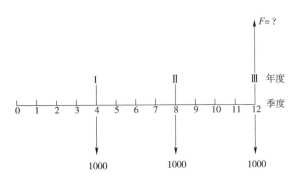

图 3-10 按季计息年度支付的现金流量图(单位:元)

方法一:取一个循环周期,使这个周期的年末支付转变成等值的计息期末的等额支付系列,其现金流量如图 3-11 所示。

图 3-11 将年度支付转化为计息期末支付(单位:元)

$$A = F(A/F, i, n) = 1000 \times (\overset{A/F,3\%,4}{0.2390}) = 239(元)$$

已知年利率 $r = 12\%$, $n = 4$,因此有:

$$i = 12\% \div 4 = 3\%$$

经过转换后,计息期和支付期完全重合,可直接利用利息公式进行计算,并适用于后 2 年,则本题的现金流量图如图 3-12 所示。

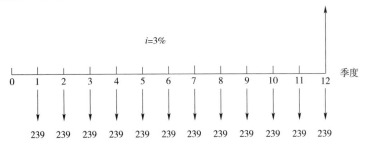

图 3-12 经转变后计息期与支付期重合(单位:元)

$$F = A(F/A, i, n) = 239 \times (\overset{F/A,3\%,12}{14.192}) = 3392(元)$$

方法二:把等额支付的每一个支付看作一次支付,求出每个支付的将来值,然后把将来值加起来,这个和就是等额支付的实际结果。

$$F = 1000 \times (\overset{F/P,3\%,8}{1.267}) + 1000 \times (\overset{F/P,3\%,4}{1.126}) + 1000 = 3392(元)$$

上式中,第一项代表第 1 年末借的 1000 元将计息 8 次;第二项代表第 2 年末借的 1000 元将计息 4 次;最后一项代表第 3 年末借的 1000 元。

方法三:先求出支付期的实际利率,本题支付期为1年,然后以1年为基础进行计算。年实际利率为:

$$i = \left(1 + \frac{r}{n}\right)^n - 1$$

其中,$n=4$,$r=12\%$,因此有:

$$i = \left(1 + \frac{0.12}{4}\right)^4 - 1 = 12.55\%$$

由此可得:

$$F = 1000 \times \overset{F/A,12.55\%,3}{(3.3923)} = 3392(元)$$

其中$(F/A,12.55\%,3) = 3.3923$可以通过查询复利系数表,采用内插方法求得

$(F/A,12\%,3) = 3.3744$,$(F/A,15\%,3) = 3.4725$

$$(F/A,12.55\%,3) = 3.3744 + \frac{3.4725 - 3.3744}{3} \times 0.55 = 3.3923$$

以上三种方法计算表明,按年利率12%,每季度计息一次,从现在起连续3年的1000元等额年末借款与第3年末的3392元等值。

3. 综合计算实例

对于复杂的问题,可以先画出现金流量图,以提高计算的速度和准确性。

【例3-23】 假定现金流量为第6年末支付300元,第9~12年末各支付60元,第13年末支付210元,第15~17年末各支付80元。按年利率5%计息,求与此等值的现金流量的现值P。

解:先将所有的支付情况画出现金流量图,如图3-13所示。

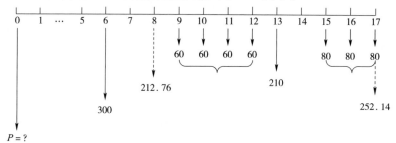

图3-13 现金流量图(单位:元)

根据绘制的现金流量图利用利息公式进行计算:

$$P = 300 \times \overset{P/F,5\%,6}{(0.7462)} + 60 \times \overset{P/A,5\%,4}{(3.5456)} \times \overset{P/F,5\%,8}{(0.6768)} + 210 \times \overset{P/F,5\%,13}{(0.5305)} + 80 \times \overset{F/A,5\%,3}{(3.153)} \times \overset{P/F,5\%,17}{(0.4363)} = 589.27(元)$$

因此,按年利率5%计息,与给定现金流量等值的现值为589.27元。

【例3-24】 某人购买一套住房,总价为150万,其中70%申请期限为20年,年利率为5%的商业抵押贷款,约定按月等额还款,试计算每月要还多少贷款?这种贷款的年实际利率是多少?

解:贷款总额: $P = 150 \times 70\% = 105(万元)$

每月还款额为:

$$A=P\cdot\frac{i(1+i)^n}{(1+i)^n-1}=105\times\frac{(0.05/12)\times(1+0.05/12)^{240}}{(1+0.05/12)^{240}-1}=105\times0.006599=0.6929(\text{万元})$$

即每月要还款6929元。

在这种还款方式下,年实际利率为:

$$i=(1+5\%/12)^{12}-1=5.1162\%$$

第四节 Excel电子表格的运用

计算复利除利用复利系数表以外,还可以运用Excel电子表格。

一、直接在电子表格中进行复利系数的计算

借助电子表格很容易算出复利计算中的所有系数。如果把一些参数设为绝对地址,变动这些参数,就可以得到不同的相应的参数。图3-14就是以$i=10\%$为绝对地址得到的复利系数。当利率变化时,只要改变该绝对地址的赋值,就可以得到全部新的系数。这张电子表格还可以解决【例3-16】的反求利率问题:不断地调整利率,观察系数是否逼近相关系数,以求得足够精度的利率。

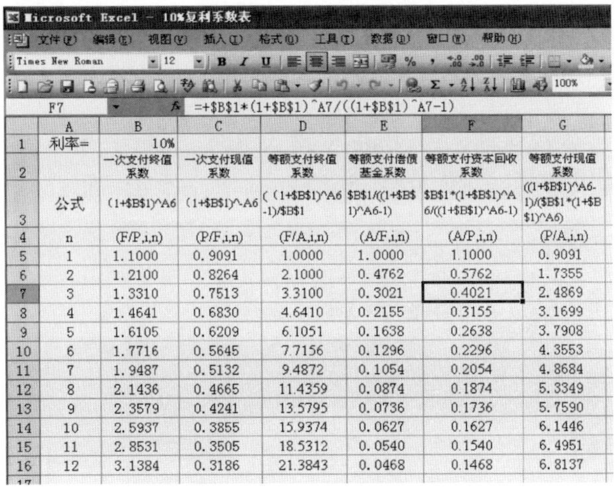

Microsoft Excel - 10%复利系数表

F7 =+$B$1*(1+$B$1)^A7/((1+$B$1)^A7-1)

	A	B	C	D	E	F	G
1	利率=	10%					
2		一次支付终值系数	一次支付现值系数	等额支付终值系数	等额支付偿债基金系数	等额支付资本回收系数	等额支付现值系数
3	公式	(1+$B$1)^A6	(1+$B$1)^-A6	((1+$B$1)^A6-1)/$B$1	$B$1/((1+$B$1)^A6-1)	$B$1*(1+$B$1)^A6/((1+$B$1)^A6-1)	((1+$B$1)^A6-1)/($B$1*(1+$B$1)^A6)
4	n	(F/P,i,n)	(P/F,i,n)	(F/A,i,n)	(A/F,i,n)	(A/P,i,n)	(P/A,i,n)
5	1	1.1000	0.9091	1.0000	1.0000	1.1000	0.9091
6	2	1.2100	0.8264	2.1000	0.4762	0.5762	1.7355
7	3	1.3310	0.7513	3.3100	0.3021	0.4021	2.4869
8	4	1.4641	0.6830	4.6410	0.2155	0.3155	3.1699
9	5	1.6105	0.6209	6.1051	0.1638	0.2638	3.7908
10	6	1.7716	0.5645	7.7156	0.1296	0.2296	4.3553
11	7	1.9487	0.5132	9.4872	0.1054	0.2054	4.8684
12	8	2.1436	0.4665	11.4359	0.0874	0.1874	5.3349
13	9	2.3579	0.4241	13.5795	0.0736	0.1736	5.7590
14	10	2.5937	0.3855	15.9374	0.0627	0.1627	6.1446
15	11	2.8531	0.3505	18.5312	0.0540	0.1540	6.4951
16	12	3.1384	0.3186	21.3843	0.0468	0.1468	6.8137

图3-14 利用Excel计算复利系数

二、在Excel中直接套用函数

利用电子表格中的函数,根据给定的参数和已知数据就可求终值(FV)、现值(PV)和等额值(PMT)。

1. 终值计算函数

FV(Rate,Nper,Pmt,Pv,Type)

其中:Rate——利率;

Nper——总投资期,即该项投资总的付款期数;

Pmt——各期支出金额,在整个投资期内不变(若该参数为0或省略,则函数值为复利终值);

Pv——现值,也称本金(若该参数为0或省略,则函数值为年金终值)。

Type 只有数值0或1,0或忽略表示收付款时间是期末,1表示收付款时间是期初。

【例3-25】 今有某项投资100万元,投产后投资收益率为10%,问5年末共可得本利和多少?

解:计算过程如下:

(1)启动 Excel 软件。点击主菜单栏上的"插入"命令,然后在下拉菜单中选择"函数"命令,弹出"插入函数"对话框。先在"选择类别(C)"栏中选择"财务",然后在下边的"选择函数(N)"栏中选择"FV"。最后点击对话框下端的"确定"按钮,如图3-15所示。

图 3-15 【例3-25】中 FV 函数计算步骤(1)

(2)在弹出的"FV"函数对话框中,Rate 栏键入10%,Nper 栏键入5,PV 栏键入100[也可直接在单元格 A1 中输入公式:=FV(10%,5,,100)]。然后点击"确定"按钮,如图3-16所示。

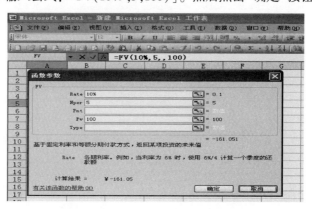

图 3-16 【例3-25】中 FV 函数计算步骤(2)

(3)单元格 A1 中显示计算结果为 −161.05,如图3-17所示。

图 3-17 【例3-25】中 FV 函数计算步骤(3)

利用 FV 函数还可计算年金终值。

【例 3-26】 假定年利率为 5%,年金为 400,试计算 5 年后的终值。

解:计算过程如下:

(1)启动 Excel 软件。点击主菜单栏上的"插入"命令,然后在下拉菜单中选择"函数"命令,弹出"插入函数"对话框。先在"选择类别(C)"栏中选择"财务",然后在下边的"选择函数(N)"栏中选择"FV"。最后点击对话框下端的"确定"按钮。

(2)在弹出的"FV"函数对话框中,Rate 栏键入 5%,Nper 栏键入 5,Pmt 栏键入 400[也可直接在单元格 A1 中输入公式:=FV(5%,5,400)],然后点击"确定"按钮。

(3)单元格 A1 中显示计算结果为 -2210.25。

2. 现值计算函数

$$PV(Rate, Nper, Pmt, Fv, Type)$$

其中,参数 Rate、Nper、Pmt 和 Type 的含义与 FV 函数中的参数含义相同。Fv 代表未来值或在最后一次付款期后获得的一次性偿还额。在 PV 函数中,若 Pmt 参数为 0 或省略,则函数值为复利现值;若 Fv 参数为 0 或省略,则函数值为年金现值。

【例 3-27】 假定利率为 8%,终值为 2000,试计算 10 年期的现值。

解:计算过程如下:

(1)启动 Excel 软件。点击主菜单栏上的"插入"命令,然后在下拉菜单中选择"函数"命令,弹出"插入函数"对话框。先在"选择类别(C)"栏中选择"财务",然后在下边的"选择函数(N)"栏中选择"PV"。最后点击对话框下端的"确定"按钮,如图 3-18 所示。

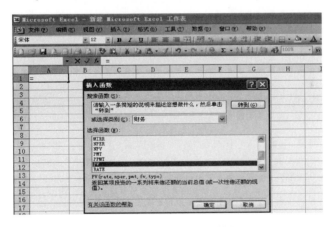

图 3-18 【例 3-27】中 PV 函数计算步骤(1)

(2)在弹出的"PV"函数对话框中,Rate 栏键入 8%,Nper 栏键入 10,Fv 栏键入 2000[也可直接在单元格 A1 中输入公式:=PV(8%,10,2000)],然后点击"确定"按钮,如图 3-19 所示。

(3)单元格 A1 中显示计算结果为 -926.39,如图 3-20 所示。

3. 偿债基金和资金回收计算函数

$$PMT(Rate, Nper, Pv, FV, Type)$$

其中,参数 Rate、Nper、Pmt 和 Type 的含义与 FV 和 PV 函数中的参数含义相同。PV 代表一系列未来付款当前值的累积和;Fv 代表未来值。

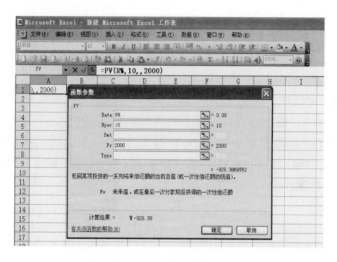

图 3-19 【例 3-27】中 PV 函数计算步骤(2)

图 3-20 【例 3-27】中 PV 函数计算步骤(3)

在 PMT 函数中,若 Pv 参数为 0 或省略,则该函数计算的是偿债基金值;若 FV 参数为 0 或省略,则该函数计算的是资金回收值。

【**例 3-28**】 假定年利率为 10%,终值为 1000,试计算 10 年期内的年金值。

解:计算过程如下:

(1)启动 Excel 软件。点击主菜单栏上的"插入"命令,然后在下拉菜单中选择"函数"命令,弹出"插入函数"对话框。先在"选择类别(C)"栏中选择"财务",然后在下边的"选择函数(N)"栏中选择"PMT"。最后点击对话框下端的"确定"按钮,如图 3-21 所示。

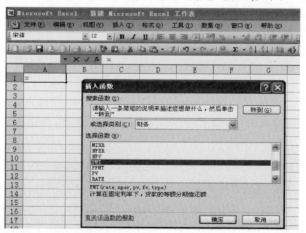

图 3-21 【例 3-28】中 PMT 函数计算步骤(1)

(2)在弹出的"PMT"函数对话框中,Rate 栏键入 10%,Nper 栏键入 10,FV 栏键入 400 [也可直接在单元格 A1 中输入公式:=FV(5%,5,400)],然后点击"确定"按钮,如图 3-22 所示。

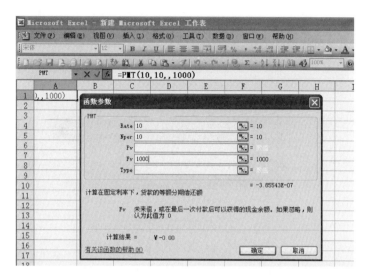

图 3-22 【例 3-28】中 PMT 函数计算步骤(2)

(3)单元格 A1 中显示计算结果为 -62.75,如图 3-23 所示。

图 3-23 【例 3-28】中 PMT 函数计算步骤(3)

4. NPER 函数

NPER 函数计算的是基于固定利率和等额分期付款方式,返回一项投资或贷款的期数。

$$NPER(Rate,Pmt,Pv,Fv,Type)$$

其中:Rate——利率;

　　　Pmt——各期所应收取(或支付)的金额;

　　　Pv——一系列未来付款当前值的累积和;

　　　Fv——未来值;Type 只有数值 0 或 1,0 或忽略表示收付款时间是期末,1 表示收
　　　　　　付款时间是期初。

【例 3-29】 假定现值为 2000 万元,利率为 5%,年金为 400 万元,试计算期数。

解:计算过程如下:

(1)启动 Excel 软件。点击主菜单栏上的"插入"命令,然后在下拉菜单中选择"函数"命令,弹出"插入函数"对话框。先在"选择类别(C)"栏中选择"财务",然后在下边的"选择函数(N)"栏中选择"NPER"。最后点击对话框下端的"确定"按钮,如图 3-24 所示。

(2)在弹出的 NPER 函数对话框中,Rate 栏键入 5%,Pmt 栏键入 400,Pv 栏键入 2000

[也可直接在单元格 A1 中输入公式 = NPER(5%,400,2000)]。然后点击"确定"按钮,如图3-25所示。

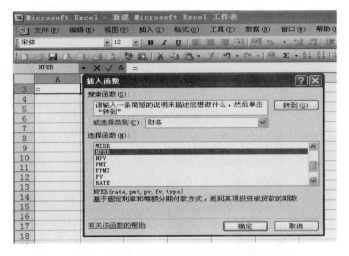

图3-24 【例3-29】中 PMT 函数计算步骤(1)

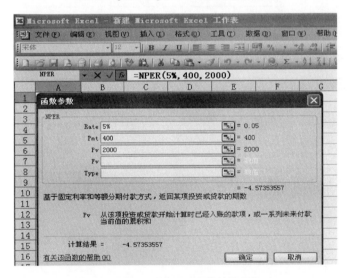

图3-25 【例3-29】中 PMT 函数计算步骤(2)

(3)单元格 A1 中显示计算结果为 -4.57354,如图3-26 所示。

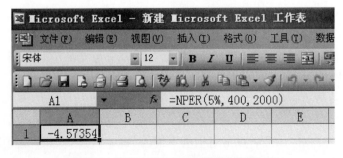

图3-26 【例3-29】中 PMT 函数计算步骤(3)

复习思考题

1. 资金时间价值的概念及其度量是什么?

2. 什么是单利?什么是复利?二者的主要区别是什么?

3. 等值的概念是什么?

4. 名义利率、计息期实际利率、年实际利率的概念是什么?并举例说明。

5. 什么是现金流量图?其作图规则是什么?

6. 若年单利利率为8%,以7000元存入银行,要多少年后本利和才有10000元?

7. 某人以8%的单利利率借出1000元,借期为5年;然后以年复利率为6%将所得本利再借出,借期4年,问此人在9年末共可获得的资金有多少?

8. 某企业在一项投资中投入50000元,年利率为5%,1年后回收60000元,该项投资的利润现值是多少?

9. 某企业计划购置一台设备,需30000元,若年利率为8%,问5年内每年应存入多少资金?

10. 某方案计划投资40万元,估计每年销售收入为35万元,年经营费12万元。按6%的税率,以销售收入为计税基数缴纳产品税、营业税。假定年流动资金贷款利息为4万元,年设备更新费为2万元,试计算各年的净现金流量值并绘现金流量图。

11. 某人现存入3500元,复利率为8%,在12年末复本利和为多少?

12. 若从现在开始计算,要在15年后能支取15000元,按8%的复利计息,现时应存入多少资金?

13. 若现存入5000元,以8%的复利计算,在10年内每年末可支取多少元?

14. 假定每年末存入250元,按10%的复利计算,第10年末能支取多少元?

15. 某企业欲在6年后进行某项扩建工程,估计届时需资金350万元,现拟每年末存入一笔资金,若按8%的复利计息,每年应存入多少才能保证扩建工程届时有资金支付?

16. 利用本章的复利计算公式写出下列条件下的各计算公式,并画出现金流量图。

(1)若 P 位于第一年初,F 位于第 n 年初,写出 F 的表达式(复利利率为 i);

(2)若 P 位于第一年末,F 位于第 n 年初,复利利率为 i,写出 P 的表达式;

(3)若 P 位于第一年末,F 位于第 n 年初,复利利率为 i,写出 F 的表达式。

17. 证明下列恒等式。

(1) $(P/A,i,n)-(P/F,i,n)=(P/A,i,n-1)$;

(2) $(A/P,i,n)-i=(A/F,i,n)$;

(3) $(F/A,i,n)+(F/P,i,n)=(F/A,i,n+1)$。

18. 某公司购置一台施工机械,购置成本为62000元,机器使用寿命为20年,届时残值为1500元,该机械年使用维护费2500元,此外每5年进行一次大修理,需6000元。若复利利率为10%,求在使用期内的等额年成本是多少?

19. 某企业现投资30000元,在5年后回收50000元,问其报酬率为多少?

20. 求下面两种情况下的年实际利率。

(1)名义利率为18%,半年计息一次;

(2)名义利率为18%,每月计息一次。

21. 某收费公路桥投资额为4500万元,开始运营后第一年收益为600万元,以后每年递增5%。若年复利利率为8%,用试算法求投资回收年限。

22. 某现金流量图如图3-27所示。求与该现金流量图示等值的等额年值(复利利率为8%)。

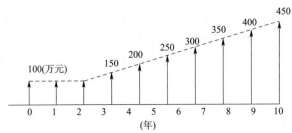

图3-27 复习思考题22图示

23. 求与图3-28现金流量等值的终值F,假设复利利率为10%。

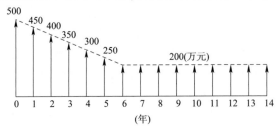

图3-28 复习思考题23图示

第四章 运输项目经济效果评价方法

运输项目技术方案经济性评价的核心内容是经济效果的评价。为了确保运输项目决策的正确性和科学性,研究经济效果评价的指标和方法是十分必要的。

经济效果评价的指标是多种多样的,它们从不同角度反映运输项目的经济性。本章介绍的指标可分为三大类:第一类是以时间作为计量单位的时间型指标,如投资回收期、贷款偿还期等;第二类是以货币单位计量的价值指标,如净现值、净年值、费用现值等;第三类是反映资金利用效率的效率型指标,如投资收益率、内部收益率等。本章还将讨论各类指标的适用范围和应用方法。

第一节 经济效果评价指标

按是否考虑资金的时间价值,经济效果评价指标分为静态评价指标和动态评价指标。不考虑资金时间价值的评价指标称为静态评价指标;考虑资金时间价值的评价指标称为动态评价指标。静态评价指标主要用于技术经济数据不完备和不精确的项目初选阶段;动态评价指标则用于项目最后决策前的可行性研究阶段。

一、静态评价指标

1. 投资回收期

投资回收期是指从项目投建之日起,用项目各年净收入将全部投资收回所需年限。其计算公式为:

$$\sum_{t=0}^{T_\mathrm{P}} NB_t = \sum_{t=0}^{T_\mathrm{P}} (B_t - C_t) = K \tag{4-1}$$

式中:K——投资总额;

B_t——第 t 年的收入;

C_t——第 t 年支出(不包括投资);

NB_t——第 t 年的净收入,$NB_t = B_t - C_t$;

T_p——投资回收期。

实际应用中的计算公式为:

$$T_\mathrm{p} = T - 1 + \frac{\text{第}(T-1)\text{年累计净现金流的绝对值}}{\text{第 } T \text{ 年的净现金流量}} \tag{4-2}$$

式中:T——项目累计净现金流量开始出现正值或零的年份。

项目是否可行的判别准则如下:

设基准投资回收期为 T_b,当 $T_\mathrm{p} \leqslant T_\mathrm{b}$ 时,项目可以接受;当 $T_\mathrm{p} > T_\mathrm{b}$ 时,项目应予拒绝。

【例 4-1】 项目的投资及每年净收入见表 4-1,试计算其投资回收期。

某项目的投资及年净收益表(单位:万元)   表 4-1

项　　目	年　度										
	0	1	2	3	4	5	6	7	8	9	10
1.固定资产投资	180	260	80								
2.流动资金			250								
3.总投资	180	260	330								
4.现金流入				300	400	500	500	500	500	500	500
5.现金流出	180	260	330	250	300	350	350	350	350	350	350
6.净现金流	−180	−260	−330	50	100	150	150	150	150	150	150
7.净现金流累计	−180	−440	−770	−720	−620	−470	−320	−170	−20	130	280

解:

$$T_\mathrm{p} = 9 - 1 + \frac{20}{150} = 8.13(年)$$

投资回收期指标的优点是概念清晰,经济含义明确,方法简单适用,不仅能在一定程度上反映项目的经济性,而且能反映项目的风险大小,能提供一个未回收投资前承担风险时间。其缺点是,它没有反映资金的时间价值,由于舍弃了投资回收期以后收入支出数据,不能全面反映项目在寿命期内真实效益,难以对不同方案的比较选择作出正确判断。

投资回收期作为能够在一定程度上反映项目经济性和风险性的评价指标,在项目评价中具有独特的地位和作用,并被用作项目评价的辅助性指标。

2.投资收益率

投资收益率就是项目在正常生产年份的净收益(或年平均净收益)与投资总额的比值。即:

$$R = \frac{NB}{K} \tag{4-3}$$

式中:K——投资总额,$K = \sum_{t=0}^{m} K_t$,K_t 为第 t 年的投资额,m 为投资年限;

NB——正常生产年份的净收入,按分析目的的不同,可以是利润也可以是利税总额和净现金流入等;

R——投资收益率。

根据 K 和 R 的具体含义不同,R 可以表现为各种不同的具体形态,分别如式(4-4)~式(4-7):

$$全部投资收益率 = \frac{年利润 + 折旧与摊销 + 利息支出}{全部投资额} \tag{4-4}$$

$$权益投资收益率 = \frac{年利润 + 折旧与摊销}{权益投资额} \tag{4-5}$$

$$投资利税率 = \frac{年利润 + 税金}{全部投资额} \tag{4-6}$$

$$投资利润率 = \frac{年利润}{全部投资额} \tag{4-7}$$

对于权益投资和投资利润率来说,还有所得税前与所得税后之分。

投资收益率指标未考虑资金的时间价值,而且舍弃了项目建设期、寿命期等众多经济数据,故一般仅用于技术经济数据尚不完整的项目初步研究阶段。

用投资收益率指标评价投资方案的经济效果,需要与根据同类项目的历史数据及投资者意愿等确定的基准投资收益率作比较。设基准投资收益率为R_b,则项目是否可行的判别准则为:若$R \geq R_b$,则项目可以考虑接受;若$R < R_b$,则项目应予拒绝。

【例4-2】 某项目经济数据见表4-1。假定全部投资中没有借款,现已知基准投资收益率$R_b = 15\%$,试以投资收益率指标判断项目的取舍。

解:由表4-1中数据可得:

$$R = 150/770 = 0.195 = 19.5\%$$

由于$R > R_b$,故项目可以考虑接受。

二、动态评价指标

动态评价指标不仅计入了资金的时间价值,而且考察了项目在整个寿命期内收入支出的全部经济数据。因此,它们是比静态评价指标更全面、更科学的评价指标。

1. 净现值

净现值(Net Present Value, NPV)是对投资项目进行动态评价的最重要指标之一。该指标要求考察项目寿命期内每年发生的现金流量。按一定的折现率将项目各年净现金流量折现到建设期初的现值累加值就是净现值。净现值的计算公式为:

$$NPV = \sum_{t=0}^{n} (CI_t - CO_t)(1+i_0)^{-t} = \sum_{t=0}^{n} (CI_t - K_t - CO'_t)(1+i_0)^{-t} \tag{4-8}$$

式中:NPV——净现值;

CI_t——第t年的现金流入量;

CO_t——第t年的现金流出量;

CO'_t——第t年除投资以外的现金流出量;

K_t——第t年的投资;

n——寿命年限;

i_0——基准折现率。

项目是否可行的判别准则是:对单一项目方案而言,若$NPV \geq 0$,项目应予接收;若$NPV < 0$,则项目应予拒绝。

在进行多方案比选时,净现值越大的方案相对越优,即遵从净现值最大准则。

【例4-3】 某项目现金流量见表4-2。试用净现值指标判断项目的经济性($i = 10\%$)。

现金流量表(单位:万元)   表4-2

项目	年度				
	0	1	2	3	4~10
1.投资支出	20	500	100		
2.投资以外其他支出				300	450
3.收入				450	700
4.净现金流量	−20	−500	−100	150	250

解:根据表4-2中各年净现金流量,有:

$$NPV(10\%) = -20 - 500(P/F,10\%,1) - 100(P/F,10\%,2) + 150(P/F,10\%,3) + \\ 250(P/A,10\%,7)(P/F,10\%,3) = -20 - 500 \times 0.909 - 100 \times 0.826 + \\ 150 \times 0.751 + 250 \times 4.868 \times 0.751 = 469.5(万元)$$

由于 $NPV > 0$,故项目在经济效果上是可以接受的。

净现值指标用于多方案比较时,由于没有考虑各方案投资额的大小,因而不能直接反映资金的利用效率。为了考虑资金的利用效率,人们通常采用净现值指数作为净现值的辅助指标。净现值指数($NPVI$)是项目净现值与其总投资现值之比,其经济含义是单位投资现值所能带来的净现值,即:

$$NPVI = \frac{NPV}{K_p} = \frac{\sum_{t=0}^{n}(CI_t - CO_t)(1+i_0)^{-t}}{\sum_{t=0}^{n}K_t(1+i_0)^{-t}} \qquad (4-9)$$

式中:K_p——项目总投资现值。

对单一项目而言,若 $NPV \geq 0$,则 $NPVI \geq 0$;$NPV < 0$,则 $NPVI < 0$(因为 $K_p > 0$),故 $NPVI$ 评价项目经济效果时与 NPV 相同。

下面讨论与 NPV 有关的两个问题。

(1)净现值函数以及 NPV 对 i 的敏感性问题 所谓净现值函数就是 NPV 与折现率 i 之间的函数关系。表 4-3 列出了某项目的净现金流量及其净现值随 i 变化而变化的对应关系。

某项目的净现金流量及其净现值函数 表 4-3

年 度	净现金流量(万元)	$i(\%)$	$NPV(i) = -1000 + 400(P/A,i,4)$(万元)
0	-1000	0	600
1	400	10	268
2	400	20	35
3	400	22	0
4	400	30	-133
		40	-260
		50	-358
		∞	-1000

若以纵坐标表示净现值,横坐标表示折现率 i,上述函数关系如图 4-1 所示。

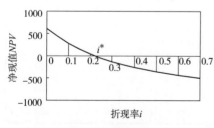

图 4-1 净现值曲线图

从图 4-1 中可以发现,净现值函数一般有如下特点:

①同一净现金流量的净现值随折现率 i 的增大而减小。故基准折现率 i_0 定得越高,能被接受的方案越少。

②在某一个 i^* 值上(本图中 $i^* = 22\%$),曲线与横坐标相交,表示该折现率下的 $NPV = 0$,且当 $i < i^*$

时，$NPV(i) > 0$；当 $i > i^*$ 时，$NPV(i) < 0$。i^* 是一个具有重要经济意义的折现率临界值，后面还要对它作详细分析。

净现值对折现率 i 的敏感性问题是指，当 i 从某一值变为另一值时，若按净现值最大的原则优选项目方案，可能出现前后结论相悖的情况。表4-4列出了两个互相排斥的方案 A 与 B 的净现金流量及其在折现率分别为 10% 和 20% 时的净现值。

方案 A、B 在基准折现率变动时的净现值(单位：万元)　　表 4-4

方案	年度						NPV	
	0	1	2	3	4	5	NPV(10%)	NPV(20%)
A	−230	100	100	100	50	50	83.91	24.81
B	−100	30	30	60	60	60	75.40	33.58

由表4-4可知，在 i 分别为 10% 和 20% 时，两方案的净现值均大于零。根据净现值越大越好的原则，当 $i = 10\%$ 时，$NPV_A > NPV_B$，故方案 A 优于方案 B；当 $i = 20\%$ 时，$NPV_B > NPV_A$，则方案 B 优于方案 A。这一现象对投资决策具有重要意义。例如，假设在一定的基准折现率 i_0 和投资总限额 K_0 下，净现值大于零的项目有 5 个，其投资总额恰为 K_0，故上述项目均被接受；按净现值的大小，设其排列顺序为 A，B，C，D，E。但若现在的投资总额必须压缩，减至 K_1 时，新选项目是否仍然会遵循 A，B，C，D，E 的原顺序排列直至达到投资总额为止呢？一般情况下是不会的。这是因为随着投资限额的减少，为了减少被选取的方案数（准确地说是减少被选取项目的投资总额），应当提高基准折现率。但基准折现率为 i_0 提高到 i_1 后，由于各项目方案净现值对基准折现率的敏感性不同，原先净现值小的项目，其净现值现在可能大于原先净现值大的项目。因此，在基准折现率随着投资总额变动的情况下，按净现值准则选取项目事实上不一定会遵循原有的项目排列顺序。

(2) 净现值指标的经济合理性。

技术经济分析的主要目的在于进行投资决策——是否进行投资，以多大规模进行投资。体现在投资项目经济效果评价上，要解决两个问题：什么样的投资项目可以接受；有众多备选投资方案时，哪个方案或哪些方案的组合最优。方案的优劣取决于它对投资者目标贡献的大小，在不考虑其他非经济目标的情况下，企业追求的目标可以简化为同等风险条件下净盈利的最大化，而净现值就是反映这种净盈利的指标。所以，在多方案比选中采用净现值指标和净现值最大准则是合理的。

对于企业投资项目而言，经济效果的好坏与其生产规模有密切关系，确定最佳生产规模一直是技术经济学十分关心的问题。生产规模取决于投资规模，最佳投资规模也就是使企业获得最大净现值的投资规模。设项目投资现值为 K_p，项目寿命期内各年净收入为 NB_t，各年净收入的现值之和为：

$$NB_p = \sum_{t=1}^{n} NB_t (1 + i_0)^{-t}$$

净现值的表达式可以写成：

$$NPV = NB_p - K_p$$

由于 NB_p 可以看成是 K_p 的函数，按照规模经济原理，随着投资规模增大，边际投资带来的边际净收入现值 NB_p' 开始时递增，超过最佳投资规模后递减。NB_p 与 K_p 的关系曲线如

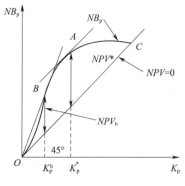

图 4-2 最佳经济规模的研究

图 4-2 所示。要使企业获得的 NPV 最大，必须满足：

$$\frac{dNPV}{dK_p} = \frac{dNB_p}{dK_p} - 1 = 0$$

即：

$$dNB_p = dK_p \tag{4-10}$$

在图 4-2 中，NB_p 为纵坐标，K_p 为横坐标，与横坐标成 $45°$ 角的直线是 $NPV=0$（即 $NB_p = K_p$）的方案集合。

NB_p 曲线上满足式（4-10）的点是点 A，点 A 的切线斜率与净现值为零的直线斜率相同。点 A 所对应的投资规模 K_p^* 为最佳规模，这一投资规模下的净现值 NPV^* 最大。

满足式（4-10）表示投资带来的边际净收入现值之和（dNB_p）与边际投资现值（dK_p）相等，对应的 NPV 最大。这实际上是经济学中边际原理的一种具体应用。边际原理认为，边际收入等于边际成本时企业实现的利润最大。因此，从经济学原理的角度看，在对投资额不等的备选方案进行比选时，应该采用净现值最大准则。

应该指出，若采用净现值指数指标对投资额不等的备选方案进行比选，可能会导致不正确的结论。净现值指数的表达式可以写作：

$$NPVI = \frac{NB_p - K_p}{K_p}$$

要使 $NPVI$ 最大，须满足：

$$dNPVI = \frac{1}{K_p}\left(\frac{dNB_p}{dK_p} - 1\right) - \frac{1}{K_p^2}(NB_p - K_p) = 0$$

亦即式（4-11）：

$$\frac{dNB_p}{dK_p} = \frac{NB_p}{K_p} \tag{4-11}$$

在图 4-2 中，满足式（4-11）的点是点 B，这一点的切线 OB 的斜率等于 NB_p/K_p，点 B 所对应的投资规模为 K_p^b，小于最佳投资规模 K_p^*，相应的净现值 NPV_b 也小于 NPV^*。因此，在进行多方案比选时，以 $NPVI$ 最大为准则，有利于投资规模偏小的项目。$NPVI$ 指标仅适用于投资额相近的方案比选。

如果将企业投资活动作为一个整体进行考察，往往需要从众多备选投资项目中选出一批项目进行投资。此时，可以将所有备选项目按其 NPV 的大小依次排列，优先选择 NPV 大的项目进行投资。若把每一个项目看成一个边际投资单位，即把 dK_p 看成一个边际项目的投资现值，把 dNB_p 看成一个边际项目的净收入现值总和，按照边际原理，在资金供应充足的条件下，最后一个被选中的边际项目应近似满足式（4-10）。这时企业从全部投资项目中获取的 NPV 总和最大。这就是以 $NPV \geq 0$ 作为可接受项目标准的道理。

2. 净年值

净年值（NAV）是通过资金等值换算将项目净现值分摊到寿命期内各年（从第 1 年到第 n 年）的等额年值。净年值的表达式如式（4-12）：

$$NAV = NPV(A/P, i_0, n) = \sum_{t=0}^{n}(CI_t - CO_t)(1 + i_0)^{-t}(A/P, i_0, n) \tag{4-12}$$

式中：NAV——净年值；

$(A/P,i_0,n)$——资本回收系数；

其余符号意义同式(4-8)。

在此条件下,项目是否可行的判别准则是：

若 $NAV \geq 0$,则项目在经济效果上可以接受；若 $NAV < 0$,则项目在经济效果上不可接受。

将净年值的计算公式及判别准则与净现值进行比较可知,由于 $(A/P,i_0,n)>0$,故净年值与净现值在项目评价的结论上总是一致的。因此,就项目的评价结论而言,净年值与净现值是等效评价指标。净现值给出的信息是项目在整个寿命期内获取的超出最低期望盈利的超额收益的现值。与净现值所不同的是,净年值给出的信息是寿命期内每年的等额超额收益。由于信息的含义不同,而且由于在某些决策结构形式下,采用净年值比采用净现值更为简便和易于计算(后面再详述),故净年值指标在经济评价指标体系中占有相当重要的地位。

【例 4-4】 某公司拟选用 A、B、C 三种型号的汽车,假设寿命均为 10 年,残值为零,$i_0 = 12\%$,各车型初投资和等额年净收益见表 4-5,那么选用哪种型号的汽车好？

投资和收益数据(单位：万元) 表 4-5

车型	A	B	C
初投资	20	30	40
年纯收益(1~10年)	6	8	9.2

解：(1)采用净现值法。

$$NPV_A = 6.0(P/A,12\%,10) - 20.0 = 6.0 \times 5.6502 - 20.0 = 13.9(万元)$$
$$NPV_B = 8.0(P/A,12\%,10) - 30.0 = 8.0 \times 5.6502 - 30.0 = 15.2(万元)$$
$$NPV_C = 9.2(P/A,12\%,10) - 40.0 = 9.2 \times 5.6502 - 40.0 = 12.0(万元)$$

由于 $NPV_B > NPV_A > NPV_C$,所以选 B 型号的汽车好。

(2)采用净年值法。

$$NAV_A = 6.0 - 20.0(A/P,12\%,10) = 6.0 - 20.0 \times 0.17698 = 2.46(万元)$$
$$NAV_B = 8.0 - 30.0(A/P,12\%,10) = 8.0 - 30.0 \times 0.17698 = 2.69(万元)$$
$$NAV_C = 9.2 - 40.0(A/P,12\%,10) = 9.2 - 40.0 \times 0.17698 = 2.12(万元)$$

由于 $NAV_B > NAV_A > NAV_C$,所以选 B 型号的汽车好。

3. 费用现值与费用年值

在进行多方案比选时,如果诸方案产出价值相同,或者诸方案能够满足同样需要但其产出效益难以用价值形态(货币)计量(如环保、教育、保健、国防)时,可以通过对各方案费用现值或费用年值的比较进行选择。

费用现值的表达式为：

$$PC = \sum_{t=0}^{n} CO_t(P/F,i_0,t) \tag{4-13}$$

费用年值的表达式为：

$$AC = PC(A/P,i_0,n) = \sum_{t=0}^{n} CO_t(P/F,i_0,t)(A/P,i_0,n) \tag{4-14}$$

式中：PC——费用现值；

AC——费用年值；

其他符号意义同式(4-8)。

费用现值和费用年值指标只能用于多个方案的比选,其判别准则是:费用现值或费用年值最小的方案为优。

【例 4-5】 一个运输基础设施寿命较长,可设为永久性工程系统,有两个建设方案:方案 Ⅰ 分两期建设,第一期投资 1000 万元,年运行费用 30 万元,第二期 10 年末投资建成,投资 1000 万元,建成后全部年运行费用 50 万元;方案 Ⅱ 一次建成,期初一次性投资 1800 万元;前 10 年半负荷运行,年运行费用 40 万元,10 年后全负荷运行,年运行费用 60 万元。设 $i_0 = 8\%$,问哪个方案最优?

解:首先画出上述两个方案的现金流量图(图 4-3):

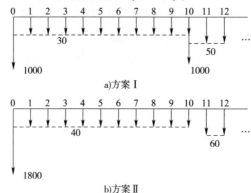

图 4-3 现金流量图

注意到:

$$\lim_{n\to\infty}(A/P,i,n) = \lim_{n\to\infty}\frac{i(1+i)^n}{(1+i)^n-1} = i$$

$$\lim_{n\to\infty}(P/A,i,n) = \lim_{n\to\infty}\frac{(1+i)^n-1}{i(1+i)^n} = \frac{1}{i}$$

采用费用现值计算,有:

$$PC_1 = 1000 + 30 \times (P/A,8\%,10) + [1000 + 50(P/A,8\%,\infty)] \times (P/F,8\%,10)$$

$$= 1000 + 30 \times 6.710 + \left(1000 + 50 \times \frac{1}{0.08}\right) \times 0.463 = 1954(万元)$$

$$PC_2 = 1800 + 40 \times (A/P,8\%,10) + 60 \times (P/A,8\%,\infty) \times (P/F,8\%,10)$$

$$= 1800 + 40 \times 6.710 + 60 \times \frac{1}{0.08} \times 0.463 = 2416(万元)$$

由于 $PC_1 < PC_2$,所以方案 Ⅰ 最优。

采用费用年值计算,有:

$$AC_1 = PC_1(A/P,8\%,\infty) = 1954 \times 0.08 = 156.3(万元)$$

$$AC_2 = PC_2(A/P,8\%,\infty) = 2416 \times 0.08 = 192.3(万元)$$

由于 $AC_1 < AC_2$,所以方案 Ⅰ 最优。

费用现值与费用年值的关系,恰如前述净现值和净年值的关系一样。所以就评价结论而言,二者是等效评价指标。二者除了在指标含义上有所不同外,就计算的方便简易而言,在不同的决策结构下,二者各有所长。

4. 内部收益率

在所有的经济评价指标中,内部收益率(internal rate of return, IRR)是最重要的评价指标之一。简单说,内部收益率就是净现值为零时的折现率。

在图4-1中,随着折现率的不断增大,净现值不断减少。当折现率增至22%时,项目净现值为零。对该项目而言,其内部收益率即为22%。一般而言,IRR是NPV曲线与横坐标交点处对应的折现率。

内部收益率可通过解式(4-15)求得:

$$NPV(IRR) = \sum_{t=0}^{n}(CI_t - CO_t)(1+IRR)^{-t} = 0 \tag{4-15}$$

式中:IRR——内部收益率。

其他符号意义同式(4-8)。

在此指标下,项目是否可行的判别准则是:设基准折现率为i_0,若$IRR \geq i_0$,则项目在经济效果上可以接受;若$IRR < i_0$,则项目在经济效果上不可接受。

由于式(4-15)是高次方程,不容易直接求解,通常采用"试算内插法"求IRR的近似解,求解过程如下。

先给出一个折现率i_1,计算相应的$NPV(i_1)$。若$NPV(i_1) > 0$,说明欲求的$IRR > i_1$;若$NPV(i_1) < 0$,说明$IRR < i_1$。据此信息,将折现率修正为i_2,求$NPV(i_2)$的值。如此反复试算,逐步逼近,最终可得到比较接近的两个折现率i_1与i_2($i_1 < i_2$),使得$NPV(i_1) > 0$,$NPV(i_2) < 0$,然后用线性插值的方法确定IRR的近似值,计算公式为:

$$IRR = i_1 + \frac{NPV(i_1) \cdot (i_2 - i_1)}{NPV(i_1) + |NPV(i_2)|} \tag{4-16}$$

如图4-4所示,式(4-16)可被证明如下:在图中,当$(i_2 - i_1)$足够小时,可以将曲线段AB近似看成直线段$\overline{AB}$,$\overline{AB}$与横坐标交点处的折现率i^*即为IRR的近似值。由于三角形$Ai_m i^*$相似于三角形$Bi_n i^*$,故有:

$$\frac{i^* - i_1}{i_2 - i^*} = \frac{NPV(i_1)}{|NPV(i_2)|}$$

经等比例变换,可得:

$$\frac{i^* - i_1}{i_2 - i_1} = \frac{NPV(i_1)}{NPV(i_1) + |NPV(i_2)|}$$

展开整理即可得式(4-16)。

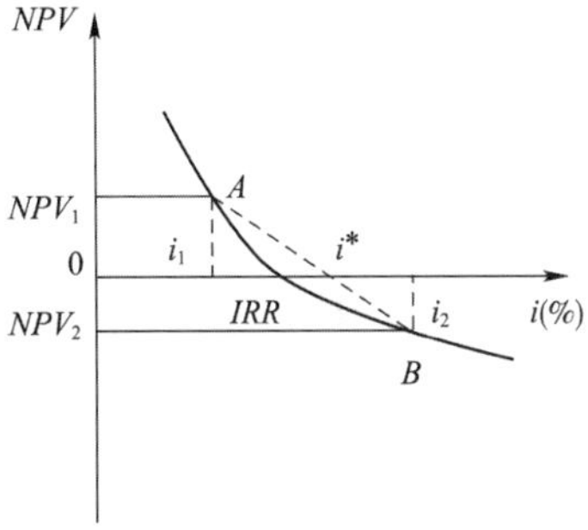

图4-4 内部收益率的插值计算过程

由于上式计算误差与$(i_2 - i_1)$的大小有关,且i_2与i_1相差越大,误差也越大。为控制误差,i_2与i_1之差一般不应超过0.05。

【例4-6】 某项目净现金流量见表4-6。当基准折现率$i_0 = 12\%$时,试用内部收益率指标判断该项目在经济效果上是否可以接受。

某项目的净现金流量表(单位:万元)　　　　表4-6

年末	0	1	2	3	4	5
净现金流量	-100	20	30	20	40	40

解:设$i_1 = 10\%$,$i_2 = 15\%$,分别计算其净现值:

$$NPV_1 = -100 + 20(P/F,10\%,1) + 30(P/F,10\%,2) + 20(P/F,10\%,3) +$$
$$40(P/F,10\%,4) + 40(P/F,10\%,5) = 10.16(万元)$$
$$NPV_2 = -100 + 20(P/F,15\%,1) + 30(P/F,15\%,2) + 20(P/F,15\%,3) +$$
$$40(P/F,15\%,4) + 40(P/F,15\%,5) = -4.02(万元)$$

再用内插法算出内部收益率 IRR:
$$IRR = 10\% + (15\% - 10\%) \times \frac{10.16}{10.16 + 4.02} = 13.5\%$$

由于 $IRR(13.5\%)$ 大于基准折现率 (12%),故该项目在经济效果上是可以接受的。

内部收益率被普遍认为是项目投资的盈利率,反映了投资的使用效率,概念清晰明确。比起净现值与净年值来,各行各业的实际经济工作者更喜欢采用内部收益率。

内部收益效率指标的另一个优点就是在计算净现值和净年值时都需事先给定基准折现率,这是一个既困难又易引起争论的问题。而内部收益率不是事先外生给定的,是内生决定的——由项目现金流计算出来的,当基准折现率 i_0 不易被确定为单一值而是落入一个小区间时,若内部收益率落在该小区间之外,则使用内部收益率指标的优越性是显而易见。如图 4-5 所示,当 $i_1 \leq i_0 \leq i_2$ 时,若 $IRR > i_2$ 或 $IRR < i_1$,根据 IRR 的判别准则,很容易判断项目的取舍情况。

内部收益率的经济含义可以这样理解:在项目的整个寿命期内按利率 $i = IRR$ 计算,始终存在未能收回的投资,而在寿命结束时,投资恰好被完全收回。也就是说,在项目寿命期内,项目始终处于"偿付"未被收回的投资的状况。因此,项目的"偿付"能力完全取决于项目内部,故有"内部收益率"之称谓。

在【例 4-6】中,已经计算出其内部收益率为 13.5%,且该值是唯一的。下面,按此利率计算收回全部投资的年限,详见表 4-7。

表 4-7 的现金流量图如图 4-6 所示。

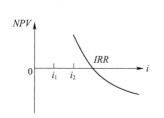

图 4-5 内部收益率 IRR 与基准折现率为一小区间 (i_1,i_2) 时的比较

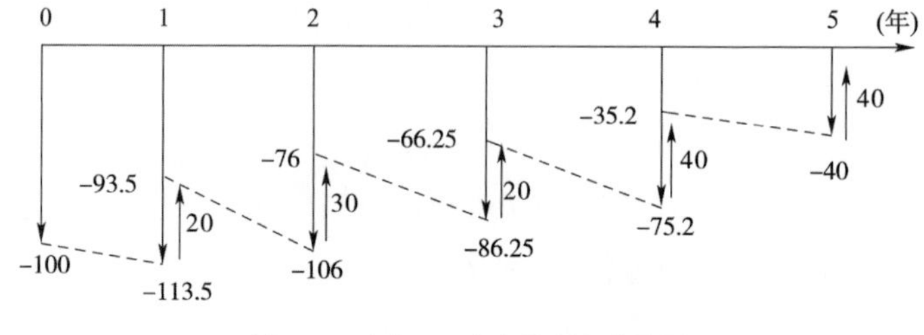

图 4-6 反映 IRR 含义的现金流量图

以 IRR 为利率的投资回收计算表(单位:万元)　　　　表 4-7

年度	净现金流量 (年末发生)	年初未回收的投资	年末未回收的投资到年末的金额 (年初未回收的投资 × IRR)	年末未回收的投资(年初未回收的投资到年末的金额 − 净现金流量)
0	−100			
1	20	100	113.5	93.5
2	30	93.5	106	76

续上表

年度	净现金流量 (年末发生)	年初未回收的 投资	年初未回收的投资到年末的金额 (年初未回收的投资×IRR)	年末未回收的投资(年初未回收的 投资到年末的金额－净现金流量)
3	20	76	86.2	66.2
4	40	66.2	75.2	35.2
5	40	35.2	40	0

由表4-7和图4-6不难理解内部收益率 IRR 经济含义的另外一种表达,即它是项目寿命期内没有回收的投资的盈利率。它不是初始投资在整个寿命期内的盈利率,因而它不仅受项目初始投资规模的影响,而且受项目寿命期内各年净收益大小的影响。

下面讨论项目内部收益率的唯一性问题。

【例4-7】 某项目净现金流量见表4-8。

正负号多次变化的净现金流序列(单位:万元)　　　　　　表4-8

年度	0	1	2	3
净现金流量	-100	470	-720	360

解:经计算知,使该项目净现值为零的折现率有3个:$i_1=20\%$,$i_2=50\%$,$i_3=100\%$,其净现值曲线如图4-7所示。实际上,求解内部收益率的方程式(4-15)是一个高次方程。为清楚起见,令$(1+IRR)^{-1}=x$,$(CI_t-CO_t)=a_t(t=0,1,\cdots,n)$,则式(4-15)可写作式(4-17):

$$a_0+a_1x+a_2x^2+\cdots+a_nx^n=0 \quad (4-17)$$

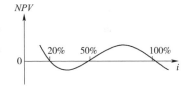

图4-7 内部收益率方程多解示意图

这是一个 n 次方程,必有 n 个根(包括复数根和重根),故其正实数根可能不止一个。根据笛卡尔符号法则,若方程的系数序列 $\{a_0,a_1,a_2,\cdots,a_n\}$ 的正负变化次数为 p,则方程的正根个数(1个k重根按k个根计算)等于p或者比p小一个正偶数。当$p=0$时,方程无正根;当$p=1$时,方程有且仅有一个单正根。也就是说,在$-1<IRR<\infty$的域内,若项目净现金流序列$(CI_t-CO_t)(t=0,1,2,\cdots,n)$的正负号仅变化一次,内部收益率方程肯定有唯一解,而当净现金流序列的正负号有多次变化,内部收益率方程可能有多解。

在【例4-7】中,净现金流序列(-100,470,-720,386)的正负号变化了3次,其内部收益率方程恰有3个正数根。

净现金流序列符号只变化一次的项目称作常规项目,如【例4-6】的项目;净现金流序列符号变化多次的项目称作非常规项目,如【例4-7】中的项目。

就典型情况而言,在项目寿命期初(投资建设期和投产初期),净现金流量一般为负值(现金流出大于流入);当项目进入正常生产期后,净现金流量就会变成正值(现金流入大于流出)。所以,绝大多数投资项目属于常规项目。只要其累积净现金流量大于零,IRR 就有唯一的正数解。

非常规投资项目的 IRR 方程可能有多个正实数根,这些根中是否有真正的内部收益率呢?这需要按照内部收益率的经济含义进行检验:即以这些根作为盈利率,看在项目寿命期内是否始终存在未被回收的投资。以【例4-7】中的$i_1=20\%$为例,表示投资回收过程的现金

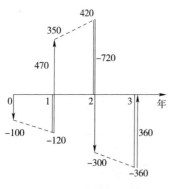

图 4-8 以 20% 利率回收投资的现金流量图

流量图如图 4-8 所示。

在图 4-8 中,初始投资(100 万元)在第 1 年末完全收回,且项目有净盈余 350 万元;第 2 年末又有未收回的投资(300 万元),第 3 年即寿命期末又全部收回。根据内部收益率的经济含义可知,第 2 年初的 350 万元净盈余,其 20% 的盈利率不是在项目之内,而是在项目之外获得的,故这 20% 不是项目的内部收益率。同样,对 $i_2 = 50\%$, $i_3 = 100\%$ 做类似的计算,就会发现寿命期内(第 1 年)都存在初始投资不但全部收回且有盈余的情况,故它们也不是项目的内部收益率。

可以证明,对于非常规项目,只要其 IRR 方程存在多个正根,则所有的根都不是真正的项目内部收益率。但若非常规项目的 IRR 方程只有一个正根,则这个根就是项目的内部收益率。

在实际工作中,对于非常规项目可以用通常的办法(如试算内插法)先求出一个 IRR,对这个解按照内部收益率的经济含义进行检验,若满足内部收益率经济含义的要求(项目寿命期内始终存在未被回收的投资),则这个解就是内部收益率的唯一解,否则项目无内部收益率,不能使用内部收益率指标进行评价。

对非常规项目 IRR 解的检验,既可以采用类似于图 4-8 的图示法,也可以采用式(4-18)所示的递推公式法。

令

$$F_0 = (CI_0 - CO_0)$$
$$F_1 = F_0(1 + i^*) + (CI_1 - CO_1)$$
$$F_2 = F_1(1 + i^*) + (CI_2 - CO_2)$$
$$\vdots$$

$$F_t = F_{t-1}(1 + i^*) + (CI_t - CO_t) = \sum_{j=0}^{t}(CI_j - CO_j)(1 + i^*)^{t-j} \quad (4\text{-}18)$$

式中,i^* 是根据项目现金流序列试算出的 IRR,F_t 是项目 0 年至 t 年的净现金流以 t 年为基准年,以 i^* 为折现率的终值之和。

若 i^* 能满足式(4-19),即:

$$\begin{cases} F_t < 0 & (t = 0, 1, 2, \cdots, n-1) \\ F_t = 0 & (t = n) \end{cases} \quad (4\text{-}19)$$

则 i^* 就是项目唯一的内部收益率,否则就不是项目内部收益率,这个项目也不再有其他的具有经济意义的内部收益率。

【例 4-8】 某项目的净现金流见表 4-9,试判断这个项目有无内部收益率。

某项目的净现金流(单位:万元) 表 4-9

年度	0	1	2	3	4	5
净现金流量	−100	60	50	−200	150	100

解:该项目净现金流序列的正负号有多次变化,是一个非常规项目。可先试算出内部收益率的一个解,$i^* = 12.97\%$,将有关数据代入递推公式(4-18),计算结果见表4-10。

由表4-10可知,计算结果满足式(4-19),故12.97%就是项目的内部收益率。

IRR 解检验的计算结果($i^* = 12.97\%$) 表4-10

年度	0	1	2	3	4	5
F_t	-100	-52.97	-9.85	-211.12	-88.52	0

5. 外部收益率

对投资方案内部收益率 IRR 的计算,隐含着一个基本假定,即项目寿命期内所获得的净收益全部可用于再投资,再投资的收益率等于项目的内部收益率。这种隐含假定是由于现金流计算中采用复利计算方法导致的。下面的推导有助于看清这个问题。

求解 IRR 的方程可写成下面的形式:

$$\sum_{t=0}^{n}(NB_t - K_t)(1 + IRR)^{-t} = 0$$

式中:K_t——第 t 年的净投资;

NB_t——第 t 年的净收益。

将上式两端同乘以$(1 + IRR)^n$,也就是说,通过等值计算将式左端的现值折算成 n 年末的终值,可得:

$$\sum_{t=0}^{n}(NB_t - K_t)(1 + IRR)^{n-t} = 0$$

亦即:

$$\sum_{t=0}^{n} NB_t (1 + IRR)^{n-t} = \sum_{t=0}^{n} K_t (1 + IRR)^{n-t}$$

这个等式意味着每年的净收益以 IRR 为收益率进行再投资,到 n 年末历年净收益的终值和与历年投资按 IRR 折算到 n 年末的终值和相等。

由于投资机会的限制,这种假定往往难以与实际情况相符。这种假定也是造成非常规投资项目 IRR 方程可能出现多解的原因。

外部收益率(external rate of return,ERR)实际上是对内部收益率的一种修正,计算外部收益率时也假定项目寿命期内所获得的净收益全部可用于再投资,所不同的是假定再投资的收益率等于基准折现率。求解外部收益率的方程如下:

$$\sum_{t=0}^{n} NB_t (1 + i_0)^{n-t} = \sum_{t=0}^{n} K_t (1 + ERR)^{n-t} \tag{4-20}$$

式中:ERR——外部收益率;

K_t——第 t 年的净投资;

NB_t——第 t 年的净收益;

i_0——基准折现率。

式(4-20)不会出现求得多个正实数解的情况,而且通常可以用代数方法直接求解。ERR 指标用于评价投资方案经济效果时,需要与基准折现率 i_0 相比较,其判别准则是:若

$ERR \geq i_0$,则项目可以被接受;若 $ERR < i_0$,则项目不可接受。

【例 4-9】 某重型机械公司为一项工程提供一套大型设备,合同签订后,买方要分两年先预付一部分款项,待设备交货后再分两年支付设备价款的其余部分。重型机械公司承接该项目预计各年的净现金流量见表 4-11。

假设基准折现率 i_0 为 10%,试用收益率指标评价该项目是否可行。

某大型设备项目的净现金流量表(单位:万元)　　表 4-11

年度	0	1	2	3	4	5
净现金流	1900	1000	-5000	-5000	2000	6000

解:该项目是一个非常规投资项目,其 IRR 方程有两个解:$i_1 = 10.2\%$,$i_2 = 47.3\%$,不能用 IRR 指标评价,可计算其 ERR 进行评价。据式(4-20)列出如下方程:

$$1900 \times (1 + 10\%)^5 + 1000 \times (1 + 10\%)^4 + 2000 \times (1 + 10\%) + 6000$$
$$= 5000 \times (1 + ERR)^3 + 5000 \times (1 + ERR)^2$$

可解得:

$ERR = 10.1\%$。由于 $ERR > i_0$,故项目可被接受。

ERR 指标的使用并不普遍,但是对于非常规项目的评价,ERR 指标有其优越之处。

6. 动态投资回收期

为了克服静态投资回收期未考虑资金时间价值的缺点,在投资项目评价中有时采用动态投资回收期。动态投资回收期是能使式(4-21)成立的 T_p^*。

$$\sum_{t=0}^{T_p^*} (CI_t - CO_t)(1 + i_0)^{-t} = 0 \tag{4-21}$$

用动态投资回收期 T_p^* 评价投资项目的可行性,需要与根据同类项目的历史数据和投资者意愿确定的基准动态投资回收期相比较。设基准动态投资回收期为 T_b^*,判别准则为:若 $T_p^* \leq T_b^*$,项目可以被接受,否则应予以拒绝。

【例 4-10】 某项目有关数据见表 4-12。假设基准折现率 $i_0 = 10\%$,基准动态投资回收期 $T_b^* = 8$,试计算该项目的动态投资回收期,并判断该项目能否被接受。

解:根据式(4-21),计算各年净现金流量的累积折现值。由于动态投资回收期就是净现金流量累积折现值为零的年限,所以本例不能直接得到 T_p^*(因为各年的累积折现值均不为零)。应按式(4-22)进行计算:

$$T_p^* = \begin{pmatrix} 累积折现值 \\ 出现正值的年数 \end{pmatrix} - 1 + \frac{上年累积折现值的绝对值}{当年净现金流的折现值} \tag{4-22}$$

式(4-22)是求动态投资回收期的实用公式。将表 4-12 最后一行的有关数据代入式(4-22),可得:

$$T_p^* = \left(6 - 1 + \frac{118.5}{141.1}\right) = 5.84(年)$$

由于 $T_p^* < T_b^*$,按动态投资回收期检验判别准则,该项目可以接受。

动态投资回收期计算表($i_0 = 10\%$)（单位：万元）　　　　　　　表 4-12

年度	0	1	2	3	4	5
1. 投资支出	20	500	100			
2. 其他支出				300	450	450
3. 收入				450	700	700
4. 净现金流量	-20	-500	-100	150	250	250
5. 折现值	-20	-454.6	-82.6	112.7	170.8	155.2
6. 累积折现值	-20	-474.6	-557.2	-444.5	-273.7	-118.5
年度	6	7	8	9	10	
1. 投资支出						
2. 其他支出	450	450	450	450	450	
3. 收入	700	700	700	700	700	
4. 净现金流量	250	250	250	250	250	
5. 折现值	141.1	128.3	116.6	106.0	96.4	
6. 累积折现值	22.6	150.9	267.5	373.5	469.9	

本指标除考虑了资金的时间价值外，还具有静态投资回收期的同样特征，因此通常只宜用于辅助性评价中。

7. 对基准折现率的讨论

基准折现率 i_0 是反映投资决策者对资金时间价值估计的一个参数，恰当地确定基准折现率是一个十分重要而又相当困难的问题。它不仅取决于资金来源的构成和未来的投资机会，还要考虑项目风险和通货膨胀等因素的影响。下面分析影响基准折现率的各种因素，并讨论如何确定基准折现率。

1) 资金成本

资金成本即使用资金进行投资活动的代价。通常所说的资金成本指单位资金成本，用百分数表示。

企业投资活动有三种资金来源：借贷资金、新增权益资本和企业再投资资金。

借贷资金是以负债形式取得的资金，如银行贷款、发行债券筹集的资金等。

新增权益资本指企业通过扩大资本金筹集的资金，增加权益资本的主要方式有接纳新的投资合伙人、增发股票等，按照国家规定将法定公积金转增资本金也是新增权益资本的一种方法。

再投资资金指企业为以后的发展从内部筹措的资金，主要包括保留盈余、过剩资产出售所得资金、提取的折旧费和摊销费以及会计制度规定用于企业再投资的其他资金。

(1) 借贷资金成本。

借贷资金的资金成本用年利率表示，如果是银行贷款，税前资金成本即为贷款的年实际利率。如果是通过发行债券筹集资金，则税前资金成本等于令式(4-23)成立的折现率 i：

$$P_0 = \sum_{t=1}^{n} \frac{I_t + P_t}{(1+i)^t} \tag{4-23}$$

式中:P_0——发行债券所得的实际收入;

I_t——第 t 年支付的利息;

P_t——第 t 年归还的本金;

n——债券到期的年限。

通常债券到期才按票面额归还本金,所以上式中的 P_t 一般情况下除了 P_n 一项外,其余各项皆为零。

借贷资金的利息可以用所得税税前利润支付,所以如果忽略债券发行费用,借贷资金的税后资金成本可通过式(4-24)求得:

$$K_d = K_b(1-t) \tag{4-24}$$

式中:K_d——借贷资金税后资金成本;

K_b——借贷资金税前资金成本;

t——所得税税率。

(2)权益资本成本。

权益资本指企业所有者投入的资本金,对于股份制企业而言即为股东的股本资金。股本资金分为优先股和普通股,优先股股息相对稳定,支付股息需要用所得税税后利润。这种股本资金的税后资金成本可通过式(4-25)估算:

$$K_s = \frac{D_p}{P_0} \tag{4-25}$$

式中:K_s——优先股股本资金的税后成本;

D_p——优先股年股息总额;

P_0——发行优先股筹集的资金总额。

由于普通股股东收入是不确定的,普通股股本资金的资金成本较难计算。从概念上讲,普通股股本资金的资金成本应当是股东进行投资所期望得到的最低收益率。这种期望收益率可以由股东在股票市场根据股票价格、预计的每股红利和公司风险状况所作的选择来反映。普通股股本资金的资金成本可以用下面两种方法近似估算。

第一种估算方法称为红利法。假定普通股账面价值的收益率为 r,公司每年支付红利后的保留盈余在税后盈利中的比例为 b,则普通股股本资金的税后成本可由式(4-26)求得:

$$K_e = \frac{D_0}{P_0} + rb \tag{4-26}$$

式中:K_e——普通股股本资金的税后成本;

D_0——基期每股红利;

P_0——基期股票的市场价格。

式(4-26)更一般的形式为:

$$K_e = \frac{D_0}{P_0} + g \tag{4-27}$$

式中:g——预计每股红利的年增长率。

第二种估算方法即所谓"资本资产定价模型",其常见的形式为：

$$K_e = R_f + \beta(R_m - R_f) \tag{4-28}$$

式中：R_f——无风险投资收益率；

R_m——整个股票市场的平均投资收益率；

β——本公司相对于整个股票市场的风险系数。

一般可用国库券利率作为无风险投资收益率。β是一个反映本公司股票投资收益率对整个股票市场平均投资收益率变化响应能力的参数，$\beta=1$表示公司风险相当于市场平均风险；$\beta>1$表示公司风险大于市场平均风险；$\beta<1$表示公司风险小于市场平均风险。由此可知，用式(4-28)估算的股本资金成本包含了对公司整体风险的考虑。

在投资活动中使用借贷资金意味着企业要承担支付利息归还本金的法定义务。通过增加权益资本筹集投资活动所需资金虽然不必归还本金，但企业经营者有责任尽量满足股东的盈利期望。在这个意义上，对于进行投资决策的企业经营者来说，借贷资金和股本资金的资金成本都是实际成本。

企业再投资资金是企业经营过程中积累起来的资金，它是企业权益资本的一部分。这部分资金表面上不存在实际成本，但是用这部分资金从事投资活动要考虑机会成本。投资的机会成本是指在资金供应有限的情况下，由于将筹集到的有限资金用于特定投资项目而不得不放弃其他投资机会所造成的损失，这个损失等于所放弃的投资机会中的最佳机会所能获得的风险与拟投资项目相当的收益。例如，某企业若因拟投资项目A而不得不放弃与项目A风险相当的项目B和其他投资机会，且在所放弃的投资机会中项目B最佳，内部收益率可达16%，则认为投资于项目A的资金机会成本为16%。

这里所说的投资机会成本有两个层次的含义，第一个层次是股东投资的机会成本，是指股东投资于某公司实际上意味着放弃了投资于其他公司的机会和相应的投资收益，所以，股东所期望的最低投资收益率包含了对投资机会成本的考察。第二个层次是企业进行项目投资决策时所考虑的投资机会成本，在资金有限的情况下，选择某些投资项目意味着放弃其他一些投资项目和相应的投资收益。从原理上讲，在进行项目投资决策时，企业再投资资金的资金成本应该是第二个层次意义上的机会成本，但是当再投资资金只是项目总投资的一部分时，为了便于分析，可以将再投资资金视同于新增普通股本资金，即用股东期望的最低投资收益率作为其资金成本，这样做不会影响最终分析结果。

（3）加权平均资金成本。

为一项投资活动筹措的资金，往往不止一种资金来源，所有各种来源资金的资金成本的加权平均值即为全部资金的综合成本。综合资金成本中各种单项资金成本的权重是各种来源的资金分别在资金总额中所占的比例。税后加权平均资金成本的计算公式为：

$$K^* = \sum_{j=1}^{m} P_{dj} K_{dj} + P_s K_s + P_e K_e \tag{4-29}$$

式中：K_{dj}——第j种借贷资金的税后成本；

K_s——优先股股本资金的税后成本；

K_e——普通股股本资金的税后成本；

K^*——全部资金税后加权平均成本；

P_{dj}——第 j 种借贷资金在资金总额中所占的比例；

P_s，P_e——分别是优先股和普通股股本资金在资金总额中所占的比例。

【例 4-11】 某企业的资金结构及各种来源资金的税后成本见表 4-13。求该企业的税后加权平均资金成本。

某企业的资金结构 表 4-13

资金来源	金额（万元）	资金税后成本
普通股本资金	900	15%
银行贷款	600	12%
发行债券	300	13%
总计	1800	

解：股本资金、银行贷款、发行债券筹资额分别占资金总额的比例为 $\frac{1}{2}$，$\frac{1}{3}$ 和 $\frac{1}{6}$，全部资金的税后加权平均资金成本为：

$$K^* = 15\% \times \frac{1}{2} + 12\% \times \frac{1}{3} + 13\% \times \frac{1}{6} = 13.67\%$$

2）最低希望收益率

最低希望收益率（minimum attractive rate of return，MARR）又称最低可接受收益率或最低要求收益率，它是投资者从事投资活动可接受的下临界值。

确定一笔投资的最低希望收益率，必须对该项投资的各种条件作深入的分析，综合考虑各种影响因素。主要考虑以下几个方面：

（1）一般情况下最低希望收益率应不低于借贷资金的资金成本，不低于全部资金的加权平均成本，对于以盈利为主要目的的投资项目来说，最低希望收益率也不应低于投资的机会成本。

（2）确定最低希望收益率要考虑不同投资项目的风险情况，对于风险大的项目最低希望收益率要相应提高。一般认为，最低希望收益率应该是借贷资金成本、全部资金加权平均成本和项目投资机会成本三者中的最大值再加上一个投资风险补偿系数（风险贴水率），即：

$$MARR = k + h_r \tag{4-30}$$

$$k = \max\{K_d, K^*, K_0\} \tag{4-31}$$

式中：$MARR$——最低希望收益率；

K_d——借贷资金成本；

K^*——全部资金加权平均成本；

K_0——项目投资的机会成本；

h_r——投资风险补偿系数。

不同投资项目的风险大小是不同的。例如，用在市场稳定的情况下进行技术改造降低生产费用提高产品质量的项目、现有产品扩大生产规模的项目、生产新产品开拓新市场的项目、高新技术项目等来比较，显然风险水平是依次递增的。投资决策的实质是对未来的投资收益与投资风险进行权衡。在确定最低希望收益率时，对于风险大的项目应取较高的风险补偿系数。风险补偿系数反映了投资者对投资风险要求补偿的主观判断，由于不同的投资者抗风险能力和对风险的态度可能不同,对于同一类项目,他们所取的风险补偿系数也可能不同。

值得指出的是,风险补偿系数是确定最低希望收益率时在资金成本的基础上根据项目风险大小进行调整的一个附加值。在式(4-30)中,如果 k 所代表的资金成本没有考虑任何投资风险,h_r 就应该反映对项目投资全部风险所要求的补偿;如果 k 所代表的资金成本已经考虑了企业整体风险,h_r 所反映的就仅是项目投资风险与企业整体风险之间差异部分所要求的补偿。

(3)在预计未来存在通货膨胀的情况下,如果项目现金流量是按预计的各年即时价格估算的,据此计算出的项目内部收益率中就含有通货膨胀因素。通货膨胀率对 IRR 的影响可用式(4-32)表示:

$$IRR_n = (1 + IRR_r)(1 + f) - 1 = IRR_r + f + IRR_r \cdot f \tag{4-32}$$

式中:IRR_n——内部收益率名义值,即含通货膨胀的内部收益率;

IRR_r——内部收益率实际值,即不含通货膨胀的内部收益率;

f——通货膨胀率。

因 IRR_r 与 f 一般数值较小,其积 $IRR_r \cdot f$ 很小,若将其忽略,式(4-32)可简化为式(4-33):

$$IRR_n = IRR_r + f \tag{4-33}$$

显然,在这种情况下,确定最低希望收益率时就不能不考虑通货膨胀因素。

考虑通货膨胀因素不等于在式(4-30)的右端简单地加上一个通货膨胀率 f,要根据具体情况作具体分析。通常,在据以计算资金成本的银行贷款利率、债券利率和股东期望的最低投资收益率中已经包含了对通货膨胀的考虑,但可能不是通货膨胀影响的全部。因此,在确定最低希望收益率时,如果项目各年现金流量中含有通货膨胀因素,应在式(4-33)的右端再加上资金成本 k 中未包含的那部分通货膨胀率。

如果项目现金流是用不变价格估算的,则据此计算出的项目内部收益率就是实际值,相应的最低希望收益率也不应包含通货膨胀因素。

(4)企业的单项投资活动是为企业整体发展战略服务的,所以单项投资决策应服从于企业全局利益和长远利益。出于对全局利益和长远利益的考虑,对于某些有战略意义的单项投资活动(如出于多元化经营战略的考虑对某些项目的投资,为增强竞争优势对先进制造技术项目的投资等)来说,取得直接投资收益只是投资目标的一部分(甚至不是主要目标)。对这类项目,有时应取较低(甚至低于资金成本)的最低希望收益率。

3)截止收益率

截止收益率是由资金的需求与供给两种因素决策的投资者可以接受的最低收益率。一般情况下,对于一个经济单位(企业、行业、地区或整个国家)而言,随着投资规模的扩大,筹资成本会越来越高。而在有众多投资机会的情况下,如果将筹集到的资金优先投资于收益率高的项目,则随着投资规模的扩大,新增投资项目的收益率会越来越低。当新增投资带来的收益仅能补偿其资金成本时,投资规模的扩大就应停止。使投资规模扩大得到控制的投资收益率就是截止收益率。截止收益率是资金供需平衡时的收益率,它是图4-9中的资金需求曲线和资金供给曲线

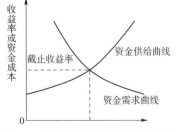

图4-9 资金供需平衡时的截止收益率

交点所对应的收益率。

从经济学原理的角度看,当最后一个投资项目的内部收益率等于截止收益率时,边际投资收益恰好等于边际筹资成本,企业获得的净收益总额最大。此时资金的机会成本与实际成本也恰好相等。

截止收益率的确定需要两个条件:

(1)企业明确全部的投资机会,能正确估算所有备选投资项目的内部收益率,并将不同项目的收益率调整到同一风险水平上。

(2)企业可以通过各种途径筹集到足够的资金,并能正确估算出不同来源资金的资金成本。

4)基准折现率

基准折现率是投资项目经济效果评价中的重要参数,可以分别从两个角度提出确定基准折现率的原则:一是从具体项目投资决策的角度,所取基准折现率应反映投资者对资金时间价值的估计;二是从企业(或其他经济单位)投资计划整体优化的角度,所取基准折现率应有助于作出使企业全部投资净收益最大化的投资决策。从前面的分析可以看出,最低希望收益率主要体现投资者对资金时间价值的估计,而截止收益率则主要体现投资计划整体优化的要求。如果企业追求投资净收益总额最大化的假定成立,由于在确定最低希望收益率时考虑了投资的机会成本,在信息充分、资金市场发育完善的条件下,对于企业全部投资项目选择的最终结果来说,在项目评价中以最低希望收益率为基准折现率和以截止收益率为基准折现率效果是一样的。

在实际的投资项目评价活动中,要满足确定截止收益率所需要的两个条件并非易事,所以通常以最低希望收益率作为基准折现率。

还要说明的是,最低希望收益率是针对具有特定资金结构和投资风险的具体项目而言的。在投资项目评价实践中常有人用行业平均投资收益率或企业历史投资收益率作为基准折现率,严格讲是不适当的。但行业平均投资收益率和企业历史投资收益率可以在某种程度上反映企业投资的机会成本(并非严格意义上的边际投资机会成本),当企业难以确定具体项目的投资机会成本时,如果行业平均投资收益率或企业历史投资收益率高于项目筹资成本,也可以作为确定基准折现率的参考值。

三、评价指标小结

本节讨论了从经济效果角度评价项目的常用指标,包括净现值、费用现值、净年值、费用年值、净现值指数、内部收益率、外部收益率、静态投资收益率、静态投资回收期和动态投资回收期。在这些指标中,净现值、内部收益率和投资回收期是最常用的项目评价指标。

就指标类型而言,净现值、净年值、费用现值和费用年值是以货币表述的价值型指标;内部收益率、外部收益率、投资收益率和净现值指数则是反映投资效率的效率型指标。

在价值型指标中,就考察的内容而言,费用现值和费用年值分别是净现值和净年值的特例,即在方案比选时,前两者只考察项目方案的费用支出。就评价结论而言,净现值与净年值是等效评价指标;费用现值和费用年值是等效评价指标。

图4-10给出了各评价指标的类型及关系。

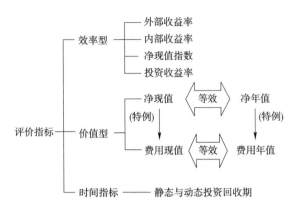

图 4-10 评价指标的类型和关系树

一些主要指标在投资项目评价中的意义也可以由图 4-11 形象地表示出来。

图 4-11 是根据表 4-12 中的有关数据绘出的示意图。图中项目寿命期为 10 年,第二年末投资结束并开始投资回收过程,投资总额为 BD。在不考虑资金时间价值的情况下,累积净现金流曲线在 C 点与横坐标轴相交,静态投资回收期为 AC,到项目寿命期末累积净现金流为 GH。当项目各年净现金流以基准折现率 i_0 折现时,累积折现值曲线与横坐标轴交于 E 点,动态投资回收期为 AE,项目寿命期末的累积折现值 FH 即为项目的净现值。当项目各年净现金流以内部收益率 IRR 折现时,在项目寿命期内,累积折现值始终为负值,意味着始终存在未被收回的投资,到项目寿命期结束时,投资恰被全部收回,这意味着若以内部收益率为折现率,项目净现值等于零。

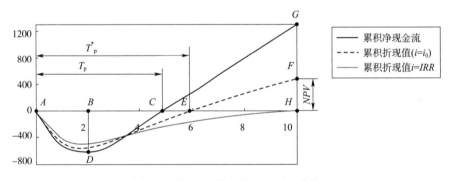

图 4-11 累积折现值和累积净现金流曲线

第二节 运输项目方案的评价与决策

运输项目投资决策的复杂性,要求评价者掌握正确的评价方法,针对不同的决策问题运用经济效果评价指标进行项目的评价与决策。在项目方案经济性评价中,除了采用投资回收期、净现值、内部收益率等指标分析各方案相应的指标值是否达到了标准的要求(如 $T_p \leqslant T_b$, $NPV(i_0) \geqslant 0$, $IRR \geqslant i_0$)之外,往往需要在多个备选方案中进行比选。多方案比选的方法,与备选方案之间关系的类型有关。因此,本节在分析备选方案及其类型的基础上,讨论如何正确运用各种评价指标进行备选方案的评价与决策。

一、备选方案及其类型

在交通运输项目技术经济分析中,人们经常会遇到决策问题,因为设计或计划通常总会面对几种不同情况,又可能采取几种不同的方案,最后总要选定某一个方案。所以,决策是工程和管理过程的核心。

合理的决策过程包括两个主要的阶段:一是探寻备选方案,这实际上是一项创新活动;二是对不同备选方案进行经济衡量和比较,称之为经济决策。由于经济效果是评价和选择的主要依据,所以决策过程的核心问题就是对不同备选方案经济的衡量和比较问题。

备选方案是由各级的操作人员、管理人员以及研究开发人员制订的。在收集、分析和评价方案的同时,分析人员也可以提出实现目标的备选方案。备选方案不仅要探讨现有工艺技术,而在有些情况下,还应探讨新工艺技术的研究和开发,或者改进现有工艺技术。比如某种专用零件常规采用铝或黄铜制作,此时的备选方案有两个,即仅需比较使用铝的方案和使用黄铜的方案就可以了。但是作为工程师还应考虑其他可能性,例如用塑料的方案也许比用铝和黄铜的方案更为可取。

对备选方案经济差别的认识,可加强探求备选方案的能力。事实上经济差别正是创造备选方案的一种动力。工程或管理人员在观察某项工程或业务时,必定会不断地练习观察其中的一些经济差别,有计划地寻求备选方案。

只有在已经建立了一些备选方案条件下,才能进行经济决策。同时,也只有了解备选方案之间的相互关系,才能掌握正确的评价方法,达到正确决策的目的。

通常,备选方案之间的相互关系可分为三种类型。

1. 独立型

独立型是指各个方案的现金流量是独立的,不具有相关性,且任一方案的采用与否都不影响其他方案是否采用的决策。比如个人投资,可以购买国库券,也可以购买股票,还可以购房增值等。可以选择其中一个方案,也可选择其中两个或三个,方案间的效果与选择互相独立。

独立方案的特点是具有"可加性"。比如,A 与 B 两个投资方案,只选择 A 方案时,投资 30 万元,净收益 36 万元;只选择 B 方案时,投资 40 万元,净收益 47 万元。当 A 与 B 一起选择时,共需投资 $30+40=70$ 万元,得到净收益共为 $36+47=83$ 万元。那么,A 与 B 具有可加性,在这种情况下,认为 A 与 B 之间是独立的。

2. 互斥型

互斥型是指各方案间具有排他性,在各方案当中只能选择一个。比如,同一地域的土地利用方案是互斥方案,是建居民住房,还是建写字楼等,只能选择其中之一;又如厂址问题,也是互斥方案的选择问题;建设规模问题也是互斥方案的选择问题。

3. 相关型

在多个方案之间,如果接受(或拒绝)某一方案,会显著改变其他方案的现金流量,或者接受(或拒绝)某一方案会影响对其他方案的接受(或拒绝),说这些方案是相关的。方案相关的类型主要有以下几种:

(1)完全互斥型。由于技术的或经济的原因,接受某一方案就必须放弃其他方案,那么,从决策角度来看这些方案是完全互斥的。

(2) 相互依存型和互补型。如果两个或多个方案之间,某一方案的实施要求以另一方案(或另几个方案)的实施为条件,则这两个(或若干个)方案具有相互依存性,或者说具有完全互补性。例如,在两个不同的军工厂分别建设生产新型火炮和与之配套的炮弹的项目,就是这种类型的相关方案。紧密互补方案的经济效果评价通常应放在一起进行。

(3) 现金流相关型。即使方案间不完全互斥,也不完全互补,如果若干方案中任一方案的取舍会导致其他方案现金流量的变化,这些方案之间也具有相关性。例如,有两种在技术上都可行的方案,一个是在某大河上建一座收费公路桥(方案 A);另一个是在桥址附近建收费轮渡码头(方案 B)。即使这两个方案间不存在互不相容的关系,但任一方案的实施或放弃都影响另一方案的收入,从而影响方案经济效果评价的结论。同样,也存在互补性的现金流相关方案。

(4) 资金约束导致的方案相关。如果没有资金总额的约束,各方案具有独立性质,但在资金有限的情况下,接受某些方案则意味着不得不放弃另外一些方案,这也是方案相关的一种类型。

(5) 混合相关型。在方案众多的情况下,方案间的相关关系可能包括多种类型,我们称之为混合相关型。

二、独立方案的经济评价方法

独立方案的采用与否,只取决于方案自身的经济性,且不影响其他方案的采用与否。因此,在无其他制约条件下,多个独立方案的比选与单一方案的评价方法是相同的,即用经济效果评价标准(如 $NPV \geq 0$, $NAV \geq 0$, $IRR \geq i_0$, $T_p \leq T_b$ 等)直接判别是否接受该方案。

三、互斥方案的经济评价方法

对于互斥方案决策,要求选择方案组中的最优方案,且最优方案要达到标准的收益率,这就需要进行方案的比选。比选的方案应具有可比性,主要包括计算的时间具有可比性,计算的收益与费用的范围、口径一致,计算的价格可比。

互斥方案的比选可以采用不同的评价指标,有许多方法。其中,通过计算增量净现金流量评价增量投资经济效果,也就是增量分析法,是互斥方案比选的基本方法。

【例 4-12】 现有 A、B 两个互斥方案,寿命相同,各年的现金流量见表 4-14。试评价选择方案($i_0 = 10\%$)。

解:分别计算 A、B 方案和增量投资的 NPV 和 IRR,并将计算结果列于表 4-14 中。

互斥方案 A、B 的净现金流及评价指标　　　　　表 4-14

类　别	年　份		NPV(万元)	IRR(%)
	0 年	1～10 年		
方案 A	-200	39	39.64	14.5
方案 B	-100	20	22.89	15.0
增量(A-B)	-100	19	16.75	13.8

$$NPV_A(10\%) = -200 + 39(P/A, 10\%, 10) = 39.64(万元)$$

$$NPV_B(10\%) = -100 + 20(P/A, 10\%, 10) = 22.89(万元)$$

由方程式,有:

$$-200 + 39(P/A, IRR_A, 10) = 0$$
$$-100 + 20(P/A, IRR_B, 10) = 0$$

可求得:

$$IRR_A = 14.5\%, IRR_B = 15\%$$

由于 NPV_A、NPV_B 均大于零,IRR_A、IRR_B 均大于基准收益率 10%,所以方案 A、B 都达到了标准要求,就单个方案评价而言,都是可行的。

问题在于 A 与 B 是互斥方案,只能选择其中一个,按 NPV 最大准则,由于 $NPV_A > NPV_B$,则 A 优于 B。但如果按 IRR 最大准则,由于 $IRR_A < IRR_B$,则 B 优于 A。两种指标评价的结论是矛盾的。

实际上,投资额不等的互斥方案比选的实质是判断增量投资的经济效果,即投资大的方案相对于投资小的方案多投入的资金能否带来满意的增量收益。显然,若投资额小的方案达到了标准的要求,增量投资又能带来满意的增量收益(也达到标准的要求),那么增加投资是有利的,投资额大的方案(可以看成是投资额小的方案与增量投资方案的组合)为优;反之,增量投资没有达到标准的要求,则投资额小的方案优于投资额大的方案。

表 4-15 也给出了 A 相对于 B 方案的增量现金流,同时计算了相应的增量净现值(ΔNPV)与增量内部收益率(ΔIRR)。

$$\Delta NPV_{A-B}(10\%) = -100 + 19(P/A, 10\%, 10) = 16.75(万元)$$

由方程式,可得:

$$-100 + 19(P/A, \Delta IRR, 10) = 0$$

进而可解得:

$$\Delta IRR = 13.8\%$$

从表 4-14 中可见,$\Delta NPV_{A-B} > 0$,$\Delta IRR > 10\%$。因此,增加投资有利,投资额大的 A 方案优于 B 方案。

上例表明了互斥方案比选的基本方法,即采用增量分析法,计算增量现金流量的增量评价指标,通过增量指标的差别准则,分析增量投资的有利与否,从而确定两方案的优劣。净现值、内部收益率、投资回收期等评价指标都可用于增量分析。实际上,增量分析法是经济学中边际原理的一种具体应用。边际原理认为,边际收入等于边际成本时企业实现的利润最大。

【例 4-13】 某公司为了增加生产量,计划进行设备投资,有三个互斥的方案,寿命均为 6 年。不计残值,基准收益率为 10%,各方案的投资及现金流量见表 4-15。试进行方案选优。

互斥方案的现金流量及评价指标　　　　　表 4-15

方案	年份		NPV(万元)	IRR(%)
	0 年	1~6 年		
A	-200	70	104.9	26.4
B	-300	95	113.7	22.1
C	-400	115	100.9	18.2

解: 分别计算各方案的 NPV 与 IRR,并将计算结果列于表 4-15,由于各方案的 NPV 均大于零,IRR 均大于 10%,故从单个方案看均是可行的。互斥方案比选采用增量分析,分别采

用增量净现值 ΔNPV 和增量内部收益率 ΔIRR 来分析,计算过程及结果列于表 4-16。

增量现金流量与评价指标 表 4-16

方 案	年 份		ΔNPV(万元)	ΔIRR(%)
	0 年	1~6 年		
A - 0	-200	70	104.9	26.4
B - A	-100	25	8.8	13.0
C - B	-100	20	-12.8	5.5

0 方案是假如不投资的方案。根据计算结果,由 $\Delta NPV>0$,$\Delta IRR>10\%$,可知:方案 A 优于 0 方案,方案 B 优于方案 A;由 $\Delta NPV<0$,$\Delta IRR<10\%$,可知方案 B 优于方案 C。因此,方案 B 较优。由此可见,ΔNPV 的判别准则与 ΔIRR 的判别准则,其评价结论是一致的。

实际上,ΔNPV 判别准则可以简化。设方案 A、方案 B 为投资额不等的互斥方案,方案 A 比方案 B 投资额大,则可得式(4-34):

$$\Delta NPV_{A-B} = \sum_{t=0}^{n}\left[(CI_A - CO_A)_t - (CI_B - CO_B)_t\right](1+i_0)^{-t}$$
$$= \sum_{t=0}^{n}(CI_A - CO_A)_t(1+i_0)^{-t} - \sum_{t=0}^{n}(CI_B - CO_B)_t(1+i_0)^{-t}$$
$$= NPV_A - NPV_B \tag{4-34}$$

如上例计算 ΔNPV 时,表 4-16 的结果为:

$$\Delta NPV_{B-A} = NPV_B - NPV_A = 113.7 - 104.9 = 8.8(万元)$$
$$\Delta NPV_{C-B} = NPV_C - NPV_B = 100.9 - 113.7 = -12.8(万元)$$

当 $\Delta NPV_{A-B} \geq 0$ 时,$NPV_A \geq NPV_B$,则方案 A 优于方案 B;当 $\Delta NPV_{A-B} < 0$ 时,$NPV_A < NPV_B$,则方案 B 优于方案 A。显然,用增量分析法计算 ΔNPV 进行互斥方案比选,与分别计算 NPV,根据 NPV 最大准则进行互斥方案比选,其结论是一致的。

因此,采用净现值指标比选互斥方案时,判别准则为:净现值最大且大于零的方案为最优方案。

类似的等效指标有净年值,即净年值最大且大于零的方案为最优方案,当互斥方案的效果一样或者满足相同的需要时,仅需计算费用现金流,采用费用现值或费用年值指标,其判别准则为:费用现值或费用年值最小的方案为最优方案。

【例 4-14】 公司计划更新一台设备,有表 4-17 所列两方案可选。假定 $i=12\%$,试作出更新设备的决策。

更新设备方案 表 4-17

方 案	初投资(元)	寿命(年)	残值(元)	运行费(元)
设备 A	34000	3	1000	20000
设备 B	65000	6	5000	18000

解:分别计算两方案费用年值:

$$AC_A = 34000(A/P,12\%,3) - 1000(A/F,12\%,3) + 20000$$
$$= 34000 \times 0.4164 - 1000 \times 0.2964 + 20000 = 33861.2(元)$$
$$AC_B = 65000(A/P,12\%,6) - 5000(A/F,12\%,6) + 18000$$
$$= 65000 \times 0.2432 - 5000 \times 0.1232 + 18000 = 33192(元)$$

由于 $AC_B < AC_A$,所以应选设备 B。

对于增量内部收益率指标,由于它并不等于内部收益率之差,所以内部收益率最大准则并不能保证比选结论的正确性。采用 ΔIRR 的判别准则是:若 $\Delta IRR \geq i_0$(基准收益率),则投资大的方案为优;若 $\Delta IRR < i_0$,则投资小的方案为优。当互斥方案的投资额相等时,ΔIRR 判别准则失效。

ΔIRR 也可用于仅有费用现金流的互斥方案比选(效果相同)。此时,把增量投资所导致的其他费用的节约看成是增量效益。其评价结论与费用现值法一致。

当互斥方案多于两个时,采用 ΔIRR 进行比选,其步骤如下:

(1)对多个方案,按投资额从小到大排序,并计算第一个方案(投资额最小的 IRR),若 $IRR \geq i_0$,则该方案保留;若 $IRR < i_0$,则淘汰。以此类推。

(2)保留的方案与下一个方案进行比较,计算 ΔIRR,若 $\Delta IRR \geq i_0$,则保留投资大的方案,若 $\Delta IRR < i_0$,则保留投资小的方案。

(3)重复步骤(2),直到最后一个方案被比较为止,最后保留的方案为最优方案。

如表 4-15、表 4-16 所示,其比选的步骤为:

(1)三个方案按投资额大小排序为方案 A、方案 B、方案 C;计算 $\Delta IRR_A = 26.4\% > 10\%$,保留方案 A;

(2)计算 $\Delta IRR_{B-A} = 13\% > 10\%$,则保留方案 B;

(3)计算 $\Delta IRR_{C-B} = 5.5\% < 10\%$,则最后保留的方案 B 为最优方案。

以上分析互斥方案的评价方法,都是在各方案寿命期相同的情况下进行的。这样,评价各方案的经济效果在时间上具有可比性。当各方案的寿命不等时,要采用合理选择评价指标或者计算期的办法,使之具有时间上的可比性。

【例 4-15】 A、B 两个互斥方案各年的现金流量见表 4-18。假设基准收益率 $i_0 = 10\%$,试比选两个方案。

寿命不等的互斥方案的现金流　　　　表 4-18

方　案	投资(万元)	年净现金流(万元)	残值(万元)	寿命(年)
A	-10	3	1.5	6
B	-15	4	2	9

解:方案 A 与方案 B 的寿命不相等,要使方案在时间上可比,常用两种方法。

(1)以寿命期最小公倍数作为计算期,采用方案重复型假设。以方案 A 与方案 B 的最小公倍数 18 年为计算期,方案 A 重复实施三次,方案 B 两次。此时,如果以净现值为评价指标,则 18 年的各方案净现值为:

$$NPV_A = -10 \times [1 + (P/F,10\%,6) + (P/F,10\%,12)] + 3 \times (P/A,10\%,18) + 1.5 \times$$
$$[(P/F,10\%,6) + (P/F,10\%,12) + (P/F,10\%,18)] = 7.37(万元)$$

$$NPV_B = -15 \times [1 + (P/F,10\%,9)] + 4 \times (P/A,10\%,18) + 2 \times [(P/F,10\%,9) +$$
$$(P/F,10\%,18)] = 12.65(万元)$$

因为 $NPV_B > NPV_A > 0$,故方案 B 较优。

（2）用年值法进行比选,此时,用净年值(NAV)作为评价指标,则各方案的NAV为:

$$NAV_A = 3 + 1.5 \times (A/F, 10\%, 6) - 10 \times (A/P, 10\%, 6) = 0.90(万元)$$

$$NAV_B = 4 + 2 \times (A/F, 10\%, 9) - 15 \times (A/P, 10\%, 9) = 1.54(万元)$$

因为$NAV_B > NAV_A > 0$,故方案 B 优于方案 A。

年值法实际上假定了各方案可以无限多次重复实施,使其年值不变。

四、相关方案的经济评价方法

如前所述,相关方案有多种类型,这里就现金流相关型、资金约束导致方案相关和混合相关 3 种类型相关方案的决策方法作简单介绍。

1. 现金流量具有相关性的方案选择

当各方案的现金流量之间具有相关性,但方案之间并不完全互斥时,我们不能简单地按照独立方案或互斥方案的评价方法进行决策。而应当首先用一种"互斥方案组合法",将各方案组合成互斥方案,计算各互斥方案的现金流量,再按互斥方案的评价方法进行评价选择。

[例 4-16] 为了满足运输要求,有关部门分别提出要在某两地之间上一铁路项目和(或)一公路项目,其净现金流量见表 4-19。若两个项目都上,由于货运分流的影响,两项目都将减少净收入。当基准折现率为$i_0 = 10\%$时,应如何决策?

只上一个项目和两个项目都上的现金流量(单位:百万元)   表 4-19

方　　案	只上一个项目时各年的净现金流量				两个项目都上时的各年净现金流量			
	0	1	2	3~32	0	1	2	3~32
铁路 A	−200	−200	−200	100	−200	−200	−200	80
公路 B	−100	−100	−100	60	−100	−100	−100	35
两项目合计(A+B)					−300	−300	−300	115

解:为保证决策的正确性,先将两个相关方案组合成三个互斥方案,再分别计算其净现值,见表 4-20。

组合互斥方案的净现金流量及其净现值表(单位:百万元)   表 4-20

方　　案	各年净现金流量				净现值 $\sum_{t=0}^{32}(CI_j - CO_j)_t (1+10\%)^{-t}$
	0	1	2	3~32	
铁路 A	−200	−200	−200	100	281.65
公路 B	−100	−100	−100	60	218.73
两项目合计(A+B)	−300	−300	−300	115	149.80

根据净现值判别准则,在 3 个互斥方案中,方案 A 净现值最大且大于零($NPV_A > NPV_B > NPV_{A+B} > 0$),故方案 A 为最优可行方案。

若用净年值法和内部收益法对表 4-19 中的互斥组合方案进行评价选择,亦会得出相同的结论。

2. 受资金限制的方案选择

在资金有限的情况下,局部看来不具有互斥性的独立方案也成了相关方案。如何对这类方案进行评价选择,以保证在给定资金预算总额的前提下取得最大的经济效果(即实现净现值最大化),就是所谓"受资金限制的方案选择"问题。受资金限制的方案选择使用的主要方法是"互斥方案组合法"。

【例 4-17】 某公司作设备投资预算,有 6 个独立方案 A、B、C、D、E、F 可供选择,寿命均为 8 年,各方案的现金流量见表 4-21。假设基准收益率 $i_0 = 12\%$,资金预算不超过 400 万元,应如何选择方案?

独立方案的现金流及 *IRR* (单位:万元)　　表 4-21

方案	年度		IRR(%)
	0 年	1~8 年	
A	-100	34	29.7
B	-140	45	27.6
C	-80	30	33.9
D	-150	34	15.5
E	-180	47	20.1
F	-170	32	10.1

解:此时,不可能接受所有经济合理的方案,即存在资源的最佳利用问题。如果以 *IRR* 作为评价指标,各方案的 *IRR* 计算结果见表 4-21。如对于方案 E,由方程式可得:

$$-180 + 47 \times (P/A, IRR_E, 8) = 0$$

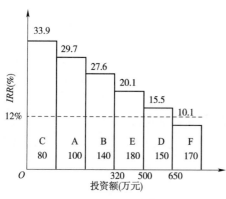

图 4-12　独立方案排序

解得 $IRR_E = 20.1\%$,其他方案的 *IRR* 由同样方法求得。从表 4-21 可见,除 $IRR_F < i_0 (12\%)$,其他方案的 *IRR* 均大于 i_0。由于各方案独立,故应拒绝方案 F。将表 4-22 中的 *IRR* 按大小排序,如图 4-12 所示。由图 4-12 可见,当投资额不超过 400 万元时,可接受的方案为方案 C、方案 A、方案 B 共 3 个,合计投资额 320 万元。

进一步分析:

(1)总资金如果减少 80 万元,即 320 万元时,预选方案不变,可接受方案 C、方案 A、方案 B。

(2)如果总资金在 400 万元的基础上再融资 100 万元,即到 500 万元,只要融资的资金成本小于 20.1%,预算方案可以增加方案 E。

上述分析并没有保证制约资源(如资金)的最佳利用。在存在着资源约束的条件下,各个独立方案的选择,就不能简单地用一个评价准则(如 *NPV*、*IRR* 等)来选择方案,这是由于方案的不可分性——一个方案只能作为一个整体而发挥效益来决定的。

比如,独立方案 A、B、C 的投资分别是 I_A、I_B、I_C,且 $I_B = I_A + I_C$,而方案的净现值大小依次是：$NPV_A > NPV_B > NPV_C$，如果投资约束不超过 I_B，那么决策只能在方案 B 和方案 A+C（即同时选择方案 A 和方案 C）两个互斥方案之间选择，要么接受方案 B 而放弃方案 A+C，要么接受方案 A+C 而放弃方案 B，而不能按 NPV 的大小次序，先接受方案 A，再选择部分方案 B，因为方案 B 是不可分的。

方案组合及净年值（单位：万元） 表 4-22

序 号	方案组合	投 资	净 年 值
1	A	100	30
2	B	70	27
3	C	120	32
4	A+B	170	57
5	B+C	190	59
6	A+C	220	62
7	A+B+C	290	89

从中可以受到启发，有资源制约条件下独立方案的比选，可将可行的方案组合列出来，每个方案组合可以看成是一满足约束条件的互斥方案，这样按互斥方案的经济评价方法可以选择一个符合评价准则的方案组合，该方案组合就是独立方案的一个选择。因此，有约束条件的独立方案的选择可以通过方案组合转化为互斥方案的比选，其方法如同前述。

【例 4-18】 独立方案 A、B、C 的投资分别为 100 万元、70 万元和 120 万元，计算各方案的净年值分别为 30 万元、27 万元和 32 万元。如果资金有限，投资不超过 250 万元，应如何选择方案？

解：三个方案可能的组合数为 $2^3 = 8$ 种（包括不投资这一组合），各方案组合的投资净年值计算列于表 4-23 中。

混合方案的现金流量（单位：万元） 表 4-23

部 门	方 案	年 度		$IRR(\%)$
		0 年	1~10 年	
A	A_1	-100	27.2	24
	A_2	-200	51.1	22.1
B	B_1	-100	12.0	3.5
	B_2	-200	30.1	12
	B_3	-300	45.6	8.5
C	C_1	-100	50.9	50
	C_2	-200	63.9	28.8
	C_3	-300	87.8	26.2

由表 4-23 可知，方案 7 组合的投资额超过了资金约束条件 250 万元，不可行；在允许的方案 1~6 组合中，按互斥方案选择的准则，方案 6 组合（A+C）为最优选择，即选择方案 A

和方案 C,达到有限资金的最佳利用,净年值总额为 62 万元。

对于独立方案的经济评价,除了考虑资源制约这个因素以外,还要区分方案固有的效率与资本效率的评价。选择的标准往往要从自有资金的角度出发。

【例 4-19】 某公司有三个独立方案 A、B、C 可供选择,A、B、C 的投资额均为 500 万元,寿命均为 20 年,各方案的年净收益不同,方案 A 的年净收益为 80 万元,方案 B 为 70 万元,方案 C 为 60 万元。问题是三个方案由于所处的投资环境及投资内容不同,各方案融资的成本(资金成本)不一样,其中方案 A 为新设工厂,融资无优惠;方案 B 为环保项目,可以得到 250 万元的无息贷款;方案 C 为新兴扶植产业,当地政府可以给予 400 万元的低息贷款(年利率 4%)。问在这种情况下,如何选择独立方案(基准收益率 $i_0 = 13\%$)。

解:按内部收益率作为评价指标,先分析方案固有的效率(即计算各方案 IRR)。

由方程式可得:

$$-500 + 80 \times (P/A, IRR_A, 20) = 0$$
$$-500 + 70 \times (P/A, IRR_B, 20) = 0$$
$$-500 + 60 \times (P/A, IRR_C, 20) = 0$$

解得 $IRR_A = 15\%$,$IRR_B = 12.7\%$,$IRR_C = 10.3\%$。从方案固有的效率来看,$IRR_A > i_0$(13%)方案 A 可以接受;而 $IRR_B < i_0$,$IRR_C < i_0$,故不可接受方案 B 和方案 C。

但是,从自有资金的角度来看,决定项目选择的标准主要看自有资金的效率,此时,方案 A 的 IRR 没有变化。对于方案 B,500 万元投资当中有 250 万元是无息贷款,到寿命期末只需还本金,所以方案 B 的自有资金的 IRR 由下式求得:

$$-250 - 250 \times (P/F, IRR_B, 20) + 70 \times (P/A, IRR_B, 20) = 0$$

所以 $IRR_B = 27.6\%$。

对于方案 C,400 万元的低息贷款,每年等值的还本付息为:

$$400 \times (A/P, 4\%, 20) = 29.43(万元)$$

所以,方案 C 自有资金的 IRR 可由下式求得:

$$-100 + (60 - 29.43)(P/A, IRR_C, 20) = 0$$

得到 $IRR_C = 30.4\%$。

因此,从自有资金的角度来看,3 个方案的 IRR 均大于 i_0,都可接受,而且方案 C 的自有资金效率最高,可优先选择方案 C。

3. 混合方案的经济评价方法

混合方案的选择,是实际工作中常遇到的一类问题。比如某些公司实行多种经营,投资方向较多,这些投资方向就业务内容而言,是互相独立的,而对每个投资方向又可能有几个可供选择的互斥方案,这样就构成了混合方案的选择问题。这类问题选择方法复杂。下面通过一个设备投资预算分配问题加以说明。

【例 4-20】 某公司有 3 个下属部门分别是 A、B、C,各部门提出了若干投资方案,见表 4-23。3 个部门之间是独立的,但每个部门内的投资方案之间是互斥的,寿命均为 10 年,$i_0 = 10\%$。

试问:

(1)如果资金供应没有限制,应如何选择方案?

(2)如果资金限制在500万元之内,应如何选择方案?

(3)假如资金供应渠道不同,其资金成本有差别,现在有三种来源分别是:甲供应方式的资金成本为10%,最多可供应300万元;乙方式的资金成本为12%,最多也可供应300万元;丙方式的资金成本为15%,最多也可供应300万元,此时应如何选择方案?

(4)假如资金供应情况同(3),当B部门的投资方案是与安全有关的设备更新,不管效益如何,B部门必须优先投资,此时应如何选择方案?

解:对于上述四个问题,可采用内部收益率指标来分析。

(1)因为资金供应无限制,A、B、C部门之间独立,此时实际上是各部门内部互斥方案的比选,分别计算 ΔIRR 如下:

对于 A 部门,由方程式,可得:

$$-100 + 27.2 \times (P/A, IRR_{A_1}, 10) = 0$$
$$-100 + (51.1 - 27.2)(P/A, IRR_{A_2-A_1}, 10) = 0$$

解得 $IRR_{A_1} = 24\%$, $IRR > i_0(10\%)$, $\Delta IRR_{A_2-A_1} = 20\% > i_0(10\%)$

所以,方案 A_2 优于方案 A_1,应选择方案 A_2。

对于 B 部门,同样方法可求得:

$IRR_{B_1} = 3.5\% < i_0$,故 B_1 是无资格方案,$IRR_{B_2} = 12\% > i_0$,$\Delta IRR_{B_3-B_2} = 9.1\% < i_0$,即方案 B_2 优于方案 B_3,应选择方案 B_2。

对于 C 部门,求得 $IRR_{C_1} = 50\% > i_0$,$\Delta IRR_{C_2-C_1} = 5\% < i_0$,故方案 C_1 优于方案 C_2;$\Delta IRR_{C_3-C_1} = 13.1\% > i_0$。

所以,方案 C_3 优于方案 C_1,应选择方案 C_3。

因此,当资金没有限制时,三个部门应分别选择方案 $A_1 + B_2 + C_3$,即 A 与 B 部门分别投资 200 万元,C 部门则投资 300 万元。

(2)由于存在资金限制,三个部门投资方案的选择过程如图 4-13 所示。

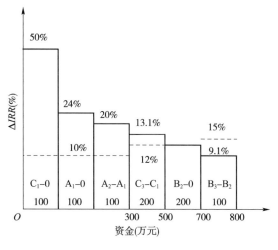

图 4-13 混合方案的 ΔIRR

由图4-13可见,当资金限制在500万元之内时,可接受的方案包括 C_1-0, A_1-0, A_2-A_1, C_3-C_1,因为这四个增量投资方案的 ΔIRR 均大于 i_0,且投资额为500万元。因此,三个部门应选择的方案为A部门的 A_2 和C部门的 C_3,即 A_2+C_3(A部门投资200万元,C部门投资300万元,B部门不投资)。

(3)由于不同的资金供应存在资金成本的差别,把资金成本低的资金优先投资于效率高的方案,即在图4-13上将资金成本从低到高画成曲线,当增量投资方案的 ΔIRR 小于资金成本时,该方案不可接受。由图4-13可见,投资额在500万元之前的增量投资方案(即 C_1-0, A_1-0, A_2-A_1, C_3-C_1)的 ΔIRR 均大于所对应资金供应的资金成本(10%和12%)。因此,这些方案均可接受,三个部门的选择方案为 A_2+C_3。而且,应将甲供应方式的资金200万元投资于 A_2,甲方式的其余100万元和乙方式的200万元投资于 C_3。

(4)B部门必须投资,即 B_2 必须优先选择,此时图4-13变成图4-14。

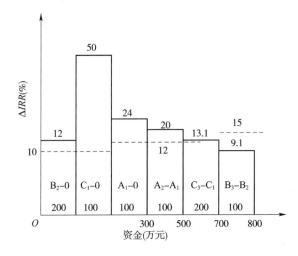

图4-14 有优先选择条件的混合方案 ΔIRR

同理,由图4-14可见,三个部门的方案应选择 $B_2+C_1+A_2$,即B部门投资200万元,A部门投资200万元,C部门投资100万元,而且甲方式的300万元投资于B部门200万元和C部门100万元,乙方式的200万元投资于A部门。

第三节 Excel 电子表格的运用

一、净现值和年度等值

借助 Microsoft Excel 软件计算净现值(NPV)时,可通过使用贴现率以及一系列未来支出(负值)和收入(正值),返回一项投资的净现值。其函数语法为 NPV(rate,value1,value2,…)。其中,Rate 为某一期间的贴现率,是一固定值。value1,value2,…为1~29个参数,代表支出及收入。使用时需注意 value1,value2,…在时间上必须具有相等间隔,并且都发生在期末;NPV 使用 value1,value2,…的顺序来解释现金流的顺序。所以必须保证支出和收入的数额按正确的顺序输入。如果参数为数值、空白单元格、逻辑值或数字的文本表达式,则都会计算在内;如果参数是错误值或不能转化为数值的文本,则被忽略;如果参数是一个数组或引用,则只计算其中的数字。数组或引用中的空白单元格、逻辑值、文字及错误值将被忽略。

函数 NPV 假定投资开始于 value1 现金流所在日期的前一期,并结束于最后一笔现金流的当期。函数 NPV 依据未来的现金流来进行计算。如果第一笔现金流发生在第一个周期的期初,则第一笔现金必须添加到函数 NPV 的结果中,而不应包含在 values 参数中。有关详细信息,请参阅 Excel 软件相关"帮助"项。

函数 NPV 与函数 PV(现值)相似。PV 与 NPV 之间的主要差别在于:函数 PV 允许现金流在期初或期末开始。PV 的每一笔现金流在整个投资中必须是固定的。

PV 函数计算返回投资的现值,现值为一系列未来付款的当前值的累积和。函数计算语法为 PV(rate,nper,pmt,fv,type)。其中,rate 为各期利率,nper 为总投资(或贷款)期,即该项投资(或贷款)的付款期总数,pmt 为各期所应支付的金额,即年度等值,其数值在整个年金期间保持不变。例如,10000 美元的年利率为 12% 的四年期汽车贷款的月偿还额为 263.33 美元。可以在公式中输入 -263.33 作为 PMT 的值。如果 PV 计算中,忽略 pmt,则必须包含 fv 参数。fv 为未来值。例如,如果需要在 18 年后支付 50000 美元,则 50000 美元就是未来值。可以根据保守估计的利率来决定每月的存款额。如果忽略 fv,则必须包含 pmt 参数。type 为数字 0 或 1,用以指定各期的付款时间是在期初还是期末,0 或省略表示期末,1 表示期初。

应确认所指定的 rate 和 nper 单位的一致性。例如,同样是四年期年利率为 12% 的贷款,如果按月支付,rate 应为 12%/12,nper 应为 4*12;如果按年支付,rate 应为 12%,nper 为 4。

年金函数 PMT(rate,nper,pv,fv,type) 基于固定利率及等额分期付款方式,返回贷款的每期付款额,可用于计算年度等值。有关详细信息,请参阅各函数的详细说明。

【例 4-21】 某项目从第 0 年开始的现金流是: -1000, -800,500,500,500,1200,基准折现率为 12%,试用 Excel 求净现值和年度等值。

解:净现值用 Excel 计算结果如图 4-15 所示。

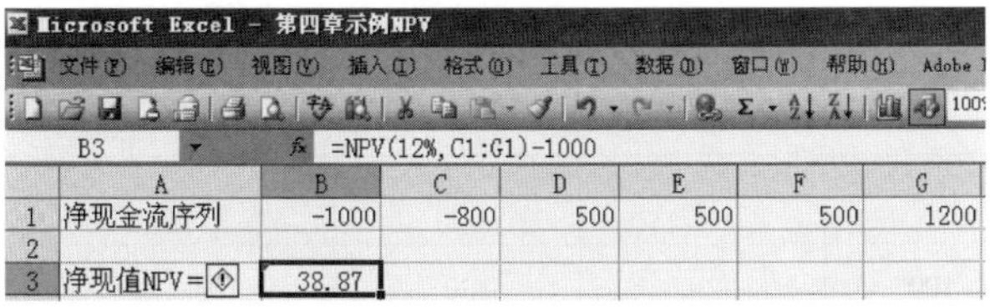

图 4-15 净现值计算结果

即 $NPV(12\%) = NPV(12\%, -800,500,500,500,1200) - 1000 = 38.87$。

年度等值用 Excel 计算结果如图 4-16 所示。

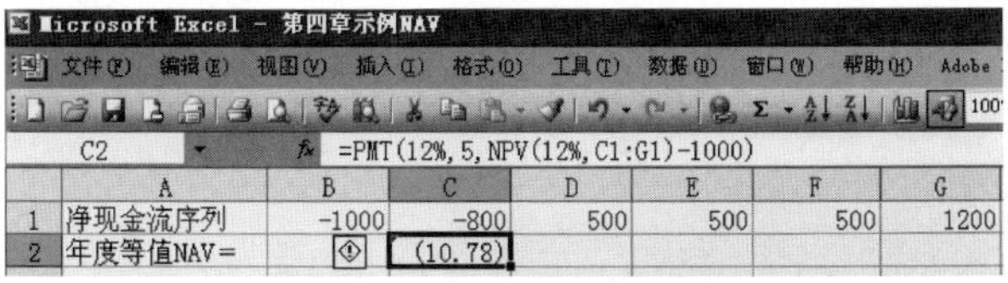

图 4-16 年度等值计算结果

即 $NAV(12\%) = PMT(12\%,5,NPV(12\%,C1:G1) - 1000) = 10.78$。

二、内部收益率计算

内部收益率函数 IRR 返回由数值代表的一组现金流的内部收益率。这些现金流不一定是均衡的,但作为年金,它们必须按固定的间隔产生,如按月或按年。内部收益率为投资的回收利率,其中包含定期支付(负值)和定期收入(正值)。函数的语法为 IRR(values,guess)。其中的 Values 为数组或单元格的引用,包含用来计算返回的内部收益率的数字,Values 必须包含至少一个正值和一个负值,以计算返回的内部收益率。函数 IRR 根据数值的顺序来解释现金流的顺序。故应确定按需要的顺序输入了支付和收入的数值。如果数组或引用包含文本、逻辑值或空白单元格,这些数值将被忽略。其中的 Guess 是对函数 IRR 计算结果的估计值。Microsoft Excel 使用迭代法计算函数 IRR。从 guess 开始,函数 IRR 进行循环计算,直至结果的精度达到 0.00001%。如果函数 IRR 经过 20 次迭代,仍未找到结果,则返回错误值"#NUM!"。在大多数情况下,并不需要为函数 IRR 的计算提供 guess 值。如果省略 guess,假设它为 0.1(10%)。如果函数 IRR 返回错误值"#NUM!",或结果没有靠近期望值,可用另一个 guess 值再试一次。

函数 IRR 与函数 NPV(净现值函数)的关系十分密切。函数 IRR 计算出的收益率即净现值为 0 时的利率。

用 Microsoft Excel 计算【例 4-21】给定现金流的内部收益率结果如图 4-17 所示。

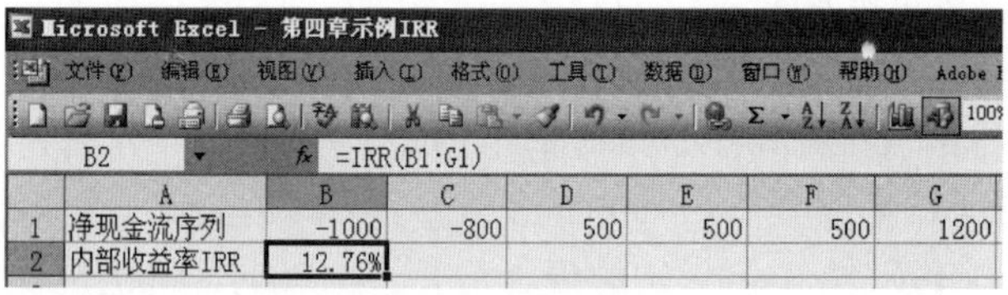

图 4-17 内部收益率计算结果

【例 4-22】 某项目净现金流量见表 4-24。当基准折现率 $i_0 = 12\%$ 时,试用内部收益率指标判断该项目在经济效果上是否可以接受。

某项目的净现金流量表(单位:万元) 表 4-24

年末	0	1	2	3	4	5
净现金流量	-100	20	30	20	40	40

解:用 Microsoft Excel 计算内部收益率结果如图 4-18 所示。

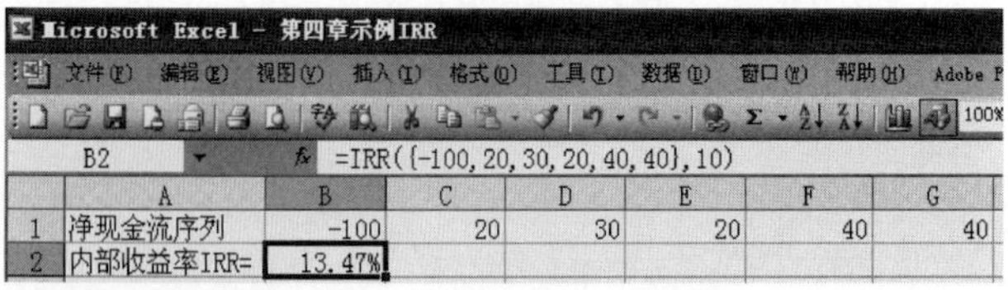

图 4-18 内部收益率计算结果

即: $IRR = IRR(\{-100, 20, 30, 20, 40, 40\}, 10\%) = 13.47\%$

故 $IRR = 13.47 > i_0 = 12\%$,即项目是可以接受的。

复习思考题

1. 求表 4-25 所列投资方案的静态和动态投资回收期（$i_0=8\%$）。

习题 1 的净现金流量　　　　　　　　　　　　　　表 4-25

年份	0	1	2	3	4	5	6
净现金流量(万元)	-90	-60	45	75	75	75	75

2. 有三项投资，资料见表 4-26 所示。

净现金流量（单位:元）　　　　　　　　　　　　表 4-26

投　　资	时　间		
	0	1 年末	2 年末
A	-5000		9000
B	-5000	4000	4000
C	-5000	7000	

请计算:(1) 利率分别为 5%、10% 和 15% 时的净现值。

(2) 各项目投资的内部收益率。

(3) 使用内部收益率法比较哪项投资有利？

(4) 使用净现值法，比较当利率为 10% 时，哪项投资有利？

3. 某项目初始投资为 8000 元，在第一年末现金流入 2000 元，第二年末现金流入 3000 元，第 3、4 年末的现金流入均为 4000 元，计算该项目的净现值、净年值、净现值率、内部收益率、动态投资回收期（$i_0=8\%$）。

4. 在某一项目中，有两种机器可以选用，都能满足生产需要。机器 A 买价为 10000 元，在第 6 年末的残值为 4000 元，前 3 年的年运行费用为 5000 元，后 3 年为 6000 元。机器 B 买价为 8000 元，第 6 年末的残值为 3000 元，其运行费用前 3 年为每年 5500 元，后 3 年为每年 6500 元。运行费用增加的原因是，维护修理工作量及效率上的损失随着机器使用时间的增加而提高。假设基准收益率是 12%，试用费用现值和费用年值法选择机器。

5. 某公司可能用分期付款来购买一台标价 22000 美元的专用机器，定金为 2500 美元，余额在以后 5 年内均匀地分期支付，并加上余额 8% 的利息。但现在也可以用一次性支付现金 19000 美元来购买这台机器。如果这家公司的基准收益率为 10%，试问应该选择哪个方案(用净现值法)？

6. 某公司可以 80000 元购置一台旧卡车，年费用估计为 64000 元。当该卡车在第 4 年更新时残值为 14000 元。该公司也可以 120000 元购置一台新卡车，其年运行费用为 52000 元，当它在第 4 年更新时残值为 18000 元。若基准收益率为 10%，问应选择哪个方案？

7. 用增量内部收益率法比选表 4-27 所列的两个方案（$i_0=10\%$）。

净现金流量(单位:元)   表 4-27

投 资	年 度			
	0	1	2	3
A	-100000	40000	40000	50000
B	-120000	50000	50000	60000

8. 某厂拟购置机器设备一套,有 A、B 两种型号可供选择,两种型号机器的性能相同,但使用年限不同,有关资料见表 4-28。

设备售价和维修、操作成本(单位:元)   表 4-28

设备	设备售价	维修及操作成本								残值
		第1年	第2年	第3年	第4年	第5年	第6年	第7年	第8年	
A	20000	4000	4000	4000	4000	4000	4000	4000	4000	3000
B	10000	3000	4000	5000	6000	7000				1000

如果该企业的资金成本为 10%,应选用哪一种型号的设备?

9. 某公司考虑下面 3 个投资计划。在 5 年计划期中,这 3 个投资方案的现金流情况见表 4-29(该公司的最低希望收益率为 10%)。

现金流量(单位:元)   表 4-29

方案	A	B	C
最初投资	65000	58000	93000
年净收入(1~5年末)	18000	15000	23000
残值	12000	10000	15000

(1)假设这三个计划是独立的,且资金没有限制,那么应选择哪个方案或哪些方案?

(2)在(1)中假设资金限制在 160000 元,试选出最好的方案。

(3)假设计划 A、B、C 是互斥的,试用增量内部收益率法来选出最合适的投资计划,并解释增量内部收益率说明什么。

10. 某企业现有若干互斥型投资方案,现金流量见表 4-30。

投资方案现金流量(单位:万元)   表 4-30

方 案	初始投资	年净收入
0	0	0
A	2000	500
B	3000	900
C	4000	1100
D	5000	1380

以上各方案寿命期均为 7 年,试问:

(1)当折现率为 10% 时,资金无限制,哪个方案最佳?

(2)折现率在什么范围时,方案 B 在经济上最佳?

11. 拟建一座用于出租的房屋,获得土地的费用为 30 万元。房屋有四种备选的高度,不同建筑高度的建造费用和房屋建成后的租金收入及经营费用(含税金)见表 4-31。假设房屋的经济寿命为 40 年,寿命周期结束时土地价值不变,但房屋将被拆除,残值为零,最低期望收益率为 15%,用增量收益率分析法确定房屋应建多少层?

净现金流量(单位:万元)　　　　　　　　　　表 4-31

层数	2	3	4	5
建筑的初始成本	200	250	310	385
年运行费用	15	25	30	42
年收入	40	60	90	106

12. 某项目净现金流量见表 4-32。

净现金流量　　　　　　　　　　表 4-32

年度	0	1	2	3	4	5	6
净现金流量(万元)	-50	-80	40	60	60	60	60

注:投资为第一年初 50 万元,第二年初 80 万元。

(1)试计算静态投资回收期、净现值、净年值、内部收益率、净现值指数和动态投资回收期($i_0 = 10\%$)。

(2)画出累积净现金流量曲线与累积净现值曲线。

13. 某拟建项目,第一年初投资 1000 万元,第二年初投资 2000 万元,第三年初投资 1500 万元,从第三年起连续 8 年每年可获净收入 1450 万元。若期末残值忽略不计,最低希望收益率为 12%,试计算净现值和内部收益率,并判断该项目经济上是否可行。

14. 购买某台设备需 80000 元,用该设备每年可获净收益 12600 元,该设备报废后无残值。

(1)若设备使用 8 年后报废,这项投资的内部收益率是多少?

(2)若最低希望收益率为 10%,该设备至少可使用多少年才值得购买?

15. 某项产品发明专利有效期 12 年,专利使用许可合同规定制造商每销售一件产品应向发明人支付 250 元专利使用费。据预测,下一年度该产品可销售 1000 件,以后销售每年可增加 100 件。若发明人希望制造商将专利使用费一次付清,制造商同意支付的最高金额会是多少?假设制造商的最低希望收益率为 15%,发明人的最低希望收益率是 10%。

16. 某物流公司拟建三座仓库。备选库址有三个(A、B、C)。若只建一个,其现金流量见表 4-33。若建 A、B 两个,则除了投资不变外,A 的年净收入减少 2/3,B 减少 1/3;若建 B、C 两个,B 的年净收入减少 1/3,C 减少 2/3;若同时建 A、B、C,则 A、B、C 的年净收入均减少 2/3。问应如何决策?($i_0 = 10\%$)

现金流量(单位:万元)　　　　　　　　　　表 4-33

方　案	第 1 年末投资	2~21 年的净收入
A	-4000	800
B	-4000	800
C	-4000	800

17. 非直接互斥方案 A、B、C 的净现金流量见表 4-34。已知资金预算为 600 万元,请进行方案选择($i_0 = 10\%$)。

净现金流量(单位:万元)　　　　　　　　　　　　　　　　　　　　　表4-34

方　案	投　资	年净收入
	0	1～10
A	−300	50
B	−400	70
C	−500	75

18. 某企业现有若干互斥型投资方案,有关数据见表4-35。

有关数据(单位:万元)　　　　　　　　　　　　　　　　　　　　　　表4-35

方　案	初始投资	年净收入
0	0	0
A	2000	500
B	3000	900
C	4000	1100
D	5000	1380

以上各方案寿命期均为7年,试问:

(1) 当折现率为10%时,资金无限制,哪个方案最佳?

(2) 折现率在什么范围内时,方案B在经济上最佳?

(3) 若$i_0=10\%$,实施方案B企业在经济上的损失是多少?

19. 某企业有6个相互独立的备选投资方案,各方案的投资额和年净收益见表4-36。

各方案的投资额和年净收益(单位:万元)　　　　　　　　　　　　　　　表4-36

方案	A	B	C	D	E	F
初始投资	50	70	40	75	90	85
年净收益	17.1	22.8	15	16.7	23.5	15.9

假设各方案的寿命期均为8年,资金预算总额为300万元。

(1) 若最低希望收益率为12%,应选择哪些方案?

(2) 若资金成本随投资总额变化,投资总额在60万元以内时,取基准折现率$i_0=12\%$,投资总额超过60万元,每增加30万元投资,i_0增加2%,试在这种条件下作出正确选择。

20. 某城市拟建一套供水系统,有两种方案可供选择:第一种方案是先花费350万元建一套系统,供水能力可满足近十年的需要,年运行费用26万元。到第十年末由于用水量增加,需要再花费350万元另建一套同样的系统,两套系统年总运行费用52万元。可以认为供水系统的寿命无限长,但每套系统每隔20年需要花费125万元更新系统中的某些设备。第二种方案是一次花费500万元建一套比较大的供水系统,近十年仅利用其能力的一半,年运行费用28万元。10年后其能力全部得到利用,年运行费用50万元。可以认为系统寿命无限长,但每隔20年需要花费200万元更新系统中的某些设备。若最低希望收益率为15%,试分析应采用哪种方案。

21. 购置一台设备初始费用为60000元,该设备可使用7年,使用1年后设备价值降为

36000元,以后每年递降4000元。该设备在其寿命期内运行费用和修理费用逐年增加,详见表4-37。

设备在其寿命期内运行费用和修理费(单位:万元)　　　　　表4-37

年度	1	2	3	4	5	6	7
年运行费与修理费	1.0	1.1	1.2	1.4	1.6	2.2	3.0

假定设备可随时在市场上转让出去,若最低希望收益率为15%,该设备使用几年最经济?

22. 假设可花费40000元在某建筑物外表面涂上一层寿命为5年的漆,也可花费30000元涂一层寿命为3年的漆。若重新涂油漆的费用不变,且最低希望收益率为20%,应选择哪种漆?如果寿命较短的漆预计最多两年内价格将下跌,油漆费用可降为20000元,而寿命较长的漆价格保持不变,应如何选择?

23. 为一条蒸汽管道敷设不同厚度绝热层的初始费用以及蒸汽管道运行中不同绝热层厚度对应的热损失费用见表4-38。

热损失费用　　　　　表4-38

绝热层厚度(cm)	0	2	2.5	3	4.5	6	7.5
初始费用(元)	0	18000	25450	33400	38450	43600	57300
年热损失费用(元)	18000	9000	5900	4500	3910	3600	3100

估计该蒸汽管道要使用15年。若最低希望收益率为8%,分别用年值法、现值法和内部收益率法分析多大厚度的绝热层最经济。

24. 投资方案A与B各年的净现金流见表4-39。

净现金流量(单位:万元)　　　　　表4-39

年份	0	1	2	3	4	5
方案A的净现金流	-100	60	50	-200	150	100
方案B的净现金流	-100	80	80	-200	150	100

试判断这两个方案是否可以用内部收益率指标进行评价。

25. 有5个备选投资项目,各项目的净现金流序列见表4-40。这些项目之间的关系是:A与B互斥,C与D互斥,接受项目C与项目D均要以接受项目B为前提,接受项目E要以接受项目C为前提。假设最低希望收益率为10%,试分别就下列两种情况选择最优项目组合。

(1) 资金无限制;

(2) 资金限额为500万元。

净现金流量序列(单位:万元)　　　　　表4-40

项　目	年　度	
	0	1~4
A	-500	200
B	-300	120
C	-140	40
D	-150	50
E	-110	70

第五章 项目财务分析

财务分析,又称财务评价,是在国家现行财税制度和市场体系下,分析预测项目的财务效益与费用,计算财务评价指标,考察拟建项目的盈利能力、偿还能力,据以判断项目财务可行性的活动。项目财务评价与我国财税制度的改革密切相关,现行的财税制度是项目财务评价的基本依据。

本章主要研究财务评价运用的指标与重要标准,以及评价所依据的基础和条件。为了进行财务评价,需要识别财务费用和效益,进行财务报表的编制、财务指标的计算,进而完成财务分析。编制的报表均应按国家综合计划部门的规定编制。所用的评价指标的含义与计算方法,也应按标准进行,使项目的鉴别、比选有统一的依据。

因为经济评价是可行性研究工作的主要内容,所以先概略介绍一下项目可行性研究的内容。

第一节 项目可行性研究

一、可行性研究的概念

可行性研究是专门为决定某一特定项目是否合理可行,而在实施前对该项目进行调查研究及全面技术经济分析论证,为项目决策提供科学依据的一种科学分析方法。它是投资项目前期的重要工作,是投资项目在整个周期内最重要的环节。

可行性研究的基本任务是在广泛调查研究的基础上,阐明项目建设的必要性,提出工程建设方案,并对其投产后的经济效果进行预测,论证其技术上和经济上的可行性,确保工程建设项目在实现项目目标的同时,做到技术上先进、合理、可行,经济上合理,为正确进行投资决策提供科学依据。

可行性研究作为一项工作,包括项目前期对拟建项目有关的自然、社会、经济和技术资料的调查与分析,创造和选择可能的投资方案,论证项目投资的必要性、项目对环境的适应性和投资的风险性、技术上的先进性和可行性、财务上的实施可能性以及经济上的合理性和有效性等,从而为投资决策提供全面、系统、客观的依据。

可行性研究作为一种方法,是对工程建设项目综合性的决策论证分析,包括多种市场调查与预测方法、方案构造与比较方法、风险分析方法、技术经济分析方法和一些技术方法等。可行性研究作为一门学科,是多学科的综合应用,是涉及工程技术经济的一门学科。可行性研究主要研究其基本思想、历史发展、主要内容、知识基础和方法论,这是一门新兴的经济管理类应用科学,其发展前景方兴未艾。从方法论的角度,可行性研究作为一种现代化决策分析方法,是实现决策科学化的重要方面。

可行性研究有广义与狭义之分。广义的可行性研究是指决策过程中所进行的全部分析论证工作,包括方案构想、机会分析、初步可行性研究和详细可行性研究,这基本上构成了决策工作的主要内容。狭义的可行性研究是指在决策构想基本明确的情况下,对一个具体的方案所进行的详细的分析论证,以便直接将其作为决断的基础和依据,不包括在此之前的机会分析等。

二、可行性研究的目的与作用

可行性研究的目的,就是通过对与拟建项目投资效果有关的所有因素的综合研究分析,提出切实可行的决策和对策,以保证项目选择准确、方案科学、工期合理、投资可控、效益良好。

可行性研究是保证项目发挥投资效果的重要手段,在工程项目基本建设过程中占有极其重要的地位。可行性研究在项目建设过程中所起的作用主要有以下几个方面:

(1) 作为决定项目决策的直接依据;
(2) 作为编制项目设计文件的依据;
(3) 作为筹集资金特别是向银行申请贷款的重要依据;
(4) 编制科研试验计划和新技术、新设备需用计划;
(5) 作为从国外引进技术、设备以及与国外厂商谈判签约的依据;
(6) 与项目相关协作单位签订合同或协议的依据;
(7) 作为向当地政府、规划部门、环境保护部门申请有关建设许可文件的依据;
(8) 作为项目科研、机构设置、职工培训、生产组织的依据;
(9) 作为对项目考核和后评价的依据。

三、可行性研究的主要内容

1. 可行性研究的主要内容组成

我国建设项目管理程序要求在对拟建项目进行初步论证后,向有关部门提交项目建议书。在可行性研究完成之后,由主管部门或银行再组织专家进行评估。因此,投资前期的主要工作是可行性研究。根据《投资项目可行性研究指南》(2002年版)中"可行性研究报告编制步骤与要求"的规定,可行性研究主要内容如下:

(1) 总论,项目提出的背景与概况,以及问题与建议。
(2) 市场预测,包括市场现状调查、产品供需预测、价格预测、竞争力分析和市场风险分析。
(3) 资源条件评价,包括资源可利用量、品质情况、赋存条件和开发价值。
(4) 建设规模与产品方案,包括建成规模与产品方案构成、比选,推荐的建成规模与产品方案,技术改造项目与原有设施利用情况。
(5) 场(厂)址选择,包括场址现状、场址方案比选、推荐的场址方案以及技术改造项目现有场址的利用情况。
(6) 技术方案、设备方案和工程方案,包括技术方案选择、主要设备方案选择、工程方案选择、技术改造项目改造前后的比较。
(7) 原材料燃料供应,包括主要原材料供应方案和燃料供应方案。

(8)总图运输与公用辅助工程,包括总图布置方案、场(厂)内外运输方案、公用工程与辅助工程方案,以及技术改造项目现有公用辅助设施利用情况。

(9)节能措施,包括节能措施和能耗指标分析。

(10)节水措施,包括节水措施和水耗指标分析。

(11)环境影响评价,包括环境条件调查、影响环境因素分析和环境保护措施。

(12)劳动安全卫生与消防,包括危险因素和危害程度分析、安全防范措施、卫生保健措施,以及消防措施。

(13)组织机构与人力资源配置,包括组织机构设置及其适应性分析、人力资源配置和员工培训。

(14)项目实施进度,包括建设工期、实施进度安排,技术改造项目的建设与生产的衔接。

(15)投资估算,包括建设投资估算、流动资金估算和投资估算表。

(16)融资方案,包括融资组织形式、资本金筹措、债务资金筹措和融资方案分析。

(17)财务评价,包括财务评价基础数据与参数选取、销售收入与成本费用估算、财务评价报表、盈利能力分析、偿债能力分析、不确定性分析和财务评价结论。

(18)国民经济评价,包括影子价格及评价参数选取、效益费用范围与数值调整、国民经济评价报表与指标,以及国民经济评价结论。

(19)社会评价,包括项目对社会影响的分析、项目与所在地互适性分析、社会风险分析和社会评价结论。

(20)风险分析,包括项目主要风险识别、风险程度分析和防范风险对策。

(21)研究结论与建议,包括推荐方案总体描述、推荐方案优缺点描述、主要对比方案以及结论与建议。

2.《可行性研究报告》的深度要求

(1)《可行性研究报告》应能充分反映项目可行性研究工作的成果,内容齐全,结论明确,数据准确,论据充分,满足决策者定方案定项目要求。

(2)《可行性研究报告》选用主要设备的规格、参数应能满足预订货的要求。引进技术设备的资料应能满足合同谈判的要求。

(3)《可行性研究报告》中的重大技术、经济方案,应有两个以上比选方案。

(4)《可行性研究报告》中确定的主要工程技术数据,应能满足项目初步设计的要求。

(5)《可行性研究报告》构造的融资方案,应能满足银行等金融部门信贷决策的需要。

(6)《可行性研究报告》中应反映在可行性研究过程中出现的某些方案的重大分歧及未被采纳的理由,以供委托单位与投资者权益利弊进行决策。

(7)《可行性研究报告》应附有评估、决策(审批)所必需的合同、协议、意向书、政府批件等。

四、项目财务分析与可行性研究各环节的关系

项目财务分析几乎与可行性研究的前几个环节都有关系,它所需要的基础数据,如投资、成本、利润等,来源于前期的各项调查。资金规划除了与投资、成本、利润相关外,还与项目实施计划相关联。

项目财务分析与可行性研究其他环节的关系可基本用图5-1来表示。

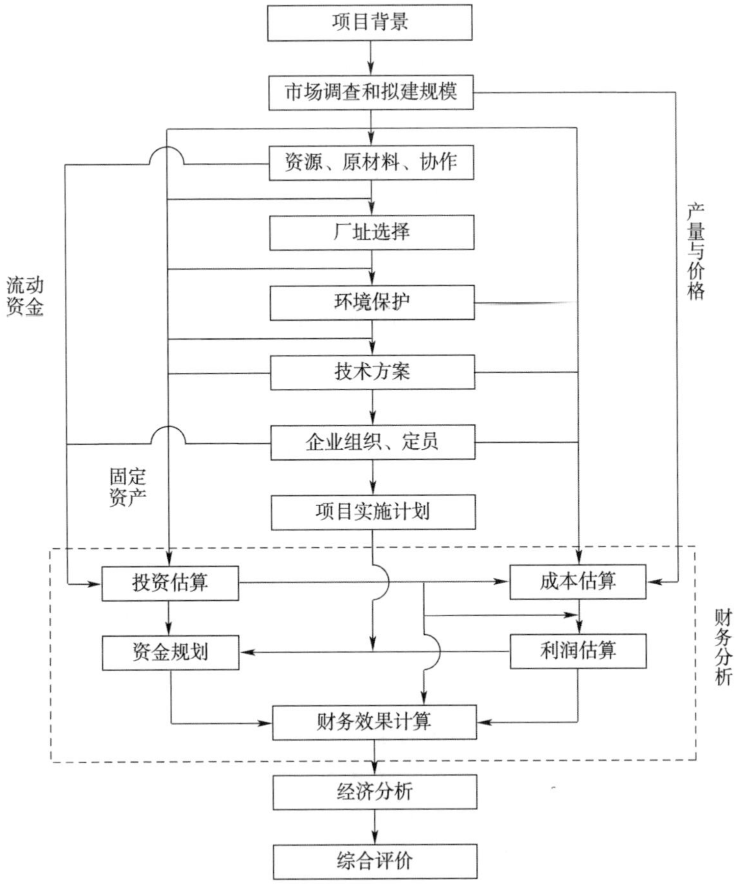

图 5-1　财务分析和可行性研究各环节的关系

第二节　资金筹措

资金筹措是指根据对拟建项目投资估算的结果，研究落实资金来源渠道和资金筹集方式，从中选择条件优惠、成本低廉、能满足项目需要的投资资金，以确保项目按计划建设并投入生产，提高项目投资效果的工作。做好资金筹措分析，不仅有利于选择条件优惠、成本低廉的投资资金，避免或减少投资风险，提高投资效果，还有利于确保建设资金在项目建设期内能够及时到位，使项目按期建成投产，较快发挥效益。资金筹措包括资金来源的开拓和对资金来源、数量的选择。

一、资金来源与资金成本

资金来源是指建设项目筹集投资资金的渠道。筹集项目资金时，应满足下列基本要求：
(1) 合理确定资金需求，力求提高筹资效果；
(2) 认真选择资金来源，力求降低资金成本；
(3) 适时取得资金，保证资金投放需要；

(4)适当维持自有资金比例,正确安排举债经营。

在我国社会主义市场经济条件下,投资资金的来源渠道正在逐步向多元化方向发展。从总体上看,项目的资金来源可分为投入资金和借入资金,前者形成项目的资本金,后者形成项目的负债。

1. 自有资金

自有资金是指企业依法长期拥有、自主调配使用的资金。它是建设项目资金来源的基本部分,包括资本金、资本公积金、盈余公积金和未分配利润等。

(1)资本金。

《国务院关于固定投资项目试行资本金制度的通知》(国发〔1996〕35号)规定,各种经营性固定资产投资项目必须实行资本金制度。所谓投资项目资本金,是指在投资项目总投资中,由投资者认缴的出资额,对投资项目来说属于非债务性资金,项目法人不承担这部分资金的任何利息和债务。投资者可按其出资的比例依法享有所有者权益,也可以转让其出资,但不得以任何方式抽回。

各种经营性固定资产投资项目,包括国有单位的基本建设、技术改造、房地产项目和集体投资项目,试行资本金制度,投资项目必须首先落实资本金才能进行建设。个体和私营企业的经营性投资项目参照相关规定执行。公益性投资项目不实行资本金制度。外商投资项目(包括外商投资、中外合资、中外合作经营项目)按有关规定执行。交通运输、煤炭项目,资本金比例为35%及以上;钢铁、邮电、化肥项目,资本金比例为25%及以上;电力、机电、建材、化工、石油加工、有色、轻工、纺织、商贸及其他行业的项目,资本金比例为20%及以上。

根据出资方的不同,项目资本金分为国家出资、法人出资、个人出资和外商出资。建设项目可通过政府投资、股东直接投资、发行股票、利用外资直接投资等多种方式来筹集资本金。国家放宽社会资本的投资领域,允许社会资本进入法律、法规未禁入的基础设施、公用事业及其他行业和领域。在吸收股东直接投资时应注意,有些项目不允许国外资本控股,有些项目要求国有资本控股。《外商投资产业指导目录》中明确规定,核电站、铁路干线路网、城市地铁及轻轨等项目,必须由中方控投。对于吸收外商直接投资的项目,其注册资本必须符合有关规定。

项目资本金可以用货币出资,也可以用实物、工业产权、非专利技术、土地使用权、资源开采权作价出资,但除国家对采用高新技术成果有特别规定的外,其比例不得超过投资项目资本金总额的20%。

投资者以货币方式缴的资本金,其资金来源有:

①各级人民政府的财政预算内资金、国家批准的各种专项建设基金、经营性基本建设基金回收的本息、土地批租收入、国有企业产权转让收入、地方人民政府按国家有关规定收取的各种规费及其他预算外资金;

②国家授权的投资机构及企业法人的所有者权益、企业折旧资金以及投资者按照国家规定从资金市场上筹措的资金;

③社会个人合法所有的资金;

④国家规定的其他可以用作投资项目资本金的资金。

对某些投资回报率稳定、收益可靠的基础设施、基础产业投资项目,以及经济效益好的竞争性投资项目,经国务院批准,可以试行通过可转换债券或组建股份制公司发行股票方式筹措资本金。

(2)资本公积。

资本公积是由投资者投入但不构成实收资本,或来源于企业非收益来源取得,由全体所有者共同享有的资金,具体包括投资者实际缴付的出资额超出其资本金的差额(包括股本溢价)、法定财产重估增值、接受捐赠资产价值和资本汇率折算差额等。资本公积与资本金不同,它不在企业法定的投入资本或者股本之内,只是资本在核定后本身的增值。从法律上讲,资本公积可以减少,如经批准后转增资本。

(3)盈余公积。

盈余公积是指企业按照国家规定从税后利润中提取的公积金,按用途不同可分为一般盈余公积和公益金两种,前者可用于弥补以后年度亏损或转增资本等,后者专门用于企业职工集体福利设施的储备金,一旦职工集体福利设施构建完成后,应将其转为一般盈余公积。

(4)未分配利润。

未分配利润是指企业留待以后年度分配或待分配的利润。企业实现利润后,按规定分配顺序分配利润。但为继续经营,每年企业并不将全部可供投资者分配的利润分配完毕,而是要保留一定的数额,用于以后年度分配或亏损年度以丰补歉,以吸引长期投资者,从而形成未分配利润。

在自有资金来源上,不同项目不尽相同,一般新开办企业主要自有资金来源是资本金和资本公积金,而企业的新建、改建和扩建项目还可以包括企业积累的盈余公积和未分配利润。自有资金可以等于项目投资总额,也可以低于项目投资总额。但自有资金是企业对外承担债务能力的保障,决定着投资者的偿债能力,因而国家有关法律对不同企业注册资金有最低限额和占项目投资总额比例的规定。

2. 借入资金

借入资金是指通过国外银行贷款、国际金融组织贷款、外国政府贷款、出口信贷、发行债券、补偿贸易等方式筹集的资金。借入资金按其使用期限的长短可分为长期借入资金和短期借入资金两类,是用来弥补项目自有资金不足的重要来源。长期借入资金的使用年限在1年以上,所筹资金一般用于构建固定资产和满足长期流动资金占用需要;短期借入资金的使用期限在1年以内,一般作为企业流动资金的来源和偿付到期利息。

(1)国内金融机构贷款。

向国内金融机构贷款是企业筹措投资资金的最主要方式,对于符合不同条件的项目可申请相应贷款。

(2)债券集资。

债券是债务人为筹集资金而发行的,承诺按期向债权人支付利息和偿还本金的一种有价证券,是企业筹集借入资金的重要方式。企业发行的债券称为企业债券,对股份有限公司而言称为公司债券。企业债券按不同分类标志可分为记名债券与不记名债券、有担保债券与无担保债券、固定利率债券与浮动利率债券、一次到期债券与分次到期债券、可转换公司债券等。企业债券的发行必须符合国家规定的相应条件,通过公募或私募方式发行。

(3)国家或各级地方财政贷款。

这是指定国家或各级地方政府为扶持经济发展,通过国家或地方财政以专项资金安排的投资贷款。这类贷款一般具有期限较长、贷款利率低的特点。

(4)国外借入资金。

把国外资金用于建设称为利用外资,利用外资可分为借用国外资金和吸收外国投资两大类。借用国外资金的具体方式一般包括外国政府贷款、国外金融组织贷款、出口信贷、商业银行贷款和混合贷款等。吸收外国投资的具体方式有合资经营、合作经营、补偿贸易、融资性租赁等。

3. 资金成本

1)资金成本的概念

资金成本是指企业为筹集和使用资金而付出的代价。广义地讲,企业筹集和使用任何资金,不论是短期还是长期,都要付出代价。狭义的资金成本仅指筹集和使用长期资金(包括自有资金和借入长期资金)的成本。由于长期资金也被称为资本,所以长期资金的成本也可称为资本成本。需要注意的是,在这里所说的资金成本主要是指资本成本。资金成本一般包括资金筹集费用和资金占用费用两部分。

(1)资金筹集费用。资金筹集费用是指在资金筹集过程中支付的各项费用,如发行股票或债券支付的印刷费、发行手续费、律师费、资信评估费、公证费、担保费、广告费等。资金筹集成本一般属于一次性费用,筹资次数越多,资金筹集成本也就越大。

(2)资金占用费用。资金占用费用是指占用他人资金应支付的费用,或者说是资金所有者凭借其对资金所有权向资金使用者索取的报酬,如股东的股息、红利、债券及银行借款支付的利息。资金使用成本一般与所筹集资金的多少以及使用时间的长短有关,具有经常性、定期性的特征,是资金成本的主要构成。

资金筹集费用与资金占用费用是有区别的,前者是在筹集资金时一次性支付的、在使用资金过程中不再发生的费用,因此可作为筹资金额一项扣除,而后者是在资金使用过程中多次、定期发生的费用。

2)资金成本的性质

(1)资金成本是商品经济条件下资金所有权和资金使用权分离的产物。

(2)资金成本具有一般产品成本的基本属性即同为资金耗费,但又不同于账面成本,而属于预测成本,其一部分计入成本费用,相当一部分则作为利润分配处理。资金成本是企业的耗费,企业要为占用资金而付出代价、支付费用,而且这些代价或费用最终也要作为收益的扣除额来得到补偿。但是,资金成本只有一部分具有产品成本的性质。

(3)资金成本的基础是资金时间价值,但通常还包括投资风险价值和物价变动因素。

3)资金成本的作用

资金成本是企业财务管理的一个重要概念,国际上将其列为一项"财务标准"。企业都希望以最小的资金成本获取所需的资金数额,分析资金成本有助于企业选择筹资方案,确定筹资结构以及最大限度地提高筹资的效益。资金成本主要有以下几点作用:

(1)资金成本是企业选择资金来源、筹资方式的重要依据。

企业筹集资金的方式多种多样,如发行股票、债券、银行贷款等。不同的筹资方式,其个别的资金成本也不尽相同。资金成本的高低可以作为比较各种筹资方式优缺点的一项依据,因而挑选最低的资金成本是选择筹资方式的重要依据之一。但是,不能把资金成本作为选择筹资的唯一依据。

(2)资金成本是企业进行资金结构决策的基本依据。

企业的资金结构一般是由借入资金与自有资金组合而成,这种组合有多种方案,如何寻求两者之间的最佳组合,一般可通过计算综合资金成本作为企业决策的依据。因此,综合资金成本的高低是评价各个筹资组合方案,也是进行资金结构决策的基本依据。

(3)资金成本是比较追加筹资方案的重要依据。

企业为了扩大生产经营规模,增加所需资金,往往以边际资金成本作为依据。

(4)资金成本是评价各种投资项目是否可行的一个重要尺度。

在评价投资方案是否可行的标准上,一般是以项目本身的投资收益率与其资金成本进行比较。如果投资项目的预期投资收益率高于其资金成本,则是可行的;反之,如果预期投资收益率低于其资金成本,则是不可行的。

(5)资金成本也是衡量企业整个经营业绩的一项重要标准。

资金成本是企业从事生产经营活动必须获得的最低收益率。企业无论以什么方式取得的资金,都要实现这一最低收益率,才能补偿企业因筹资而支付的所有费用。如果将企业的实际资金成本与相应的利润率进行比较,可以评价企业的经营业绩。若利润率高于资金成本,可以认为经营良好;反之,企业经营欠佳,应该加强和改善生产经营管理,进一步提高经济效益。

4)资金成本的计算

(1)资金成本计算的一般形式。

资金成本可用绝对数表示,也可用相对数表示。为便于分析比较,资金成本一般用相对数表示,称之为资金成本率。其一般计算公式为:

$$K = \frac{D}{P - F}$$

或

$$K = \frac{D}{P(1 - f)} \tag{5-1}$$

式中:K——资金成本率(一般通称为资金成本);

D——使用费;

P——筹集资金总额;

F——筹资费;

f——筹资费费率(即筹资费占筹集资金总额的比例)。

资金成本是选择资金来源、拟定筹资方案的主要依据,也是评价投资项目可行性的主要经济指标。

(2)各种资金来源的资金成本。

①权益融资成本。

a.优先股成本。公司发行优先股股票筹资,需支付的筹资费有注册费、代销费等,其股息也要定期支付,但它是公司用税后利润来支付的,不会减少公司应上缴的所得税。优先股资金成本率可按下式进行计算：

$$K_P = \frac{D_0 \cdot i}{P_0(1-f)} = \frac{i}{1-f}$$

或

$$K_P = \frac{P_0 \cdot i}{P_0(1-f)} = \frac{i}{1-f} \tag{5-2}$$

式中：K_P——优先股成本率；

D_0——优先股每年股息；

P_0——优先股票面值；

f——筹资费费率；

i——股息率。

【例 5-1】 某公司发行优先股股票，票面额按正常市价计算为 200 万元，筹资费费率为 4%，股息年利率为 14%，则其资金成本率为：

$$K_P = \frac{200 \times 14\%}{200 \times (1-4\%)} = \frac{14\%}{1-4\%} = 14.58\%$$

b. 普通股成本。确定普通股资金成本的方法有股利增长模型法和资本资产定价模型法。所谓股利增长模型法，是指普通股的股利往往不是固定的，通常有逐年上升的趋势。如果假定每年股利增长率为 g，第一年的股利为 D_1，则第二年为 $D_1(1+g)$，第三年为 $D_1(1+g)^2$，……，第 n 年为 $D_1(1+g)^{n-1}$。因此，计算普通股成本率的公式为：

$$K_c = \frac{D_1}{P_0(1-f)} + g \tag{5-3}$$

式中：K_c——普通股成本率；

D_1——每年固定股利总额；

P_0——普通股票总面值或市场发行总额；

f——筹资费费率；

g——每年股利增长率。

【例 5-2】 某公司发行普通股正常市价为 56 元，估计年增长率为 12%，第一年预计发放股利 2 元，筹资费用率为股票市价的 10%，则新发行普通股的成本为：

$$K_c = \frac{2}{56 \times (1-10\%)} + 12\% = 15.97\%$$

所谓税前债务成本加风险溢价法，是指以债务资金成本为基数计算普通股成本的方法。由于股东承担的风险超过债权人所承担的风险，因此，会在债务资金成本的基础上要求更多的预期回报。在这种前提下，普通股资金成本的计算公式为：

$$K_s = K_b + RP_c \tag{5-4}$$

式中：K_b——所得税的债务资金成本；

RP_c——投资者比债务人承担更大风险所要求的风险溢价。

所谓资本资产定价模型法，是一种根据投资者对股票的期望收益来确定资金成本的方

法。在这种前提下,普通股成本的计算公式为:

$$K_s = R_f + \beta(R_m - R_f) \tag{5-5}$$

式中：R_f——社会无风险投资收益率；

β——股票的投资风险系数；

R_m——市场投资组合预期收益率。

【例 5-3】 某期间市场无风险报酬率为 10%,平均风险股票必要报酬率为 14%,某公司普通股 β 值为 1.2,则留存收益的成本为:

$$K_s = 10\% + 1.2(14\% - 10\%) = 14.8\%$$

c. 保留盈余成本。保留盈余又称为留存收益,其所有权属于股东,是企业资金的一种重要来源。企业保留盈余,等于股东对企业进行追加投资。股东对这部分投资与以前缴给企业的股本一样,也要求有一定的报酬,所以,保留盈余也有资金成本。保留盈余的资金成本是股东失去向外投资的机会成本,股与普通股成本的计算基本相同,只是不考虑筹资费用,其计算公式为:

$$K_R = \frac{D_P}{P_0} + g = i + g \tag{5-6}$$

式中：K_R——保留盈余成本率；

D_P——优先股每年股息；

P_0——优先股票面值；

i——固定股利率；

g——每年股利增长率。

②负债融资成本。

a. 债券成本。企业发行债券后,所支付的债券利息列入企业的费用开支,因而使企业少缴一部分所得税,两者抵销后,实际上企业支付的债券利息仅为:债券利息 ×(1 - 所得税税率)。因此,债券成本率可以按下式计算:

$$K_B = \frac{I_t(1-T)}{B(1-f)}$$

或

$$K_B = i_b \cdot \frac{1-T}{1-f} \tag{5-7}$$

式中：K_B——债券成本率；

B——债券筹资额；

I_t——债券年利息；

i_b——债券年利息利率；

T——公司所得税税率。

【例 5-4】 某公司发行总面额为 500 万元的 10 年期债券,票面利率为 12%,发行费用率为 5%,公司所得税税率为 25%,则该债券的成本为:

$$K_B = \frac{500 \times 12\% \times (1-25\%)}{500 \times (1-5\%)} = 9.47\%$$

若债券溢价或折价发行,为更精确地计算资金成本,应以实际发行价格作为债券筹资额。

【例 5-5】 假定【例 5-4】中公司发行面额为 500 万元的 10 年期债券,票面利率为 12%,发行费用率为 5%,发行价格为 600 万元,公司所得税率为 25%,则该债券成本为:

$$K_B = \frac{500 \times 12\% \times (1-25\%)}{600 \times (1-5\%)} = 7.89\%$$

b. 银行借款成本。向银行借款,企业所支付的利息和费用一般可作企业的费用开支,相应减少部分利润,会使企业少缴一部分所得税,因而使企业的实际支出相应减少。

对每年末支付利息、贷款期末一次全部还本的借款,其借款成本率为:

$$K_g = \frac{I_t(1-T)}{G-F} = i_g \frac{1-T}{1-f} \tag{5-8}$$

式中:K_g——借款成本率;
$\quad G$——贷款总额;
$\quad I_t$——贷款年利息;
$\quad i_g$——贷款年利率;
$\quad F$——贷款费用。

c. 租赁成本。企业租入某项资产,获得其使用权,要定期支付租金,并且租金列入企业成本,可以减少应付所得税。因此,其租金成本率可按下式计算:

$$K_L = \frac{E}{P_L}(1-T) \tag{5-9}$$

式中:K_L——租赁成本率;
$\quad P_L$——租赁资产价值;
$\quad E$——年租金额。

d. 考虑时间价值的负债融资成本计算。上述负债融资成本计算公式假设各期所支付的利息是相同的,并且没有考虑不同时期所支付利息的时间价值,同时也没有考虑还本付息的方式。如综合考虑这些因素,负债融资成本的表达式为:

$$P_0(1-f) = \sum_{t=1}^{n} \frac{P_t + I_t(1-T)}{(1-K_d)^t} \tag{5-10}$$

式中:P_0——债券发行额或长期借款金额,即债务现值;
$\quad f$——债务资金筹资费用率;
$\quad I_t$——约定的第 t 期末支付的债务利息;
$\quad P_t$——约定的第 t 期末偿还的债务本金;
$\quad K_d$——所得税后债务资金成本;
$\quad n$——债务期限,通常以年表示。

在公式(5-10)中,等号左边是债务人的实际现金流入,等号右边为债务引起的未来现金流出的现值总额。使用该公式时,应根据项目具体情况确定债务年限内各年的利息是否应乘以$(1-T)$,如在项目的建设期内不应乘以$(1-T)$,在项目运营期内的所得税免征年份也不应乘以$(1-T)$。

③加权平均资金成本。

企业不可能只使用某种单一的筹资方式,往往需要通过多种方式筹集所需资金。为进行筹资决策,就要计算确定企业长期资金的总成本——加权平均资金成本。加权平均资金成本一般是以各种资本占全部资本的比例为权重,由各类资金成本进行加权平均而确定,其计算公式如下:

$$K_W = \sum_{i=1}^{n} w_i K_i \tag{5-11}$$

式中:K_W——加权平均资金成本;
$\quad w_i$——第 i 种个别资金占全部资金的权重;
$\quad K_i$——第 i 种个别资金成本。

【例 5-6】 某公司账面反映的长期资金共 500 万元,其中长期借款 100 万元,应付长期债券 50 万元,普通股 250 万元,保留盈余 100 万元,其资金成本分别为 6.7%,9.17%,11.26%,11%,则该企业的加权平均资金成本为:

$$6.7\% \times \frac{100}{500} + 9.17\% \times \frac{50}{500} + 11.26\% \times \frac{250}{500} + 11\% \times \frac{100}{500} = 10.09\%$$

上述计算中个别资金成本的权重,是按账面价值确定的,其资料容易取得。但当资本的账面价值与市场价值差别较大时,如股票、债券的市场价格发生较大变动,计算结果会与实际有较大的差距,从而贻误筹资决策。为了克服这一缺陷,个别资金成本的权重还可以按市场价值或目标价值确定。

二、资金结构及财务风险

资金结构是指投资项目所使用资金来源及数量构成,财务风险是指与资金结构有关的风险。

一方面,不同来源的资金发生的筹资成本以及面临的风险是不同的。最佳的筹资方案是指既使企业达到最佳资本结构、筹资成本最低,又使企业所面临的筹资风险最小的筹资方案。因此,在进行筹资决策时,应同时考虑到资金成本与筹资风险对项目的影响。另一方面,选择资金来源与数量不仅与项目所需的资金量有关,而且与项目的效益有关,因此有必要对资金结构加以分析。

项目全部投资的盈利能力基本上不受融资方案的影响,可以反映项目方案本身的盈利水平。自有资金的盈利能力反映企业投资者的出资的盈利水平,反映企业从项目中获得的经济效果。一般来说,在有借款资金的情况下,全部投资的效果与自有资金投资的效果是不相同的。拿投资利润率指标来说,全部投资的利润率一般不等于贷款利息率,这两种利润差额的后果将为企业所承担,从而使自有资金利润率上升或下降。

设全部投资为 K,自有资金为 K_0,贷款为 K_L,全部投资利润率为 R,贷款利率为 R_L,自有资金利润率为 R_0,由资金利润率公式,则有:

$$K = K_0 + K_L$$

$$R_0 = \frac{K_R - K_L R_L}{K_0} = \frac{(K_0 + K_L)R - K_L R_L}{K_0} = R + \frac{K_L}{K_0}(R - R_L) \tag{5-12}$$

由式(5-12)可知,当 $R > R_L$ 时,$R_0 > R$;当 $R < R_L$ 时,$R_0 < R$。自有资金利润率与全部投资利润率的差别被资金构成比 K_L/K 称为债务比。

【例 5-7】 某项目的 3 种方案,全部投资利润率 R 分别为 5%、8%、10%,贷款利息率为 8%。试分别比较债务比为 0(不借款)、0.5、0.8 时的自有资金利润率。

解:该项目的全部投资由自有资金和贷款构成,因此,若债务比 $K_L/K = 0.5$,则 $K_L/K_0 = 1$,依此类推。利用式(5-1)计算,将结果列于表 5-1。

不同债务比下的自有资金利润率 表 5-1

方案	债务比		
	$K_L/K = 0$ ($K_L/K_0 = 0$)	$K_L/K = 0.5$ ($K_L/K_0 = 1$)	$K_L/K = 0.8$ ($K_L/K_0 = 4$)
方案Ⅰ($R = 5\%$)	5%	2%	-7%
方案Ⅱ($R = 8\%$)	8%	10%	8%
方案Ⅲ($R = 10\%$)	10%	12%	18%

对于方案Ⅰ,$R < R_L$,债务比越大,R_0 越低,甚至为负值;对于方案Ⅱ,$R = R_0$,R_0 不随债务比改变而改变;对于方案Ⅲ,$R > R_L$,债务比越大,R_0 越高。

当项目的效益不确定时,选择不同的资金结构,所产生的风险是不同的。若项目的投资利润率估计在 6%~15% 之间,企业如果选择自有资金和贷款各半的结构,企业利润将在 0.4 万~4 万之间;如果自有资金占有 20%,贷款占 80%,则企业利润将在 -2 万~7 万元之间。此时,使用贷款,企业将承担风险,贷款比例越大,风险也越大;当然,相应地,获得更高利润的机会也越大。对于这种情况,企业要权衡风险与收益的关系,从而进行决策。采用风险分析方法对项目本身和资金结构作进一步分析,对企业决策会有帮助。

从资金供给者的角度来看,为减少资金投放风险,常常拒绝过高的贷款比例。企业在计划投资时,需与金融机构协商借款比例和数量。

另一方面,资金结构还必须考虑资金运行的可行性。资金运行的可行性是指项目的资金安排必须使每期(年)资金能够保证项目的正常运转,即每期的资金来源加上上期的结余必须足以支付本期所需要的使用资金。满足资金运行可行性的条件是:各年累计盈余资金大于等于 0。

三、项目的资金筹措

从总体上看,项目的资金来源可分为投入资金和借入资金,前者形成项目的资本金,后者形成项目的负债。

1. 项目资本金的筹措

项目资本金是指投资项目总投资中必须包含一定比例的、由出资方实缴的资金,这部分资金对项目的法人而言属非负债金。除了主要由中央和地方政府用财政预算投资建设的公益性项目等部分特殊项目外,大部分投资项目都应实行资本金制度。项目资本金的形式,可以是现金、实物、无形资产,但无形资产的比例要符合国家有关规定。根据出资方的不同,项目资本金分为国家出资、法人出资和个人出资。

根据国家法律、法规规定,建设项目可通过争取国家财政预算内投资、发行股票、自筹投资和利用外资直接投资等多种方式来筹集资本金。

1)国家预算内投资

国家预算内投资,简称"国家投资",是指以国家预算资金为来源并列入国家计划的固定资产投资。目前,国家预算内投资包括国家预算、地方财政、主管部门和国家专业投资拨给或委托银行贷给建设单位的基本建设拨款及中央基本建设基金,拨给企业单位的更新改造拨款,以及中央财政安排的专项拨款中用于基本建设的资金。

国家预算内投资目前虽然占全社会固定资产总投资的比例较低,但它是能源、交通、原材料以及国防科研、义教卫生、行政事业建设项目投资的主要来源,对于整个投资结构的调整起着主导性的作用。

2)自筹投资

自筹投资指建设单位报告期收到的用于进行固定资产投资的上级主管部门、地方和单位、城乡个人的自筹资金组成。目前,自筹投资占全社会固定资产投资总额的一半,已成为筹集建设项目资金的主要渠道。建设项目自筹资金来源必须正当,应上缴财政的各项资金和国家有指定用途的专款,以及银行贷款、信托投资、流动资金不可用于自筹投资。自筹投资必须纳入国家计划,并控制在国家确定的投资总规模以内;自筹投资要符合一定时期国家确定的投资使用方向,投资结构趋向应合理,以提高自筹投资的经济效益。

3)发行股票

股票是股份公司发给股东作为已投资入股的证书和索取股息的凭证,是可作为买卖对象或质押品的有价证券。发行股票是公司筹措资金的一种有效方式。

发行股票筹资的优点有如下几点:

(1)以股票筹资是一种有弹性的融资方式。由于股息或红利不像利息那样必须按期支付,当公司经营不佳或现金短缺时,董事会有权决定不发股息或红利,因而公司融资风险低。

(2)股票无到期日。股票投资属永久性投资,公司不需为偿还资金而担心。

(3)发行股票筹集资金可降低公司负债比例,提高公司财务信用,增加公司今后的融资能力。

发行股票筹资的缺点有如下几点:

(1)资金成本高。购买股票承担的风险比购买债券高,投资者只有在股票的投资报酬高于债券的利息收入时,才愿意投资于股票。另外债券利息可在税前扣除,而股息和红利须在税后利润中支付,这样就使股票筹资的资金成本大大高于债券筹资的资金成本。

(2)增发普通股须给新股东投票权和控制权,降低原有股东的控制权。

4)吸收国外资本直接投资

吸引国外资本直接投资主要包括与外商合资经营、合作经营、合作开发及外商独资经营等形式,国外资本直接投资方式的特点是:不发生债权债务关系,但要让出一部分管理权,并且要支付一部分利润。

(1)合资经营。

合资经营是指两个以上的法人、自然人共同投资、共同经营、共担风险、共负盈亏的一种经营形式。在外资关系上,是一个或多个外国投资者(法人或自然人)同东道国政府、法人、自然人,按规定的形式,基于规定或约定的比例,共同出资,包括现金、设备、工业产权、专有技术、土地、厂房、劳务等。

对资本输出国来讲,合资经营同东道国政府或企业合作,共担风险,从而可以减少由于东道国的原因而造成的政治风险。对于资本输入国来讲,合资经营既利用了外资,又不增加国家的债务负担,同时还可以引进先进技术和设备,学习先进的经营管理经验,因而双方都乐于接受。

(2) 合作经营。

合作经营是指由外国投资者提供资金、技术、设备,而东道合作者提供基础条件,如场地、现有厂房及劳务等,双方进行合作从事特定项目的经营,在平等互利的条件下,双方按约定的分成比例,分配收益,分担亏损。较之举办合资经营企业,它灵活简便、投资少、周期短、见效快,故深得双方合作者的欢迎。

(3) 合作开发。

合作开发是指资源国利用外国投资共同开发自然资源的一种国际合作形式。运输项目通常带有一定土地资源开发的性质,因而可以参考这种开发方式。应当注意的是,由于国家对自然资源享有永久主权,开发自然资源是国家专属的权利,与一般利用外资的方式不同,通常须经国家批准,给予特许权。

(4) 外资独营。

外资独营是由外国投资者独自投资和经营的企业形式。按我国规定,外国投资者可以在经济特区、开发区及其他经我国政府批准的地区开办独资企业,企业的产、供、销由外国投资者自行规定。外资独营企业的一切活动应遵守我国的法律、法规和我国政府的有关规定,并照章纳税。纳税后的利润,可通过中国银行按外汇管理相关条例汇往国外。

2. 负债筹资渠道

项目的负债是指项目承担的能够以货币计量且需要以资产或者劳务偿还的债务。项目负债是项目筹资的重要方式,一般包括银行贷款、发行债券、设备租赁和借入国外资金等筹资渠道。

1) 银行贷款

项目银行贷款是银行利用信贷资金所发放的投资性贷款。自 20 世纪 80 年代以来,随着投资管理体制、财政体制和金融体制改革的推进,银行信贷资金有了较快发展,成为建设项目投资资金的重要组成部分。

2) 发行债券

债券是国家、地方政府、企事业单位等为了筹措资金,按照法定手续发行,承担在指定时间内支付一定的利息和偿还本金义务的有价证券。对持有人来说,是一种债权凭证。

债券具有利率固定、风险小、可在市场上进行转让的特点,容易被普通公众所接受。债券期限可根据发行人的需要可长可短。目前市场上发行的债券,最短的有半年期国债,最长的有 10 年期国债。

目前,在我国公开发行的债券种类有:政府发行的政府债券、银行发行的金融债券、有关部门委托银行发行的石化债券、电力债券、铁路债券等。此外,还有各类企业在一定范围内发行的企业债券。

3)设备租赁

设备租赁是指出租人和承租人之间订立契约,由出租人应承租人的要求购买其所需的设备,在一定时期内供其使用,并按期收取租金。租赁期间设备的产权属出租人,承租人只有使用权,且不得中途解约。期满后,承租人可以从以下的处理方法中选择:将所租设备退还出租人、延长租期、作价购进所租设备、要求出租人更新设备,另订租约。

4)借用国外资金

借用国外资金大致可分为以下几种。

(1)外国政府贷款。

外国政府贷款是指外国政府通过财政预算每年拨出一定款项,直接向我国政府提供的贷款。这种贷款的特点是利率低(年利率一般为2%~3%),期限较长(平均为20~30年),但数额有限。这种贷款比较适合用于建设周期长、金额较大的工程建设项目(如发电站、港口、铁路及能源开发等项目)。

(2)国际金融组织贷款。

国际金融组织贷款主要是指国际货币基金组织、世界银行、国际农业发展基金会、亚洲开发银行等组织提供的贷款。近年来,我国利用大量世界银行贷款进行项目建设。这类贷款由我国财政部负责谈判并签订协议。各种大型项目由世界银行直接贷款,各中小工业项目由中国投资银行负责转贷,各中小农业项目由中国农业银行负责转贷。

(3)国外商业银行贷款。

国外商业银行贷款包括国外开发银行、投资银行、长期信用银行以及开发金融公司对我国提供的贷款。建设项目投资贷款主要是向国外银行筹措中长期资金,一般通过中国银行、国际信托投资公司和中国投资银行办理。这种贷款的特点是可以较快筹集大额资金,借得资金可由借款人自由支配,但利息和费用负担较重。

(4)在国外金融市场上发行债券。

在国外金融市场上发行债券的偿付期限较长,一般在7年以上,发行金额一次在1亿美元以上,筹得的款项可以自由运用。但债券发行手续比较烦琐,且发行费用较高,同时还要求发行人有较高的信誉,精通国际金融业务。这种筹资方式适用于资金运用要求自由且投资回报率较高的项目。

(5)吸收外国银行、企业和个人存款。

吸收国外的存款主要是通过我国的金融机构(主要是中国银行),特别是设在经济特区、开发区和海外的金融机构,广泛吸收包括私人客户外汇存款、同业银行存款、企业外汇存款在内的各类外汇存款。这类存款的特点是分散、流动性大,但成本低、风险小。若安排得当,不失为利用外资的一种好方式。

(6)利用出口信贷。

出口信贷是西方国家政府为鼓励资本和商品输出而设置的专门信贷。这种贷款的特点是利息率较低,期限一般为10~15年,借方所借款项只能用于购买出口信贷国的设备。出口信贷可根据贷款对象的不同分为买方信贷与卖方信贷。买方信贷是指发放出口信贷的银行将贷款直接贷给国外进口者(即买方);卖方信贷是指发放出口信贷的银行将资金贷给本国的出口者(即卖方)以便卖方将产品赊卖给国外进口者(即买方),而不致发生资金周转困难。

第三节　项目财务收入和费用识别

识别费用和效益是编制财务报表的前提。项目的财务效益主要表现为生产经营的产品销售(营业)收入;财务支出(费用)主要表现为建设项目总投资、经营成本和税金等各项支出。正确判断项目财务情况,需要确定识别费用与收益的准则、收益与费用的范围和项目计算期。

(1)确定识别费用、收益的准则。

识别费用、收益的准则是:凡是对目标有贡献的就是收益,凡是削弱目标的就是费用。目标是与评价的层次相联系的,有总目标和子目标之分。总目标与经济社会发展、人民生活相联系;子目标则直接与项目实施单位的利益相联系,当然不能违反总目标。对财务评价这一层次来说,最直接的目标就是盈利。凡是能对项目盈利有贡献的就是收益;反之就是费用。

(2)确定收益与费用的范围。

因为财务评价是以项目实施单位的盈利为标准,所以判断收益、费用的计算范围是实施单位的直接收入或支出。对于那些虽为项目所引起的费用及带来的收益,只要不为是实施单位所支付或收取,则不予计算。如项目建设使沿线土地增值,项目建设单位没有得到土地收益,则项目财务效益不计算土地增值;如果项目建设带来污染环境,政府没有给建设单位处罚,则环境污染治理费用就不作为项目的财务费用。

同时,要注意区分全部投资与自有资金的收益与费用。如投资总额及流动资金,对项目来说无疑是费用。但当分析项目自有资金的盈利能力时,因为投资者投入项目的虽是全部固定资产投资及全部流动资金,但同时却从银行获得贷款,投资者自身投入项目的只是固定资产投资及流动资金中的自有资金部分,因而只是固定资产投资及流动资金中的自有资金部分,才是投资者的费用。在分析全部投资的盈利能力时,回收的流动资金无疑应视为项目的效益。但当分析自有资金盈利能力时,因为回收全部流动资金时,投资者必须将流动资金借款同时还清。因此,对投资者来说,能叫作效益的只是回收自有流动资金。

(3)确定项目计算期。

项目计算期是指经济评价中为进行动态分析所设定的期限,包括建设期和运营期。建设期是指资金正式投入开始到项目建成投产为止所需要的时间,可按合理工期或预计的建设进度确定。运营期分为投产期和达产期两个阶段,一般根据项目主要设施和设备的经济寿命期、产品寿命期、主要技术的寿命期等多种因素综合确定,行业有规定的,应从其规定。多数项目的计算期不宜超过20年。有些项目运营寿命很长,甚至是"永久性"的工程项目,如建造水坝等,其计算期中的生产(使用)期可低于其折旧寿命期。除建设期应根据实际需要确定外,一般来说,计算生产期有20年已足够了。因为时间越长,各种因素变化范围越大,所引起的误差越大,而且按折现法计算的金额,20年后已为数甚微,对评价结论不会产生举足轻重的影响。对交通运输项目服务年限很长的项目,计算期可适当延长,比如25年,具体计算可根据部门和行业特点确定。

在进行财务评价时,必须逐一识别费用项和收益项,做到既不遗漏也不增加或重复。最常见的收益与费用一般有如下几项。

一、效益

1. 营业收入

(1)市场化运作中的经营性项目,其财务收益主要是指销售产品所获得的营业收入。先征后返的增值税应计作补贴收入,作为财务效益进行核算。

对于先征后返的增值税,项目评估中有别于实际的处理,不考虑"征"和"返"的时间差。

工业项目的营业收入是指项目在一定时期内(通常为一年)销售产品或者提供劳务等所取得的收入,由产品或服务的数量和价格两个因素决定:

$$营业收入 = 销售量 \times 销售单价 \qquad (5-13)$$

生产多种产品或提供多项服务的项目,应分别估算各种产品或服务的销售收入。对那些不便于按详细品种分类计算销售收入的项目,可采取折算为标准产品的方法计算销售收入。销售价格一般采用出场价格,也可根据需要采用送达用户的价格或离岸价格。一般情况,出口产品和间接出口产品可选择离岸价格,替代进口产品可选择到岸价格。

(2)对于非经营性项目,应将补贴作为项目的收益,通过预算平衡计算所需补贴的数额。

对于为社会提供准公共产品的项目,如市政公用设施、交通、电力等项目,其财务效益包括营业收入和补贴收入。对于没有收入或补贴的公共项目,不进行财务评价。

(3)某些项目可能得到补贴收入,包括先征后返的增值税、按销量或工作量等依据国家的补助定额计算并按期给予的定额补助,以及属于财政扶持而给与得其他形式的补贴。补贴收入应同营业收入一样,列入相关表格。

2. 回收固定资产余值

寿命期末回收的固定资产余值可视为收入。有些折旧期很长甚至是"永久性"的工程项目,其计算期低于折旧寿命,最末一年可计入该年的固定资产净值。

3. 回收流动资金

一般在计算期最后一年回收全部流动资金。

4. 补贴收入

一些经营性公益事业和基础设施项目,如城市轨道交通项目、污水处理项目等,政府在经营期内按有关规定可以补贴(仅包括与收益相关的政府补助,与资产相关的政府补助不在此处核算,与资产相关的政府补助是指企业取得的、用于构建或以其他方式形成长期资产的政府补助),包括先征后返的增值税、按销量或工作量等依据国家规定的补助定额计算并按期给予的定额补贴,以及属于财政扶持而给予的其他形式的补贴。

补贴收入与营业收入一样,应列入项目投资现金流量表、项目资本金现金流量表和财务计划现金流量表中。

二、费用

1. 建设投资

建设项目投资是进行某项目建设花费的全部费用。生产性建设项目投资包括建设投资和铺底流动资金两部分;非生产性建设项目投资只包括建设投资。

建设投资由建筑安装工程费、设备购置费、工程建设其他费用和预备费(基本预备费和涨价预备费)和建设期贷款利息组成。

2. 经营成本

经营成本是项目评价所特有的概念,用于项目财务评价的现金流量分析。经营成本是指项目总成本费用扣除固定资产折旧费、无形及递延资产摊销费和财务费用支出以后的成本费用,其计算公式为:

$$经营成本 = 总成本费用 - 折旧费 - 摊销费 - 财务费用(利息支出) \quad (5\text{-}14)$$

经营成本是为经济分析方便从销售成本中分离出来的一种费用。经营成本中不包括折旧、摊销费和利息支出,这是因为:

(1) 现金流量计算与成本核算不同,按照现金流量的定义,只计算现金收支,不计算非现金收支。固定资产折旧费、无形及递延资产摊销费是建设投资所形成资产的补偿价值,只是建设项目内部固定资产投资的现金转移,而非现金支出,为了避免重复计算不予考虑。因此,经营成本中不包括折旧费和摊销费。

(2) 因为全部投资现金流量表是以全部投资作为计算基础,不考虑资金来源,利息支出不作为现金流出,而自有资金现金流量表中已将贷款利息支出单独列出,因此,经营成本中也不包括利息支出。

3. 税金

财务评价涉及的税费主要有增值税、营业税、资源税、消费税、所得税、城市维护建设税和教育费附加等,有些行业还包括土地增值税。进行评价时应说明税种、计税依据、税率、计税额等。如有减免税优惠,应说明政策依据及减免方式、减免金额。

4. 维持运营投资

在运营期内,部分设备、设施等需要维护、更新或进行技术改造,应估算项目维持运营的投资费用。

5. 营业外净支出

营业外收入包括固定资产盘盈、处理固定(无形)资产收益;营业外支出包括盘亏、资产损失、非常损失。对于一般项目,可不做营业外净支出计算,如为数较大,可估算列入。

三、价格和汇率

1. 财务价格

由于财务评价是对拟建项目未来的效益与费用进行分析,因此应该采用预测价格。价格分为绝对价格或相对价格。绝对价格反映了用货币的绝对值表示的单个产品的价值,相对价格表示的是一种产品用另一种产品表示的价值。在项目的寿命期内,由于通货膨胀或生产效率的变化,绝对价格的水平可能会有变化。这种变化,不一定会导致相对价格的变化。预测价格应考虑价格变动因素,即各种产品相对价格变动和价格总水平的变动(通货膨胀或通货紧缩)。由于建设期和生产经营期的投入产出情况不同,应区别对待。在建设期,因为投资估算中已经预留了涨价预备费,因此建筑材料和设备等投入品,可采用一个固定的价格计算投资费用,其价格不必年年变动。

预测价格分为不变价格和变动价格。不变价格是指项目运营期内不考虑价格相对变动和通货膨胀的固定价格。变动价格是指项目运营期内考虑价格相对变动或者同时考虑价格相对变动和通货膨胀的预测价格。

通货膨胀对财务分析基础数据（包括建设投资、投入物价格、产出物价格等）会产生影响，对贷款利率也会产生影响，从而影响项目盈利能力。选择不同的预测价格进行财务分析对通货膨胀率预测存在一定差别：

(1) 不变价格或固定价格法。

该方法采用基期不变价格或预测的固定价格，投入物和产出物都不随通货膨胀率变化。该方法的优点是，在经济稳定通货膨胀率较小时，可以获得较可靠的评价数据，且简单易行；缺点是在通货膨胀率较高情况下，按不变价格或固定价格计算的各项收支金额，不能满足项目在建设期用款计划。

(2) 建设期时价法。

该方法是最常用的一种方法。该法只考虑建设期的通货膨胀因素，以基期数据为基础，投入物和产出物考虑通货膨胀因素到建设期末，但不考虑生产期各种因素的通货膨胀因素。该方法仅考虑到建设期价格变动，其通货膨胀率较好预测，但缺点是对通货膨胀因素考虑得不够全面。

(3) 简单时价法。

该方法在考虑建设期通货膨胀的基础上再进一步考虑生产期的通货膨胀因素，优点是克服了前两种方法的不足，缺点是不好预测整个计算期的通货膨胀率。

进行盈利能力分析时，一般只考虑相对价格变动因素的预测价格，计算期不含通货膨胀因素的财务内部收益率等盈利性指标，以消除通货膨胀因素的影响。

进行偿债能力分析，当计算期内存在较为严重的通货膨胀时，则应采用包括通货膨胀影响的时价或变动价格计算偿债能力指标，以反映通货膨胀因素对偿债能力的影响。

财务评价计算销售（营业）收入及生产成本所采用的价格，可以是含增值税的价格，也可以是不含增值税的价格，在评价时应说明采用何种计价方法。

2. 利率和汇率

利率是指一定时期内利息额同借入或贷出的本金的比例。借款利率是项目财务评价的重要基础数据，计算利率是首先将各种部门相互联系起来的计算价格，并能够保证一个项目成本和效益的差额适当地与其他成本效益相比较。

利率可分为固定利率和浮动利率。固定利率是指在整个借款期限内，利率不随借款供求情况而变动的利率，它适用于短期贷款；浮动利率是指借贷期限内随市场利率的变动而定期调整的利率，它适用于借贷时期较长、市场利率多变的借贷关系。

采用固定利率的借款项目，财务评价直接采用约定的利率计算利息。采用浮动利率的借款项目，财务评价时应对借款期内的平均利率进行预测，采用预测的平均利率计算。

另外，对于一些涉外经济项目，经常会涉及汇率，汇率是一种货币表示的另一种货币的价格，汇率的变动会影响企业进出口商品的价格，从而影响企业的财务状况，因而在财务评价中要考虑汇率的影响。财务评价汇率的取值，一般采用国家外汇部门公布的人民币外汇牌价、基准价。

3. 财务现金流量分析基准参数

1) 现金流量分析基准参数的含义

现金流量分析指标的判别基准称为基准参数，最重要的基准参数是财务基准收益率或最低可接受收益率,它用于判别财务内部收益率是否满足要求,同时它也是计算财务净现值的折现率。

采用财务基准收益率或最低可接受收益率作为折现率,用于计算财务净现值,可使财务净现值大于或等于零,与财务内部收益率大于或等于财务基准收益率或最低可接受收益率。两者对项目财务可行性的判断结果一致。

计算财务净现值的折现率也可取不同于财务内部收益率判别基准的数值。当依据不充分或可变因素较多时,可取几个不同数值的折现率,计算多个财务净现值,以给决策者提供全面的信息。需注意,此时通过财务内部收益率对项目财务可行性的判断可能会与通过财务净现值对项目财务可行性进行的判断不同。

2) 财务现金流量分析基准参数的选取

(1) 基准参数的确定要与指标的内涵相对应。所谓基准参数,即是设定的投资截止率(国外有称"cut off rate"),当收益低于该水平时不予投资。这也就是最低可接受收益率的概念。

说到最低可接受收益率,就应该明确是对谁而言。不同的人,或者从不同角度去考虑,对投资收益会有不同的最低期望值。因此,在谈到最低可接受收益率时,应有针对性。也就是说,项目财务分析中不应该总是用同一个最低可接受收益率作为各种财务内部收益率的判别基准。

(2) 基准参数的确定要与所采用价格体系相协调,这是指采用的投入和产出价格是否包含通货膨胀因素,应与指标计算时对通货膨胀因素的处理相一致。如果计算期内考虑通货膨胀因素,反之亦然。是否含有通货膨胀因素的财务内部收益率及其基准参数之间关系近似为:

$$i_c' \cong i_c + f \tag{5-15}$$

$$IRR' \cong IRR + f \tag{5-16}$$

式中: i_c ——不含通货膨胀因素的财务内部收益率判别基准;

i_c' ——含通货膨胀因素的内部收益率判别基准;

IRR ——不含通货膨胀因素的财务内部收益率;

IRR' ——含通货膨胀因素的财务内部收益率;

f ——通货膨胀率。

(3) 基准参数的确定要考虑资金成本。投资收益要大于资金成本,否则该项投资就没有价值。因此通常把资金作为基准参数的确定基础,或称第一参考值。

(4) 基准参数的确定要考虑资金机会成本。投资获益要大于资金机会成本,否则该项投资就没有比较价值。因此通常也把资金机会成本作为基准参数的确定基础。

(5) 项目投资财务内部收益率的基准参数。项目投资财务内部收益率的基准参数可采用国家、行业或专业(总)公司统一发布执行的财务基准收益率,或由评价者自行设定。一般可在加权平均资金成本(WACC)基础上再加上调控意愿等因素来确定财务基准收益率。

(6) 项目资本金财务内部收益率的判别基准。项目资本金财务内部收益率的基准参数应为项目资本金所有者整体的最低可接受收益率,其数值大小主要取决于资金成本、资本收益水平、风险以及项目资本金所有者对权益资金收益的要求,此外还与投资者对风险的态度有关。项目资本金财务内部收益率通常可采用相关公式计算,也可参照同类项目(企业)的净资产收益率确定。

第四节　项目财务分析

一、财务分析概述

1. 财务分析的概念和原则

财务分析是在国家现行财税制度和价格体系下,从项目(企业)的财务角度分析测算拟建项目直接发生的财务效益和费用,编制财务报表,计算评价指标,考察项目的基本生存能力、财务盈利能力和清偿能力,据以判断项目在财务上的可行性。在财务评价中,所考察的是项目清偿能力和盈利能力,追求的是企业盈利最大,考察的对象是项目本身的直接效益和直接费用。由于评价范围较窄,故称为微观评价或微观经济分析。明确项目对投资主体的价值贡献,财务分析属于微观评价。

各个投资主体、各种投资来源、各种筹资方式兴办的大中型和限额以上的建设项目,只要有直接的财务收入,均需进行财务分析。

为保证财务评价的客观性和有效性,财务分析应遵循以下基本原则:

(1)必须符合国家的国民经济发展规划及产业政策,符合经济建设的方针、政策及有关法律法规规定。

(2)必须建立在项目技术可靠可行的基础上,否则财务评价的结论将是不真实、不可靠的,是无效的。

(3)正确识别项目的财务效益和费用,计算口径对应一致,只计算项目本身的直接费用和直接效益。

(4)财务评价以动态分析为主,以静态分析为辅。充分考虑资金的时间因素,以全面、综合反映项目计算期内全部财务效益与费用的动态财务评价指标作为考察项目财务可行性的主要指标。

(5)财务分析的内容、深度及计算指标,应能满足审批项目建议书和可行性研究报告时对项目财务评价的要求。

2. 财务评价的目的与作用

财务评价的主要目的有如下四点:

(1)研究项目的盈利性,分析是否能达到预期的盈利水平。

(2)研究项目的资金来源是否可靠、资金结构是否合理、确定最佳的资金筹措方案,以保证项目的顺利实施。

(3)从财务角度研究最佳的建设时间、建设程度和投产时间以及运营组织和各种制度,以提高运营效益。

(4)作为公益性的交通运输项目,运价由国家规定和管制,通过财务评价来确定是否需由国家或地方给予政策性补贴。

项目的财务评价无论是对项目投资主体,还是对为项目建设和生产经营提供资金的其

他机构和个人,均具有十分重要的作用,主要表现在如下四点:

(1) 考察项目的财务盈利能力。

项目的财务盈利水平如何,能否达到国家规定的基准收益率,项目投资的主题能否取得预期的投资效益,项目的清偿能力如何,是否低于国家规定的投资回收期,项目债权人权益是否有保障等,是项目投资主体、债权人,以及国家、地方各级决策部门、财政部门共同关心的问题。因此,一个项目是否值得投资,首先要进行财务评价,以考察项目的财务盈利能力等各项经济指标。

(2) 为项目制定适宜的资金规划。

确定项目实施所需资金的数额,根据资金的可能来源及资金的使用效益,安排恰当的用款计划及选择适宜的筹资方案,都是财务评价要解决的问题。项目资金的提供者们据此安排各自的出资计划,以保证项目所需资金能及时到位。

(3) 为协调企业利益和国家利益提供保障。

有些投资项目是国计民生所急需的,其国民经济评价结论好,但财务评价不可行。为了使这些项目具有财务生存能力,国家需要用经济手段予以调解。财务分析可以通过考察有关经济参数(如价格、税收、利润等)变动对分析结果的影响,寻找经济调节的方式和幅度,使企业利润和国家利益趋于一致。

(4) 为中外合资项目合作双方提供决策依据。

对中外合资项目的外方合营者而言,财务评价是作出项目决策的唯一依据。项目的财务可行性是中外双方合作的基础。中方合营者应视审批机关的要求,需要时还要进行国民经济评价。

3. 财务评价的内容

财务评价的内容主要有如下五点:

(1) 选取财务评价基础数据与参数。

(2) 计算销售(营业)收入,估算成本费用。

(3) 编制财务评价报表,主要包括:财务现金流量表、损益和利润分配表、资金来源与运用表、借款偿还计划表等。

(4) 选取合理的评价指标,计算财务效果,着重进行盈利能力分析、偿债能力分析和财务能力分析等。

(5) 进行不确定性分析,并编制财务报表。

4. 财务评价的基本步骤

财务评价的步骤以及各部分的关系,包括财务分析与投资估算和融资方案的关系见图 5-2。

1) 信息搜集整理阶段

财务分析搜集整理阶段主要由以下 3 个步骤组成:

(1) 明确财务分析目的。

(2) 制订财务分析计划。

(3) 搜集整理财务分析信息,主要包括投入品和产出品财务价格、费率、税率、利率、计算期、生产负荷及基准收益率等基础数据和参数。

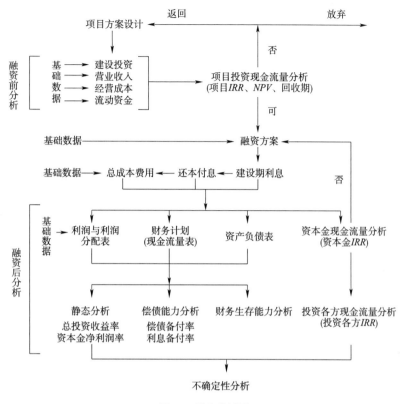

图 5-2　财务分析图

2）战略分析与会计分析

（1）企业战略分析。

企业战略分析是指通过对企业所在行业和企业拟进入行业的分析，了解行业的收益潜力和风险程度，明确企业自身地位及应采取的竞争战略。企业战略分析主要包括行业分析和竞争战略分析。企业战略分析是会计分析和财务分析的基础和导向，通过企业战略分析，分析人员能深入了解企业的经济状况和经济环境，从而能进行客观、正确的会计分析与财务分析。

（2）财务报表会计分析。

财务报表会计分析包括财务指标分析和基本因素分析。

①财务指标分析。根据分析目的选择和计算财务指标是正确判断和评价企业财务状况的关键所在，其中财务指标一定要根据实际情况进行修正。

②基本因素分析。基本因素分析就是要在报表整体分析和财务指标分析的基础上，对一些主要指标的完成情况，从其影响因素角度出发，进行深入、定量分析，确定各因素对其影响的方向和程度，为企业正确进行分析评价提供最基本的依据。

3）财务分析综合评价

财务分析综合评价由以下三步构成：

（1）在应用各种财务分析方法进行分析的基础上，将定量分析结果、定性分析判断与实际调查情况结合起来，以得出财务分析结论。

(2) 进行不确定性分析，包括敏感性分析、盈亏平衡分析。

(3) 编写财务报告。将财务分析的基本问题、财务分析结论，以及针对问题提出的措施建议以书面的形式表示出来，为财务分析主体及财务分析报告的其他受益者提供决策依据。

投资估算和融资方案是财务分析的基础，在实际操作过程中，三者互有交叉，在财务分析的方法和指标体系设置上体现了这种交叉。因此，首先要做的是融资前的项目投资现金流量分析，其结果体现项目方案本身设计是否合理，用于投资决策以及方案或项目的比选，也就是考察项目是否基本可行，是否值得为之融资。这对项目发起人、投资者、债权人和政府部门都是有益处的。

如果第一步分析的结果是"可"，那么才有必要考虑融资方案，进行项目的融资后分析，包括项目资金现金流量分析、偿债能力分析和财务生存能力分析等。融资后分析是比选融资方案，进行融资决策和投资者最终出资的依据。

如果融资前分析结果不能满足要求，可返回对项目建设方案进行修改；若多次修改后分析结果仍不能满足要求，甚至可以提出放弃或暂时放弃项目的建议。

5. 财务评价方法

建设项目财务评价的方法是与财务评价的目的和评价内容相联系的。例如，为考察项目财务盈利能力所进行的盈利能力分析，就有以现金流量表为基础的动态获利性分析和静态获利性分析方法，以及通过编制利润与利润分配表所进行的财务报表比率分析法；清偿能力分析是通过借款还本付息计划表计算偿债备付率和利息率指标，由资产负债计算相应的财务比率；外汇平衡分析则是直接由财务外汇平衡表中的"外汇余缺"项考察项目计算期内各年的外汇平衡情况。此外，还有分析项目可能承担的风险及项目抗风险能力的不确定性分析方法，以及盈亏平衡分析、敏感性分析和概率分析等方法。

二、财务效果指标

财务评价效果的好坏，除了要准确地估计基础数据，编制完整、可靠的财务报表之外，还要采用合理的评价指标体系。只有选取正确的评价指标体系，财务评价结果才能与客观实际情况相吻合，才具有实际意义。一般地，根据不同的评价深度要求和可获得资料的多少，以及项目本身所处条件的不同，可选用不同的指标，这些指标有主有次，可以从不同侧面反映项目的经济效果。项目基本财务报表与评价指标的对应关系见表 5-2。

基本财务报表与评价指标的对应关系　　　　表 5-2

评价内容	基本报表	静态指标	动态指标
盈利能力分析	项目财务现金流量表	静态投资回收期	项目财务内部收益率； 财务净现值； 动态投资回收期
	资本金财务现金流量表		资本金财务内部收益率
	投资各方财务现金流量表		投资各方财务内部收益率
	损益和利润分配表	投资利润率； 投资利税率； 资本金利润率	

续上表

评价内容	基本报表	静态指标	动态指标
清偿能力分析	资产负债表； 资金来源与运用表； 借款偿还计划表	资产负债率； 偿债备付率； 利息备付率	
资金平衡能力分析	资金来源与运用表		
财务生存能力	财务计划现金流量表	累计盈余资金	

三、项目财务评价报表编制

项目财务评价的主要内容是在编制财务报表的基础上进行盈利能力、偿债能力和抗风险能力分析。财务报表主要有财务现金流量表、损益和利润分配表、借款偿还计划表等财务报表。

1. 财务现金流量表

财务现金流量表是指反映项目在计算期内各年的现金流入、现金流出和净现金流量的计算表格，其主要作用在于计算财务内部收益率、财务净现值和投资回收期等分析指标。根据投资计算基础不同，财务现金流量表分为项目投资现金流量表、权益投资(资本金)现金流量表和投资各方财务现金流量表。

(1) 项目投资现金流量表。

项目投资现金流量表，也称全部投资流量表，不分投资资金来源，以项目总投资作为计算基础，反映项目在整个计算期内现金流入和流出，用以计算项目投资所得税前及所得税后的财务内部收益率、净现值及投资回收期等评价指标，进行项目财务盈利能力分析，也便于项目主持人决定如何安排资金的筹资与偿还，并提供了对不同的项目方案进行选择的依据，详见表5-3。

项目投资现金流量表(单位:万元)　　　　　表5-3

序号	项目	合计	计算期					
			0	1	2	3	…	n
1	现金流入							
1.1	营业收入							
1.2	补贴收入							
1.3	回收固定资产余值							
1.4	回收流动资金							
2	现金流出							
2.1	建设投资							
2.2	流动资金							
2.3	经营成本							

续上表

序号	项目	合计	计算期					
			0	1	2	3	…	n
2.4	营业税金及附加							
2.5	维持运营投资							
3	所得税前净现金流量(第1项－第2项)							
4	累计所得税前净现金流量							
5	调整所得税							
6	所得税后净现金流量							
7	累计所得税后净现金流量(第3项－第4项)							

注:1. 本表适用于新设法人项目与既有法人项目的增量和"有项目"现金流量分析。

2. 调整所得税为以息税前利润为基数计算的所得税,区别于"利润与利润分配表""项目资本金现金流量表"和"财务计划现金流量表"中的所得税。

3. 本表的计算指标包括项目财务内部收益率(所得税前,%)、项目财务内部收益率(所得税后,%)、项目财务净现值(所得税前,万元)、项目财务净现值(所得税后,万元)、投资回收期(所得税前,年)、投资回收期(所得税后,年)。

(2) 项目资本金现金流量表。

项目资本金现金流量表,也称自有资金投资流量表,从直接投资者角度出发,以权益投资者(即项目法人)的资本金作为计算基础,把借款本金偿还和利息支付作为现金流出,用以计算资本金内部收益率、净现值及投资回收期等评价指标。项目资本金现金流量表的目的在于考察项目所得税后资本金可能获得的收益水平,衡量项目资本金的盈利能力和向外部借款对投资项目是否有利,作为投资者最终投资决策的依据,详见表5-4。

项目资本金现金流量表(新设项目法人项目)(单位:万元)　　表5-4

序号	项目	合计	计算期					
			0	1	2	3	…	n
1	现金流入							
1.1	营业收入							
1.2	补贴收入							
1.3	回收固定资产余值							
1.4	回收流动资金							
2	现金流出							
2.1	项目资本金							
2.2	借款本金偿还							
2.3	借款利息支付							
2.4	经营成本							

续上表

序号	项 目	合计	计 算 期					
			0	1	2	3	...	n
2.5	营业税金及附加							
2.6	所得税							
2.7	维持运营投资							
3	净现金流量(第1项 – 第2项)							

注:1. 项目资本金包括用于建设投资、建设期利息和流动资金的资金。

2. 对外商投资项目,现金流出中应增加职工奖励及福利基金科目。

3. 本表适用于新设法人项目与既有法人项目"有项目"的现金流量分析,计算指标为资本金财务内部收益率(%)。

(3)投资各方现金流量表。

投资各方现金流量表分别从技术方案各投资者的角度出发,以投资各方的出资额作为计算基础,编制各方的财务现金流量表,用以计算投资各方财务内部收益率。目的在于考察项目投资各方可能获得的收益水平。投资各方现金流量表见表5-5。

投资各方现金流量表(新设项目法人项目)(单位:万元)　　　表5-5

序号	项 目	合计	计 算 期					
			0	1	2	3	...	n
1	现金流入							
1.1	实分利润							
1.2	资产处置收益分配							
1.3	租赁费收入							
1.4	技术转让或使用转让							
1.5	其他现金流出							
2	现金流出							
2.1	实缴资本							
2.2	租赁资产支出							
2.3	其他现金流出							
3	净现金流量(第1项 – 第2项)							

注:1. 投资各方现金流量表既适用于内资企业也适用于外商投资企业;既适用于合资企业也适用于合作企业。

2. 投资各方现金流量表中现金流入是指出资方因该项目的实施将实际获得的各种收入;现金流出是指出资方因该项目的实施将实际投入的各种支出。表中科目应根据具体情况调整。

3. 实分利润是指投资者由项目获取的利润。

4. 资产处置收益分配是指对有明确的合营期限或合资期限的项目,在期满时对资产余值按股比或约定比例的分配。

5. 租赁费收入是指出资方将自己的资产租赁给项目使用所获得的收入,此时应将资产价值作为现金流出,列为租赁资产支出科目。

6. 技术转让或使用收入是指出资方将专利或专有技术转让或允许该项目使用所获得的收入。

7. 本表的计算指标为投资各方财务内部收益率(%)。

现金流入包括股利分配、资产处置收益分配、租赁费收入、技术转让收入和其他现金收入。现金流出包括股权投资、租赁资产支出和其他现金流出。

(4) 财务计划现金流量表。

财务计划现金流量表反映项目计算期内各年的投资、融资及生产经营活动的现金流入和流出情况,考察资金平衡和余缺情况,分析项目的财务生存能力,详见表5-6。

通过"累计盈余资金"项反映项目计算期内各年的资金是否充裕,是否有足够的能力清偿债务。若累计盈余大于0,表明当年有资金盈余;否则,表示有短缺,需要筹措资金或调整借款及还款计划。

财务计划现金流量表(单位:万元) 表5-6

序号	项目	合计	计算期					
			1	2	3	4	…	n
1	经营活动净现金流量							
1.1	现金流入							
1.1.1	营业收入							
1.1.2	增值税销项税额							
1.1.3	补贴收入							
1.1.4	其他流入							
1.2	现金流出							
1.2.1	经营成本							
1.2.2	增值税进项税额							
1.2.3	营业税及附加							
1.2.4	增值税							
1.2.5	所得税							
2	投资活动净现金流量							
2.1	现金流入							
2.2	现金流出							
2.2.1	建设投资							
2.2.2	维持运营投资							
2.2.3	流动资金							
2.2.4	其他流出							
3	筹资活动净现金流量							
3.1	现金流入							
3.1.1	项目资本金投入							
3.1.2	建设资金借款							
3.1.3	流动资金借款							
3.1.4	债券							
3.1.5	短期借款							

续上表

序号	项 目	合计	计 算 期					
			1	2	3	4	…	n
3.1.6	其他流入							
3.2	现金流出							
3.2.1	各种利息支出							
3.2.2	偿还债务本金							
3.2.3	应付利润(股利分配)							
3.2.4	其他流出							
4	净现金流量							
5	累计盈余资金							

2.利润与利润分配表

利润与利润分配表能够反映项目计算期内各年的利润总额、所得税和税后利润的分配情况,用以计算投资利润率、投资利税率和资本金利润率等指标。表中损益栏目反映项目计算期内各年的销售收入、总成本费用支出、利润总额情况;利润分配栏目反映所得税税后利润以及利润分配情况,详见表5-7。

利润与利润分配表(单位:万元)　　　　　　　　　　　　表5-7

序号	项 目	合计	计 算 期					
			0	1	2	3	…	n
1	营业收入							
2	营业税金及附加							
3	总成本费用							
4	补贴收入							
5	利润总额(第1项-第2项-第3项+第4项)							
6	弥补以前年度亏损							
7	应纳所得税额(第5项-第6项)							
8	所得税							
9	净利润(第5项-第8项)							
10	期初未分配利润							
11	可供分配利润(第9项+第10项)							
12	提取法定盈余公积金							
13	可供投资者分配利润(第11项-第12项)							
14	应付优先股股利							
15	提取任意盈余公积金							

续上表

序号	项　　目	合计	计算期					
			0	1	2	3	…	n
16	应付普通股股利(第13项－第14项－第15项)							
17	各投资方利润分配 其中:××方 　　××方							
18	未分配利润(第13项－第14项－第15项－第17项)							
19	息税前利润(利润总额＋利息支出)							
20	息税前折旧摊销利润(息税前利润＋折旧＋摊销)							

表5-7中,所得税＝应纳税所得额×所得税率。应纳税所得额为利润总额根据国家有关规定进行调整后的数额。在建设项目财务评价中,主要是减免所得税及用税前利润弥补上年度亏损的有关规定进行的调整。按现行《工业企业财务制度》规定,企业发生的年度亏损,可以用下一年度的税前利润弥补,下一年度利润不足弥补的;可在5年内延续弥补;5年内不足弥补的,用税后利润等弥补。

税后利润按法定盈余公积金、公益金、应付利润及未分配利润等项进行分配。

(1)表中法定盈余公积金按照税后利润扣除用于弥补以前年度亏损额后的10%提取,盈余公积金已达注册资金50%时可以不再提取。公益金主要用于企业的职工集体福利设施支出。

(2)应付利润为向投资者分配的利润。

(3)未分配利润主要指用于偿还固定资产投资借款及弥补以前年度亏损的可供分配利润。

3.借款还本付息表

借款还本付息表用于反映项目计算期内各年借款的使用、还本付息以及偿债资金来源和计算借款偿还期或偿债备付率、利息背负率等指标,详见表5-8。

借款还本付息表(单位:万元)　　　　表5-8

序号	项　　目	合计	计算期					
			0	1	2	3	…	n
1	借款1							
1.1	期初借款余额							
1.2	当期还本付息 其中:还本 　　付息							
1.3	期末借款余额							
2	借款2							
2.1	期初借款余额							
2.2	当期还本付息							

续上表

序号	项 目	合计	计算期					
			0	1	2	3	…	n
2.2	其中:还本							
	付息							
2.3	期末借款余额							
3	债券							
3.1	期初债务余额							
3.2	当期还本付息							
	其中:还本							
	付息							
3.3	期末债务余额							
4	借款和债券合计							
4.1	期初余额							
4.2	当期还本付息							
	其中:还本							
	付息							
4.3	期末余额							
计算指标	利息备付率(%)							
	偿债备付率(%)							

注:1. 本表与财务分析辅助表"建设期利息估算表"可合二为一。

2. 本表直接适用于新设法人项目,如多种借款,必要时应分别列出。

3. 对于既有法人项目,在按有项目范围进行计算时,可根据需要增加项目范围内原有借款的还本付息计算;在计算企业层次还本付息时,可根据需要增加项目范围外借款的还本付息计算;当简化直接进行项目层次新增借款还本付息计算时,可直接按新增数据进行计算。

4. 本表可另加流动资金借款的还本付息计算。

4. 财务报表之间的相互关系

(1)损益与利润分配表和财务现金流量表都是为进行项目盈利能力提供基础数据的报表,不同的是:损益与利润分配表是为计算反映项目盈利能力的静态指标提供数据;而财务现金流量表是为计算反映项目盈利能力的动态指标提供数据。同时,损益与利润分配表也为财务现金流量表的填列提供了一些基础数据。

(2)借款还本付息计算表是为进行项目偿债能力分析提供基础数据的报表,根据借款还本付息计算表可以计算借款偿还期等偿债能力指标。

第五节 案例分析——公路建设项目财务分析

CJ 高速公路全长 169.045km,为国道主干线 SR 高速公路经 JX 省西部腹地一段,即 CF 至 JYS 段。

一、基本情况

CJ 高速公路的基础数据分析如下。

1. 交通量预测

交通量预测采用"四阶段"预测法,即社会经济预测,集中、发生量的预测,分布交通量预测和交通分配预测。根据 OD 交通量调查,得到的交通量预测表见表 5-9。

CJ 高速公路交通量预测表 表 5-9

预测年份	新路预测交通量（辆/日）	各车型预测交通量(辆/日)			
		小车型	中车型	大车型	特大车型
2012	7075	3061	3588	1390	51
2013	7621	3297	3864	1497	55
2014	8209	3552	4164	1613	59
2015	8843	3826	4485	1738	64
2016	9525	4121	4830	1871	68
2017	10188	4512	4980	2182	69
2018	10899	4827	5326	2335	72
2019	11658	5162	5697	2498	73
2020	12471	5523	6094	2672	74
2021	13340	5907	6519	2858	78
2022	14072	6399	6622	3265	78
2023	14845	6751	6985	3444	78
2024	15659	7121	7368	3633	78
2025	16519	7512	7773	3832	78
2026	17425	7924	8199	4043	79
2027	18185	8471	8225	4542	78
2028	18979	8841	8583	4740	76
2029	19808	9226	8958	4947	74
2030	20671	9629	9349	5162	72
2031	21574	10050	9757	5388	69

2. 建设规模

拟建高速公路经交通量预测,全线年平均昼夜交通量折合成小客车 2012 年为 14498 辆,2021 年为 27181 辆,2031 年为 43504 辆。根据预测的远景交通量,分别对计算行车速度、通行能力和服务水平进行分析论证,确定拟建项目采用高速公路标准建设,计算行车速度为 100km/h,双向四车道,路基宽 26m。

3. 计算期

本项目确定计算期为 25 年,其中建设期 5 年,运营期为 20 年。

4. 费用估算

1) 建设费用

本项目建设投资 536950 万元,其中:

(1) 建筑安装工程费 372096 万元;

(2) 设备及工器具购置费 8423 万元;

(3) 工程建设其他费用 43569 万元;

(4) 建设期贷款利息 41745 万元;

(5) 预备费 71117 万元。

采用扩大指标估算,项目所需流动资金约为 5330 万元。

项目总投资使用计划与资金筹措表见表 5-10。

项目总投资使用计划与资金筹措表(单位:万元) 表 5-10

序号	项 目	合计	1	2	3	4	5	6
1	总投资	542280	72492	100912	156531	113534	93482	5330
1.1	建设投资(不含建设期利息)	495205	71375	97068	148515	100990	77257	0
1.2	建设期利息	41745	1118	3844	8016	12544	16225	0
1.3	流动资金	5330	0	0	0	0	0	5330
2	资金筹措	542280	72492	100912	156531	113534	93482	5330
2.1	项目资本金	221759	33000	44000	66000	44000	33000	1759
2.1.1	用于建设投资	220000	33000	44000	66000	44000	33000	0
2.1.2	用于流动资金	1759	0	0	0	0	0	1759
2.1.3	用于建设期利息	0	0	0	0	0	0	0
2.2	债务资金	320521	39491	56912	90531	69534	60482	3571
2.2.1	用于建设投资	275206	38373	53068	82515	56990	44259	0
2.2.2	用于建设期利息	41745	1118	3844	8016	12544	16225	0
2.2.3	用于流动资金	3571	0	0	0	0	0	3571

2) 运营总费用估算

(1) 养护费。

项目所在地区现有公路养护费用约为 14 万元/(km·年),日常养护费用为 264 万元/年。

(2) 管理费用。

本项目预计设置 13 个收费站,全线收费及管理人员 830 人,收费站的管理费用为 440 万元/年,平均以每年 3% 的速度递增。收费站每年的管理费用预计为 3322 万元。评价期内,考虑职工工资的实际增长(不考虑物价上涨因素),预计管理费的财务费用将以年递增

3%的速度逐年增加。

(3)大修费用。

大修费用主要是路面重新罩面费用,按通车运营后每10年进行一次大修考虑,第一次大修费用为31614万元,第二次大修费用为43698万元。

(4)折旧费。

2012—2016年每年提折旧费23078万元,2016年以后每年提取折旧费21052万元。

(5)利息支出。

利息支出包括偿还长期借款利息、流动资金借款利息和短期借款利息、运营期平均成本费用4082万元。

二、财务评价

1. 基础数据与参数选取

(1)确定计算期为25年。

(2)财务基准折现率根据银行长期贷款名义年利率确定,取5.70%。

(3)长期借款利率按有效年利率5.82%选取。

(4)过路费收费标准取值,直接关系到项目本身的盈利能力和清偿能力,并在一定程度上直接影响投资者的资金回报率。该项目的收费标准主要考虑了如下3个因素:

①本地区现有收费公路的收费标准;

②地方国民经济的发展水平;

③收费对人民生活水平负担能力的影响,测算的收费标准见表5-11。

过路收费标准(单位:元/次) 表5-11

年 份	小型客车	大型客车	小型货车	中型货车	大型货车	拖挂车
2011—2016	10	20	10	15	20	30
2017—2021	12	27	12	20	27	40
2022—2031	20	40	20	30	40	50

(5)折旧年限取25年,采用直线法折旧,资产余值取10%。

(6)税费计算。营业税按5%计算,城市维护建设税按营业税额的7%计算,教育附加按营业税额的3%计算。

2. 运营收入估算

各年运营收入(表5-12)按交通量乘以过路收费标准计算,运营期平均收入90407万元。

3. 财务现金流量分析

由项目的财务现金流量表可知,财务内部收益率($FIRR$)为8.66%。财务净现值($FNPV$)为183477万元>0,静态投资回收期为15.30年,动态投资回收期为19.86年。

4. 敏感性分析

综合考虑项目的财务收入与财务费用可能发生变化的不利因素,本案例取财务收入减少10%、财务费用增加10%、财务收入减少10%同时财务费用又增加10%的3种变化情况进行财务敏感性分析,分析指标的变化详见表5-13。

第五章 项目财务分析

CJ高速公路项目财务现金流量计算(单位:万元)

表 5-12

年份	现金流入	营业收入	回收固定资产余值	回收流动资金	现金流出	建设投资	流动资金	经营成本	营业税金及附加	所得税前净现金流量	累计所得税前净现金流量	净现值	累计净现值
2007	0	0			71375	71375		0	0	-71375	-71375	-67526	-67526
2008	0	0			97068	97068		0	0	-97068	-168443	-86881	-154407
2009	0	0			148515	148515		0	0	-148515	-316958	-125761	-280168
2010	0	0			100990	100990		0	0	-100990	-417948	-80906	-361074
2011	0	0			77257	77257		0	0	-77257	-495205	-58555	-419629
2012	37008	37008		0	11075	0	5330	5745	2035	25933	-469272	18595	-401034
2013	39865	39865		0	8109	0	0	5917	2192	31756	-437516	21543	-379491
2014	42942	42942		0	8457	0	0	6095	2362	34485	-403031	22132	-357359
2015	46256	46256		0	8822	0	0	6278	2544	37434	-365597	22730	-334629
2016	49826	49826		0	9206	0	0	6466	2740	40620	-324977	23334	-311295
2017	67962	67962		0	10397	0	0	6659	3738	57565	-267412	31285	-280010
2018	72666	72666		0	10856	0	0	6860	3996	61810	-205603	31780	-248230
2019	77681	77681		0	11337	0	0	7056	4272	66344	-139259	32272	-215958
2020	83038	83038		0	11845	0	0	7278	4567	71193	-68066	32763	-183195
2021	88825	88825		0	44230	0	0	39345	4885	44595	-23471	19416	-163779
2022	94786	94786		0	12934	0	0	7721	5213	81825	58381	33715	-130064
2023	99935	99935		0	13449	0	0	7952	5497	86486	144867	33703	-96361
2024	105367	105367		0	13986	0	0	8191	5795	91381	236248	33690	-62671
2025	111097	111097		0	14548	0	0	8437	6111	96550	332798	33677	-28994
2026	117152	117152		0	15134	0	0	8690	6444	102018	434816	33665	4671
2027	123621	123621		0	15750	0	0	8951	6799	107871	542687	33677	38348
2028	128946	128946		0	16311	0	0	9219	7092	112635	655322	33268	71616
2029	134505	134505		0	16893	0	0	9495	7398	117613	772935	32865	104481
2030	140306	140306		0	17497	0	0	9780	7717	122810	895744	32466	136947
2031	247862	146359	96173	5330	61821	0	0	53771	8050	186041	1081786	46530	183477

敏感性分析表（财务分析）（单位：万元） 表5-13

变 化 因 素	内部收益率(%)	动态投资回收期(年)	累计净现值
投资增加10%	7.86	21.10	141516
收入减少10%	7.60	21.40	112575
收入减少10% 投资增加10%	6.83	23.10	70612

投资和收入变动后的内部收益率均大于财务基准折现率5.7%，动态投资回收期均在25年内。因此，财务敏感性分析结果表明，本项目抗风险能力较强。

5. 借款偿还分析

该项目从国家开发银行贷款320521万元，长期借款按照等额还本利息照付的方式进行偿还，长期借款有效年利率为5.82%。通过借款还本付息表（表5-14），可以对项目的借款偿还能力进行分析。

借款还本付息表 表5-14

年 份	借 款	期初借款余额	当期还本付息	还 本	付 息	期末借款余额
2007	38373	0	0	0	0	39491
2008	53068	39491	0	0	0	96403
2009	82515	96403	0	0	0	186934
2010	56990	186934	0	0	0	256468
2011	44259	256468	0	0	0	316950
2012	0	316950	39597	21130	18467	295820
2013	0	295820	38356	21130	17226	274690
2014	0	274690	37125	21130	15995	253560
2015	0	253560	35895	21130	14765	232430
2016	0	232430	34664	21130	13534	211300
2017	0	211300	33433	21130	12304	190170
2018	0	190170	32204	21130	11074	169040
2019	0	169040	30973	21130	9843	147910
2020	0	147910	29743	21130	8613	126780
2021	0	126780	28513	21130	7383	105650
2022	0	105650	27282	21130	6152	84520
2023	0	84520	26051	21130	4921	63390
2024	0	63390	24822	21130	3692	42260
2025	0	42260	23591	21130	2461	21130
2026	0	21130	22361	21130	1231	0
2027	0	0	0	0	0	0

续上表

年份	借款	期初借款余额	当期还本付息	还本	付息	期末借款余额
2028	0	0	0	0	0	0
2029	0	0	0	0	0	0
2030	0	0	0	0	0	0
2031	0	0	0	0	0	0

从表5-14可以看出，长期借款按等额偿还，借款偿还期为15年，运营期内能满足银行20年借款还本付息的条件，故该项目偿债能力较强。

复习思考题

1. 简述投资项目可行性研究的作用和研究内容。
2. 什么是工程项目的财务评价？财务评价包括哪些内容？
3. 财务评价的效益与费用如何识别？
4. 项目方案的资金来源结构对方案自有资金的收益水平有何影响？
5. 财务评价需要编制哪些基本报表？简要说明各种基本报表的编制方法。
6. 在投资现金流量表中，为什么经营成本不包括折旧和贷款利息？
7. 某建设项目贷款1300万元，分3年均衡发放，第一年贷款300万元、第二年贷款600万元、第三年贷款400万元，贷款年利率为12%，请计算该项目建设期内应归还的贷款利息。
8. 有一投资项目，固定资产投资50万元，于第一年初投资；流动资金投资20万元，于第二年初投入，全部为贷款，利率8%。项目于第二年投产，产品销售收入第二年为50万元，第三年至第八年为80万元；经营成本第二年为30万元；第三年至第八年为45万元；设营业税率为5%；第二年至第八年折旧费每年为6万元；第八年末（项目寿命期末）处理固定资产可得收入8万元。问根据以上条件列出的项目投资（全投资）现金流量表（表5-15、表5-16）是否正确？若有错，请改正过来。

项目投资现金流量表（一）（单位：万元） 表5-15

年度	0	1	2	3~7	8
现金流入					
销售收入			50	80	80
固定资产回收					8
现金流出					
经营成本			30	45	45
固定资产投资	50				
流动资金投资		20			
营业税			2.5	4	4
折旧			6	6	6
净现金流量	-50	-20	11.5	25	33

项目投资现金流量表(二)(单位:万元)　　　　　　　　表 5-16

年度	0	1	2	3~7	8
现金流入					
销售收入			50	80	80
固定资产回收			6	6	6
折旧					
现金流出					
经营成本			30	45	45
固定资产投资	50				
流动资金投资		20			
营业税			2.5	4	4
流动资金利息			1.6	1.6	1.6
净现金流量	−50	−20	21.9	35.4	43.4

9. 在第 8 题中,若固定资产投资 50 万元中企业资本金为 30 万元,贷款为 20 万元,贷款期限 2 年,利率 10%,流动资金全为贷款,利率 8%。固定资金贷款归还方法为:到期一次还本付息;流动资金贷款每年付息,项目寿命期末还本。其余数据同题 8。据此,列出项目资本金现金流量表见表 5-17。请判断其正确性,若有错误,请予改正,对必要的数据允许作出合乎情理的假设。

资本金现金流量表(单位:万元)　　　　　　　　表 5-17

年度	0	1	2	3~7	8
现金流入					
销售收入			50	80	80
固定资产回收					8
现金流出					
经营成本			30	45	45
固定资产投资	50				
流动资金投资		20			
营业税			2.5	4	4
固定资产投资借款本息			24.2		
流动资金还本					20
流动资金利息			1.6	1.6	1.6
净现金流量					

10. 某建设项目的基本情况如下:项目建设期为 1 年,经营期为 5 年。固定资产投资总

额为6000万元,其中银行贷款4000万元,经营期末残值按1800万元回收。第二年初正式投产并达到设计生产能力,流动资金为1000万元,经营期末一次回收流动资金。经营期年经营成本为13600万元,年营业收入为19000万元,年销售税金及附加按1340万元计取,年所得税514万元。$i_c=10\%$。

(1)请编制项目投资现金流量表,并计算累计现值。
(2)请计算该项目的动态投资回收期(已知$T_b=4$年)。
(3)求项目的财务净现值($FNPV$),并判断项目是否可行。

11. 建设项目财务评价是建设项目可行性研究和经济评价的关键内容,其科学性、合理性和深入程度也是投资决策阶段进行项目管理的主要内容。然而在实践中,由于编制财务评价报告的目的不同,委托人及编制人对财务评价缺乏应有的认识和重视,使得财务评价主观意识较强,受委托人和编制人员影响较大,因此,委托人或审核人对建设项目财务评价报告进行有效的审查就显得非常重要。

根据上述材料回答:
(1)建设项目财务评价的主要工作内容包括哪些?
(2)如果你是某生产型建设项目的投资决策者,为了作出客观判断,你将从哪些方面对该项目的可行性研究及经济评价报告进行有效的审查?

12. 某国道主干线在A省内的一段全长146.78km,采用全封闭全立交、全部控制出入的平原微丘区高速公路标准,在路段的起讫点及互通立交处设收费站。路基宽26m,最大纵坡3%,一般最小曲线半径1000m。该工程建设期确定为2009—2012年,工期4年。建设后的预测年限按20年计。本项目评价期内的总投资费用,包括公路建设费用为32.65亿元,各年度按均衡支出考虑。公路年养护费用为11.97万元/km,本项目投入使用后的第12年安排大修,其大修费用为149.23万元/km,公路运营后要缴纳的税金包括:营业税、教育附加费、城市建设维护税及收入所得税。按有关规定,营业税的税率按3%计,教育附加费按营业税的3%计,城市建设维护税按营业税的7%计,收入所得税的税率为25%,根据预测的交通量和分车型的动态收费标准,可计算出各年的收费收入,见表5-18。本项目拟利用亚洲开发银行贷款14.11亿元人民币,年利率为6.89%;利用国家开发银行贷款2亿元人民币,年利率为15.3%,其余由国家和地方政府拨款解决。总投资为36.74亿元人民币,经计算,综合贷款利率为3.5%(取其为基准折现率)。

要求:
(1)计算各年净现金流量并计算本项目的财务内部收益率、财务净现值、财务效益费用比、财务投资回收期等指标。
(2)综合此项目的估算费用、收费交通量、贷款利率可能发生变化的不同因素,分别就估算费用上升20%、收费交通量下降20%、贷款利率上升20%三种情况作财务敏感性分析。
(3)假设贷款偿还的原则是收费收入扣除各种费后的余额1/3还国内贷款,2/3还国外贷款。要求国内贷款在公路投资使用后的第5年还清,国外贷款在投入使用后的第8年还清。试分析其贷款偿还能力。
(4)综合上述三问,对该项目给出评价结论。

表 5-18 收费收入计算表

年份	小型车 收费交通量	小型车 收费标准	小型车 金额（万元）	中型车 收费交通量	中型车 收费标准	中型车 金额（万元）	大型车 收费交通量	大型车 收费标准	大型车 金额（万元）	特大型车 收费交通量	特大型车 收费标准	特大型车 金额（万元）	合计（万元）
2013	9877	0.3	15081	3292	0.5	8377	1496	0.6	4568	299	0.9	1370	29396
2014	108781	0.3	16461	3594	0.5	9146	1634	0.6	4990	327	0.9	1498	32095
2015	11769	0.3	17970	3923	0.5	9983	1783	0.6	5445	357	0.9	1635	35033
2016	12936	0.3	19752	4312	0.5	10973	1960	0.6	5985	392	0.9	1796	38506
2017	14218	0.3	21709	4739	0.5	12060	2154	0.6	6578	431	0.9	1974	42321
2018	15627	0.4	31841	5209	0.5	17233	2368	0.75	9039	474	1.10	2654	60740
2019	17177	0.4	34970	5726	0.65	18943	2603	0.75	9936	521	1.10	2917	66766
2020	18880	0.4	38437	6293	0.65	20819	2861	0.75	10921	572	1.10	3202	73379
2021	20234	0.4	41193	6745	0.65	22314	3066	0.75	11704	613	1.10	3432	78643
2022	21684	0.4	44145	7228	0.65	23912	3285	0.75	12539	657	1.10	3678	84274
2023	23239	0.5	59139	7746	0.8	31539	3521	0.9	16128	704	1.30	4658	111464
2024	24905	0.5	63378	8302	0.8	33803	3774	0.9	17287	755	1.30	4995	119463
2025	26690	0.5	67927	8897	0.8	36226	4044	0.9	18524	809	1.30	5353	128024
2026	28604	0.5	72791	9535	0.8	38823	4334	0.9	19852	867	1.30	5736	137202
2027	30655	0.5	78011	10218	0.8	41604	4645	0.9	21277	929	1.30	6147	147039
2028	32852	0.6	100322	10951	0.95	52949	4978	1.05	26603	996	1.50	7604	187478
2029	35208	0.6	107517	11736	0.95	56745	5335	1.05	28511	1067	1.50	8146	200919
2030	37733	0.6	115227	12578	0.95	60816	5717	1.05	30552	1143	1.50	8726	215321
2031	39755	0.6	121402	13252	0.95	64075	6024	1.05	32193	1205	1.50	9199	226869
2032	41886	0.6	127910	13962	0.95	67508	6346	1.05	33914	1269	1.50	9688	239020

第六章　运输基础设施项目的经济分析

财务评价是从项目角度考察项目的盈利能力和偿债能力。在市场经济条件下,大部分项目财务评价结论可以满足投资决策要求,但有些项目还应进行国民经济评价,从国民经济角度决定项目的取舍。运输基础设施项目,如铁路、公路等项目,往往具有较大的外部性或者市场价格不能反映真实资源稀缺程度的特点,仅进行财务评价往往不能真实地反映资源消耗和收益,或者从财务上看是不可行,但从整个国民经济看是必要的,因此必须从全社会角度出发评价该类项目到底是否可行。

国民经济评价的研究内容主要是:

(1)识别国民经济效益与费用,分辨哪些是直接费用与直接效益,哪些是间接费用与间接效益。

(2)计算和选取影子价格;编制国民经济评价报表。

(3)计算国民经济评价指标;进行方案比选。

第一节　运输基础设施项目的公共性和外部性

运输基础设施项目由于其特殊的地位与特别的作用,使其有不同于其他投资类项目的特性,主要体现在其公共性和外部性上。

一、运输基础设施项目的公共性

所谓公共性主要指项目建成以后所面向的使用者的范围,如果是面向全社会,无论其是否是投资方,也不论其是否是建设方,只要有相应的使用意愿,都可以从该项目中获得使用效益,这样的投资项目就具有公共性。很显然运输基础设施项目如铁路、港口、码头和公路等,建成以后是面向全社会开放的,全社会的运输方式都可以使用相应的基础设施,所以运输基础设施项目有其公共性。

二、运输基础设施项目的外部性

外部性也称外部效应,是指当生产和消费无意中给其他人带来附加的成本或收益时,外部性就发生了,即成本或收益施加予其他人,但施加者并没有为此付出代价或因此得到报酬。更确切地说,外部性是一个经济主体的行为对另一个经济主体的福利所产生的效应,但是这种效应并没有从货币或市场交易中反映出来。

在讨论外部性时,社会效益和外部效益经常被混淆。社会效益通常是由经济学家用来描述某些活动产生的高于生产成本的那部分效益,或称福利。这种福利可以由消费者受益,也可以以利润的形式由生产者受益。有些社会效益是存在于市场体系内部的,即是内部性的;而另一些则存在于市场体系之外,即是外部性的。而外部性不仅指外部效益,外部成本也可能随之产生。

外部性产生的原因可以分为直接原因和深层原因。外部性产生的直接原因是私人成本与社会成本的背离。任何经济活动都不仅会给活动者本人带来影响,也会给社会带来影响。经济活动使活动者本人必须承担的损失称为私人成本,经济活动使社会必须承担的损失称为社会成本。当私人成本与社会成本出现背离时,活动者本人就承担了别人应当承担的损失或让别人承担了自己应当承担的损失。

交通运输的外部性可以分为3个不同的层次:第一层次是运输系统与资源、环境系统的作用而产生的外部性;第二层次是运输系统内各部分或各种运输方式之间相互作用产生的外部性;第三层次是运输部门与政府以及用户之间相互作用产生的外部性。按照来源的不同,交通运输的外部性又可以分为:与实际的运输活动相关的外部影响,包括空气污染、气候变化、水和土壤污染、噪声、振动、交通事故和交通拥挤等;与车辆相关的外部性,包括车辆生产和处置导致的污染、车辆停放的土地占用以及停车区的拥挤等;与运输基础设施密切相关的外部性,包括视觉干扰、对社区的隔离障碍效应、对生态系统的分离效应等。其中第一类外部性按照其影响的范围不同,可以分为地方性(如噪声)、区域性(如空气污染)和全球性(如气候变化)的外部影响。

第二节 运输基础设施项目的费用效益识别

建设项目费用与效益的划分,是相对于项目的目标而言的。由于国民经济分析是从整个国民经济增长的目标出发,以项目对国民经济的净贡献大小来考察项目,因此,费用和效益的识别原则是:凡项目对国民经济所作的贡献,均计为项目的效益;凡国民经济为项目付出的代价,均计为项目的费用。项目的费用应与效益的计算范围相对应。

项目的费用和效益可分为项目的直接费用与直接效益及项目的间接费用与间接效益。

一、直接费用与直接效益

1. 直接费用

项目的直接费用主要指国家为满足项目投入(包括固定资产投资、流动资金投入及经常性投入等)的需要而付出的代价。用影子价格计算的这些投入物的经济价值即为项目的直接费用。

项目直接费用的确定分两种情况:如果要通过增加国内生产来满足拟建项目投入物的需求,其费用就是增加国内生产所消耗的资源价值;如果国内总供应量不变,则需要:①增加进口来满足投入物的需求,其所花费的外汇就是费用;②用减少出口量来满足项目投入物的需求,其费用就是减少的外汇收入;③用挤占其他项目所用的资源来满足项目投入物的需求,其费用为其他项目因此而减少的效益,也就是该项投入物的机会成本。

2. 直接效益

直接效益是由项目本身产生的,用影子价格计算的产出物的经济价值。

项目直接效益的确定也分两种情况:如果拟建项目的产出物用以增加国内市场的供应量,其效益等于所增加的消费者支付意愿。如果国内市场的供应量不变,则:①项目的产出物增加了出口量,其效益为所获得的外汇;②项目的产出物减少了总进口量,即替代了进口货物,其效益为节约的外汇;③项目的产出物顶替了原有项目的生产,致使其减产或停产的,其效益为原有项目减产或停产向社会所释放出来的资源价值,即社会对这些资源的支付意愿。

二、间接费用与间接效益

费用和效益不仅直接体现在项目的直接投入物和产出物中,还会在国民经济相邻部门及社会中反映出来。这些在相邻部门及社会中反映出来的费用和效益就是项目的间接费用(外部费用)和间接效益(外部效益),也可统称为外部效果。

外部费用是指国民经济为项目付出了代价,而项目本身并不实际支付的费用;外部效益是指项目对社会作出了贡献,而项目本身并未得益的那部分效益。在国民经济分析中,只有同时符合以下两个条件时其费用和效益才能称作外部费用和外部效益:

(1)项目将对与其并无直接关联的其他项目或消费者产生影响(产生费用或效益);

(2)这种费用或效益在财务报表(如财务现金流量表)中并没有得到反映。

上面的条件(1)称作相关条件,条件(2)称作不计价条件。

外部费用和外部效益通常较难计量。为了减少计量上的困难,首先应明确项目的"边界",一般情况下可扩大项目的"定义范围",特别是一些相互关联的项目可合在一起作为"联合体"进行分析,这样可使外部费用和外部效益转化为直接费用和直接效益。此外,通过影子价格计算费用和效益,在很大程度上可使"外部效果"能在项目内部得以体现。通过扩大项目定义范围和调整价格两种方式,实际上可将项目的很多外部效果内部化。

作为间接费用和间接效益的外部效果主要有5类。

1. 由于"价格失真"造成的外部效果

所谓"价格失真",是指价格不能确切地反映工程项目单位产出的社会效益和费用。例如,某汽车发动机厂准备进行一项技术改造项目,研制一种节能发动机,这种发动机将使使用户节省数量可观的能源——汽油,但发动机厂要为此付出研究费、试制费、工装设备费、制造成本费增加等代价。如果研制的这种发动机在使用期间节省的能源费用除足以补偿研制增加的费用外尚有盈余,显然这个项目于社会是有利的,应当实施。但是,可能由于价格上的原因,这种发动机的售价增加甚微,其发动机研制的效益没有全部反映到项目的收益上,因而使发动机的使用者产生了一个正的外部效果——发动机的使用者受益。

对于这部分外部效果,可以通过调整价格使其得到还原;若采用"影子价格",由"价格失真"造成的大部分这类外部效果可以消失。

2. 由于价格"合理升降"造成的外部效果

在市场经济条件下,价格的合理升降是客观存在的。这种价格的合理升降,相对于建设项目来讲,会造成一种外部效果;相对于整个社会来讲,这只是社会内部经济单位间利益的转移。例如,修建某公路大桥,改善了交通条件,不但会使公路运输部门受益,而且会使沿线的居民、企业(公司)等从中得到益处。如图6-1所示,曲线DD'是需求与价格关系曲线。由于价值规律的作用,需求随价格的下降而增加。

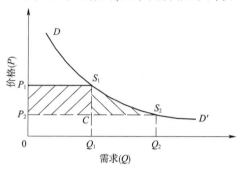

图6-1 需求—价格关系曲线图

设 Q_1 是建桥前的需求——运输量,此时的运价为 P_1,对于整个社会,其收益为 $Q_1 \times P_1$,即面积 $OP_1S_1Q_1$。现若修建了该座桥,使运输量增加 (Q_2-Q_1),由于里程的缩短,交通条件的改善,价格由 P_1 降至 P_2,这种变化产生了下述几方面的经济效应:

(1)新建项目运量增加的收益,即面积 $CQ_1Q_2S_2$;

(2)新增运量托运单位得益,即面积 S_1CS_2;

(3)原有运量承运单位损失,即面积 $P_1P_2CS_1$;

(4)原有运量托运单位得益,即面积 $P_1P_2CS_1$。

从整个社会角度看,该工程项目使社会净得的收益由面积 S_1CS_2、面积 $CQ_1Q_2S_2$ 两部分组成,如果我们按式(6-1),即:

$$N = \frac{P_1+P_2}{2} \cdot (Q_2-Q_1) \quad (6-1)$$

来计算新建项目的效益,那么它基本上反映了这个项目的社会效益,面积 $P_1P_2S_2S_1$ 就是外部效果。用式(6-1)来计算项目效益,实际上已包含了这种外部效果。由于面积 S_1CS_2 一般都较小,可忽略不计,于是式(6-1)可近似的表示为:

$$N = P_2(Q_2-Q_1) \quad (6-2)$$

由此可见,如果只按新增产出计算工程项目效益,因价格变动而造成的外部效果已考虑在内,不应重复计算。实质上,这种外部效果只是在社会内部经济单位之间的一种转移,并没有构成整个社会效益的绝对量增加。但是,如果该拟建项目的产出导致出口量增加而使原出口产品价格下降,则减少了创汇的效益,该种外部效果应视为该项目的费用。

3.技术性外部效果

技术性外部效果是指某个项目的实施,由于技术扩散作用而对外部产生的间接效益或费用。这种效果确实存在,但却没有包括在工程项目的收入或支出中。例如建设技术先进的项目,由于技术培训、人才流动、技术推广和扩散、参观、技术交流等活动,推动了技术的进步,使整个社会从技术进步中受益。这种效果由于计量上的困难,一般只能作定性分析。

4.相邻部门效果

相邻部门效果是指由于某一个工程项目实施后,可使其前继或后续部门的资源或生产能力得到充分地利用而产生的外部效果。对这一类外部效果,只有同时具备下列条件才予以考虑:

(1)这些相邻部门的生产能力或资源确实是闲置的。

(2)这些闲置的生产能力或资源利用之后,不会影响本部门或其他部门的产出。

(3)除了建设该项目之外,并无其他途径来利用上述闲置生产能力和资源。

对这一部分外部效果不应估计过大,由于同时具备上述条件的项目是不多的,因此对这类外部效果不应过分强调。

5. 无形效果

无形效果也是外部效果的一种。所谓无形效果,是指由项目造成的,难以用货币来计量的那些社会效益和费用。例如,公路的修建对工、农业生产发展的促进作用;对经济增长、人们物质文化生活提高的影响等;交通流量的增加,给环境生态带来的空气污染、噪声增加等,均属无形效果。无形效果可分为如下两类:

(1)不能或难以用货币度量的效益或费用。例如在考虑交通工程、水利工程、抗震工程时,人身安全是这些工程外部效果的一个重要方面,不可避免地要涉及人的生命的价值问题。由于无法去计算一条生命值多少钱,但在项目的实际决策时,却需要在生命的安全与投资之间作某种权衡。显然,我们不能把所有的投资都花在提高安全程度上。

(2)其效应本身就难以度量,当然就更难以用货币来进行度量,如城市犯罪率、安全与国防、噪声、空气污染等。这些因素在市场上不会有售,当然也就没有市场价格,本身难以度量,但又确实存在,并且是社会效果的一个重要方面。因此,对这一类效果,只能进行一些定性描述和研究,或者用一些实物性指标,如噪声指数、空气中的含硫量等来描述。必要时,也可对这些实物性指标用货币估价,当然,这是一件极其复杂和困难的事。

三、转移支付

根据对国民经济收益和费用的分析可知,某些财务支出和收益项,其发生并不伴随资源的增减,造成国内资源的实际增加或耗费,致使国民收入发生变化,而只反映了资源支配权在社会实体之间的转移,这种收支款项就称为转移支付。转移支付只导致资源在社会内部发生转移,既不额外消耗社会资源,也不为社会增添资源,因此不构成项目国民经济评价中的收益或费用项。常见的转移支付有税金、补贴、利息、折旧等。

1. 税金

项目为获得某种投入物或销售产品和提供劳务需要向国家交纳税金,税金是一种财务上的"转移性"支出,并未减少国民收入或产生社会资源数量的变动,只不过将项目的这笔货币收入转移到政府手中。因此,虽然税金交纳减少了项目财务收益,但不能把任何种类的税金作为项目国民经济评价中的收益或费用项,而应从成本中剔除。

2. 补贴

补贴是一种货币流动方向与税金相反的转移支付。国家为鼓励和扶植某些投资项目所给予的价格补贴,是国家转移给项目的收益,并未造成国内资源的变化。因此在国民经济评价中,这部分补贴不应计入项目收益或费用。

3. 利息

项目在国内贷款所需支付的利息,也是由企业转移给国家或金融机构的一种转移性支出。因此,利息也不应计入国民经济收益或费用。国外借款利息不属国内转移支付,应分不同情况进行处理。在项目全投资国民经济评价中,国外贷款及其还本付息,既不作为收益也不作为费用。在项目国内投资的国民经济评价中,国外贷款利息,应作为国民经济代价,列为项目费用。

4. 折旧

折旧是财务意义上的生产成本要素。在项目的经济评价中,已把投资的资源投入作为费用,与折旧对应的固定资产原值已全部包括在投资的经济费用中,而且项目的国民经济评价并不涉及固定资产的转移和补偿问题,因此折旧不再构成项目国民经济收益或费用,应予剔除。

此外,在项目国民经济评价收益和费用的划分和计算中,对转移支付的处理,还要涉及工资、土地费用,自然资源费用等,需要逐一研究和分析,准确确定。

四、运输基础设施项目的效益和费用

运输基础设施项目的费用主要表现为线路(包括构造物)、枢纽(包括站、场)、运输工具以及相关配套的固定资产投资、流动资金投入、维修养护费、运营费等。

运输基础设施项目的效益主要表现为所涉及的运输系统在客货运输过程中发生的各种运输费用的节约、运输时间的节约、通行拥挤程度的缓解、运输质量的提高、包装费用的节约、设施设备维修养护费用的减少、交通事故损失的减少等的效益。

运输基础设施项目的效益有其特殊性,通常采用"有""无"对比方法计算其国民经济的效益,具体的计算内容和方法如下。

1. 运输费用节约效益 B_1

运输费用节约效益按正常运输量、转移运输量、诱发运输量3种运输量运费节约之和计算。

正常运输量指无此项目时在现有运输系统上也会发生的运输量(包括正常增长的运输量);转移运输量是指项目实施后从本运输方式的其他线路或其他运输方式转移过来的运输量;诱发运输量是指项目实现的,没有该项目便不会发生的运输量。

1) 按正常运输量计算

按正常运输量计算运输费用节约效益 B_{11} 的公式为:

$$B_{11} = (C_w L_w - C_y L_y) \cdot Q_n \tag{6-3}$$

式中:B_{11}——按正常运输量计算的运费节约效益,万元/年;

C_w、C_y——无项目和有项目时的单位运输费用,[元/(t·km)]或[元/(人·km)];

L_w、L_y——无项目和有项目时的运输距离,km;

Q_n——正常运输量,(万t/年)或(万人次/年)。

2) 按转移运输量计算

按转移运输量计算的公式为:

$$B_{12} = (C_z L_z - C_y L_y) \cdot Q_z \tag{6-4}$$

式中:B_{12}——转移运输量的运费节约效益,万元/年;

C_z——原相关线路的单位运输费用,[元/(t·km)]或[元/(人·km)];

L_z——原相关线路的运输距离,km;

Q_z——转移过来的运输量,(万t/年)或(万人次/年)。

3）按诱发运输量计算

按诱发运输量计算的公式为：

$$B_{13} = \frac{1}{2}(C_m L_m - C_y L_y) \cdot Q_g \qquad (6-5)$$

式中：B_{13}——诱发运输量运费节约效益，万元/年；

C_m、L_m——无项目时，各种可行的方式中最小的单位运输费用及相应的运输距离，C_m的单位为[元/(t·km)]或[元/(人·km)]，L_m的单位为km；

Q_g——诱发运输量，(万t/年)或(万人次/年)。

2. 运输时间节约效益 B_2

1）旅客时间节约效益

旅客时间节约效益分别按正常客运量和转移客运量中的生产人员数计算时，考虑节约的时间只有一半用于生产目的。

（1）按正常客运量计算。

$$B_{211} = \frac{1}{2} b T_n Q_{np} \qquad (6-6)$$

式中：B_{211}——按正常客运量计算的旅客时间节约效益，万元/年；

b——旅客的单位时间价值(按人均国民收入计算)，元/h；

T_n——节约的时间，h/人，$T_n = T_w - T_y$，T_w、T_y 分别为无项目和有项目时的旅行时间；

Q_{np}——正常客运量中的生产人员数，万人次/年。

（2）按转移客运量计算。

$$B_{212} = \frac{1}{2} b T_Z Q_{zp} \qquad (6-7)$$

式中：B_{212}——按转移客运量计算的旅客时间节约效益，万元/年；

T_Z——节约的时间，h/人，$T_Z = T_0 - T_y$，T_0 为其他线路时的旅行时间；

Q_{zp}——转移客运量中的生产人员数，万人次/年。

2）运输工具的时间节约效益

运输工具的时间节约效益是指运输工具在站、场中因减少停留时间而产生的效益，计算公式为：

$$B_{22} = q C_{sf} T_{sf} \qquad (6-8)$$

式中：B_{22}——运输工具的时间节约效益，万元/年；

q——运输工具数量，万车；

C_{sf}——运输工具每天维持费用，元/天；

T_{sf}——运输工具全年缩短停留时间，天。

3）缩短货物在途时间效益

$$B_{23} = \frac{PQT_s i_s}{365 \times 24} \qquad (6-9)$$

式中：B_{23}——缩短货物在途时间效益，万元/年；

P——货物的影子价格，元/t；

Q——运输量，万t/年；

T_s——缩短的运输时间,h;

i_s——社会折现率。

计算该项效益时,应从运输量中扣除那些不因在途时间长短而影响正常储备的货物,如粮食等。

3. 减少拥挤的效益 B_3

减少拥挤的效益是指有项目时原有相关线路和设施拥挤程度缓解而产生的效益,计算公式为:

$$B_3 = (C_z - C_{zy}) \cdot L_z \cdot (Q_{zn} - Q_z) \tag{6-10}$$

式中:B_3——减少拥挤的效益,万元/年;

C_z——无项目时原相关线路的单位运输费用,元/(t·km);

C_{zy}——有项目时原相关线路及设施的单位运输费用,元/(t·km);

L_z——原相关线路的运输距离,km;

Q_{zn}——有项目时原相关线路的正常运输量;

Q_z——无项目时原相关线路的运输量。

4. 提高交通安全的效益 B_4

提高交通安全的效益计算公式为:

$$B_4 = P_{sh} \cdot (J_w - J_y) \cdot M \tag{6-11}$$

式中:B_4——提高交通安全的效益,万元;

P_{sh}——交通事故平均损失费,元/次;

J_w、J_y——分别为无项目和有项目时的事故率,次/(万车·km);

M——交通量,(万车·km)或(万t·km)。

交通事故损失费可以参照现行事故赔偿及处理情况来确定。无项目和有项目时的事故可以参照统计资料及预测数据确定。但无项目时的事故不应套用统计数字,而应考虑未来交通量条件下无项目时的事故增长因素。

5. 提高运输质量的效益 B_5

提高运输质量的效益是指由于基础设施改善、运输质量提高而减少货损的效益,计算公式为:

$$B_5 = aPQ \tag{6-12}$$

式中:B_5——提高运输质量的效益,万元/年;

a——货损降低率,即无项目和有项目时的货物损耗率之差;

P——货物的影子价格,元/t;

Q——运输量,万t/年。

6. 包装费用节约效益 B_6

包装费用节约效益是指由于运输条件改善,可以实行散装运输、成组运输或集装箱运输,或提供其他方便条件,从而避免或减少包装费用的效益,计算公式为:

$$B_6 = V_P \cdot Q_C \tag{6-13}$$

式中:B_6——包装费用节约效益,万元/年;

V_P——每吨袋装货或件装货包装物的价格,元/t;

Q_C——有项目时,货运量中袋装货或件装货改为散装运输或集装箱运输的货物数量,万t/年。

除上述各项效益外,公路项目的实施还将提高人民的生活福利、改善经济和自然环境、创造新的就业机会和促进沿线地区的经济发展等。对于这些难以量化的效益,应作定性描述。

【例6-1】 道路部门考虑一条原长为26km的普通公路的改建计划,有两个方案:

方案A:保持原有线路不变,只是对路基局部加固并重铺路面,一次投资为2200万元,以保持现有的路况状态。

方案B:按直线取直,线路缩短为20km,并提高等级,安装隔离栅,需一次投资17500万元。

若按方案B改建,该路段平均车速可从40km/h提高到50km/h,交通事故可从100次/年降低到45次/年。据统计资料,每次交通事故的平均费用为8400元。

这段公路每天平均双向交通量为5500辆,其中小型客车为1500辆,大型客车为500辆,货运车辆3500辆。这些车辆的每公里行驶费用分别为0.4元、0.6元和0.3元,车辆(包括车辆本身和车上的乘客、驾驶员以及货物)时间节省每小时的价值分别为20元、75元和10元。

以30年为计算期,计算期内的路面翻修、日常保养费、期末余值以及交通量增长等在方案比较时可略去,社会折现率为8%,试比较方案A和方案B。

解:该道路改建方案效益主要体现在道路使用者(乘客、车主和货主)的费用(包括时间等)的节省上,也就是消费者剩余的增加;费用是道路部门改建费用的支出。可以把方案A视作"无"方案,方案B为"有"方案,计算增量的效益和费用。假定行驶费用只与路程长度有关,单位距离行驶费用节省忽略不计。

使用者效益增量包括如下3项。

(1)行驶费用节省:

$$(1500 \times 0.4 + 500 \times 0.6 + 3500 \times 0.3) \times (26 - 20) \times 365 = 427(万元)$$

(2)时间节省价值:

$$(1500 \times 20 + 500 \times 75 + 3500 \times 10) \times (26/40 - 20/50) \times 365 = 935(万元)$$

(3)减少交通事故价值: $8400 \times (100 - 45) = 46(万元)$

(4)使用者年效益总计: $427 + 935 + 46 = 1409(万元)$

供应者(道路投资建设部门)效益增量包括如下3项。

(1)期初投资增量: $17500 - 2200 = 15300(万元)$(负值)

(2)增量净现值: $NPV_{B-A} = -15300 + 1409 \times (P/A, 8\%, 30)$

$$= -15300 + 1409 \times 11.2578 = 562(万元) > 0$$

(3)增量内部收益率: $IRR_{B-A} = 8.38\% > 8\%$

以上计算说明,从资源配置效率角度,改建方案B要好于方案A。

对于收费的道路项目,通常收费低于消费者的支付意愿,项目的收益不足以衡量项目产出的效益。因此,项目产出的净效益(NB)包括消费者剩余和生产者剩余。

例如,对于新建和改建的铁路项目,消费者(使用者)指的是旅客和货主,生产者(供应商)指的是铁路(包括线路和车辆)和相关的交通投资运营主体。

因项目建设而受影响的网络内任一起讫(OD)区间通道内的使用者和供应者效益分两

部分：

(1) 使用者效益 $= \sum\limits_{\text{各种运输方式}} \frac{1}{2} \times$ (无项目的运量 + 有项目的运量) $\times$
(无项目通道的广义费用 – 有项目通道的广义费用)

(2) 供应者效益则可以在投资者净现金流量的基础上调整，再加该 OD 通道上竞争性运输方式的供给者的有无对比下的生产者剩余的增加（减少为负）。

由以上两个基本公式，计算项目影响到的各 OD 区间，叠加后就是项目的经常性效益，这些经常性效益与投资增量费用比较，就可以得出评价或比选的指标。

使用者效益中"广义费用"的概念有两层含义：

(1) 广义费用中包括了支付的票价。票价对使用者来说是实际支出，而对供应者来说是收入。从社会角度，似乎可以看作是转移支付，既不计为效益，也不计为费用，只计算双方费用的节省。但是在多数情况下，这样计算是不严密的。此外，票价还直接影响使用者对交通运输服务的需求。

(2) 除拟议的项目以外，还要考虑整个通道的效益和费用的变化，这是因为同一通道上的不同交通方式有替代作用。

第三节　运输基础设施项目的经济评价方法

运输基础设施项目的经济评价包括评价中价格与参数的确定、评价报表的编制、评价效果指标的计算等内容。

一、影子价格

1. 影子价格的概念

价格是商品价值的货币表现。用价格去计量投资项目的费用和效益，是定量评价项目效果的重要前提。费用和效益的计量正确与否，必然取决于价格的正确与否。

财务分析的目标是追求货币利润最大化，这决定了财务分析的费用和效益都是采用交易价格，即市场价格来计量的，而不管这种价格是怎样形成和制定的。

如果项目的投入和产出的市场价格能够真实反映对国民经济的实际价值，则经济分析也应采用市场价格去计量经济费用和效益。然而，我国现实经济生活中，由于经济机制、社会与经济环境、经济政策、历史因素等原因，各种产品和服务的市场价格往往不能正确反映经济价值。在这种情况下，必须调整市场价格，以使其能反映产品和服务的价值。这种用于经济分析的调整价格就是影子价格。影子价格又称计算价格或经济价格。

影子价格定义为商品或生产要素可用量的任何边际变化对国民收入增长的贡献值。这就是说影子价格由国家的经济增长目标和资源可用量的边际变化赖以产生的经济环境所决定。

这里定义的影子价格又称为效率影子价格。因为各时期国民收入的增长取决于资源的利用效率，把影子价格用于项目的经济分析，目的就在于充分有效地利用资源促进经济增长。

2. 影子价格的确定

进行国民经济评价时，项目的主要投入物和产出物价格，原则上都应采用影子价格。为了简化计算,在不影响评价结论的前提下,可只对其价值在效益或费用中占比例较大,或者国内价格明显不合理的产出物或投入物使用影子价格。

1)市场机制定价货物的影子价格

随着我国市场经济发展和贸易范围的扩大,大部分货物由市场定价,受供求影响,其价格可以近似反映其真实价值,进行国民经济评价可将这些货物的市场价格加减国内运杂费等作为影子价格。

外贸货物是指其使用或生产将直接或间接影响国家进出口的货物。外贸货物影子价格的确定,以口岸价(包括到岸价和离岸价)为基础,乘以影子汇率,再加上或减去国内运杂费和贸易费用。

投入物影子价格(项目投入物的到厂价格) = 到岸价(CIF) × 影子汇率 + 进口费用

(6-14)

产出物影子价格(项目产出物的出厂价格) = 离岸价(FOB) × 影子汇率 – 出口费用

(6-15)

进口费用或出口费用是指货物进出口环节在国内所发生的所有相关费用,包括运输费用、储运、装卸、运输保险等各种费用支出及物流环节的各种损失、损耗等。

【例6-2】 某有色金属联合项目生产主要供出口的有色金属原料,每吨的离岸价(FOB)稳定在850美元。这种原料在国内市场价格较低,波动也大,最高的也只有每吨5400元人民币。以前也没有出口渠道,因此投资者的盈利能力不佳。我国加入世界贸易组织(WTO)后,出口渠道大为畅通,为了考察该项目对国民经济的贡献,有必要以出口影子价格确定该项目产出的效益。设项目至口岸的运输费为每吨200元人民币,离岸前的其他物流费用按6%估算。汇率为1美元 = 6.44元人民币。

解:产出品出口影子价格 = 离岸价(FOB) × 汇率 × (1 – 6%) – 项目至口岸的运输费,即产出品出口影子价格 = 850 × 6.44 × 0.94 – 200 = 4945.56(元)

2)国家调控价格货物的影子价格

在目前我国价格管理体制条件下,有些货物(或服务)不完全由市场机制形成价格,还受国家宏观调控的约束,例如指导价、最高限价、最低限价等。调控价格不能完全反映货物的真实价值。在进行国民经济评价时,其影子价格应采取特殊方法确定。确定影子价格的原则是:投入物按机会成本分解定价,产出物按消费者支付意愿定价。

(1)电价。

作为项目投入物的影子价格,一般按完全成本分解定价,电力过剩时按可变成本分解定价;作为项目产出物的影子价格,可按电力对当地经济的边际效益定价。

(2)铁路运价。

作为项目投入物的影子价格,一般按完全成本分解定价,对能力有富余的路段,按可变成本分解定价;铁路项目的国民经济效益按"有""无"对比法计算运输费用节约等效益。

(3)水价。

作为项目投入物的影子价格,按后备水源的边际成本分解定价,或按恢复水功能的成本计算;作为项目产出物的影子价格,按消费者支付意愿(一般消费者承受能力加政府补贴)计算。

3) 特殊投入物影子价格

项目的特殊投入物是指项目在建设、生产运营中使用的劳动力、土地和自然资源等物品。项目使用这些特殊投入物所产生的国民经济费用,应分别采用下列方法确定其影子价格。

(1) 劳动力费用。

劳动力作为一种资源被项目使用时,国民经济评价采用"影子工资"计算其费用。影子工资是国民经济为项目使用劳动力所付出的真实代价,由劳动力机会成本和由于劳动力的转移而引起的新增资源耗费两部分构成。劳动力机会成本是指项目的劳动力如果不用于拟建项目而用于其他生产运营活动所创造的最大效益。它与劳动力的技术熟练程度和过剩与稀缺程度有关,技术熟练和稀缺程度越高,其机会成本越高,反之越低。新增资源耗费是指项目使用劳动力引起劳动者就业或迁移而增加的社会资源消耗,如城市管理费用、城市交通等基础设施投资费用和搬迁费用等。影子工资可通过影子工资换算系数计算,其换算系数技术性工程取 1.0;非技术性工程取 0.25~0.8。按社会机会成本原则,在就业压力大时,多数普通劳动力的影子工资可视为零。

【例 6-3】 邮政部门拟引进信函自动分拣设备,每台设备购置费 50 万美元,其效率可顶替 15 个用人工分拣的工人。一名工人就业对邮政企业来说的每年开支约 3 万元人民币。假定贷款的利率为 6%,设备可一直用下去,维护修理费用忽略不计。试从不同的角度考虑方案的选择情况。汇率为 1 美元 = 6.44 元人民币。

解:① 从邮政企业(投资者)盈利性角度考虑:

自动分拣方案的年度费用 = 50 × 6.44 × 6% = 19.32(万元)

人工分拣方案的年度费用 = 3 × 15 = 45(万元)

显然,企业倾向于自动分拣方案。

② 从国家或社会(经济)角度考虑:

自动分拣方案的年度费用 = 50 × 6.44 × 6% = 19.32(万元)

人工分拣的影子工资 ≈ 0

显然,从国家或社会角度倾向用人工分拣方案。

(2) 土地影子价格。

土地影子价格反映土地用于拟建项目而使社会为此放弃的国民经济效益,以及国民经济为此增加的资源消耗。

土地影子价格可以直接从机会成本和新增资源消耗两方面求得,也可在财务评价土地费用的基础上调整计算得出。项目实际征地财务费用包括 3 部分:一是机会成本性质的费用,如土地补偿费、青苗补偿费等,应按机会成本计算;二是新增资源消耗,如拆迁费用、剩余劳动力安置费用、养老保险费用,应按影子价格调整计算;三是转移支付,如粮食开发基金、耕地占用税等,则应予以剔除。

农用土地的影子价格是指项目占用农用土地使国家为此损失的收益,由土地机会成本和占用土地而引起的新增资源消耗两部分构成。其中,土地机会成本按照社会对这些生产用地未来可以提供的消费产品的支付意愿价格进行分析计算,土地影子价格中新增资源消耗按照土地征用造成原有地上附属物财产的损失及其他资源耗费来计算。土地平整等开发成本应计入工程建设成本中,在土地经济成本估算中不再重复计算。

城镇土地影子价格通常按市场交易价格计算,主要包括土地出让金、征地费、拆迁安置补偿费等。

(3)自然资源影子价格。

各种有限的自然资源也是一种特殊的投入物。一个项目使用了矿产资源、水资源、森林资源等,是对国家资源的占用和消耗。矿产等不可再生自然资源的影子价格按资源的机会成本计算,可再生自然资源影子价格按资源再生费用计算。

(4)社会折现率。

社会折现率即资金的影子价格,它是指国家或社会对资金时间价值的估值,体现了资金的机会成本和边际投资内部收益率。社会折现率取决于一定时期内国家能进行投资的资金总额。在该时期内,国家或社会的最后一部分资金,投入按收益水平高低排列的所有可能投资项目中的最后一项投资(边际投资)的报酬率,是该时期所有资金最低限度应该达到的资金报酬率,反映出了社会资金的机会成本,即为该时期的社会折现率。社会折现率是由国家作为国家通用参数制订的,在项目国民经济评价中,用作计算经济净现值的折现率和衡量经济内部收益率的基准值,是项目国民经济评价可行性和方案比选的主要判别标准和依据。社会折现率低,能够满足经济性要求的项目多,投资规模就大,对经济寿命长的项目就有利;社会折现率高,能够满足经济性要求的项目少,投资规模就小,对经济寿命较短的项目就有利。确定适当的社会折现率,有利于调节资金的供求平衡、正确引导投资、控制建设规模、合理分配建设资金。因此,社会折现率由国家统一制定,是国家调节控制投资活动的主要手段之一。

实际中,社会折现率的确定应考虑国家对资金的宏观调控意图、社会资金的供需状况、资金的边际收益率以及社会折现率对长短期项目的影响等多种因素,我国目前的社会折现率取值为8%。

(5)影子汇率。

影子汇率即外汇的影子价格,是指用本国货币表示的外汇的真实经济价值。一般发展中国家都存在着外汇短缺,政府制订的官方汇率往往将本国货币定值过高,低估外汇价值,不能正确反映本国货币与外国货币的比率。因此,在对项目进行国民经济评价时,需采用影子汇率计算外贸货物的收益与费用。应用影子汇率作为外汇计算标准,可以准确衡量项目所使用的外汇的真实代价,以及项目创汇为国民经济所作的真实贡献。

影子汇率是项目国民经济评价的重要通用参数。在经济分析中,影子汇率通过影子汇率换算系数计算。影子汇率换算系数是影子汇率与国家外汇牌价的比值,由国家统一测定和发布。根据我国外汇收支情况、进出口结构、进出口环节税费及出口退税补贴等情况,目前我国的影子汇率换算系数取值为1.08。对于美元以外的其他国家货币,应参照一定时期内该外币对美元的比价,先折算为美元,再用影子汇率换算为人民币。

二、经济评价效益费用数值调整

1.在财务评价的基础上再进行国民经济效果的评价

1)效益和费用范围的调整

(1)剔除已计入财务效益和费用中的转移支付:包括销售税金及附加、增值税,国内借款利息,国家或地方政府给予的补贴。

(2) 识别项目的间接效益和间接费用,对能定量计算的应进行定量计算;不能定量计算的,应作定性描述。

2) 效益和费用的数值调整

(1) 固定资产投资的调整。

① 剔除属于国民经济内部转移支付的引进设备、材料的关税和增值税,并用影子汇率、运输费用和贸易费用对引进设备价格进行调整;对于国内设备价格,则用影子价格、运输费用和贸易费用进行调整。

② 根据建筑工程消耗的人工、三材、其他大宗材料、电力等,用影子工资、货物和电力的影子价格调整建筑费用,或用建筑工程影子价格换算系数调整建筑费用。

③ 若安装工程中的材料费用占很大比例,或有进口的安装材料,也应按材料的影子价格调整安装费用。

④ 用占用土地的影子费用代替土地的实际费用。

⑤ 剔除价格增长预留费。

⑥ 调整其他费用。

(2) 流动资金的调整。

流动资金中的应收、应付款项及现金(含银行存款和库存现金)占用,只是财务会计账目上的资产或负债占用,并没有实际耗用经济资源(其中库存现金虽确是资金占用,但因数额很小,可忽略不计),进行国民经济评价时应从流动资金中剔除。如果财务评价流动资金是采用扩大指标法估算的,进行国民经济评价时仍应按扩大指标法,以调整后的销售收入、经营费用等乘以相应的流动资金指标系数进行估算;如果财务评价流动资金是采用分项详细估算法进行估算的,则应用影子价格重新分项估算。

(3) 经营费用的调整。

可以先用货物的影子价格、影子工资等参数调整费用要素,然后再加和求得经营费用。

(4) 营业收入的调整。

先确定项目产出物的影子价格,然后重新计算销售收入。对于没有市场价格的产出效果,以支付意愿或接受补偿意愿的,原则上应计算其影子价格。

(5) 在涉及外汇借款时,用影子汇率计算外汇借款本金与利息的偿还额。

(6) 对于可货币化的外部效果,应将货币化的外部效果计入经济效益费用流量。对于难以进行货币化的外部效果,应尽可能地采用其他量纲进行量化。难以量化的,要进行定性描述,以全面反映项目的产出效果。

2. 直接做国民经济效果评价时的调整

(1) 识别和计算项目的直接效果。对那些为国民经济提供产出物的项目,首先应根据产出物的性质确定是否属于外贸货物,再根据定价原则确定产出物的影子价格。按照项目的产出物种类、数量及其逐年的增减情况和产出物的影子价格计算项目的直接效益。对那些为国民经济提供服务的项目,应根据提供服务的数量和用户的受益情况计算项目的直接效益(国民经济内部的转移支付不计)。

(2) 用货物的影子价格、土地的影子费用、影子工资、影子汇率、社会折现率等参数直接进行项目的投资估算。

(3)对流动资金进行估算。

(4)根据生产经营的实物消耗,用货物的影子价格、影子工资、影子汇率等参数计算经营费用。

(5)识别项目的间接效益和间接费用,对能定量计算的要进行定量计算;对难以定量计算的,应作定性描述。

三、经济评价基本报表的编制

项目投资经济效益费用流量表是站在项目全部投资的角度,或者说是在假定项目全部投资均为国内投资条件下的项目国民经济效益费用流量系统报表的格式反映,报表格式见表6-1。

项目投资效益费用流量表(单位:万元)　　表6-1

序号	项　　目	合计	计　算　期					
			1	2	3	4	…	n
1	效益流量							
1.1	项目直接效益							
1.2	资产余值回收							
1.3	项目间接效益							
2	费用流量							
2.1	建设投资							
2.2	维持运营投资							
2.3	流动资金							
2.4	经营费用							
2.5	项目间接费用							
3	净效益流量							

注:本表的计算指标包括经济内部收益率(%)和经济净现值(%)。

报表的年序设置及规定与财务评价中的现金流量表相同。在栏目设置上,与财务评价的现金流量表相比,主要是剔除了反映转移支付的税金等项目,同时增加了项目间接效益和间接费用项。

四、经济效果评价指标及计算公式

国民经济评价包括国民经济盈利能力分析和外汇效果分析,以经济内部收益率和经济净现值为主要评价指标。对于产品出口创汇和替代进口节汇的项目,要计算其经济外汇净现值、经济换汇成本和节汇成本等指标,并应对难以量化的外部效果进行定性分析,以及敏感性分析和概率分析。

1. 经济内部收益率

经济内部收益率($EIRR$)是反映项目对国民经济净贡献的相对指标,是项目在计算期内

各年经济净效益流量的折现值累计等于0时的折现率,其表达式为:

$$\sum_{t=0}^{n}(B-C)_t(1+EIRR)^{-t}=0 \qquad (6-16)$$

式中：B——效益流入量；

C——费用流出量；

$(B-C)_t$——第 t 年净效益流量；

n——项目计算期。

若 $EIRR > i_S$（社会折现率），表明项目对国民经济的净贡献超过或达到了要求的水平,可以考虑接受项目。

2. 经济净现值

经济净现值（$ENPV$）是反映项目对国民经济净贡献的绝对指标,是用社会折现率（i_S）将项目计算期内各年的净效益流量折现到建设期初的现值之和,其表达式为：

$$ENPV = \sum_{t=0}^{n}(B-C)_t(1+i_S)^{-t} \qquad (6-17)$$

当 $ENPV \geq 0$ 时,表示国家为拟建项目付出代价后,可以得到超过或符合社会折现率的社会盈余,故可以考虑接受项目。

第四节　公共项目的民间参与——特许权经营

公共项目指由各级政府或其他公共部门筹划、出资或运行的项目。在市场经济社会中有相当数量的这类项目提供公共服务和实现各种社会目标,而这些目标又不能或不适合完全通过市场机制来实现。但是,这类项目同样耗费社会资源。运输基础设施项目就属于一种公共项目,目前很多公共项目都采用特许经营权的方式吸引民间资本参与。

一、民间参与公共项目的起因、背景和特征

民间投资者(包括外资等非公共部门的投资者)参与公共项目的起因可能是出于政府或公共部门资金的短缺。让民间资本直接投资公共项目,既解决了政府财政资金的暂时短缺,又可避免政府的负债。在现实社会中,提供公用物品的纯公共项目并不很多,大部分是带有不同程度公用性的准公共项目,具有一定程度收费的可能,比如收费道路、公交设施建设等。日益增多的(虽然还不是结论性的)大量证据表明:通过市场导向的资源配置,公共部门的效率低于民营部门,因此民营部门不仅生产公用物品,还有可能参与公共项目的投资、运行和管理。这种趋势已成为带有世界性的潮流。人们把民间参与公共基础设施的建设和公共事务管理的模式统称为公私(民)合作(Public-Private Partnership, PPP 或 Private-Financing Initiative, PFI)。就公共部门投资的建设项目而言,通过特许权转让经营方式参与投资建设或运行,是 PPP 的主要形式。

特许权经营模式是指政府为了提供公共基础设施、社会福利及相关服务与民营企业实体之间所做的一种安排。这种模式不同于一般意义上的民营化。民营化除了私人拥有外,其运作主要受制于市场机制和政府一般性的规制;特许权经营则不同,合作双方的责任、风

险和回报主要受制于特许权出(受)让合同。政府在这种模式下还承担不同程度的责任:如提供土地和其他资源的供应,同时对项目实施必要的监控,其实质是让公共部门和非公共部门承担各自所擅长的事务和风险,充分利用市场配置资源的效率,同时又保证公共利益不受损失。

二、特许权经营的适用性及主要形式

公共项目能否采用特许权经营模式很大程度上取决于项目设施的数量、技术复杂性、收费的难易程度以及项目边界清晰的程度等因素。公共项目需要投资的资本越多、技术的专业化程度越高、收费越容易、地方性越强,民间资本介入的程度就可能越高。近年来,我国各级政府都出台了很多法规,鼓励非公有主体投资或运行非禁入的公共领域。目前,公共特许权经营主要用于电力、供水、污水处理、收费公路以及供气等公共项目。尤其值得注意的是,特许权经营的模式已经开始向学校、医院、地铁甚至监狱等设施推广,由民营项目公司融资建设,提供硬件服务,由公共部门运行或购买。

目前公共项目普遍采用的特许权经营的具体模式有以下6种。

1. 建设—运营—转让(Build-Operate-Transfer,BOT)

由项目所在国政府或所属机构为项目的建设和运营提供一种特许权协议。本国公司或外国公司作为项目的投资者和经营者负责安排融资并负责开发、建设项目并在特许权期内经营项目以获取商业利润;在项目特许权期末根据协议由项目所在国政府或所属机构支付一定量资金(或无偿)从项目的投资者和经营者手中取得项目。

2. 建设—转让—运营(Build-Transfer-Operate,BTO)

政府和企业签订协议,由企业负责项目的融资和建设,完工后将项目转让给政府。然后,政府把项目租赁给该企业,由其负责运营,获取商业利润。此模式中不存在项目产权的归属问题。

3. 建设—拥有—运营(Build-Owned-Operate,BOO)

在该模式下,根据协议,由企业负责公共项目的融资、建设,并拥有该项目,并对其进行永久性经营。

4. 租赁—建设—运营(Lease-Build-Operate,LBO)

政府和企业签订长期的租赁协议,由企业租赁业已存在的基础设施项目,向政府缴纳一定的租赁费用,并在已有设施的基础上凭借自己的资金融资能力对基础设施进行扩建,同时负责其运营和维护,获取商业利润。在该模式下,整体基础设施的所有权属于政府,因而不存在公共产权的转让问题。

5. 转移—运营—转让(Transfer-Operate-Transfer,TOT)

公共部门根据协议,将已建好的基础设施项目移交给特许经营者经营,经营期满后再移交还给政府公共部门。

6. 建设—回购(Build-Transfer,BT)

公共项目由民营项目公司投资建设,完工后政府或公共部门分期赎回项目的所有权。

无论采取何种具体模式,公共部门和民间投资者(项目公司)双方的目标和利害关系是有冲突的。而这类项目都不具有来自消费者和竞争者的市场充分制约,特许权协议就成为这种制约的重要补充。由于特许权经营期限较长(一般多在20年以上),不确定性也就在所难免。通过公开、公平、公正的竞争,选定最好的特许权受让企业,形成公私双方双赢的特许权经营协议是实现这类模式的关键。

在进行技术经济分析时,可能要重点关注实施这种模式的项目的如下3个方面:第一,对公共项目本身进行经济分析(费用-效益分析或费用-效果分析),选定最好的方案。一般来说,特许权经营本身不能保证把坏的项目变成好的项目。第二,从公共部门角度分析实施特许权经营的必要性。要回答"实施这种模式是否比政府自行投资或发行债券建设运营更有利"这样的问题。所谓"有利",不单单解决政府资金短缺的问题,更主要是①通过这种模式使政府资金的利用效率得到提高,即在这种模式下政府净现金流的净现值是最大的;②通过这种模式使政府的风险被民间投资者所分担。第三,所设计特许权出让的安排是否对投资者具有足够的吸引力?这就要从民间投资者角度进行完整的盈利性和清偿能力分析。在BOT模式下,这些分析应建立在特许权协议规定的基础之上。项目清偿能力和全部投资盈利能力分析的主体就是特许权受让企业(项目公司);项目的计算期要与特许经营期保持一致。如果期末无偿转移,也就不存在期末资产回收的现金流入。

第五节 案例分析——公路建设项目经济评价

本案例基本概况部分与第五章第五节公路建设项目财务评价案例的基本概况相一致,在此数据基础上进行国民经济评价。本案例评价的项目采用的是影子价格和社会折现率,社会折现率取为8%,采用"有""无"对比法进行国民经济评价。

一、国民经济费用计算

1. 建设费用

本项目增量建设经济费用即CJ高速公路建设费用。建设经济费用是在投资估算的基础上调整为经济费用的。在调整计算时,将建设投资中的主要建筑材料费、人工费、土地占用费等用影子价格进行换算调整,其他投入物不做调整。剔除税金、物价上涨预留费、建设期贷款利息等转移支付。

1) 主要建筑材料的影子价格

建筑材料中外贸货物主要是进口沥青,其影子价格的测算以进口价格为基础,加国内运费和贸易费。

进口货物的影子价格计算公式如下:

$$SP = c.i.f. \times SER + (T_1 + T_{r1})$$

式中:$c.i.f.$——货物到岸价;

SER——影子汇率;

T_1——运输费用影子价格;

T_{r1}——贸易费用。

非外贸货物影子价格的计算公式为:

$$SP = SPF + (T_1 + T_{rl})$$

式中：SPF——货物出厂影子价格；

其余符号意义同前。

建筑材料中的非外贸材料，采用出厂价加国内运费和贸易费，地方材料不进行调整。主要材料的影子价格调整见表6-2。

主要材料影子价格表　　　　表6-2

材料名称	单位	出厂价	运输距离(km)	公路运费[元/(t·km)]	公路运费影子换算系数	贸易费用率(%)	影子价格(元)
钢材	t	3237元/t	100	0.45	1	6	3476
原木	m³	783元/m³	100	0.45	1	6	875
锯材	m³	1092元/m³	100	0.45	1	6	1203
水泥	t	345元/t	100	0.32	1	6	398
沥青	t	2697元/t*	100	0.32	1	6	2891

注：*表示到岸价。

2）土地影子费用

土地是项目的特殊投入物。在国民经济评价中，土地影子费用（LSP）包括土地机会成本（LOC）和新增资源消耗费用（IC），即：

$$LSP = LOC + IC$$

LOC为按照拟建项目占用土地而使国民经济为此放弃的该土地"最好可行替代用途"的净效益测算，有如下关系式：

$$LOC = \sum_{t=1}^{n} NB_0 (1+g)^t (1+i)^{-t}$$

式中：NB_0——基年土地的"最好可行替代用途"的单位面积年净效益；

　　　g——土地"最好可行替代用途"的年平均净效益增长率；

　　　t——年序数；

　　　n——项目占用土地的期限，取评价期的前20年。

本项目占用土地类别主要为耕地。耕地以种植X为"最好可行替代用途"。年产量为400kg/亩。X作为外贸货物，到岸价格为118美元/t，生产成本为其价格的40%，土地净效益为422元/亩，考虑亩产量按2%递增，同时考虑与Y复种情况，Y的每亩净效益值为172元。经计算，本项目土地的机会成本为2491元/亩。

IC是指国民经济为项目所用土地而新增加的资源消耗，如拆迁费用、剩余劳动力安置费、养老保险费等，共计3470万元。

3）其他费用调整

本项目其他费用调整的内容是剔除投资估算中的税金、建设期物价上涨费等几项转移支付。

2. 周转费用

提出周转资金中的应收应付账款占用资金，取周转资金的75%，为3997万元。推荐方案建设费用与周转费用调整结果见表6-3。

建设投资调整表　　　　　　　　表6-3

费用名称	单位	数量	影子价格	经济费用(万元)
第一部分费用	公路公里	169.045		350375
人工	工日	25000171	13元/工日	33375
原木	m³	7218	875元/m³	632
锯材	m³	15685	1203元/m³	1887
钢材	t	20017	3476元/t	6325
水泥	t	812086	398元/t	32321
沥青	t	109287	2891元/t	31595
其他费用	公路公里	169.045		244241
税金	公路公里	169.045		0
第二部分费用	公路公里	169.045		7198
设备购置费	公路公里	169.045		7198
其中:税金				0
第三部分费用	公路公里	169.045		36356
征地费	亩	19790	4836元/亩	9571
耕地占用税	m²	13193400		0
其他	公路公里	169.045		26785
第四部分合计	公路公里	169.045		42408
物价上涨费	公路公里	169.045		0
基本预备费	公路公里	169.045		42408
总计	公路公里	185.96		436338
建设期利息	公路公里	169.045		0
周转费用				3997
总计	公路公里	169.045		440336

3. 运营费用调整

如前所述,增量经济运营费用为"有项目"经济运营费用减去"无项目"经济运营费用。"有"减"无"后,老路的经济费用相互抵消,因此,本项目新增经济费用视为增量经济费用。同时:

（1）运营管理经济费用取财务评价中的费用,不作调整。

（2）养护及大修经济费用按建设费用中建筑安装工程费的影子价格换算系数 0.94 调整。

运营费用调整结果直接列入经济费用效益流量表中。

二、国民经济效益计算

本项目实施以后,使原有通道的运输压力得到极大缓解,运输条件得到改善,从而带来运输费用、运输时间的节约及交通事故的减少等多方面的效益。

1. 运输费用节约效益 B_1

运输费用节约效益 B_1 的计算公式如下:

$$B_1 = B_{11} + B_{12}$$
$$B_{11} = 0.5 \times (T_{1p} + T_{2p}) \times (VOC'_{1p} \times L' - VOC_{2p} \times L) \times 365$$
$$B_{12} = 0.5 \times (T'_{1p} + T'_{2p}) \times (VOC'_{1p} - VOC'_{2p}) \times L' \times 365$$

式中:B_{11}——拟建项目降低运营费用的效益,元/年;

B_{12}——原有相关公路降低运营费用的效益,元/年;

T_{1p}——"有项目"情况下,拟建项目的正常交通量,辆/日;

T_{2p}——"有项目"情况下,拟建项目的总交通量,辆/日;

VOC'_{1p}——"无项目"情况下,原有相关公路在正常交通量条件下,各车型车辆的加权平均运输费用,元/车·km;

VOC_{2p}——"有项目"情况下,拟建项目在总交通量条件下,各车型车辆的加权平均运输费用,元/车·km;

L'——原有相关公路里程,km;

L——拟建项目里程,km;

T'_{1p}——"有项目"情况下,原有相关公路的正常交通量,辆/日;

T'_{2p}——"有项目"情况下,原有相关公路的总交通量,辆/日;

VOC'_{2p}——"有项目"情况下,原有相关公路在总交通量条件下,各车型车辆的加权平均运输费用,元/车·km。

两种情况下的费用对比见表 6-4。

特征年汽车经济运输费用 [单位:元/(百车·km)]　　表 6-4

项　目	车　型	小型客车	大型客车	小型货车	中型货车	大型货车	拖挂车
有项目	2008	79.82	180.84	92.72	125.59	169.55	153.25
	2017	79.83	180.84	92.73	125.60	169.59	153.26
	2027	79.82	180.84	92.72	125.59	169.57	153.26

续上表

项　　目	车　型	小型客车	大型客车	小型货车	中型货车	大型货车	拖挂车
无项目	2008	100.82	246.07	115.91	165.92	239.49	187.83
	2017	145.52	313.49	150.35	218.32	292.82	219.11
	2027	143.26	310.01	148.52	215.67	290.11	219.59

2. 节约时间的效益

1）时间价值计算

经计算，项目所在地区人均时间价值为 2 元/h（1994 年价），2000 年将达到 2.58 元/h。项目评价期间各特征年平均每车的乘车人数、出行者的时间价值及节约时间的利用系数和大型客车、小型客车的时间价值计算及结果见表 6-5。

旅客时间价值计算　　　　表 6-5

年　份	车　型	出行者人均时间价值 [元/(人·h)]	节约时间利用系数	平均每车人数 （人/车）	时间价值 [元/(车·h)]
2008	小型客车	2.58	0.6	4	6.19
	大型客车	2.58	0.5	25	32.25
2017	小型客车	3.81	0.5	4	7.62
	大型客车	3.81	0.45	30	51.43
2027	小型客车	5.64	0.4	4	9.02
	大型客车	5.64	0.4	35	78.96

2）时间效益计算

节约时间效益计算公式如下：

$$B_2 = B_{21} + B_{22}$$

$$B_{21} = 0.5 \times W \times E(T_{1PP} + T_{2PP}) \times (H'_{1P} - H_{2P}) \times 365$$

$$B_{22} = 0.5 \times W \times E(T'_{1PP} + T'_{2PP}) \times (H'_{1P} - H'_{2P}) \times 365$$

式中：B_{21}——拟建项目旅客节约时间的效益，元/年；

　　　B_{22}——原有相关公路旅客节约时间的效益，元/年；

　　　T_{1PP}——"有项目"情况下，拟建项目客车正常交通量，辆/日；

　　　T_{2PP}——"有项目"情况下，拟建项目客车总交通量，辆/日；

　　　W——旅客单位时间价值，元/(人·h)；

　　　E——客车平均载人系数，人/辆；

　　　H'_{1P}——"无项目"情况，原有相关公路在正常交通量条件下，分车型客车通过原有相关公路所需时间，h；

　　　H_{2P}——"有项目"情况下，拟建项目在总交通量条件下，分车型客车通过新路与原有相关公路的加权平均所需时间，h；

　　　T'_{1PP}——"有项目"情况下，原有相关公路客车正常交通量，辆/日；

T'_{2PP}——"有项目"情况下,原有相关公路客车总交通量,辆/日;

H'_{2P}——"有项目"情况下,原有相关公路在总交通量条件下,分车型客车通过原有相关公路所需时间,h。

3. 交通事故减少的效益

(1)减少交通事故的效益 B_3 计算公式为:

$$B_3 = B_{31} + B_{32}$$

$$B_{31} = 0.5 \times (T_{1P} + T_{2P})(r_{1b}LC_b - r_{2P}LC_P) \times 365 \times 10^8$$

$$B_{32} = 0.5 \times (T'_{1P} + T'_{2P})(r'_{1b}LC_b - r'_{2P}LC'_P) \times L \times 365 \times 10^8$$

式中:B_{31}——拟建项目减少交通事故的效益,元/年;

B_{32}——原有相关公路减少交通事故的效益,元/年;

C_b——"无项目"情况下,原有相关公路单位事故平均经济损失费,元/次;

C_P——"有项目"情况下,拟建项目单位事故平均经济损失费,元/次;

r_{1b}——"无项目"情况下,原有相关公路在正常交通量条件下的事故率,次/(亿车·km);

r_{2P}——"有项目"情况下,拟建项目在总交通量条件下的事故率,次/(亿车·km);

C'_P——"有项目"情况下,原有相关公路单位事故平均经济损失费,元/次;

r'_{2P}——"有项目"情况下,原有相关公路在总交通量条件下的事故,次/(亿车·km)。

(2)事故率计算公式如下:

高速公路为: $R = 40 + 0.005AADT$

二级公路为: $R = 133 + 0.007AADT$

式中:R——事故次数,次/(亿车·km);

$AADT$——年平均日交通量,辆/日(中型车)。

参考 PPK 报告❶,本项目影响区内高速公路和二级公路的平均事故损失费差值为 2000 年 13356 元/次,2009 年 21510 元/次,2019 年 31650 元/次。

最终通过表 6-6 汇总新建项目所带来的效益。

效益汇总表(万元)   表 6-6

序 号	效益项目	2008 年	2017 年	2027 年
1	运输费用节约效益	30408	86803	197890
2	时间节约效益	7987	39445	126008
3	交通事故减少效益	1031	4278	10443
4	合计(行1+行2+行3)	39498	130526	334342

三、国民经济评价指标计算

项目投资费用效费流量表见表 6-7。根据表 6-7 可得,经济内部收益率($EIRR$)为 15%,经济净现值($ENPV$)($i_s = 8\%$)为 233166 万元。

---

❶ PPK 报告是指世界银行在 1995 年发布的《公路投资优化和改善可行性研究方法》。

项目投资费用效益流量表（万元）

表 6-7

年份	效益流量	项目直接效益	资产余值回收	项目间接效益	费用流量	建设投资	维持运营投资	流动资金	经营费用	项目间接费用	净效益流量
2003	0	0				65546	65546					-65546
2004	0	0				87394	87394					-87394
2005	0	0				131089	131089					-131089
2006	0	0				87394	87394					-87394
2007	0	0				65548	65548					-65548
2008	39498	30480		9018	9596			3997	5599		29901
2009	47387	34384		13003	5768				5768		41619
2010	51790	38787		13003	5941				5941		45849
2011	59373	43756		15617	6118				6118		53254
2012	71887	49360		22527	6302				6302		65585
2013	78210	55683		22527	6491				6491		71719
2014	89871	62816		27056	6686				6686		83185
2015	103358	70861		32497	6886				6886		96472
2016	118969	79937		39032	7094				7094		111876
2017	130526	86803		43723	7306				7306		123220
2018	143241	94260		48981	7526				7526		135715
2019	157230	102356		54874	7751				7751		149479
2020	172627	111148		61479	7984				7984		164644
2021	189581	120696		68884	8224				8224		181357
2022	208248	131063		77185	8470				8470		199778
2023	228814	142321		86493	8724				8724		220090
2024	251473	154547		96927	8986				8986		242487
2025	276447	167822		108625	9255				9255		267191
2026	303980	182237		121743	9533				9533		294447
2027	556824	197890	222483	136452	9820				9820		547005
合计	3279333	1957207	222483	1099644	591432	436971	0	3997	150464		2687902

对该项目进行国民经济敏感性分析,结果见表6-8。由表6-8可得,项目的内部收益率均在社会折现率8%以上,并且经济净现值均为正值,说明项目的经济风险很小。

国民经济敏感性分析表　　　　　　　　　　　　　表6-8

序号	项目	经济内部收益率(%)	经济净现值(万元)
1	固定资产投资增加15%	13.33	183562
2	项目效益减少15%	13.12	149156
3	投资增加15%,效益减少15%	11.82	99552

复习思考题

1. 什么是国民经济分析? 分析时为什么对投入物和产出物的价值计算要用影子价格?
2. 建设项目的国民经济分析和财务分析的主要区别有哪些?
3. 直接效益和直接费用,间接效益和间接费用的概念及主要区别是什么?
4. 属于国民经济内部的转移支付在项目的国民经济评价时,为什么既不作为效益,也不作为费用?
5. 运输基础设施项目的效益和费用与工业生产性项目的效益和费用有哪些差别?
6. 什么是影子价格? 测定影子价格的方法有哪些?
7. 国民经济效果评价的指标主要有哪些? 如何进行计算?
8. 建设项目国民经济分析可行的标准有哪些?
9. 为什么可能出现项目的国民经济分析与财务分析的结论不一致? 出现不一致时如何处理?
10. 汽车过江原用轮渡,年交通量为200万辆,建桥后由于过江方便,估计可诱发新增交通量100万辆。过江总费用轮渡为10元/(辆·次),其中2元为轮渡公司的利税,8元为轮渡分摊到每辆车及车辆自身的过江费用;建桥后每辆车的过江总费用为6元/(辆·次),其中4元为过桥费,2元为过桥车辆的自身费用。

根据上述材料,试从社会角度分析,当建桥投资不大于多少时值得用桥来代替轮渡? 假设社会折现率为8%,桥的使用年限很长,维护费可忽略不计。

第七章 不确定性分析

投资项目的经济效果与其投资、成本、产量、价格等经济要素之间成一种函数关系,这些经济要素的变化会引起经济效果数值的变化。在以上章节介绍的各种经济效果评价方法时,都存在一个没有说明的假设条件,即对方案经济效果评价中使用的投资、成本、产量、价格等基础数据的取值均为确定值,由此计算出来的经济效果数值亦为确定值,这种属于确定性分析。

然而,在现实的经济评价中,除了对已建成项目的事后评价外,绝大多数是对新建、扩建、改建项目的评价,都来自预测和估算,几乎都是不确定的。投资方案要受到经济形势、资源条件、技术发展情况、市场供求等因素未来变化影响,还要受到通货膨胀和信息的不完全、基础数据的不足或误差、预测方法的局限、预测时假设的不准确、内外政策法规的变化、人力不可抗拒因素等很多不可预测因素的影响,这使得方案经济效果的实际值可能偏离其预期值,从而给投资者和经营者带来风险。

为了提高经济评价的可靠性和经济决策的科学性,尽量避免决策失误,就需要在确定性评价的基础上进一步分析各种外部条件的变化或预测数据的误差对方案经济效果的影响程度,以及方案本身对这种变化和误差的承受能力,这就是不确定性分析,它也是财务评价的内容之一。

不确定性分析,就是通过对拟建项目实施有影响的不确定因素进行分析,考虑不确定性因素变化对项目实施经济效益的影响,预测项目可能承担的风险,评价项目的可靠性,为投资者权衡收益与风险,稳妥进行决策提供依据。

这里所说的不确定性分析包含了不确定性分析和风险分析两项内容。严格来讲,两者是有差异的,其区别就在于不确定性分析是不知道未来可能发生的结果或各种结果发生的可能性;而风险分析是知道未来可能发生的各种结果发生的概率。人们习惯于将以上两种分析方法统称为不确定性分析。

第一节 盈亏平衡分析

盈亏平衡分析也叫收支平衡分析、量本利分析、损益分析,是在一定的市场、生产能力条件下,研究拟建项目成本与收益的平衡关系的一种方法。

各种不确定性因素(如投资、成本、业务量、价格项目寿命等)的变化会影响投资方案的经济效果,当这些因素的变化达到某一临界值时,就会影响方案的取舍。盈亏平衡分析的目的就是找出这种临界值,即盈亏平衡点,判断投资方案对不确定因素变化的承受能力,项目适应市场需求变化的能力和抗风险能力,为决策提供依据。

盈亏平衡分析是在财务评价环境中进行的,它主要分析在确定的目标市场、产品方案及建设规模等总体设计条件下项目的成本和收益关系。一般认为，盈亏平衡点越低，表明项目适应运营能力变化的能力越强，项目抗风险能力也越强，财务的可靠性也越好。

根据成本、收入与业务量之间的函数关系，盈亏平衡分析又可进一步分为线性盈亏平衡分析和非线性盈亏平衡分析。线性盈亏平衡分析又分为静态盈亏平衡分析和动态盈亏平衡分析。

一、独立方案盈亏平衡分析

1. 线性盈亏平衡分析

1）线性盈亏平衡分析的前提条件

在技术方案运行中，影响经济效益的因素有市场供求状况、成本的形成、管理水平等。为了能定量化描述业务量、成本与利润的关系，需建立以下假设条件：

(1) 价格不变且与业务量的变化无关；
(2) 在一定的生产条件下，总固定成本不变；
(3) 在一定的生产条件下，变动成本随业务量变化而成正比例变化；
(4) 总成本是业务量的线性函数；
(5) 收入是业务量的线性函数。

在以上假设条件下，进行盈亏平衡分析，无疑是一种粗略、近似的分析，但由于这些假定对企业内部经营来说没有质的影响，故盈亏平衡亏分析是一种很实用的分析方法。

2）收入、成本与业务量的关系

根据假定条件(5)，收入与业务量呈线性关系，可表示为：

$$R = PQ \tag{7-1}$$

式中：R——年销售收入；

P——销售单价；

Q——产品年销量（业务量）。

项目投产后，其成本可以分为固定成本与变动成本两部分。固定成本指在一定的生产规模限度内不随业务量的变动而变动的费用；变动成本是指随业务量的变动而变动的费用。一般来说，变动成本中的大部分与业务量成正比例关系，也有一少部分变动成本与业务量不成正比例关系，有时呈阶梯形曲线，通常称这部分成本为半变动成本。由于半变动成本通常在总成本中所占比例很小，在经济分析中一般可以近似地认为它也随业务量成正比例变动。故依假设条件(3)，成本与业务量也呈线性关系。由于总成本是固定成本与变动成本之和，即有：

$$C = F + C_V Q \tag{7-2}$$

式中：C——总成本；

C_V——单位变动成本；

F——年固定成本。

在技术方案的详细评价中，要求将总成本按变动成本与固定成本分类预测计算，因此，进行盈亏分析时可直接使用详细评价中的成本资料。在企业经济活动分析中，则需依据财务上的混合成本资料，用统计整理方法分解为固定成本与可变成本。

3）线性盈亏平衡分析方法

（1）图解法。

线性静态盈亏平衡分析中常用的方法是图解法。图7-1是盈亏平衡分析图的基本模型，纵坐标表示收入与成本，横坐标表示业务量。分别画出固定成本线、总成本线和总收入线，总成本线与横轴之间的距离表示成本费用总额，总成本线与固定成本线的间距为变动成本，总收入线与总成本线的交点为盈亏平衡点(Break Even Point，BEP)，也就是项目盈利与亏损的临界点。在BEP的左边，总成本大于总收入，项目亏损；在BEP的右边，总收入大于总成本，项目盈利；在BEP点上，项目不亏也不盈，正好保本。

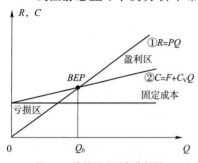

图7-1　线性盈亏平衡分析图

盈亏平衡分析图集中而形象地反映了有关因素之间的相互关系，从中可以看出一些规律性的内容：首先，BEP点不变，业务量越大，能实现利润越多，或亏损越少；业务量越小，所实现利润越少，或亏损越多。其次，业务量不变，BEP点越低，所实现利润越多，亏损越少；BEP点越高，所实现利润越少，或亏损越多。再次，在收入既定的条件下，BEP点的高低，取决于F和C_V的大小，F越大，或C_V越大，则BEP点越高；反之，BEP点越低。明确上述基本关系，对于促进企业根据主、客观条件，有预见地采取相应措施，实现扭亏增盈，具有较大帮助。

（2）解析法。

解析法也称为公式法。在线性盈亏平衡分析中，我们可以很方便地用解析方法求出以业务量、生产能力利用率、价格、单位业务量变动成本等表示的盈亏平衡点。

①盈亏平衡点业务量。

设对应于盈亏平衡点的业务量为Q_0，根据盈亏平衡定义，则有$PQ_0 = C_V Q_0 + F$，即：

$$Q_0 = \frac{F}{P - C_V} \tag{7-3}$$

一个项目在正常条件下，如果实际年业务量能超过保本点，说明这个项目有盈利能力，业务量超过保本点越多，盈利就越大。

②盈亏平衡时生产能力利用率。

设项目设计生产能力为Q^*，则盈亏平衡生产能力利用率E为：

$$E = \frac{Q_0}{Q^*} \times 100\% = \frac{F}{(P - C_V)Q^*} \times 100\% \tag{7-4}$$

这个指标表示达到盈亏平衡时实际利用的生产能力占项目设计生产能力的比例。该比例越小，说明项目适应市场变化的能力和抵御风险的能力越强，反之则说明企业要利用较多的生产能力才能保本，项目承受风险的能力较弱。

③盈亏平衡单价。

设盈亏平衡单价为P_0，则有：

$$P_0 = \frac{R}{Q} = \frac{C}{Q} = C_V + \frac{F}{Q} \tag{7-5}$$

将此保本单价与市场预测中得到的价格信息相比较,可判断拟建项目在价格方面所能承受的风险。

④盈亏平衡单位业务量变动成本。

在已知项目的业务量 Q、单价 P 和固定成本总额 F 的情况下,可预测保本要求的单位变动成本额,然后与项目实际可能发生的单位变动成本相比较,从而判断拟建项目有无成本过高的风险,计算公式为:

$$C_V = P - \frac{F}{Q} \tag{7-6}$$

⑤经营安全率。

经营安全率是表示目前经营状况盈利安全性的指标,其计算公式为:

$$q = \frac{Q - Q_0}{Q} \tag{7-7}$$

一般认为,经营安全率达到30%以上为安全;在25%~30%为较安全;在15%~25%表示不太好;在10%~14%表示应警惕;低于10%属于危险经营。

盈亏平衡点也可用相对值表示:

$$\frac{Q_0}{Q} = \frac{F}{(P - C_V)Q} \times 100\% \tag{7-8}$$

$$\frac{P_0}{P} = \frac{1}{p}\left(C_V + \frac{F}{Q}\right) \tag{7-9}$$

$$\frac{C_{V0}}{C_V} = \frac{1}{C_V}\left(P - \frac{F}{Q}\right) \tag{7-10}$$

如果分别用1减去各盈亏平衡点的相对值,便可得各预测值的允许降低(增加)率。

在上述计算中,对于有技术转让费、营业外净支出及缴纳资源税的项目,在有关项内相应将其扣除。

4) 线性盈亏平衡分析的应用

在实际工作中,盈亏平衡分析广泛地应用于企业经营决策(如目标利润的确定、生产规模确定、设备加工任务安排及弹性计划编制等)、投资项目的不确定性分析、经营安全率分析以及方案比较中,并可通过分析 C_V、F 对 Q_0 的影响,为企业指出改善经营的方向。

(1) 指出企业不亏损的最低年业务量、单价、单位变动成本,分析、判断项目经营安全率。

【例7-1】 某汽车配件厂拟加工生产中型载货汽车变速器的技术方案:目前生产能力为3000套,年设计生产能力为4000套,每套售价3000元,生产总成本780万元,其中固定成本300万元,总变动成本与产量呈正比例关系。试用盈亏平衡分析法评价该技术方案。

解:生产变速器的单位变动成本为:

$$C_V = \frac{(780-300) \times 10^4}{3 \times 10^4} = 1600(元/套)$$

盈亏平衡产量为:

$$Q_0 = \frac{300 \times 10^4}{3000 - 1600} = 2140(套)$$

盈亏平衡单位产品变动成本为：

$$C_{v0} = 3000 - \frac{300 \times 10^4}{3000} = 2000(元/套)$$

盈亏平衡销售单价为：

$$P_0 = 1600 + \frac{300 \times 10^4}{3000} = 2600(元/套)$$

盈亏平衡生产能力利用率为：

$$E = \frac{2140}{4000} \times 100\% = 53.5\%$$

故经营安全率为：

$$q = \frac{3000 - 2140}{3000} = 28.67\%$$

上述计算说明，当产量达到2140套，单位产品变动成本为2000元/套，销售单价为2600元/套，生产能力为设计能力的53.3%时，企业即可保本。

由于项目经营安全率为28.67%，故该项目属于较安全经营。

【例7-2】 某汽车专用二级公路的投资方案，设计通行能力为8000辆/日，总投资为5000万元。若每车平均收费3元，寿命期为20年，折现率为10%，养护管理费全部纳入可变成本，且均摊到每辆通行车辆上的可变成本约为0.1元。试对该投资方案进行盈亏平衡分析。

解：该投资方案年固定成本为：

$$F = 5000 \times \frac{0.1 \times (1 + 10\%)^{20}}{(1 + 10\%)^{20} - 1} = 587.30(万元)$$

盈亏平衡时的临界交通量为：

$$Q_0 = \frac{587.30 \times 10^4}{3.00 - 0.10} = 2025166(辆/年)$$

每日平均交通量为：

$$\frac{2025166}{365} = 5548(辆/日)$$

盈亏平衡时生产能力利用率为：

$$E = \frac{5584}{8000} = 69.8\%$$

最低年过路费收入为：

$$R_0 = 3.00 \times 2025166 \times 10^{-4} = 607.55(万元/年)$$

达到设计通行能力的最低收费标准为：

$$P_0 = 0.10 + \frac{587.30 \times 10^4}{8000 \times 365} = 2.01(元/辆)$$

由上述计算可知,该投资方案不发生亏损的条件是交通量不低于 5548 辆/日。当生产能力利用率不低于 69.8%,年最低过路费收入为 607.55 万元/年,如果按设计交通量运作,养护管理费与预期值相同时,方案不发生亏损的收费标准是 2.01 元/辆。

(2)通过分析固定成本占总成本的比例对盈亏平衡点的影响,指出企业改善经营的方向。

设预期的年业务量为 Q,固定成本占总成本比例为 S,由 $F = SC$,有:

$$C_V = \frac{C(1-S)}{Q}$$

$$Q_0 = \frac{SC}{P - C(1-S)/Q} = \frac{QC}{(PQ-C)/S+C} \tag{7-11}$$

$$C_{V0} = P - \frac{CS}{Q} \tag{7-12}$$

由式(7-11)和式(7-12)可以看出,固定成本占总成本的比例 S 越大,盈亏平衡业务量越高,盈亏平衡单位业务量变动成本越低。高的盈亏平衡业务量和低的盈亏平衡单位业务量变动成本会导致项目在面临不确定因素的变动时发生亏损的可能性增大。可见,控制固定成本对于盈亏平衡点的下降,具有很重要的意义。

2. 非线性盈亏平衡分析

线性盈亏分析是在假定收入、成本、利润与业务量呈线性关系条件下进行的,因此,其分析结果只适用于一定的条件。在实际生产经营活动中,业务量的完成会受到市场和客户等多因素影响,收入并非一条直线。一般来说,进入市场初期,价格较高,在供小于求的情况下,收入与业务量成正比例增加。一旦市场对这种需求接近饱和,或由于市场竞争等原因,当业务量增加到一定程度后,便会出现供大于求的现象,有时必须采取降价措施,此时收入的增加速度趋于缓慢、水平甚至于下降(图 7-2)。

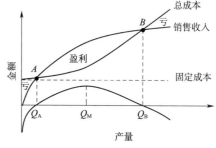

图 7-2 非线性盈亏平衡分析图

实际中的年总成本与业务量也并不呈线性关系。当业务扩大到某一限度后,正常价格的原料,动力已不能保证供应,企业必须付出较高代价才能获得,正常的生产班次也不能完成任务,不得不加班加点,增大了劳务费用。此外,设备超负荷运行也会导致磨损的增大、寿命的缩短和维修费用增加等,因此,成本函数就不再为线性而变成非线性了。

由图 7-2 可看出,当业务量、成本和利润之间呈非线性关系时,可能出现几个保本点。一般把最后出现的保本点称为盈利限制点(如点 B)。当业务量低于 Q_A 或高于 Q_B 时,收入线低于总成本线,利润小于零,处于亏损区;当业务量在 $Q_A \sim Q_B$ 时,利润大于零,处于盈利区。

设收入函数为 $f(x)$,成本函数为 $g(x)$,利润函数为 $m(x) = f(x) - g(x)$。

解方程 $f(x) = g(x)$,得到的解为盈亏平衡时的业务量。

解方程 $\dfrac{\mathrm{d}m(x)}{\mathrm{d}x} = \dfrac{\mathrm{d}[f(x)-g(x)]}{\mathrm{d}x} = 0$,并且验证 $\dfrac{\mathrm{d}^2 m(x)}{\mathrm{d}x^2} < 0$,可得到最大利润所对应的业

务量 x_m 及最大利润值。

由于收入与总成本函数随实际情况的变化而变化,利润函数也无固定形式,故非线性条件下的盈亏分析没有统一基本模型,必须按上述原则,具体问题具体求解。

【例 7-3】 某修配厂生产离合器的技术方案中,成本函数和收入函数分别为:$C = 180000 + 100Q + 0.01Q^2$,$R = 300Q - 0.01Q^2$。求其盈亏平衡产量和最大盈利产量。

在盈亏平衡点,$R = C$,则:

$$300Q - 0.01Q^2 = 180000 + 100Q + 0.01Q^2$$

解方程得:$Q_1 = 1000$,$Q_2 = 9000$。

因此,当 $Q < 1000$ 或 $Q > 9000$ 时,企业会发生亏损,故盈利的产量范围是 $1000 < Q < 9000$。

此外,在最大利润点,$\dfrac{\mathrm{d}(R-C)}{\mathrm{d}Q} = 0$,即:

$$\frac{\mathrm{d}(R-C)}{\mathrm{d}Q} = \frac{\mathrm{d}(-0.02Q^2 + 200Q - 180000)}{\mathrm{d}Q} = 0.04Q + 200 = 0$$

可得

$$Q = \frac{200}{0.04} = 5000$$

又因为

$$\frac{\mathrm{d}^2(R-C)}{\mathrm{d}^2Q} = -0.04 < 0$$

所以,当 $Q = 5000$ 时,盈利最大,最大利润为:

$$M_{\max} = -0.02 \times 5000^2 + 200 \times 5000 - 180000 = 320000(元)$$

二、互斥方案盈亏平衡分析

在需要对若干个互斥方案进行比选的情况下,如果有一个共有的不确定性因素影响方案的选择,可以先求出两方案的盈亏平衡点,再根据盈亏平衡点进行方案选择。

设两个互斥方案的经济效果都受某不确定因素 x 的影响,我们把 x 看作一个变量,则两个方案的经济效果指标可表示为:

$$E_1 = f_1(x_1)$$
$$E_2 = f_2(x_2)$$

当两方案经济效果相同时有 $f_1(x_1) = f_2(x_2)$。

解出使这个方程式成立的 x 值,即为方案 1 与方案 2 的盈亏平衡点,也就是决定这两个方案优劣的临界点。结合对不确定因素 x 未来取值范围的预测,就可以作出相应的决策。

【例 7-4】 某道路施工企业需要一套大型施工设备,若自己购置,需一次性投资 30 万元,使用寿命 15 年,折现率为 10%,年维修费为 4000 元,运行费用为 100 元/日。如果租赁该种设备,租金为 300 元/日,运行费用为 100 元/日。问应采用哪一个方案?

解:设两个方案的年总费用都是施工设备的使用天数 x 的函数,则有:

租赁设备时年总费用为:

$$C_1 = (300 + 100)x$$

购置设备时年总费用为:

$$C_2 = 30 \times 10^4 \times (A/P, 10\%, 15) + 4000 + 100x$$

解方程 $C_1 = C_2$，得 $x = 145$（日），即在设备使用天数为 145 日时，两个方案的年费用相等。当每年使用天数小于 145 日时，应采用租赁方案；当每年使用天数大于 145 日时，应采用购置方案。

对于两个以上的互斥方案盈亏平衡分析，可参照上述方法进行，但应在同一变量关系条件下，将多个互斥方案两两进行分析，并分别求出每两个方案的盈亏平衡点，然后再进行比较，选择最经济的方案。

三、盈亏平衡分析法局限性

盈亏平衡分析是对拟建项目进行不确定性分析的方法之一。它计算简单，经济概念清晰，可以直接对项目的关键因素（产量、售价、成本和利润等）进行分析，有助于确定项目的各项经济指标，了解项目可能承受的风险，还可以用于生产能力、工作流程等不同的多个互斥方案的优选。但盈亏平衡分析把所有不同的收入和不同的成本都集中在两条线上表现出来，难以精确地描述实际中可能出现的各种情况，从而影响到这一分析方法的精确性。此外，盈亏平衡分析所用一些数据也是某一正常生产年份的数据，计算结果和结论比较粗糙，因此多适用于项目的短期分析。而且盈亏平衡分析仅仅是讨论价格、业务量、成本等不确定因素的变化对投资项目盈利水平的影响，却不能从分析中判断项目本身盈利能力的大小，对如何通过降低盈亏平衡点，提高项目安全性，也不能给出一些方法。因此，以盈亏平衡点的高低来判断投资方案的优劣，并不一定能得到最优方案，有时还要在更高盈利的安全性与获得更大盈利的可能性这两者之间作出选择。所以，要获得项目较为精准的评价结果，必须配合其他评价方法进行深入分析。

第二节 敏感性分析

敏感性分析是项目投资评价中一种应用十分广泛的不确定性分析方法和技术，用于研究投资项目主要经济因素发生变化时，分析对投资目标的影响程度及敏感性。通过敏感性分析，可以使投资者对项目面临的风险、经济因素的敏感程度和敏感顺序产生较正确的认识，并指导投资者做好承担的准备。

投资项目涉及的各个经济因素都对投资目标的实现起直接或间接的作用，各种因素的变动都会积极或消极地影响目标的实现。当某不确定因素在较小范围内变化即引起投资项目经济效益较大变化，则称该不确定性因素为敏感性因素；反之，则称为不敏感因素。敏感性分析就是要找出项目的敏感因素，并确定其敏感程度，以预测项目的风险程度，从而对外部条件发生不利变化时投资方案的承受能力作出判断。敏感性分析的主要内容为描述效益的敏感性、找出最敏感因素、计算项目盈亏的各参数临界值。

根据项目经济目标，如经济净现值或经济内部收益率所进行的敏感性分析叫作经济敏感性分析。同样，根据项目的财务目标所作的敏感性分析叫作财务敏感性分析。

根据每次变动因素的数目不同，敏感性分析又可以分为单因素敏感性分析和多因素敏感性分析。

一、单因素敏感性分析

单因素敏感性分析是假定方案的其他参数均不发生变化,仅研究某一个参数变化对项目经济效益的影响的敏感性分析方法,其基本步骤和内容如下。

1. 选择需要分析的不确定因素,并设定这些因素的变动范围

影响投资项目或技术方案经济效果的不确定因素有很多,但事实上没有必要也不可能对全部不确定因素逐个进行分析、计算,而应根据项目本身特点,选定几个在项目计算期内变化的可能性较大,预测的把握性不大,且对项目的经济效益有重大影响的因素。

在选择需要分析的不确定性因素的过程中,应根据实际情况设定这些因素可能的变动范围。

2. 确定敏感性分析的具体经济效益评价指标

应根据建设项目的特点及实际需要、要求,选择最能反映项目经济效益的综合性评价指标,作为敏感性分析的对象。本教材前面章节讨论的各种经济效果评价指标,如净现值、净年值、内部收益率、投资收益率、投资回收期等,都可以作为敏感性分析的指标。由于敏感性分析是在确定性分析基础上进行的,就一般情况而言,敏感性分析的指标应与确定性经济分析所使用指标一致,不应超出确定性分析所用指标的范围另立指标。当确定性分析中使用的指标比较多时,可围绕其中一个或若干个最重要的指标进行分析。

一般静态投资收益率常用于制订项目规划阶段的评价分析;投资回收期或借款偿还期适用于贷款项目和合资项目,可分析贷款和资金短缺对投资偿还能力的影响;内部收益率则多用于项目详细、综合评价。

3. 计算各不确定因素在不同程度变化时的各个经济效益指标

这是指计算各不确定因素在可能的变动范围内,发生不同幅度变化所导致的方案经济效果指标的变动结果,建立起一一对应的数量关系,并用表格形式表示出来,也可利用 Excel 电子表格很方便地进行计算。

4. 绘制敏感性曲线图

敏感性曲线图可以更直观地反映出各个不定因素的变化对项目经济效益指标的影响。敏感性曲线图的纵坐标表示某项经济评价指标,横坐标表示不确定因素的变化范围。根据步骤 3 计算结果,画出各因素的变化曲线,各条曲线就可反映当各不确定因素处于不同变化率情况下的经济评价指标值。

5. 确定敏感因素

将各可变因素计算出来的同一效果指标的不同变化幅度(变化率)进行比较,选择其中变化幅度最大因素为该项目的最敏感因素,变化幅度(变化率)最小的为不敏感因素。也可从敏感性分析图中选其中与横坐标相交角度最大的曲线,该曲线即为敏感因素变化曲线。

6. 确定不确定因素变化的临界值

不确定因素变化的临界值可以用图解法求得,也可以用代数法求得。临界值即该不确定因素允许变动的最大幅度,或称极限变化。不确定因素的变化超过这个极限,项目就由可行变为不可行。将这个幅度与估计可能发生的变动幅度比较,若前者大于后者,则表明项目承担的风险不大;反之则表示风险大。

第七章 不确定性分析

【例7-5】 某城与某煤矿目前靠一条沿河修建的三级石子路面公路运输,公路全长约60km,煤矿所生产的煤炭主要由这条公路外运,拥挤现象严重,公路保养维修费用也在不断上升。现公路部门计划新建一条二级沥青路面公路来分流,适当改进路线的走向,预计建设期2年,项目经济寿命20年,期末无残值。该项目预计投资3970万元,建设期第一年初和第二年初各耗用50%,新线建成后,在经济寿命期内预计日常年养护维修成本为13万元,大修成本为575万元,大修于新线使用10年后进行,项目建成后年经济效益为2540万元。项目经济效益和投资成本(包括大修成本和日常维护成本)均有可能在±30%范围内变动。设基准折现率为10%,试分别就上述这两个不确定因素,对净现值(NPV)作单参数敏感性分析。

解: $NPV = (2540 - 13)(P/A, 10\%, 20)(P/F, 10\%, 2) - 3970 \times 0.5 - 3970 \times 0.5 \times (P/F, 10\%, 1) - 575(P/F, 10\%, 12) = 13807$(万元)

下面就用NPV指标分别就经济效益和投资成本两个不确定因素作单参数敏感性分析。

设经济效益变动的百分比为K_1,分析经济效益变化对方案净现值影响的计算公式为:

$NPV_1 = [2540 \times (1 + K_1) - 13](P/A, 10\%, 20)(P/F, 10\%, 2) - 3970 \times 0.5 - 3970 \times 0.5 \times (P/F, 10\%, 1) - 575(P/F, 10\%, 12)$

设投资成本变化的百分比为K_2,分析投资成本变化对方案净现值影响的计算公式为:

$NPV_2 = 2540(P/A, 10\%, 20)(P/F, 10\%, 2) - 3970 \times 0.5(1 + K_2) - 3970 \times 0.5(1 + K_2)(P/F, 10\%, 1) - 13(1 + K_2)(P/A, 10\%, 20)(P/F, 10\%, 2) - 575(1 + K_2)(P/F, 10\%, 12)$

按照上面两个公式,根据已知条件,分别在±30%取不同的K_1、K_2,可以计算出各不确定因素在变化不同变化幅度下方案的净现值,计算结果见表7-1。根据表7-1,可以绘出敏感性曲线图,如图7-3所示。

公路建设项目敏感性分析表 表7-1

不确定因素	变 动 率						
	-30%	-20%	-10%	0	+10%	+20%	+30%
经济效益	8446	10233	12020	13807			
投资成本				13807	13411	13015	12617

这里只分析敏感因素对项目经济效益的不利影响。分别令各不确定因素变化时的净现值计算式为零,可求得相应的较准确的K值。

令$NPV_1 = 0$,得$K_1 = -77.3\%$;

令$NPV_2 = 0$,得$K_2 = 340\%$。

敏感性分析结果表明,项目的净现值对年经济效益的变化影响较为敏感,投资及成本次之。单项敏感因素变动所造成的最坏结果,也可使净现值达8446万元,超过了回收项目投资的基本要求。同时,要使项目可行,当年经济效益不变时,允许投资及成本同时提高的最大限度为预算的3.4倍;如果投资及成本不变,可允许年经济效益降低77.3%,这进一步说明该项目具有较强的承担风险的能力。

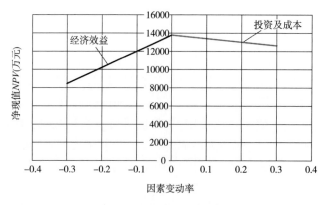

图 7-3 公路建设项目敏感性曲线图

二、多因素敏感性分析

单参数敏感性分析可用于确定最敏感因素,但它忽略了各参数之间的相互作用,是一种理想化了的敏感性分析方法。在实际中,许多因素的变化都具有相关性,一个因素的变化往往会伴随着其他因素的变化,对项目所造成的风险也比单因素不确定性造成的风险大。因此,在对项目进行风险分析时,还需进行多参数敏感性分析。

多因素敏感性分析是分析两个或两个以上的确定因素同时发生变化时对项目经济评价指标的影响。由于项目评估过程中的参数或因素同时发生变化的情况非常普遍,所以多因素敏感性分析有很强的实用价值。但多因素敏感性分析计算时要考虑可能发生的各种因素不同变动幅度的多种组合,计算要比单因素敏感性分析复杂,一般可以采用解析法和作图法相结合的方法进行。当同时变化的因素超过 3 个时,就只能采用解析法了。

1. 双因素敏感性分析

假定项目其他参数保持不变,仅考虑两个参数同时变化对项目经济效益的影响,称为双因素敏感性分析。其可先通过单因素敏感性分析确定敏感性较强的两个参数,然后用双因素敏感性分析判定这两个因素同时变化时对项目经济效益的影响,具体分析步骤如下:

(1) 建立直角坐标系,其横轴 (x) 与纵轴 (y) 分别表示两个因素变化率。

(2) 建立项目经济效益指标与两个因素变化率 X、Y 的关系式。

(3) 取经济效益指标临界值,得到一个关于 X、Y 函数方程并在坐标图上画出,该曲线即为经济指标临界线。

(4) 根据上述敏感性曲线图进行敏感性分析。

【例 7-6】 某项目固定资产投资 I 为 170000 元,年收入 R 为 35000 元,年经营费用 C 为 3000 元,该项目的寿命期为 10 年,回收固定资产残值 S 为 20000 元,若基准收益率为 13%,试就最关键的两个因素——投资和年收入,对项目的净现值指标进行双因素敏感性分析。

解:
$$NPV = -I + (R-C)(P/A,13\%,10) + S(P/F,13\%,10)$$
$$= -170000 + (35000 - 3000)(P/A,13\%,10) + 20000(P/F,13\%,10)$$

设投资变化率为 X,同时改变的年收入变化率为 Y,则有:

$$NPV = -170000(1+X) + [35000(1+Y) - 3000](P/A,13\%,10) + 20000(P/F,13\%,10)$$

如果 $NPV \geq 0$,则该项目的盈利在 13% 以上。

令 $NPV \geq 0$，即 $9530.2 - 170000X + 189917Y \geq 0$，可得 $Y \geq -0.0512 + 0.8951X$

当 $X = 0\%$ 时，$Y = -5.12\%$；当 $Y = 0\%$ 时，$X = 5.7\%$，即当投资增加超过 5.7%，收入降低超过 5.12% 时，$NPV < 0$，如图 7-4 所示。

由图 7-4 可看出，当 $Y \geq -0.0512 + 0.8951X$ 时，$NPV \geq 0$，即斜线以上区域 $NPV \geq 0$，而斜线以下区域 $NPV \leq 0$，并显示了两因素同时允许变化的幅度。

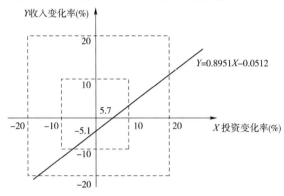

图 7-4 双因素敏感性曲线图

若 X 和 Y 的变化幅度在 $\pm 10\%$ 或 $\pm 20\%$ 以内（图中方框线区域），出现的可能性相同时，该投资方案 $NPV < 0$ 的概率等于被临界线截下的右下角的面积与相应方框总面积的比值。根据此值，可以判断出本方案净现值随投资和年收入而变化的敏感性。显然，本投资方案风险较小。

2. 三因素敏感性分析

三因素敏感性分析是在项目其他参数不变的情况下，研究有 3 个参数同时变化时对项目经济效益的影响。它是建立在双因素敏感性分析基础之上的敏感性分析方法。其做法是：在 3 个参数中选定 1 个参数，在某一变化范围内令该参数取不同值后得到若干条双参数临界线，然后利用这些临界线组成的敏感性曲线图进行具体分析。

【例 7-7】 根据【例 7-6】，我们可继续进行三因素的敏感性分析，即在投资、收入、经营成本同时变化时进行三因素的敏感性分析。有关数据同【例 7-6】。另设经营成本的变化率为 Z，则有：

$NPV = -170000(1 + X) + [35000(1 + Y) - 3000(1 + Z)](P/A, 13\%, 10) +$
$\quad\quad 2000(P/F, 13\%, 10) = -170000X + 189917Y - 16278.6(1 + Z) + 25808.8 \geq 0$

当 $Z = 0.5$ 时，$\quad\quad\quad\quad Y = 0.8951X - 0.0073$
$Z = 1$ 时，$\quad\quad\quad\quad\quad Y = 0.8951X + 0.0355$
$Z = -0.5$ 时，$\quad\quad\quad\quad Y = 0.8951X - 0.0930$
$Z = -1$ 时，$\quad\quad\quad\quad\ Y = 0.8951X - 0.1358$

据此画出图 7-5，得到一组临界线。由图 7-5 可以看出，不同临界线对应不同经营费用，临界线以上区域 $NPV \geq 0$，以下区域 $NPV \leq 0$，显示了经营费用以某个幅度变化时，其他两个因素允许变化的幅度。如 $Z = 0.5$ 时，$Y = 0.8951X - 0.0073$。$X = 0$，$Y = -0.73\%$；$Y = 0$，$X = 0.82\%$，即经营费用增加 50% 时，投资允许增加 0.82%，收入允许减少 0.73%，这时方能盈利，否则将出现亏损。

同理,可求出当经营费用变动幅度为其他数值时,投资与收入允许变化的最大幅度。

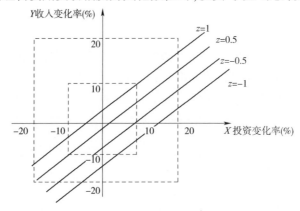

图 7-5 三因素敏感性曲线图

三、敏感性分析的利弊

敏感性分析在一定程度上就各种不确定因素的变动对方案经济效果的影响作了定量描述,得到了维持项目可行所能允许的不确定因素发生不利变动的幅度,从而有助于决策者预测项目风险情况,有助于确定在决策和实施过程中需要重点研究与控制的因素,进而制订出管理和应对措施。另外在项目规划阶段,借助敏感性分析可以找出乐观的和悲观的方案,从而提供最现实的生产要素组合。

此外,敏感性分析还可以应用于方案选择。人们可以用敏感性分析区别出敏感性大的或敏感性小的方案,以便在经济效益相似的情况下,选取敏感性小的方案,即风险小的方案。

但是,敏感性分析也有其一定的局限性,即它没有考虑各种不确定性因素在未来发生变动的概率,这可能会影响分析结论的实用性和准确性。在实际中,不同项目各个不确定因素发生相对变动的概率是不同的。可能有这样的情况,如通过敏感性分析找出的某一敏感因素未来发生不利变动的概率很小,实际上带来的风险并不大,以至于可以忽略不计,而另一个不太敏感的因素未来发生不利变动的概率却很大,实际上带来的风险比那个敏感因素更大。这个问题是敏感性分析无法解决的,必须借助于概率分析方法。

第三节 概 率 分 析

盈亏平衡分析和敏感性分析没有考虑事件发生的概率。事实上,不同事件发生的概率是不同的,对投资项目的影响也不同。概率分析就是运用概率与数理统计理论,通过分析和预测各不确定因素影响项目经济效益可能性的大小,对项目经济指标的各个取值作出概率描述,从而对项目的风险情况作出更全面的判断。

一、经济效益不确定性的概率描述

经济效益不确定性的概率描述,一般是首先预测风险因素发生的概率,将风险因素作为自变量,预测其取值范围和概率分布,再将选定的评价指标作为因变量,测算评价指标的相应取值范围和概率分布,计算评价指标的期望值,以及项目成功的概率。具体可按以下方法和步骤来做。

1. 估算概率

选取一个最不确定的因素作为随机变量,将这个不确定因素的各种可能结果一一列出,并分别估算各种可能结果出现的概率,列出概率分布表。概率的估算,通常可以根据大量的历史数据进行分析,还可以通过与同类项目的比较,由项目评估人员根据经验进行估计和推算。每种不确定因素的各种可能发生情况出现的概率之和必须等于1。

2. 确定经济指标取值的概率分布

对于工程项目的不确定因素来讲,它们的变化具有随机性,而一般的投资项目要受许多种已知或未知的不确定因素影响,可以把它们看成是多个随机变量之和,故我们可以把各不确定因素及经济指标都视为随机变量。多数情况下,我们可以认为(或假设)随机变量近似地服从正态分布。

由于经济学中的数据一般都是按年、季、月或日给出的,属于离散随机变量,其概率分布也是离散的。

3. 计算经济指标期望值及标准差

1)经济指标的期望值

期望值是在大量重复事件中随机变量取值的平均值。换句话说,期望值是随机变量所有可能取值的加权平均值,权数为各种可能取值出现的概率,即:

$$E(X) = \sum_{i=1}^{N} x_i p_i \tag{7-13}$$

式中:$E(X)$——经济指标 X 的期望值;

x_i——第 i 种情况下的经济指标值;

p_i——第 i 种情况下出现的概率。指联合概率,它等于该情况中各参数出现概率之积。

【例7-8】 已知某项目参数值及其概率见表7-2,计算该方案净现值期望值。

项目投资额、年收益及其概率　　表7-2

投资额		年 收 益		寿命	基准贴现率
数值(万元)	概率	数值(万元)	概率	(年)	
300 400	0.6 0.4	50 60 70	0.3 0.4 0.3	10	12%

解:投资额和年效益不同取值共有6种组合情况,各种情况下的联合概率及相应的净现值结果列于表7-3中。

项目投资额、年收益不同取值组合及其概率　　表7-3

组合情况	1	2	3	4	5	6
投资额(万元)	300	300	300	400	400	400
年收益(万元)	50	60	70	50	60	70
联合概率	0.18	0.24	0.18	0.12	0.16	0.12
净现值(万元)	-17.49	39.01	95.51	-117.49	-60.99	-4.49

方案净现值期望值为：

$$E(NPV) = -17.49 \times 0.18 + 39.01 \times 0.24 + 95.51 \times 0.18 - 117.49 \times 0.12 - 60.99 \times 0.16 - 4.49 \times 0.12 = -0.99(万元)$$

期望值代表了各种情况下净现值的平均值。尽管它并不是方案实际可以获得的经济效益，但它出现的次数最多，即可能性最大，据此可对项目的盈亏进行大致的估计。

2）经济指标的标准差

既然期望值是一种平均值的描述，那么就存在有的状态取值大于平均值，有的状态又小于平均值，即在平均值上下波动的情况。为了反映对平均值的偏离程度，可用标准差来描述它。标准差是反映随机变量实际值与其期望值偏离程度的量，这种偏离程度在一定程度上反映了投资方案风险的大小。

一般地，假定某项目寿命期内可能发生 k 种状态，各种状态的净现金流序列为 $\{y_t | t=0,1,\cdots,n\}_j (j=1,2,\cdots,k)$，对应于各种状态的发生概率为 $p_j (j=1,2,\cdots,k, \sum_{j=1}^{k} p_j = 1)$，则在第 j 种状态下，方案的净现值为：

$$NPV_{(j)} = \sum_{t=0}^{n} y_{tj} (1+i_0)^{-t}$$

上式中，y_{tj} 为在第 j 种状态下，第 t 周期的净现金流。由于方案净现值的期望值为：

$$E(NPV) = \sum_{j=1}^{k} NPV_{(j)} p_j \tag{7-14}$$

不考虑项目各年现金流量的相关性，则方案经济指标的标准差计算公式为：

$$\sigma_x = \sqrt{\sum_{j=1}^{k} P_j [NPV_{(j)} - E(NPV)]^2} = \sqrt{D(NPV)}$$

$$= \sqrt{\sum_{j=1}^{k} NPV_{(j)}^2 P_j - E^2(NPV)} \tag{7-15}$$

显然，标准差大的项目，其经济指标不同值离散度大，用期望值作为项目经济效益估计值的风险就大。反之，标准差小的方案，其经济效益期望值代表性大，风险也较小。因此，标准差的大小只是相对而言。对单方案来说，标准差无所谓大小，它只作为估计方案经济指标取值概率的一个重要参数。而对多方案来说，标准差是比较方案风险大小的一个重要指标。

【例7-9】 已知某项目的净现值的可能取值及相应概率见表7-4，计算其净现值的期望值及标准差。

净现值及其取值概率 表7-4

净现值(万元)	2.16	1.08	4.13
概率	0.3	0.5	0.2

解： $E(NPV) = 2.61 \times 0.3 + 1.08 \times 0.5 + 4.13 \times 0.2 = 2.15(万元)$

$\sigma = \sqrt{2.16^2 \times 0.3 + 1.08^2 \times 0.5 + 4.13^2 \times 0.2 - 2.15^2} = 1.19(万元)$

以上计算表明，上述项目最大可能的净现值为2.15万元，上下会有1.19万元的偏差。

4. 估计经济指标值在某一范围时的概率

对单个项目的概率分析,除应计算其期望值与标准差值外,还应分析计算经济指标在某一范围时的概率,由该概率值的大小可以估计项目承受风险的程度。

假定经济指标取值的概率分布服从正态分布,如果已知其期望值与标准差,可以通过转换成标准正态分布的方法,计算经济指标值在某一范围时的概率。

根据概率论的有关知识,我们知道,若连续型随机变量服从参数为 μ, σ 的正态分布,则 X 具有分布函数:

$$F(X) = \frac{1}{\sqrt{2\pi}\sigma} \int_{-\infty}^{x} e^{-\frac{(t-\mu)^2}{2\sigma^2}} dt$$

令 $u = \frac{t-\mu}{\sigma}$,上式可化为标准正态分布函数:

$$F(X) = \frac{1}{\sqrt{2\pi}} \int_{-\infty}^{\frac{(X-\mu)}{\sigma}} e^{-\frac{u^2}{2}} du = \Phi\left(\frac{X-\mu}{\sigma}\right)$$

令 $Z = \frac{X-\mu}{\sigma}$,由标准正态分布表,可直接查出 $x < x_0$ 的概率值:

$$P(X < X_0) = P\left(Z < \frac{X_0 - \mu}{\sigma}\right) = \Phi\left(\frac{X_0 - \mu}{\sigma}\right)$$

故经济指标在某一范围时的概率计算公式分别如式(7-16)~式(7-18)。

(1) 方案经济指标 x 小于或等于某一取值 x_0 时的概率为:

$$P(x \leq X_0) = P\left(Z < \frac{X_0 - E(X)}{\sigma}\right) \tag{7-16}$$

(2) 方案经济指标 x 大于某一取值 x_0 时的概率为:

$$P(x > X_0) = 1 - P(x < X_0) \tag{7-17}$$

(3) 方案经济指标 x 的取值在 $X_1 \sim X_2$ 之间时的概率为:

$$P(X_1 < x \leq X_2) = P\left(Z < \frac{X_2 - E(X)}{\sigma}\right) - P\left(Z < \frac{X_1 - E(X)}{\sigma}\right) \tag{7-18}$$

上式中的 Z 为标准正态随机变量。通过 Z 对随机变量 x 的代换,将 x 的正态分布转换为 Z 的标准正态分布。Z 取某一范围数值时的概率可通过查询标准正态分布表获取。

【例7-10】 已知某项目净现值服从正态分布,净现值期望值为150万元,标准差为79万元,试求:(1)项目净现值小于100万元的概率;(2)项目在经济上可行的概率;(3)项目净现值在200万~250万元之间的概率;(4)项目可能获得的最大净现值。

解: (1) $P(NPV < 100) = P\left(Z < \frac{100-150}{79}\right) = P(Z < -0.6329)$

查表得 $P(NPV < 100) = 0.2643 = 26.43\%$。

(2) $P(NPV > 0) = 1 - P(NPV < 0) = 1 - P\left(Z < \frac{0-150}{79}\right) = 1 - P(Z < -1.8987)$

查表得 $P(NPV > 0) = 1 - 0.0287 = 0.9713 = 97.13\%$。

(3) $P(200 < NPV < 250) = P\left(Z < \dfrac{250-150}{79}\right) - P\left(Z < \dfrac{200-150}{79}\right)$

$= P(Z < 1.2658) - P(Z < 0.6329)$

$P(Z < 0.6329) = 0.7357, P(Z < 1.2658) = 0.8980$

故有 $P(200 < NPV < 250) = 0.8980 - 0.7357 = 0.1623 = 16.23\%$。

(4) 设 $P(Z < Y) = 100\%$,查表得 $Y = 3.09$,

即 $\dfrac{NPV - E(NPV)}{\sigma} = 3.09$

$NPV = 3.09 \times \sigma + E(NPV) = 3.09 \times 79 + 150 = 394.11$

即 $P(NPV < 394.11) = 100\%$

这就是说,项目有100%可能获得的净现值是在394.11万元以下,或项目不可能获得比394.11万元更高的净现值。

对于随机净现值服从正态分布的投资项目,只要计算出净现值的期望值与标准差,即使不进行像【例7-10】那样的概率计算,也可以根据正态分布特点对方案的风险情况作出大致判断。

在正态分布条件下,由 $Z = \dfrac{X - E(x)}{\sigma}$,可得 $X = E(x) + Z\sigma$

由于 $P(Z = 0) = 0.5$

$P(-1 < Z \leqslant 1) = 0.6826$;

$P(-2 < Z \leqslant 2) = 0.9544$;

$P(-3 < Z \leqslant 3) = 0.9974$

所以有 $P[X = E(x)] = 0.5$;

$P[E(x) - \sigma < X \leqslant E(x) + \sigma] = 0.6826$;

$P[E(x) - 2\sigma < X \leqslant E(x) + 2\sigma] = 0.9544$;

$P[E(x) - 3\sigma < X \leqslant E(x) + 3\sigma] = 0.9974$

这说明,项目的经济指标的实际取值为期望值的可能性为50%,实际取值在$[E(x) \pm \sigma]$范围内的可能性为68.26%,在$[E(x) \pm 2\sigma]$范围内的可能性为95.44%,在$[E(x) \pm 3\sigma]$范围内的概率为99.74%,对于【例7-10】来说,意味着项目的实际净现值在229万元范围内的可能性有68.26%,在308万元范围内的可能性有95.44%,在387万元范围内的可能性有99.74%。

对项目经济指标取值的概率分析不明显,无法应用标准正态分布表进行查表计算情况下,其概率估计还可以用表算法。具体步骤为:将计算出来的各可能发生事件的净现值从小到大排列起来,直到出现第一个正值为止;并将各可能发生事件发生的概率按同样顺序加起来,求得累计概率。

【例7-11】 表7-5列出了某项目可能出现的几种净现值及相应概率,试估算项目净现值小于零的概率。

解: 将NPV值按从小到大的顺序排列,直到出现第一个正值为止,并将各可能发生事件发生的概率按同样顺序累加起来,求得累计概率。

根据表7-6,可得净现值小于零的累计概率为:

$$P(NPV<0) = 0.215 + (0.219 - 0.215)\frac{4025}{4025 + 2969} \approx 0.217$$

则净现值大于或等于零的累计概率为：

$$P(NPV \geqslant 0) = 1 - P(NPV<0) = 1 - 0.217 = 0.783$$

即净现值大于或等于零的可能性略低于 80%，说明项目承担的风险不大。

项目净现值及相应概率　　　　　　　　　　　　　　　　表 7-5

净现值(万元)	32489	41133	49778	-4025	4620	13265	-40537	-31893
概率	0.15	0.12	0.03	0.12	0.096	0.024	0.03	0.024
净现值(万元)	-23248	49920	58565	67209	13407	22051	30696	-23106
概率	0.006	0.075	0.06	0.015	0.06	0.048	0.012	0.015
净现值(万元)	-14462	-5817	67351	75996	84641	30838	39483	48127
概率	0.012	0.003	0.025	0.02	0.005	0.02	0.016	0.004
净现值(万元)	-5675	2969	11614					
概率	0.005	0.004	0.001					

累 计 概 率　　　　　　　　　　　　　　　　表 7-6

净现值(万元)	-40537	-31893	-23248	-23106	-14462	-5817	-5675	-4025	2969
累计概率	0.03	0.054	0.06	0.075	0.087	0.09	0.095	0.215	0.219

二、多方案选优时，对方案经济效益的风险比较

标准差虽然可以反映随机变量的离散程度，但它是一个绝对值，其大小与变量的数值及期望值的大小有关。一般而言，变量的期望值越大，其标准差也越大。特别是需要对多方案的风险程度进行比较时，标准差往往不能够准确反映风险程度的差异。为此引入另一个指标，称为变异系数，即标准差系数(或称离散系数)。标准差系数是标准差与期望值的比值，是用相对数表示的离散程度，即风险大小，用公式表示为：

$$V = \frac{\sigma}{E(x)} \tag{7-19}$$

其中 V 表示变异系数。

由于变异系数是一个相对数，不会受变量和期望值绝对值大小的影响，因而它能更好地反映投资方案的风险程度。显然，变异系数越大，表示该项目经济效益的风险越大。

在进行多方案比选时，如果多个方案的期望值与标准差均不相同，则变异系数较小的方案风险更低。

第四节　蒙特卡罗模拟分析

在实际工作中，用前面的解析方法进行不确定性分析有时会遇到困难。例如现有的参数计算公式不适合，没有足够的根据对方案经济效果指标的概率分布类型作出明确判断或

者这种分布无法用典型分布来描述,或影响评价指标的随机变量较多且概率分布是连续型的,或即便每种变量取离散值,但各种离散值和概率的赋值困难,最终的组合数量也很大等问题。在这种情况下,如果已知影响方案经济效果的不确定性因素的概率分布,采用蒙特卡罗(Monte Carlo)模拟方法就能较方便地解决此类问题。

蒙特卡罗模拟方法也称为随机模拟法、统计试验法,是用反复进行随机抽样的方法模拟各种随机变量的变化,进而通过计算了解方案经济效果指标的概率分布的一种分析方法。它的实质是实验,即利用计算机模拟技术,对项目的不确定因素进行模拟,通过抽取服从项目不确定因素分布的随机数,计算分析项目经济效果评价指标的一个模拟样本值,从而得出项目经济效果评价指标的概率分布,以提供项目不确定性因素对项目经济指标影响的全面情况。该方法主要用于评估多个不确定性风险因素对项目总体经济效果评价目标所产生的影响,对连续型分布的不确定性因素的评估较为有效。

一、蒙特卡罗模拟方法原理

蒙特卡罗模拟方法的原理是将项目经济效果评价指标用数学模型表示,模拟模型中尽可能地包含影响该项目经济效果评价指标的主要不确定性因素。每个不确定性因素的风险结果及所发生的概率都用具体的概率分布来描述,借助于数学方法,利用计算机产生的随机数计算得到各不确定性因素的随机值。当各不确定性因素的一组随机值确定之后,就可依据数学模型得到经济效果评价指标的一个随机结果。当模拟次数足够多时,这些经济效果评价指标样本分布就可以看作是经济效果评价指标的总体分布。大量反复进行这种模拟计算,就可得到经济效果评价指标的概率密度曲线或累计概率分布曲线,从而对经济效果评价指标的可能结果作出较为准确的评估。

二、蒙特卡罗模拟方法的程序

蒙特卡罗模拟方法的操作步骤为:
(1)确定经济效果评价指标;
(2)建立经济效果评价指标与主要不确定性因素关系的数学模型;
(3)确定各不确定性因素的概率密度函数、累计概率分布函数;
(4)对各不确定性因素的累计概率分布函数进行数学变换,得到各不确定性因素的随机值计算公式;
(5)对每一不确定性因素,利用计算机产生的随机数计算得到各不确定性因素的随机值,将各不确定性因素的一组随机值代入经济效果评价指标的模拟模型中便可得到经济效果评价指标的一个随机结果;
(6)进行N次步骤(5)的过程(N为设定的模拟次数),得到经济效果评价指标的N个随机结果;
(7)对步骤(6)的结果进行整理,绘制出经济效果评价指标的概率密度曲线和(或)累计概率分布曲线,从而完成对经济效果评价指标的评估。

各不确定性因素的概率分布可以是离散型分布也可以是连续型分布。连续型分布中一般有均匀分布、三角形分布、正态分布等,其概率密度函数、累计概率分布函数、随机值的计算公式见表7-7。

常见的连续型概率分布　　　　　　　　　　　　　　　　　　　　　　表 7-7

分布形式	均匀分布	三角形分布	正态分布
概率密度函数	$f(x) = \begin{cases} \dfrac{1}{b-a} & (a \leq x \leq b) \\ 0 & (x<a, x>b) \end{cases}$	$f(x) = \begin{cases} \dfrac{2(x-a)}{(b-a)(c-a)} & (a \leq x \leq c) \\ \dfrac{2(b-x)}{(b-a)(b-c)} & (c < x \leq b) \\ 0 & (x<a, x>b) \end{cases}$	$f(x) = \dfrac{1}{\sqrt{2\pi}\sigma} e^{-\dfrac{(x-\mu)^2}{2\sigma^2}}$ $(-\infty < x < \infty)$ 式中：σ——均方差； μ——期望值
累计概率分布函数	$F(x) = \begin{cases} 0 & (x<a) \\ \dfrac{x-a}{b-a} & (a \leq x < b) \\ 1 & (x \geq b) \end{cases}$	$F(x) = \begin{cases} 0 & (x<a) \\ \dfrac{(x-a)^2}{(b-a)(c-a)} & (a \leq x < c) \\ 1 - \dfrac{(b-x)^2}{(b-a)(b-c)} & (c \leq x < b) \\ 1 & (b \leq x) \end{cases}$	$F(x) = \displaystyle\int_{-\infty}^{x} \dfrac{1}{\sqrt{2\pi}} e^{-\frac{1}{2}t^2} dt$
随机值的计算公式	$v = a + (b-a)r$	$v = \begin{cases} a + \sqrt{(b-a)(c-a)r} & \left(0 \leq r \leq \dfrac{c-a}{b-a}\right) \\ b - \sqrt{(b-a)(b-c)(1-r)} & \left(\dfrac{c-a}{b-a} < r \leq 1\right) \end{cases}$	近似公式： $v = \mu + \sigma\left(\displaystyle\sum_{i=1}^{12} r_i - 6\right)$ 式中，r_i 为 $(0, 1)$ 区间上的随机数

【例 7-12】 某项目预计投资 1 亿元，计划两年建成，第三年投产并在当年达产。从项目建成开始计算，预计每年税前利润为 2000 万元，项目经营期为 12 年。利用相关历史数据推测，该类项目的投资服从最悲观值为 1.3 亿元、最可能值为 1 亿元、最乐观值为 9000 万元的三角形分布，税前利润服从期望值（μ）为 2000 万元、均方值（σ）为 100 万元的正态分布。试利用蒙特卡罗模拟方法，对该项目在不同企业目标收益率情况下的全投资税前 $FNPV$ 进行风险分析。

解：（1）经济效果评价指标为全投资税前 $FNPV$，影响经济效果评价指标的主要不确定性因素为投资和税前利润。

（2）经济效果评价指标与不确定性因素的模型为：

$$FNPV = \sum_{t=0}^{n}(CI-CO)_t(1+i_e)^t = 税前利润 \times (P/A, i_e, n) - 投资现值$$

（3）各不确定性因素的分布函数。

①投资服从三角形分布，概率密度函数及累计概率分布函数的计算公式见表 7-7，其中：$a = 9000, b = 13000, c = 10000$，则有：

$$f(x) = \begin{cases} \dfrac{2(x-9000)}{(13000-9000) \times (10000-9000)} & (9000 \leq x \leq 10000) \\ \dfrac{2(13000-x)}{(13000-9000) \times (13000-10000)} & (10000 < x \leq 13000) \\ 0 & (x < 9000, x > 13000) \end{cases}$$

$$F(x) = \begin{cases} 0 & (x < 9000) \\ \dfrac{(x-9000)^2}{(13000-9000) \times (10000-9000)} & (9000 \leq x \leq 10000) \\ 1 - \dfrac{(13000-x)^2}{(13000-9000) \times (13000-10000)} & (10000 < x \leq 13000) \\ 1 & (13000 < x) \end{cases}$$

② 税前利润服从正态分布,概率密度函数及累计概率分布函数的计算公式见表 7-7,其中: $\mu = 2000, \sigma = 100$,则有:

$$f(x) = \frac{1}{100\sqrt{2\pi}} \cdot e^{-(x-2000)^2/(2 \times 100^2)} \quad (-\infty < x < +\infty)$$

$$F(x) = \frac{1}{\sqrt{2\pi}} \int_{-\infty}^{\frac{x-2000}{100}} e^{-\frac{1}{2}t^2} dt$$

(4) 计算各不确定性因素的随机值。

① 投资的随机值。

根据表 7-7,有:

$$v = \begin{cases} 9000 + \sqrt{(13000-9000) \times (10000-9000)r} & \left(0 \leq r \leq \dfrac{10000-9000}{13000-9000}\right) \\ 13000 - \sqrt{(13000-9000) \times (13000-10000)(1-r)} & \left(\dfrac{10000-9000}{13000-9000} < r \leq 1\right) \end{cases}$$

设 r 为 $(0,1)$ 区间上的随机数,若 $r = 0.4899$,则固定资产投资的随机值为:

$$v = 13000 - \sqrt{(13000-9000) \times (13000-10000) \times (1-0.4899)} = 10526(万元)$$

② 税前利润的随机值。

根据表 7-7,有:

$$v = 2000 + 100 \times \left(\sum_{i=1}^{12} r_i - 6\right)$$

对税前利润不确定性因素,先抽取 12 个随机数 r,计算出 $\left(\sum_{i=1}^{12} r_i - 6\right) = 0.4300$,则税前利润的随机值为:

$$v = 2000 + 100 \times 0.4300 = 2043(万元)$$

(5) 将投资和税前利润的随机值代入经济效果评价指标与不确定性因素的模型,计算得经济效果评价指标的随机结果值为:

$i_e = 12\%$ 时, $2043(P/A,12\%,12) - 10526 = 2129(万元)$

$i_e = 13\%$ 时, $2043(P/A,13\%,12) - 10526 = 1564(万元)$

(6) 重复 20 次步骤 (4) ~ (5) 的过程,得到 20 组不确定性因素的随机值和 20 个经济效果评价指标的随机结果值,见表 7-8。

各不确定性因素随机值及经济效果评价指标随机结果(单位:万元)　　　表 7-8

模拟序号	投资随机值	税前利润随机值	全投资税前 FNPV 随机结果	
			$i_e = 12\%$	$i_e = 13\%$
1	10526	2043	2129	1564
2	10153	1952	1938	1398
3	10049	2029	2519	1958
4	10700	2057	2042	1473
5	12093	1973	129	−417
6	12621	2042	28	−537
7	11053	2033	1540	978
8	9838	1995	2520	1968
9	11807	1980	458	−90
10	11598	1965	574	30
11	11989	2016	499	−59
12	10162	2145	3125	2531
13	9548	1995	2810	2258
14	10686	1982	1591	1043
15	11858	1870	−275	−792
16	10596	1912	1248	719
17	10808	1869	769	252
18	11464	2017	1030	472
19	11574	1905	226	−301
20	11346	2049	1346	779

(7)对步骤(6)的结果进行整理,将 FNPV 按从小到大的次序排列,并计算累计概率,得到经济效果评价指标的累计概率分布,如图 7-6 所示。

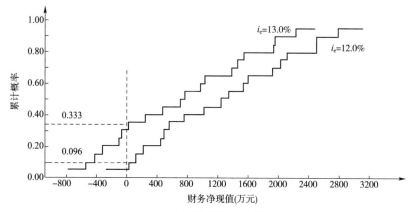

图 7-6　经济效果评价指标的模拟结果

由图 7-6 可知:

①在企业目标收益率为 13% 的情况下,全投资税前 $FNPV \geq 0$ 的概率为 $(1 - 33.3\%) = 66.7\%$,风险较大。

②在企业目标收益率为12%的情况下,全投资税前 $FNPV \geq 0$ 的概率为$(1-9.6\%)=90.4\%$,风险较小。

由于本例中模拟次数仅为20次,因此累计概率曲线不够光滑,易产生误差。从理论上讲,模拟次数越多,结果越准确。模拟次数的多少与问题的复杂程度、预测要求的精度有关,可以从几十次到数百次不等。

应用蒙特卡罗模拟法的主要优点在于:只要求能正确地用数学式描述项目风险发生的概率,原则上说总可以找到解。当在计算机上进行多次试验后,其解将会取得满意的精度。

第五节 风险决策

从理论上看,决策按其确定性程度可以分为确定性决策、风险决策和不确定性决策。

确定性决策是指事先可以确知决策后果的各种决策;风险决策是指事先可以知道决策所有可能的后果,以及每一种后果出现的概率;不确定性决策是指人们事先不知道决策的所有可能后果,或者虽然知道所有可能后果,但不知道它们出现的概率。

从项目投资实务看,风险和不确定性很难严格区分。当我们面临不确定情况时,仍然需要作出决策,不得不依靠直觉判断和预感设想几种可能并给出主观概率,使不确定性问题转化为风险问题。

当我们进行风险决策时,需要根据历史资料确定每一后果的概率,它们并不是未来的准确描述,只是近似的估计,或多或少也带有主观性质,未来事件的概率总是不确定的。这就是说,从投资人面临的环境来看,未来发展总有或多或少的不确定性。从决策方法来看,我们必须先设定各种可能后果及其概率才能展开分析,从而使所有问题都变为风险问题。因此,风险决策大量地使用于项目投资分析中。

风险决策中常用的方法有风险调整贴现率法、矩阵法和决策树法等。

一、风险调整贴现率法

如果两个方案的预期报酬率相同,一个是肯定的(无风险),另一个是不肯定的(有风险)。投资者当然会愿意选择前者,这种现象称之为"风险反感"。由于存在风险反感,促使投资人选择高风险项目的基本条件是它必须有足够高的预期报酬率,风险程度越大,要求的报酬率越高。风险投资所要求的超过货币时间价值的那部分额外报酬,称为风险报酬或风险价值。通常使用百分数来表示风险报酬的高低。如果假设没有通货膨胀,投资报酬率应当是货币时间价值与风险价值之和。风险时间价值是无风险的最低报酬率。如果假设风险程度与风险调整最低报酬率之间存在线性关系,则它们之间的关系可表示为:

风险调整最低报酬率 = 无风险最低报酬率 + 风险报酬 = 无风险最低报酬率 +
风险报酬斜率 × 风险程度

风险调整贴现率法的基本思想是对于高风险的项目,采用较高的贴现率去计算净现值,然后再根据净现值法的规则来选择方案。

这种方法的关键是确定风险调整最低报酬率,用公式表示,则为:

$$K = i + bQ \tag{7-20}$$

式中：K——风险调整最低报酬率；

b——风险报酬斜率。反映风险程度变化对风险调整最低报酬率影响的大小；

Q——风险程度；

i——无风险贴现率。

下面通过一个例子来说明怎样计算风险程度、风险报酬斜率，以及根据风险调整最低报酬率来选择方案。

【例 7-13】 某项目的最低报酬率为 6%，现有 3 种方案，有关资料见表 7-9。假设中等风险程度的项目变化系数为 0.5，通常要求的含有风险报酬的最低报酬率 11%，无风险的最低报酬率 i 为 6%。试对 3 种方案作出评价。

项目方案相关数据　　　　　　　　　　　　　　表 7-9

年度	方案 A		方案 B		方案 C	
	NCF(万元)	概率	NCF(万元)	概率	NCF(万元)	概率
0	-500	1	-200	1	-200	1
1	300	0.25				
	200	0.5				
	100	0.25				
2	400	0.2				
	300	0.6				
	200	0.2				
3	250	0.3	150	0.2	300	0.1
	200	0.4	400	0.6	400	0.8
	150	0.3	650	0.2	500	0.1

解：从表 7-9 看，本题的风险因素全部都在 1~3 年的 NCF 中，可用期望值 E 和标准差 σ 来描述。对方案 A，有：

$$E_1 = 300 \times 0.25 + 200 \times 0.5 + 100 \times 0.25 = 200$$
$$E_2 = 400 \times 0.2 + 300 \times 0.6 + 200 \times 0.2 = 300$$
$$E_3 = 250 \times 0.3 + 200 \times 0.4 + 150 \times 0.3 = 200$$

则

$$EPV_A = \frac{200}{1.06} + \frac{300}{1.06^2} + \frac{200}{1.06^3} = 623.6(万元)$$

$$\sigma_1 = \sqrt{(300-200)^2 \times 0.25 + (200-200)^2 \times 0.5 + (100-200)^2 \times 0.25} = 70.71(万元)$$

$$\sigma_2 = \sqrt{(400-300)^2 \times 0.2 + (300-300)^2 \times 0.6 + (200-300)^2 \times 0.25} = 63.25(万元)$$

$$\sigma_3 = \sqrt{(250-200)^2 \times 0.3 + (200-200)^2 \times 0.4 + (150-200)^2 \times 0.3} = 38.73(万元)$$

3 年 NCF 总的离散程度，即综合标准差为：

$$D_A = \sqrt{\sum_{t=1}^{N} \frac{\sigma_t^2}{(1+i)^{2t}}} = \sqrt{\frac{70.71^2}{1.06^2} + \frac{63.25^2}{1.06^4} + \frac{38.73^2}{1.06^6}} = 93.14(万元)$$

D 可以反映 NCF 不确定的大小，但它是一个绝对数，受现金流量金额的影响，如果概率分布相同,净现金流量越大,标准差就越大,不便于比较不同规模项目的风险大小。为了解决这一困难,引入变化系数 $q = \frac{\sigma}{E}$,该系数是标准差与期望值的比值,是用相对数表示的离散程度,即风险大小。为了综合各年的风险,对于具有一系列现金流入的方案,用综合变化系数 Q 描述,即:

$$Q = \frac{D}{EPV} \quad (EPV \text{ 为净现金流量预期现值})$$

因此,
$$Q_A = \frac{93.14}{623.6} = 0.15$$

b 值是经验数据,可由历史资料用高低点法或直线回归法求出。

$$b = \frac{11\% - 6\%}{0.5} = 0.1$$

则方案 A 的风险调整贴现率为: $K_A = 6\% + 0.1 \times 0.15 = 7.5\%$

$$EPV_B = 400(\text{万元})$$
$$EPV_C = 400(\text{万元})$$

$$D_B = \sqrt{(150-400)^2 \times 0.2 + (400-400)^2 \times 0.6 + (650-400)^2 \times 0.2} = 158.1(\text{万元})$$

$$D_C = \sqrt{(300-400)^2 \times 0.1 + (400-400)^2 \times 0.8 + (500-400)^2 \times 0.1} = 44.7(\text{万元})$$

由于方案 B 和方案 C 只在第三年有现金流入,分子分母同时贴现其值不变,故该年的变化系数就是全部流入的变化系数,无须进行贴现,可直接计算变化系数。

$$Q_B = 158.1/400 = 0.40$$
$$Q_C = 44.7/400 = 0.11$$
$$K_B = 6\% + 0.1 \times 0.40 = 10\%$$

所以有:
$$K_C = 6\% + 0.1 \times 0.11 = 7.1\%$$

最后,根据不同的风险调整最低报酬率,计算净现值:

$$NPV_A = \frac{200}{1.075} + \frac{300}{1.075^2} + \frac{200}{1.075^2} - 500 = 106.6(\text{万元})$$

$$NPV_B = \frac{400}{1.1^3} - 200 = 100.5(\text{万元})$$

$$NPV_C = \frac{400}{1.071^3} - 200 = 125.6(\text{万元})$$

故三方案优先顺序为 C > A > B。

如果不考虑风险因素,以最大可能的现金流量作为肯定现金流量,以 6% 贴现,$NPV_A = 123.6$,$NPV_B = NPV_C 135.8$,其顺序为 B = C > A。

风险调整贴现率法比较符合逻辑,不仅为理论家认可,并且使用广泛。但是这种方法把时间因素和风险价值混在一起,假设了风险随着时间延长而增长的趋势,故有时与事实不符。

二、矩阵法

矩阵法也是风险决策常用的方法。这种方法是利用一个矩阵模型,分别计算各方案在不同自然状态下的损益值,再根据客观概率的大小,加权平均,计算出各方案的损益期望值,进行比较,从中选择一个最佳方案。对于一些具有较多复杂影响因素,计算量大的决策问题,可以运用风险矩阵法进行决策。

风险矩阵决策的基本步骤如下:
(1)构成决策问题,主要是确定决策目标,拟定解决决策问题可采取的各种行动方案;
(2)确定各种决策方案可能的后果,设定各种后果发生的概率;
(3)根据决策者的偏好,对各种后果计算其损益值;
(4)计算各方案的期望损益值,比较各个方案,选择决策者最满意的方案。

对于风险型项目,其风险决策矩阵模型的一般形式见表 7-10。

令 $V = \begin{bmatrix} V_{11} & V_{12} & \cdots & V_{1n} \\ V_{21} & V_{22} & \cdots & V_{2N} \\ \vdots & \vdots & \cdots & \vdots \\ V_{m1} & V_{m2} & \cdots & V_{mn} \end{bmatrix}$ $P = \begin{bmatrix} P_1 \\ P_2 \\ \vdots \\ P_n \end{bmatrix}$ $E = \begin{bmatrix} E_1 \\ E_2 \\ \vdots \\ E_m \end{bmatrix}$

风险决策矩阵模型 表 7-10

方案	状态			
	Q_1	Q_2	Q_j	Q_n
	P_1	P_2	P_j	P_n
A_1	V_{11}	V_{12}	V_{1j}	V_{1n}
A_2	V_{21}	V_{22}	V_{2j}	V_{2n}
…	…	…	…	…
A_i	V_{i1}	V_{i2}	V_{ij}	V_{in}
…	…	…	…	…
A_m	V_{m1}	V_{m2}	V_{mj}	V_{mn}

V 称为损益矩阵,P 称为概率向量,E 称为损益期望值向量。

E 中的元素 $E_i (i=1,2,\cdots,m)$ 为方案 A_i 的损益期望值。

利用矩阵运算,可以很方便地求出 $E = VP$。

【例 7-14】 某工程项目需要进行决策,在充分的前期工作准备后,假设其方案、状态、概率、损益及期望值见表 7-11。

某工程项目决策基本数据 表 7-11

方案	自然状态及概率				损益期望值 E (A)
	Q_1	Q_2	Q_3	Q_4	
	0.2	0.4	0.1	0.3	
A_1	4	5	6	7	5.5
A_2	2	4	6	9	5.3
A_3	5	7	3	5	5.6
A_4	3	4	6	8	5.2
A_5	3	5	5	5	4.6

解:根据前述矩阵法的基本思路,则有:

损益矩阵
$$V = \begin{bmatrix} 4 & 5 & 6 & 7 \\ 2 & 4 & 6 & 9 \\ 5 & 7 & 3 & 5 \\ 3 & 4 & 6 & 8 \\ 3 & 5 & 5 & 5 \end{bmatrix}$$

概率矩阵 $\quad P = (0.2, 0.4, 0.1, 0.3)$

损益期望值
$$E(A) = \begin{bmatrix} E(A_1) \\ E(A_2) \\ E(A_3) \\ E(A_4) \\ E(A_5) \end{bmatrix} = V \times P = \begin{bmatrix} 5.5 \\ 5.3 \\ 5.6 \\ 5.2 \\ 4.6 \end{bmatrix}$$

由于本例是希望收益最大,而 $\max[E(A)] = E(A_3) = 5.6$,所以合理决策应该选方案 A。

利用矩阵法进行风险决策,采用的决策原则是期望值原则。故当损益值为费用时,$\min\{E_i \mid i = 1, 2, \cdots, m\}$ 对应的方案为最优方案。当损益值为收益时,$\max\{E_i \mid i = 1, 2, \cdots, m\}$ 对应的方案为最优方案。

当备选方案数目很大时,采用矩阵法便于利用现代化的计算手段,进行风险决策。

上面介绍的方法,是采用期望值原则,是将方案在各种自然状态下的收益与损失进行加权平均。它掩盖了偶然情况的损失,所以选择哪一个方案都有一定风险。因此,我们还可以采取最大可能标准的原则进行决策分析,即选择自然状态中概率最大的事件,再计算这种自然状态下,各个方案的损益值,然后进行选优决策。

三、决策树法

利用矩阵表进行风险决策,虽是一种很有用的方法,但矩阵表的使用有一定的局限性,只能在决策方案同客观状态两者之间毫无关联的情况下使用。如果决策方案同客观状态有关联,一个方案执行后可能出现这一客观状态,另一个方案执行后又可能出现那一种客观状态;或者虽然出现的客观状态是一样,但概率分布不相同,这时矩阵表就难以使用了,特别是在多目标决策和多级决策中,矩阵表就越显不适应。这时,就需用决策树法进行分析。

决策树法是指一种利用概率分析原理,把方案的一系列因素按它们的相互关系用树状结构表示,再按一定程序进行优选和决策的技术方法。特别适用于多级决策的复杂问题分析,其采用的决策原则,也是期望值原则。

决策树的构成有四个要素:决策点(用符号"□"表示)、方案枝、状态结点(用符号"○"表示)、概率枝。决策树是以决策结点为出发点,引出若干方案枝,每一分枝表示一个可供选择的方案,方案枝的末端,有一个状态结点,从状态结点引出若干概率枝,每条概率枝表示一种可能发生的状态。概率枝上说明每种状态的概率,每一概率枝末端为相应的损益值。

利用决策树进行决策的过程和步骤是：绘制决策树图；预计可能出现的自然状态及其发生的概率；由右向左，逐步后退，根据各种状态发生的概率与相应的损益值，分别计算每一方案的损益期望值，并将其标在相应的状态点上；然后，比较各方案的损益期望值，淘汰不理想的方案，最后保留下来的就是选定的方案。下面举例说明。

【例 7-15】 某公司拟建一综合性检测站，建设期 1 年，预计寿命期 15 年，根据对市场预测，综合检测站有三种可能的经营前景：

Q_1：15 年经营状况一直很好，发生的概率为 $P(Q_1) = 0.5$；

Q_2：15 年经营状况一直不好，发生的概率为 $P(Q_2) = 0.3$；

Q_3：前 7 年经营状况好，后 8 年经营状况不好，发生的概率 $P(Q_3) = 0.2$。

公司目前需要作出的决策是建一个大站还是建一个小站；如果建大站，需投资 260 万元，建成后，无论经营状况如何，15 年将维持原规模；如果建小站，需要投资 150 万元，7 年后还可根据市场情况再作是扩建还是不扩建的新决策；如果扩建小站，还需再投资 180 万元，各种情况下每年的净收益见表 7-12（标准折现率 $i_0 = 10\%$）。

不同情况下各年的净收益（单位：万元） 表 7-12

方　案		市　场　前　景					
		Q_1		Q_2		Q_3	
		1～7 年	8～15 年	1～7 年	8～15 年	1～7 年	8～15 年
建大站		80	80	50	50	80	60
建小站	7 年后扩建	30	70			30	50
	7 年后不扩建	30	30	16	16	30	16

解：本例是一个两阶段风险决策问题。根据以上数据，可先绘出其决策树，如图 7-7 所示。

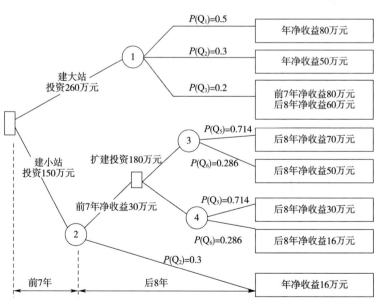

图 7-7　决策树分析图

设前 7 年销路好的概率为 $P(Q_4)$；前 7 年销路好，后 8 年销路也好的概率为 $P(Q_5)$；在前 7 年销路好的条件下，后 8 年销路不好的概率为 $P(Q_6)$。则有：

$$P(Q_4) = P(Q_1) + P(Q_3) = 0.7$$
$$P(Q_5) = P(Q_1)/P(Q_4) = 0.714$$
$$P(Q_6) = P(Q_3)/P(Q_4) = 0.286$$

在第二级决策计算中，以第 7 年末为基准年，从右向左计算：

$$E(NPV)_3 = 70 \times (P/A,10\%,8) \times 0.714 + 50 \times (P/A,10\%,8) \times 0.286 - 180 = 162.93$$
$$E(NPV)_4 = 30 \times (P/A,10\%,8) \times 0.714 + 16 \times (P/A,10\%,8) \times 0.286 = 138.69$$
$$E(NPV)_3 > E(NPV)_4$$

根据期望值原则，在第二级决策点应选择扩建方案。

剪枝，留下扩建方案。

下面计算第一级决策点各备选方案净现值的期望值。

在第一级决策计算中，以第 0 年末为基准年，有：

$$E(NPV)_1 = 80 \times (P/A,10\%,15) \times 0.5 + 50 \times (P/A,10\%,15) \times 0.3 + [80(P/A,10\%,7) + 60 \times (P/A,10\%,8)(P/F,10\%,7)] \times 0.2 - 260 = 269.08$$

$$E(NPV)_2 = [162.92 \times (P/F,10\%,8) + 30 \times (P/A,10\%,7)] \times 0.7 + 16 \times (P/A,10\%,15) \times 0.3 - 150 = 41.95$$

$$E(NPV)_1 > E(NPV)_2$$

即建大站方案净现值的期望值大于建小站方案净现值的期望值，故在第一级决策点应选择建大站。

值得注意的是，本例题是根据期望值的原则，如果两方案净现值的期望值相等，可按方差原则进行选择。

决策树分析法具有以下优点：便于有次序、有步骤、直观而又周密地考虑问题；便于集体讨论和决策；便于进行复杂问题的决策。

第六节 Excel 电子表格的运用

一、敏感性分析

可利用 Excel 电子表格很方便地进行敏感性分析计算。

【例 7-16】 有一个投资方案，用于确定性经济分析的现金流量表如下：投资 15 万元，建设期 1 年，寿命期 10 年，投产后各年收入为 22 万元，经营成本为 15.2 万元，税金按收入的 10% 缴纳，寿命期末残值 2 万元。所采用的数据是根据对未来最可能出现情况的预测估计，由于对未来影响经济环境的某些因素把握不大，投资、经营成本和价格都有可能在 20% 的范围内变动，设标准折现率为 10%，试分别就上述三个不确定因素进行净现值敏感性的单因素分析。

解：在电子表格纵栏 A1、A2、A3、A4、A5 中分别输入各不确定因素的变化率 -20%、-10%、0、10%、20%，并在电子表格第一年对应的 B1、C1、D1 横栏部分分别输入相应计算公式，具体计算公式赋值见表 7-13。

Excel 电子表格赋值表 表 7-13

单元格	计 算 公 式	说　　明
B1	$=-15(1+A1)+(22-15.2-2.2)(P/A,10\%,10)(P/F,10\%,1)+2(P/F,10\%,11)$	投资取不同变化率时的净现值
C1	$=-15+[22-2.2-15.2(1+A1)](P/A,10\%,10)(P/F,10\%,1)+2(P/F,10\%,11)$	成本取不同变化率时的净现值
D1	$=-15+[(22-2.2)(1+A1)-15.2](P/A,10\%,10)(P/F,10\%,1)+2(P/F,10\%,11)$	价格取不同变化率时的净现值

分别计算出投资（B1）、经营成本（C1）和价格（D1）在原确定性分析数值基础上变动率为 -20% 时的净现值，再分别复制 B1、C1、D1，分别粘贴在相应的 B2、C2、D2、B3、C3、D3、B4、C4、D4、B5、C5、D5 栏中，就可很方便地分别计算出投资额、经营成本和价格变化率为 -10%、0、10%、20% 的净现值数值。计算结果见表 7-14。

敏感性分析计算表（万元） 表 7-14

序　号	A	B	C	D
1	-20%	14.4	28.4	-10.7
2	-10%	12.9	19.9	0.33
3	0	11.4	11.4	11.4
4	10%	9.9	2.9	22.5
5	20%	8.4	5.6	33.5

利用 Excel 电子表格可以很方便地进行很多次计算。变化率取点越多，经济效果指标随各不定因素变化的情况就越直观，对项目风险的判断就越清楚，画出的图形也就越准确。根据表中数据，可绘出敏感性曲线图，如图 7-8 所示。

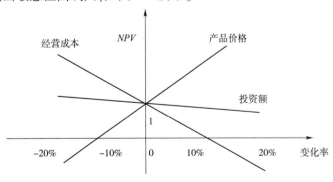

图 7-8　敏感性曲线图

从图 7-8 可看出，各不定参数变化所引起的净现值变化曲线多是一直线，直线的斜率大，说明增减单位变化率引起的净现值变化大，即项目对相应参数的敏感性强。因此，可以通过判断各曲线斜率的大小来确定项目对各参数的敏感性大小。图 7-8 显示,各曲线均经过 $NPV=11.4$ 万元的同一点,因此,各曲线斜率的大小取决于曲线与横轴交点距原点的距离,该距离大,则曲线斜率小。而曲线与横轴交点的坐标值,即 $NPV=0$ 时的参数临界变化率值。由此可知,参数临界变化率的绝对值越小,曲线斜率越大,项目对该参数越敏感。本例参数敏感程度由大到小排列为:价格、经营成本、投资。

在敏感性曲线图上,可根据图解法,找出各敏感曲线与横轴的交点,得到各曲线使 $NPV=0$ 时的变化率的近似值。也可以根据代数法,分别令 B1、C1、D1 的计算公式等于零,就可以求出三个 A1,76%、13.4%、10.3%,其分别为项目净现值为零时,投资、经营成本和价格三个不定参数允许变化的最大值。即如果产品价格低于原预测值的 10.3%以上,或经营成本高于原预测值的 13.4%以上,或投资高于原预测值的 76%以上时,项目将亏损。反之,项目则盈利。若实施这一方案,需严格控制价格和成本,否则项目风险很大。

二、蒙特卡罗风险分析

蒙特卡罗方法的关键是产生服从某种分布的随机数。一般只要知道随机变量累计频率的反函数,都可以在(0,1)均匀分布的随机数的基础上把它们产生出来。在 Excel 电子表格中,用函数 RAND( ),可自动产生(0,1)区间的均匀分布的随机变量。对于有些常用的累计频率函数的反函数,计算机一般也能提供,如标准正态分布的随机数在 Excel 中可直接用函数 NORMSINV(RAND( ))来产生。有些新版的微软 Excel 软件还有随机数发生器,可以直接产生七种常用的分布的随机数。

【例 7-17】 某工程投资项目的几个主要参数都具有不确定性,根据专家的意见和调查分析,这些参数的分布和特征值如下:

(1)初始投资,服从正态分布,期望值和标准差分别为 50000 万元和 1000 万元;
(2)研究期(项目的寿命周期),服从均匀分布,最短 10 年,最长 14 年;
(3)年经营收入服从离散分布,有三种可能,见表 7-15;

年经营收入对应概率　　　　　　　　　表 7-15

年收入(万元)	概　率
35000	0.4
40000	0.5
35000	0.1

(4)年经营成本(包括税收等支出)服从正态分布,期望值和标准差分别是 30000 万元和 2000 万元;
(5)基准贴现率确定为 10%。

试用以上参数模拟该投资项目的融资前税前净现值($FNPV$)的分布和特征值。

解: 由于净现值与所给的参数有相当复杂的函数关系,无法用分析的方法求净现值的分布和特征值。表 7-16 给出了用电子表格进行模拟的前 10 轮的结果,净现值的平均值为 6792 万元。这种模拟可以一直进行下去,经 1000 次的模拟,其净现值的平均值为 7949 万元,应该说很接近期望值了。可以根据模拟输出的样本,进行统计拟合,按净现值的分布、估计的期望值和标准差给出净现值 $FNPV<0$ 的概率和置信区间。

表 7-16 第 11 行单元格(背景有阴影的行)的函数和赋值见表 7-17。

电子表格显示的模拟图(万元)   表 7-16

单元格	A	B	C	D	E	F	G	H	I	J
1	基准贴现率	10%								
2				期望值	标准差					
3			初始投资	50000	1000		年收入	概率	累计概率	
4			年经营成本	30000	2000		35000	0.4	0.4	
5							40000	0.5	0.9	
6				最短	最长		45000	0.1	1.0	
7			寿命周期/年	10	14					
8										
9										
10	模拟次序	标准正态1	初始投资	(0,1)均匀	研究期	(0,1)均匀	年收入	标准正态2	年经营成本	净现值
11	1	-0.9001	49100	0.9640	14	0.5594	40000	0.5146	31029	16985
12	2	1.3476	51348	0.3898	12	0.5227	40000	0.0431	30086	16202
13	3	1.4180	51418	0.3571	11	0.7359	40000	0.8535	31707	2445
14	4	0.6664	50666	0.8340	13	0.1923	35000	2.6616	35323	-52963
15	5	0.0037	50004	0.7926	13	0.6789	40000	0.2436	30487	17569
16	6	-0.9339	49066	0.3670	11	0.9933	45000	0.3271	30654	44111
17	7	1.4906	51491	0.4632	12	0.4302	40000	-0.7561	28488	26950
18	8	1.0685	51069	0.2751	11	0.5241	40000	-0.6986	28603	22957
19	9	-1.4971	48503	0.1955	11	0.6042	40000	0.3198	30640	12293
20	10	1.3487	51349	0.1301	11	0.0854	35000	1.0609	32122	-32655
21										
22										平均 7389

Excel 电子表格函数和赋值   表 7-17

单元格	函数或赋值	说 明
B11	= NORMSINV(RAND( ))	产生标准正态分布的随机数
C11	= ($D$3 + $E$3 * B11)	产生初始投资的随机数(正态)
D11	= RAND( )	产生(0,1)均匀分布的随机数

续上表

单元格	函数或赋值	说　明
E11	=ROUND($D$7+D11*($E$7−$D$7),0)	产生寿命期,均匀分布,取整
F11	=RAND()	产生(0,1)均匀分布的随机数
G11	=IF(F11<=I$4,G$4,IF(F11<=I$5,G$5,G$6))	产生离散分布的年收入随机数
H11	=NORMSINV(RAND())	产生标准正态分布的随机数
I11	=($D$4+$E$4*H11)	产生经营成本的随机数(正态)
J11	=−C11−PV($B$1,E11,G11−I11)	计算并输出净现值

复习思考题

1. 试述盈亏分析、敏感性分析及概率分析中的假设条件。
2. 试分析影响盈亏平衡点位置的主要因素。
3. 敏感性分析与概率分析的目的有何不同？
4. 通过敏感性曲线可以说明哪些问题？
5. 简述蒙特卡罗模拟方法的一般步骤。
6. 某运输公司成本资料如下：

   固定成本100万元,变动成本2000万元/(万t·km);收入3600万元/(万t·km)。
   若总变动成本、总收入均与运量成正比关系,求盈亏平衡时的运量,并作出盈亏平衡图。

7. 某公司考虑添购一部自动化机器。该部机器的期初成本为83000元,残值为6000元,寿命10年。若购买了该机器,就需雇一名操作员,成本为每小时12元,这部机器的产出为每小时8t,每年维护及操作成本为6500元。另一方案是,该公司可以购买一个手动的机器,成本为26000元,寿命为5年,残值为0。这项方案之下,需雇3个工人,每小时工资成本为8元,而且此机器每年的维护成本及操作成本为5000元,产出量估计为每小时6t,所有投资的报酬率为10%。

   (1) 要证明购买自动化机器的正确性,试问每年的产出量应为多少t?
   (2) 若管理上预计每年需完成3000t的产量,请问应该购买哪一部机器?

8. 某企业为研究一项投资方案,提供了下面的参数估计,见表7-18。

   要求:

   (1) 分析当寿命、贴现率和年经营费中每改变一项时,净现值的敏感性,并指出最敏感因素,画出敏感性曲线图。
   (2) 进行投资和年经营收入的双因素敏感性分析。
   (3) 进行投资、年经营收入及寿命的三因素敏感性分析。

投资方案参数估计　　　　　　　　　　表7-18

参数名称	初始投资	寿命	残值	年经营收入	年经营费	基准贴现率
数值	160万元	10年	20万元	180万元	100万元	8%

9. 某公司需购置一台新设备,需投资65000元,寿命3年,无残值。设备发挥效益获得

的年净收益,视市场情况而定。市场前景可以分为有利、不利和稳定三种可能,其概率及设备相应的净现金流量见表7-19。若投资收益率为10%,试应用净现值指标对设备经济效益进行概率分析,并计算设备经济上可行的概率及90%可能性的净现值范围。

项目净现金流量及其取值概率(单位:元)　　　　表7-19

年　度	市　场　情　况			年　度	市　场　情　况		
	不利 ($P=0.2$)	稳定 ($P=0.6$)	有利 ($P=0.2$)		不利 ($P=0.2$)	稳定 ($P=0.6$)	有利 ($P=0.2$)
0	-65000	-65000	-65000	2	30000	30000	40000
1	32000	30000	30000	3	16000	22000	36000

第八章 运输项目的综合评价与决策

第一节 综合评价与决策基本原理

一、运输项目综合评价原理

1. 综合评价的概念

运输项目的综合评价是对评价对象的社会、经济、技术、环境等因素的综合价值进行权衡、比较、优选和决策的活动,是一种重要的优化方法。任何系统都有自身的有机构成、属性及功能,并形成系统的目标。综合评价的目的是通过对系统属性和功能的分解,找出它们对系统总目标的作用与联系,再通过系统综合,对系统的综合价值作出评价,以揭示系统的状态和发展规律。运输项目的实施,是为了达到一定的技术、经济、社会及资源多种目标。为此,要针对预期的目标,构造多种可供选择的技术方案,以便从中进行优选。每个技术方案都是一个技术与经济结合的技术经济系统。对多方案进行综合评价,就可以为实现预期目标选择一种最佳的方案。因此,综合评价对科学决策具有重要的意义。

2. 综合评价原则

综合评价的结果将直接影响决策的效果。因此,综合评价应遵循下列原则。

1) 科学性

综合评价的科学性主要体现在评价目标的确立、评价指标体系的建立、各指标值的测定,以及指标的合理合并等关键环节上。为处理好这些环节,必须遵循系统观点,对评价对象作系统分析,包括评价对象的构成要素,以及各构成要素之间的相互联系与作用。

2) 客观性

客观性是综合评价的生命。评价的目的是为寻求系统真实的价值状态。离开了客观性,评价就失去了意义。实现客观性的难点是对那些模糊的、难以量化指标进行处理,应切忌主观随意性。影响客观性的另一个难点是对系统逻辑结构、层次及因果关系的正确分析。逻辑关系搞错了,就失去了真实性。

3) 可比性

综合评价通常是对若干备选方案作横向分析比较,因此,评价目标、评价指标体系、评价模型、指标价值的测定以及合并方法,都要具备可比性,只有这样,才能获得公平的评价结果。

4) 可行性

可行性是指综合评价的一整套方法应具有可操作性。

3. 综合评价与决策的程序

尽管评价对象种类繁多,特性、目标各异,但综合评价的程序大体上是一致的。

1）确定评价目标

在第一章中已说明如何确定技术经济分析的目标和工作程序,综合评价的目标与技术经济分析的目标应该是一致的。但在进行综合评价时,应对评价对象的总目标及分目标给出明确定义,使其内涵外延边界清晰,如明确其技术方案的总目标为"技术带动作用与经济效益最优"。

2）建立综合评价指标体系

指标是目标内涵的体现及衡量测定的尺度。关于如何建立评价指标体系,将在下面介绍。

3）确定指标标值

确定指标标值有两项内容:一是将指标定义数量化;二是将指标值归一化。确定指标标值是一件困难的工作,后面会详细讨论。

4）确定指标权重

由于各指标对目标的相对重要程度不同,或者说各指标对目标的贡献不同,因此,对不同指标应赋予不同的权值。关于权值的确定方法会在后面详细讨论。

5）构造综合评价模型

综合评价结果不是各指标值的简单加和,需要根据一定的数学方法进行处理,其数学方法称为评价模型。

6）综合评价结果排序与决策

对被评价的各个方案按综合评价结果进行排序,作出方案的选择和决策。

二、综合评价指标体系

评价指标体系是被评价对象的目标及衡量这些目标的指标按照其内在的因果和隶属关系构成的树状价值结构。指标的名称和指标值分别是指标质和量的规定。

1. 综合评价指标的分类

不同种类的项目评价指标具有不同的用途,项目的评价指标最主要的分类有如下五种。

1）描述性指标与评价性指标

顾名思义,描述性指标用于描述评价对象的各个特性或属性,它们多数是定量化的指标。评价性指标用于给出对于评价对象好坏的评价,它们既有定量化的指标,也有定性化的指标。

2）计划性指标与度量性指标

计划性指标多数是一种要求性指标,它们一般是根据人们对于评价对象的预测和推断给出的。度量性指标则多是评价对象的实际统计信息指标,它们是通过统计和度量得到的。

3）定性指标与定量指标

综合评价中的定性指标是对于评价对象质的描述或度量,定量指标是对于评价对象量的描述或度量。在综合评价中,这两种指标都会用到,但是一般以定量评价指标为主。

4）客观指标与主观指标

综合评价中的客观指标是评价对象实际情况的客观反映,它们有具体的客观事实作为其实际依据。主观性指标是人们根据客观实际情况所作出的主观判断和预测,它们是人们的某种期望。

5)经济指标和非经济指标

综合评价中的经济性指标用于评价评价对象的经济特性,而非经济指标则用于评价评价对象的技术和社会等方面的特性。前者多数是价值量的指标,后者多数是实物量或定性的指标。

2. 建立评价指标体系的原则

为了全面、真实地反映被评价对象的价值构成,并使评价指标体系便于操作运算,建立评价指标体系时应遵循下列原则。

1)目的性和完备性原则

指标体系应是对被评价对象价值结构及其构成要素的客观描述,同时又是评价主体目的的体现。因此,目标及指标应紧紧围绕这两方面的要求设置,并应有较强的完备性,特别是反映主要影响因素的指标不可遗漏。

2)科学性和实用性原则

指标体系应能正确反映评价对象各价值构成要素的因果、主辅、隶属关系及客观机制,在满足完备性要求的前提下,指标的设置应力求简练、含义明确和便于操作。

3)互斥性与有机结合原则

指标之间不应有很强的相关性,不应出现过多的信息包容、涵盖而使指标内涵重叠。但指标完全独立无关就构不成一个有机的整体,因此指标之间应有逻辑关系。

4)动态与稳定性原则

为了进行综合的、历史的比较,指标设置应做到静态、动态相结合,并具有相对稳定性,以便借助指标体系探索系统发展变化的规律。

3. 评价指标体系的建立

实际上,根据运输项目综合评价的对象、内容和方法不同,运输项目综合评价的指标体系也会千差万别。其中,运输项目综合评价的目标是运输项目综合评价指标体系建立的基础,人们首先需要根据运输项目综合评价的目标去确定运输项目综合评价所包括的内容,然后根据运输项目综合评价的目标和内容来确定项目综合评价的指标和指标体系。

一般情况下,指标体系是一个递阶层次结构。为了说明运输项目综合评价指标体系所包括的主要指标及其系统性和层次性结构,本教材给出了如图 8-1 所示的层次分析法(AHP)评价模型的指标体系示例。

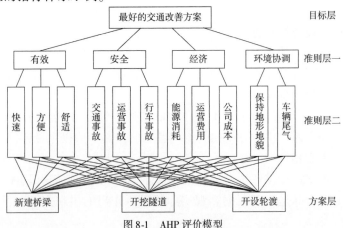

图 8-1　AHP 评价模型

图 8-1 从上到下共分了 4 层。最上面一层,只有一个方框,叫目标层;第二层有 4 个评价因素,叫准则层;第三层是第二层评价因素的构成因素,可以称为次准则层;最下面一层为方案层。

三、综合评价的内容

运输项目的技术方案在其构思、规划、设计、实施的每一阶段都需要进行评价。各阶段评价的内容由该阶段主要完成的任务而定。这里针对技术方案构思、规划确定以后,设计之前,作为可行性研究的组成部分,介绍其综合评价的内容。

一个大型而复杂的、对国民经济有重大影响的技术方案,其评价内容一般包括 7 个方面:技术评价、经济评价、社会评价、资源评价、环境评价、政治评价和国防评价。不同方案由于涉及的范围不同,7 个方面不一定都包括。下面就这 7 个方面的评价内容作扼要介绍。

1. 技术评价

技术评价是以技术方案中所采用的技术措施为评价对象,如技术、工艺路线、生产设备、生产组织方式等,技术评价的目的是考核技术措施能否实现系统的整体功能及实现的程度,评价的内容包括技术的先进性、可行性、适用性、可靠性、成功率、标准化、系列化、技术的带动辐射作用、技术的负效应、实现技术措施的生产技术条件、协作条件及物资供应条件等。不同的技术方案有不同的技术评价内容,应结合专门技术进一步具体化。

2. 经济评价

经济评价是以技术和其他投入要素对经济的发展与增长为评价对象,并以一组经济指标作出定量描述。技术的先进性将直接表现在产品的功能、质量和结构工艺方面,最终将反映到产品的成本费用和收益,即经济的合理性上。

经济评价的内容包括财务评价和国民经济评价。财务评价是围绕提高产品产量、质量,减少消耗、降低成本,增加方案的经济收益为目标,可用一组时间性、价值性和比例性指标来衡量(详见第五章)。国民经济评价是以国家的生产力布局、资源合理利用、经济结构优化为目的,也可用一组经济指标来描述(详见第六章)。

3. 社会评价

对技术方案的评价不能仅着眼于它的技术效果和经济效益,必须同时考虑它对社会带来的利益和影响,如劳动就业、人民生活、文明建设等。

4. 资源评价

资源评价的内容包括技术方案对保护资源、开发利用资源、扩大和节约资源等的作用。

5. 环境评价

环境评价的内容包括防止污染、改善环境、改善劳动条件和保护生态平衡等。

6. 政治评价

政治评价的内容包括技术方案是否符合国家的技术、经济政策及方针,对国家政治地位及国力的影响;是否符合国家、地区、部门及行业的发展规划等。

7. 国防评价

国防评价是指对国家安全、防御能力的影响等进行评价。

上述七项内容可归并为三个方面:技术、经济和社会,并把三个方面设想为一个三维空间,某技术方案的技术价值、经济价值和社会价值对应于三维空间的一个点。综合评价就是选择一个最接近于理想点的最佳方案。

第二节　多目标评分综合评价法

一、评价步骤

多目标综合评价的困难在于,不同目标的指标的性质不同,比如耐久与美观,难以相互比较;不同指标的计量单位互异,比如钢筋与木材的计量单位,难以彼此换算;用不同指标衡量同一方案可能会得出相反的结论等。

为了把定性指标定量化,并使性质和计量单位不同的多个指标能够进行综合评价,最基本而又易行的方法是评分综合评价法。这种方法的基本思路是使不同指标具有运算性,将多指标转化为一个综合单指标,以其评分值的大小作为评价的依据。

评分综合评价法的步骤是:根据不同方案对各个指标所规定的标准的满足程度,采用百分制、十分制、五分制或某种比数予以评分;根据各个指标在综合评价中的重要程序给予权重值;采用某种计算方法得出每个方案的单指标评分值;根据综合单指标分值的大小选优。

综合单指标评分值的计算,只是为了达到综合评价的目标,数值本身并无实际意义。

二、计算综合单评分值的一般方法

1. 加法

加法计算公式如下:

$$F_1 = \sum_{i=1}^{n} w_i f_i \tag{8-1}$$

或

$$\overline{F}_1 = \frac{1}{n} \sum_{i=1}^{n} w_i f_i \tag{8-2}$$

式中:f_i——第 i 项指标得分;

　　　w_i——第 i 项指标的权重值;

　　　n——评价指标数目;

　　F_1、$\overline{F}_1$——加法综合单指标评分值。

用加法计算综合单指标评分值,适合于各项指标重要程度和得分差异都不大,或者重要程度差异很大而得分差异程度不大的情况。

2. 乘法

乘法计算公式如下:

$$F_2 = \prod_{i=1}^{n} w_i f_i \tag{8-3}$$

或

$$\overline{F}_2 = \left[\prod_{i=1}^{n} w_i f_i \right]^{\frac{1}{n}} \tag{8-4}$$

式中:F_2、$\overline{F}_2$——乘法综合单指标评分值。

用乘法计算综合单指标评分值,适合于各项指标重要程度和得分差异都不大,或者得分差异较大而重要程度差异不大的情况。因为采用乘法计算,即使各项指标的权重值差距很小,综合单指标评分值所受的影响仍很敏感。另外,若某个方案有某项指标得分为零,其综合单指标评分值必为零,就等于该方案被否定。

3. 加乘混合法

加乘混合法计算公式如下:

$$F_3 = F_1 + F_2 \tag{8-5}$$

或

$$\overline{F}_3 = \overline{F}_1 + F_2 \tag{8-6}$$

式中:F_3、$\overline{F}_3$——加乘混合法综合单指标评分值。

用加乘混合法计算综合单指标评分值,兼有加法和乘法的优点,故适合于各种情况。尤其是当各项指标的重要程度和得分差异都很大时,更宜采用这种方法。

4. 除法

设置多项指标对技术方案进行综合评价时,常常有一些指标要求越大越好,如反映使用价值的指标;而另一些指标则要求越小越好,如反映劳动消耗和劳动占用的指标。在这种情况下,采用除法计算综合单指标评分值,能更加直观地反映评分值的大小。除法计算公式为:

$$F_4 = \frac{\sum_{i=1}^{m} w_i f_i}{\sum_{j=1}^{n} w_j \cdot f_j} \tag{8-7}$$

式中:F_4——除法综合单指标评分值;

f_i、w_i——分别表示要求越大越好的指标的得分和权重值;

f_j、w_j——分别表示要求越小越好的指标的得分和权重值;

m、n——分别表示要求越大越好和要求越小越好的指标的数目。

采用除法计算综合单指标评分值,评价方案的指标应能区分出越大越好和越小越好两类。

5. 最小二乘法

这种方法是先对每个指标设定一个理想值,然后按式(8-8)计算综合单指标评分值。计算结果数值越小,说明方案越好。

$$F_5 = \sqrt{\sum_{i=1}^{n} w_i \left(\frac{A_i - A_{i0}}{A_{i0}} \right)^2} \tag{8-8}$$

式中:F_5——最小二乘法综合单指标评分值;

A_{i0}——第 i 项指标的理想值;

A_i——第 i 项指标的实际值。

最小二乘法既反映了指标的重要程度,又反映了指标实际值与理想值之间的差距,用来进行方案综合评价是比较准确的。但是,这种方法要求各目标都得预先确定出理想值。

在综合评价时,应根据具体情况灵活运用以上所介绍的方法,按照评价对象的性质,选择综合单指标评分值最大或最小的方案。

三、权重值的确定

由于每个指标在具体评价中的权重值对评价结果影响很大,因此,必须正确选择衡量系统中各项指标相对重要性的方法,以便确定它们的相对权重。权重值确定的方法有许多,主要分为主观赋权法、客观赋权法以及综合集成赋权法等。

1. 主观赋权法

1) 04 评分法

将所有指标一对一地进行比较,非常重要的一方给 4 分,另一方给 0 分;比较重要的一方给 3 分,另一方给 1 分;双方同样重要,各给 2 分。以上每种情况里双方都共得 4 分。然后,按每一指标的评分值占所有指标评分总和的百分比确定其权重。

【例 8-1】 系统中有 A、B、C、D、E 五个指标,用 04 评分法确定相对权重见表 8-1。例如,指标 C 和指标 E 比,指标 C 得 3 分,记在表中指标 C 行指标 E 列位置上;指标 E 得 1 分,记在表中指标 E 行指标 C 列上。

04 评分法确定相对权重　　　　　表 8-1

指标	一对一比较结果					评分值	权重值
	A	B	C	D	E		
A	—	1	2	2	3	8	0.200
B	3	—	3	3	4	13	0.325
C	2	1	—	2	3	8	0.200
D	2	1	2	—	3	8	0.200
E	1	0	1	1	—	3	0.075
合计						40	1.000

2) 比例分配法

用比例分配法确定权重时,采用五级分制或十级分制评分。当用五级分制时,两个指标对比按其重要程度分别给分,但两个指标得分之和必须为 5 分。相对权重确定的步骤是:先以第一个指标与其他指标对比,将每组中两个指标按其重要程度分别给分,并算出每组指标的比值;然后用同样方法确定其他指标与以后各指标的比值,如遇小数采取四舍五入以简化计算;最后以每个指标与其他指标对比所得总分占所有指标共得分数的比例确定其权重值。

【例 8-2】 系统中有 A、B、C、D、E 五个指标,按五级分制对比其相对重要性。指标 A 与指标 B、C、D、E 对比给分分别为 1:4、2:3、3:2、4:1。采用比例分配法确定所有指标相对权重如下:

先计算指标 A 与其他指标的比值:

$$\frac{A}{B} = \frac{\frac{1}{5}}{\frac{4}{5}} = \frac{1}{4}; \frac{A}{C} = \frac{\frac{2}{5}}{\frac{3}{5}} = \frac{2}{3}; \frac{A}{D} = \frac{3}{2}; \frac{A}{E} = \frac{1}{4}$$

再计算其他指标与以后指标的比值:

因为 $\frac{B}{C} = \frac{A}{C} \times \frac{B}{A} = \frac{2}{3} \times \frac{4}{1} = \frac{8}{3}$,所以 $B = \frac{8}{8+3} \times 5 = 4; C = 1;$

因为 $\dfrac{B}{D} = \dfrac{A}{D} \times \dfrac{B}{A} = \dfrac{3}{2} \times \dfrac{4}{1} = \dfrac{6}{1}$，所以 $B = \dfrac{6}{7} \times 5 = 4 ; D = 1$；

因为 $\dfrac{B}{E} = \dfrac{A}{E} \times \dfrac{B}{A} = \dfrac{4}{1} \times \dfrac{4}{1} = \dfrac{16}{1}$，所以 $B = \dfrac{16}{17} \times 5 = 5 ; E = 0$；

因为 $\dfrac{C}{D} = \dfrac{A}{D} \times \dfrac{C}{A} = \dfrac{3}{2} \times \dfrac{3}{2} = \dfrac{9}{4}$，所以 $C = \dfrac{9}{13} \times 5 = 3 ; D = 2$；

因为 $\dfrac{C}{E} = \dfrac{A}{E} \times \dfrac{C}{A} = \dfrac{4}{1} \times \dfrac{3}{2} = \dfrac{6}{1}$，所以 $C = \dfrac{6}{7} \times 5 = 4 ; E = 1$；

因为 $\dfrac{D}{E} = \dfrac{A}{E} \times \dfrac{D}{A} = \dfrac{4}{1} \times \dfrac{2}{3} = \dfrac{8}{3}$，所以 $D = \dfrac{8}{11} \times 5 = 4 ; E = 1$。

权重值确定结果见表 8-2。例如，因为 A:B = 1:4，故 A 得 1 分，B 得 4 分；又如 A:C = 2:3，故 A 得 2 分，C 得 3 分。

比例分配法确定相对权重　　表 8-2

指标	A	B	C	D	E	总分	权重值
A	—	1	2	3	4	10	0.20
B	4	—	4	4	5	17	0.34
C	3	1	—	3	4	11	0.22
D	2	1	2	—	4	9	0.18
E	1	0	1	1	—	3	0.06
合计						50	1.000

3）集值迭代法

设指标集为 $X = \{x_1, x_2, \cdots, x_m\}$，并选取 $L(L \geq 1)$ 位专家，分别让每一位专家（如第 $k(1 \leq k \leq L)$ 位专家）在指标集 X 中任意选取他认为最重要的 $s(1 \leq s \leq m)$ 个指标。易知，第 k 位专家如此选取的结果是指标集 X 的一个子集 $X^k = \{x_1^{(k)}, x_2^{(k)}, \cdots, x_s^{(k)}\}\ (k = 1, 2, \cdots, L)$。

作（示性）函数：

$$u_k(x_j) = \begin{cases} 1, & \text{若 } x_j \in X^{(k)} \\ 0, & \text{若 } x_j \notin X^{(k)} \end{cases} \tag{8-9}$$

记为：

$$g(x_j) = \sum_{k=1}^{L} u_k(x_j) \qquad (j = 1, 2, \cdots, m) \tag{8-10}$$

将 $g(x_j)$ 归一化后，并将此比值 $g(x_j) \Big/ \sum\limits_{k=1}^{L} g(x_k)$ 作为指标 x_j 相对应的权重系数 ω_j，即得：

$$\omega_j = \dfrac{g(x_j)}{\sum\limits_{k=1}^{m} g(x_k)} \qquad (j = 1, 2, \cdots, m) \tag{8-11}$$

为了使如此得到的结果更符合实际，可在此基础上建立如下运算：

即取定一正整数 $g_k(1 \leq g_k < m)$ 为初值，让每一位（如第 k 位）专家依次按下述步骤选择指标：

第 1 步：在 X 中选取他认为最重要的 g_k 个指标，得子集

$$X_{1,k} = \{x_{1,k,1}, x_{1,k,2}, \cdots, x_{1,k,g_k}\} \subset X$$

第 2 步：在 X 中选取他认为最重要的 $2g_k$ 个指标，得子集

$$X_{2,k} = \{x_{2,k,1}, x_{2,k,2}, \cdots, x_{2,k,2g_k}\}$$

第 3 步：在 X 中选取他认为最重要的 $3g_k$ 个指标，得子集

$$X_{3,k} = \{x_{3,k,1}, x_{3,k,2}, \cdots, x_{3,k,3g_k}\}$$

$$\cdots \quad \cdots \quad \cdots \quad \cdots \quad \cdots$$

第 4 步：在 X 中选取他认为最重要的 $s_k g_k$ 个指标，得子集

$$X_{s_k,k} = \{x_{s_k,k,1}, x_{s_k,k,2}, \cdots, x_{s_k,k,s_k g_k}\}$$

若自然数 s_k 满足 $s_k g_k + r_k = m (0 \leq r_k < g_k)$，则第 $k(k=1,2,\cdots,L)$ 位专家在指标集 X 中依次选取他认为重要指标的选取过程结束并得到 s_k 个指标子集，接下来是计算指标 x_j 的权系数 ω_j。

计算（示性）函数：

$$g(x_j) = \sum_{k=1}^{L} \sum_{i=1}^{s_k} u_{ik}(x_j) \quad (j=1,2,\cdots,m) \tag{8-12}$$

其中 $u_{ik}(x_j)$ 的取值见式(8-13)：

$$u_{ik}(x_j) = \begin{cases} 1, & \text{若 } x_j \in X_{i,k} \\ 0, & \text{若 } x_j \notin X_{i,k} \end{cases} \quad (i=1,2,\cdots,s_k; k=1,2,\cdots,L) \tag{8-13}$$

将 $g(x_j)$ 归一化后，即得与指标 x_j 相对应的权系数为：

$$\omega_j = \frac{g(x_j)}{\sum_{k=1}^{m} g(x_k)} \quad (j=1,2,\cdots,m) \tag{8-14}$$

若考虑某一指标一直未被选中（实际上，这种情况很难出现），则权重系数应做如下调整：

$$\omega_j = \frac{g(x_j) + \frac{1}{2m}}{\sum_{k=1}^{m} \left(g(x_k) + \frac{1}{2m}\right)} \quad (j=1,2,\cdots,m) \tag{8-15}$$

从上述选取过程可见，若每位专家的初值 $g_k(k=1,2,\cdots,L)$ 选得较小，权系数 ω_j 就较切合实际，但选取步骤较多、计算量较大。

2. 客观赋权法

1）逼近理想点法

设理想系统为 $s^* = (x_1^*, x_2^*, \cdots, x_m^*)^T$，任一系统（即任一被评价对象）$s_i = (x_{i1}, x_{i2}, \cdots, x_{im})^T$ 与 s^* 间的加权欧氏距离为：

$$h_i = \sum_{j=1}^{m} [\omega_j(x_{ij} - x_j^*)]^2 = \sum_{j=1}^{m} \omega_j^2 (x_{ij} - x_j^*)^2 \quad (i=1,2,\cdots,n) \tag{8-16}$$

现在，求使所有的 h_i 之和取最小值的权重系数 $\omega_j(j=1,2,\cdots,m)$，即求优化问题：

$$\min \sum_{i=1}^{n} h_i = \sum_{i=1}^{n} \sum_{j=1}^{m} \omega_j^2 (x_{ij} - x_j^*)^2$$

$$\text{s. t.} \quad \omega_1 + \omega_2 + \cdots + \omega_m = 1$$

$$\omega_j > 0 \quad (j=1,2,\cdots,m) \tag{8-17}$$

值得指出的是,由于评价指标体系的建立与筛选原则,应有 $\omega_j > 0 (j=1,2,\cdots,m)$。建立 Lagrange 函数:

$$L(\omega_1,\omega_2,\cdots,\omega_m,\lambda) = \sum_{i=1}^{n}\sum_{j=1}^{m}\omega_j^2(x_{ij}-x_j^*)^2 + 2\lambda(\omega_1+\omega_2+\cdots+\omega_m-1) \qquad (8-18)$$

分别求偏导数 $\partial L/\partial\omega_j$, $\partial L/\partial\lambda$,并令其均为 0,得方程组:

$$\begin{cases} \omega_j \sum_{i=1}^{n}(x_{ij}-x_j^*)^2 + \lambda = 0 & (j=1,2,\cdots,m) \\ \omega_1+\omega_2+\cdots+\omega_m = 1 \end{cases} \qquad (8-19)$$

解式(8-19),可得:

$$\omega_j = \frac{\dfrac{1}{\sum_{i=1}^{n}(x_{ij}-x_j^*)^2}}{\sum_{j=1}^{m}\dfrac{1}{\sum_{i=1}^{n}(x_{ij}-x_j^*)^2}} \qquad (j=1,2,\cdots,m) \qquad (8-20)$$

以上,是在各项指标 x_j 相对于评价目标的重要程度都相等的前提下,讨论了权重系数向量 w 的求法及其有关问题。值得注意的是:如此求出的 w 只是反映各系统之间的整体"差异",是通过指标观测值在最大限度地体现出各被评价对象之间的差别的原则下计算出来的,并不反映其相应指标的重要程度。这一点在今后的实际应用中应尤为注意。

2)均方差法

取权重系数为:

$$\omega_j = \frac{s_j}{\sum_{k=1}^{m} s_k} \qquad (j=1,2,\cdots,m) \qquad (8-21)$$

式(8-21)中 s_j 的取值如式(8-22):

$$s_j^2 = \frac{1}{n}\sum_{i=1}^{n}(x_{ij}-\overline{x}_j)^2 \qquad (j=1,2,\cdots,m) \qquad (8-22)$$

考虑 $\overline{x}_j$ 的取值如式(8-23):

$$\overline{x}_j = \frac{1}{n}\sum_{i=1}^{n}x_{ij} \qquad (j=1,2,\cdots,m) \qquad (8-23)$$

根据以上三式,即可求得权重系数。

3)极差法

取权重系数为:

$$\omega_j = \frac{r_j}{\sum_{k=1}^{m} r_k} \qquad (j=1,2,\cdots,m) \qquad (8-24)$$

式(8-24)中,r_j 的取值如式(8-25):

$$r_j = \max_{\substack{i,k=1,\cdots,n \\ i \neq k}} \{|x_{ij}-x_{k,j}|\} \qquad (j=1,2,\cdots,m) \qquad (8-25)$$

根据以上两式,即可求得权重系数。

3. 综合集成赋权法

1)"加法"集成法

设 p_j, q_j 是分别根据主观赋权法和客观赋权法生成的指标 x_j 的权重系数,则有:

$$\omega_j = k_1 p_j + k_2 q_j \quad (j=1,2,\cdots,m) \tag{8-26}$$

ω_j 是具有同时体现主客观信息特征的权重系数。式中 k_1,k_2 为待定常数($k_1>0$,$k_2>0$ 且 $k_1+k_2=1$)。

显然,综合集成赋权法的关键问题是确定待定系数 k_1,k_2。下面给出由数学模型生成 k_1,k_2 的方法。

这时,系统 s_i 的综合评价值为:

$$y_i = \sum_{j=1}^{m} \omega_j x_{ij} = \sum_{j=1}^{m}(k_1 p_j + k_2 q_j)\cdot x_{ij} \quad (i=1,2,\cdots,n) \tag{8-27}$$

确定 k_1,k_2,使式(8-28)取值最大:

$$\sum_{i=1}^{n} y_i = \sum_{i=1}^{n}\sum_{j=1}^{m}(k_1 p_j + k_2 q_j)\cdot x_{ij} \tag{8-28}$$

在满足 $k_1^2 + k_2^2 = 1$ 且 k_1、k_2 均大于 0 的情况下,应用 Lagrange 条件极值原理,可得:

$$k_1 = \frac{\sum_{i=1}^{n}\sum_{j=1}^{m} p_j x_{ij}}{\sqrt{(\sum_{i=1}^{n}\sum_{j=1}^{m} p_j x_{ij})^2 + (\sum_{i=1}^{n}\sum_{j=1}^{m} q_j x_{ij})^2}} \tag{8-29}$$

$$k_2 = \frac{\sum_{i=1}^{n}\sum_{j=1}^{m} q_j x_{ij}}{\sqrt{(\sum_{i=1}^{n}\sum_{j=1}^{m} p_j x_{ij})^2 + (\sum_{i=1}^{n}\sum_{j=1}^{m} q_j x_{ij})^2}} \tag{8-30}$$

这也是体现被评价对象之间(整体)最大差异的一种主客观信息综合集成的赋权法。当然,确定 k_1,k_2 时,也可由体现决策者(或评价者)的偏好信息来确定。

$$\omega_j = \frac{(p_j + q_j)}{\sum_{i=1}^{m}(p_i + q_i)} \quad (j=1,2,\cdots,m) \tag{8-31}$$

当然,如果要"平滑"因主客观赋权法而产生(对各被评价对象)的"差异",也可在满足 $k_1^2 + k_2^2 = 1$ 且 $k_1>0$、$k_2>0$ 的条件下确定 k_1 及 k_2,使式(8-32)取值最小。

$$\sum_{i=1}^{n} y_i^2 = \sum_{i=1}^{n}\left[\sum_{j=1}^{m}(k_1 p_j + k_2 q_j) x_{ij}\right]^2 \tag{8-32}$$

2)"乘法"集成法

"乘法"集成法即根据式(8-33)确定 ω_j:

$$\omega_j = \frac{p_j q_j}{\sum_{i=1}^{m} p_i q_i} \quad (j=1,2,\cdots,m) \tag{8-33}$$

上述思路可推广至群组评价的情形中。

第三节 模糊综合评价法

模糊综合评价法是一种基于模糊数学的综合评标方法,该方法根据模糊数学的隶属度理论,把定性评价转化为定量评价,即用模糊数学对受到多种因素制约的事物或对象作出一个总体的评价。它具有结果清晰、系统性强的特点,能较好地解决模糊的、难以量化的问题,适合于解决各种非确定性问题。

一、模糊集基本概念

1. 模糊集的概念

普通集合可以表达概念，如$\{1,2,\cdots\}$表达了自然数集这一概念。但普通集合不能表达所有的概念，例如"好""较好""适当"……就不能用普通集合表达，因为这种概念具有一种外延的不确定性。当对一个技术方案进行评价时，有时很难作出肯定或否定的回答，比如说在"较好"和"一般"之间就没有一个确定的界限。这种概念外延的不确定性称为模糊性。要表达这些模糊概念，以解决具有模糊性的实际问题，就必须把普通集合的概念加以推广，这就是模糊子集（又称模糊集合）。

2. 模糊矩阵的概念及运算

1）模糊矩阵

矩阵$\boldsymbol{R}=(r_{ij})_{n\times m}$叫作一个模糊矩阵，如果对于任意的$i\leqslant n$及$j\leqslant m$都有$r_{ij}\in[0,1]$。

2）模糊矩阵的合成

定义：一个n行m列模糊矩阵$\boldsymbol{Q}=(q_{ij})_{n\times m}$，对一个$m$行$l$列的模糊矩阵$\boldsymbol{R}=(r_{jk})_{m\times l}$的合成$\boldsymbol{Q}\circ\boldsymbol{R}$为一个$n$行$l$列的模糊矩阵$\boldsymbol{S}$，$\boldsymbol{S}$的第$i$行第$k$列的元素等于$\boldsymbol{Q}$的第$i$行元素与$\boldsymbol{R}$的第$k$列元素的对应元素两两先取较小者，然后再在所得的结果中取较大者，即：

$$S_{ik}=\bigvee_{j=1}^{m}(q_{ij}\wedge r_{jk}) \quad (1\leqslant i\leqslant n;1\leqslant k\leqslant l) \tag{8-34}$$

其中，$\vee$、$\wedge$均为扎德算子，"$\vee$"表示取最大，"$\wedge$"表示取最小。"$\circ$"为运算符，模糊矩阵的合成$\boldsymbol{Q}\circ\boldsymbol{R}$也叫作$\boldsymbol{Q}$对$\boldsymbol{R}$的模糊乘积。

3）隶属度的概念

要对u_0是否属于$\underset{\sim}{A}_*$做n次模糊统计试验（如对"60岁的人"是否属于"老年人"做一次意见调查），我们就可以得出u_0对$\underset{\sim}{A}_*$的隶属频率$\underset{=}{\Delta}\dfrac{\text{"}u_0\in\underset{\sim}{A}_*\text{"的次数}}{n}$。只要试验次数$n$足够大，该隶属度频率就会稳定地趋于某一个值，这个值就称为u_0对$\underset{\sim}{A}_*$的隶属度，记为$u_{\underset{\sim}{A}*}$。最大隶属度原则，若有$i\in\{1,2,\cdots,n\}$，使式(8-35)成立：

$$\mu_{\underset{\sim}{A}i}(u_0)=\max[\mu_{\underset{\sim}{A}1}(u_0),\cdots,\mu_{\underset{\sim}{A}n}(u_0)] \tag{8-35}$$

则认为u_0相对隶属于$\underset{\sim}{A}_i$。

二、模糊综合评价模型

模糊综合评价就是一个模糊变换，其模型可分为一级和多级模型。

1. 一级模型

利用一级模型进行模糊综合评价的步骤大致如下：

1）确定评价对象的因素集

确定评价对象因素集$\boldsymbol{X}=\{x_1,x_2,\cdots,x_n\}$，亦即确定指标体系。

例如，对某种住宅建筑体系进行综合评价时，可以从设计、施工、使用等方面考虑，对设计单位、施工单位和用户进行调查分析。由于三方面考虑的着眼点不同，可以建立如下评价指标集合。

施工单位： $X_1 = \{$工期、造价、施工单位难易程度、人工用量$\}$
设计单位： $X_2 = \{$造价、工期、材料消耗、人工用量、使用年限、美观$\}$
用户： $X_3 = \{$使用面积、舒适程度、房租$\}$

2）确定评价集

评价集 $Y = \{y_1, y_2, \cdots, y_m\}$ 又称决策集、评语集，就是对各项指标的满足程度确定可能出现的几种不同的评价等级，例如：

$Y = \{$很好、较好、一般、不好$\}$

3）单因素模糊评价

单因素模糊评价就是建立一个从 x 到 y 的模糊映射，即：

$$f: X \to f(Y)$$

$$x_i \to r_{i1}/y_1 + r_{i2}/y_2 + \cdots + r_{im}/y_m$$

$$0 \leq r_{ij} \leq 1 \ (i = 1, 2, \cdots, n; j = 1, 2, \cdots, m)$$

由 f 可诱导出模糊关系，用矩阵 $\underset{\sim}{R}$ 表示，称为单因素模糊评价矩阵。

$$\underset{\sim}{R} = \begin{pmatrix} r_{11} & r_{12} & \cdots & r_{1m} \\ r_{21} & r_{22} & \cdots & r_{2m} \\ \vdots & \vdots & \vdots & \vdots \\ r_{n1} & r_{n2} & \cdots & r_{nm} \end{pmatrix}$$

例如针对前述某种住宅建筑体系的综合评价，我们可邀请若干有经验的施工管理人员、技术人员和工人从施工单位的角度进行单因素评价。比如对工期这项指标，有 50% 的人认为很好，30% 的人认为较好，20% 的人认为一般，没有人认为不好，则得出统计结果：

工期 $\to (0.5, 0.3, 0.2, 0)$

若对造价、施工难易程度、人工用量三项指标的统计结果为：

造价 $\to (0.6, 0.2, 0.1, 0.1)$；
施工难易程度 $\to (0.3, 0.2, 0.4, 0.1)$；
人工用量 $\to (0.2, 0.3, 0.2, 0.3)$。

我们便可得到单因素模糊评价矩阵：

$$\underset{\sim}{R}_1 = \begin{pmatrix} 0.5 & 0.3 & 0.2 & 0 \\ 0.6 & 0.2 & 0.1 & 0.1 \\ 0.3 & 0.2 & 0.4 & 0.1 \\ 0.2 & 0.3 & 0.2 & 0.3 \end{pmatrix}$$

4）确定权重值

这是指对因素集中的各因素（即指标体系中各项指标）的重要程度作出权重分配。

仍按上例，假定我们采用本章第二节中介绍的权重值确定方法得知从施工单位考虑的权重分配为：

$$\underset{\sim}{A}_1 = (0.2, 0.4, 0.2, 0.2)$$

对应因素集：
$$x_i = \{工期、造价、施工难易程度、人工用量\}$$

5）模糊综合评价

按照模糊综合评价数学模型进行模糊合成，就可得出综合评价结果。

前例中，施工单位对某种住宅建筑体系的模糊综合评价为：

$$\underset{\sim}{B}_1 = \underset{\sim}{A}_1 \circ \underset{\sim}{R}_1 = (0.2,0.4,0.2,0.2)$$

$$\begin{pmatrix} 0.5 & 0.3 & 0.2 & 0 \\ 0.6 & 0.2 & 0.1 & 0.1 \\ 0.3 & 0.2 & 0.4 & 0.1 \\ 0.2 & 0.3 & 0.2 & 0.3 \end{pmatrix} = (0.4,0.2,0.2,0.2) = (0.4/很好,0.2/较好,0.2/一般,0.2/不好)$$

由于 $\max(0.4,0.2,0.2,0.2) = 0.4$，即对"很好"这一评价的隶属度最大。根据最大隶属度原则，得到施工单位对该种住宅建筑体系的评价结果为"很好"。

采用同样的方法，还可以得到设计单位和用户的综合评价结果 $\underset{\sim}{B}_2$、$\underset{\sim}{B}_3$。

将三方面的综合评价提供给最高决策者参考，从而得出总的综合评价结论。

2. 多级模型

1）问题的提出

假定有某种预制构件，其质量由 9 个指标 $x_1, x_2, \cdots, x_9$ 确定，构件的级别分为一级、二级、等外、废品，由有关专家、检验人员、用户组成一个单因素评价小组，得单因素模糊评价矩阵：

$$\underset{\sim}{R} = \begin{pmatrix} \underset{\sim}{R}_1 \\ \underset{\sim}{R}_2 \\ \underset{\sim}{R}_3 \end{pmatrix}$$

其中，

$$\underset{\sim}{R}_1 = \begin{pmatrix} 0.36 & 0.24 & 0.13 & 0.27 \\ 0.20 & 0.32 & 0.25 & 0.28 \\ 0.40 & 0.22 & 0.26 & 0.12 \end{pmatrix}$$

$$\underset{\sim}{R}_2 = \begin{pmatrix} 0.30 & 0.28 & 0.24 & 0.18 \\ 0.26 & 0.36 & 0.12 & 0.26 \\ 0.22 & 0.42 & 0.16 & 0.10 \end{pmatrix}$$

$$\underset{\sim}{R}_3 = \begin{pmatrix} 0.38 & 0.24 & 0.08 & 0.20 \\ 0.34 & 0.25 & 0.30 & 0.11 \\ 0.24 & 0.28 & 0.30 & 0.18 \end{pmatrix}$$

若按指标的重要性给出的权重分配为：

$$\underset{\sim}{A} = (0.10,0.12,0.07,0.07,0.16,0.10,0.10,0.10,0.18)$$

采用一级模型进行模糊综合评价，得：

$$\underset{\sim}{B} = \underset{\sim}{A} \circ \underset{\sim}{R} = (0.18,0.18,0.18,0.18)$$

则得不出结果。这是由于 $\underset{\sim}{B}$ 是由 $\underset{\sim}{A}$ 和 $\underset{\sim}{R}$ 的对应行列先取小后取大得到的,而权重 $\underset{\sim}{A}$ 的因素必须满足 $\sum_{i=1}^{9} a_i = 1$,当指标数量多时,每个 a_i 一般说都很小,这样在取小运算中就容易被取上;另外,指标数量多时,要使各指标间的权重分配做到合理比较困难。

2)利用多级模型进行模糊综合评价的一般步骤

(1)将因素集 X 分成若干子集。因素集 X 按某种属性分成 s 个子集,记作

$$X_1, X_2, \cdots, X_s$$

且满足 $\bigcup_{i=1}^{s} X_i = X, X_i \cap X_j = \phi$ ($i \neq j$)。其中,$\cup$、$\cap$ 分别为集合运算中并和交的运算符号,ϕ 表示空集,即 X_i 与 X_j 不相交。

设每个子集 $X_i = \{X_{i1}, X_{i2}, \cdots, X_{in_i}\}$ ($i = 1, 2, \cdots, s$),且 $\sum_{i=1}^{s} n_i = n$。

其中,n 为因素集中全部因素数目。

(2)对每个子集 X_i 利用一级模型分别进行模糊综合评价。假定评价集 $Y = \{y_1, y_2, \cdots, y_m\}$,$X_i$ 中的各指标的权重分配为 $\underset{\sim}{A_i} = (a_{i1}, a_{i2}, \cdots, a_{in_i})$,这里只要求 $\sum_{j=1}^{n_i} a_{ij} = 1$。$X_i$ 的单因素模糊评价矩阵为 $\underset{\sim}{R_i}$,于是第一级模糊综合评价为:

$$\underset{\sim}{B_i} = \underset{\sim}{A_i} \circ \underset{\sim}{R_i} = (b_{i1}, b_{i2}, \cdots, b_{im}) \quad (i = 1, 2, \cdots, s)$$

(3)进行多级模糊综合评价。将每个 X_i 当作一个因素对待,用

$$\underset{\sim}{R} = \begin{pmatrix} \underset{\sim}{B_1} \\ \underset{\sim}{B_2} \\ \vdots \\ \underset{\sim}{B_s} \end{pmatrix} = (b_{ij})_{s \times m}$$

作为 $\{X_1, X_2, \cdots, X_s\}$ 的单因素模糊评价矩阵,而每个 X_i 作为 X 中的一部分,反映 X 的某种属性,并按相对重要性给出权重分配 $\underset{\sim}{A} = \{A_1^*, A_2^*, \cdots, A_s^*\}$,于是二级模糊综合评价如式(8-36)所示:

$$\underset{\sim}{B} = \underset{\sim}{A} \circ \underset{\sim}{R} \tag{8-36}$$

二级模糊综合评价的模型框图 8-2 所示。

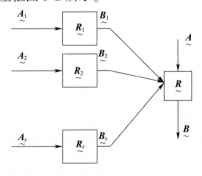

图 8-2 二级模糊综合评价模型框图

对于三级、四级以至更多级的模糊综合评价,均是在 $\underset{\sim}{R_i}$ 的基础上再细分来完成的。此时可将指标利用模糊聚类分析先进行分类,然后从最低一级评价逐步做到最高一级评价,从而得出结论。

现将前面所述某种预制构件的级别评定问题改用多级模型来解决。该问题的因素集 $X = \{x_1, x_2, \cdots, x_9\}$,评价集 $Y = \{$一级、二级、等外、废品$\}$,单因素模糊评价矩阵为:

$$\underset{\sim}{R} = \begin{pmatrix} \underset{\sim}{R_1} \\ \underset{\sim}{R_2} \\ \underset{\sim}{R_s} \end{pmatrix}_{9 \times 4}$$

假定按某种属性将 X 分为 $X_1 = \{x_1, x_2, x_3\}$,$X_2 = \{x_4, x_5, x_6\}$,$X_3 = \{x_7, x_8, x_9\}$,它们所对应的单因素模糊综合评价矩阵分别为 R_1, R_2, R_3,得出第一级模糊综合评价结果见表 8-3。

预制构件质量级别评定的第一级模糊综合评价　　　　　　表 8-3

因素集	权 重 分 配	第一级模糊综合评价 $\underset{\sim}{B_i} = \underset{\sim}{A_i} \circ \underset{\sim}{R_i}$
X_1	$\underset{\sim}{A_1} = (0.3, 0.42, 0.38)$	$\underset{\sim}{B_1} = \underset{\sim}{A_1} \circ \underset{\sim}{R_1} = (0.3, 0.32, 0.26, 0.27)$
X_2	$\underset{\sim}{A_2} = (0.2, 0.5, 0.3)$	$\underset{\sim}{B_2} = \underset{\sim}{A_2} \circ \underset{\sim}{R_2} = (0.26, 0.36, 0.2, 0.2)$
X_3	$\underset{\sim}{A_3} = (0.3, 0.3, 0.4)$	$\underset{\sim}{B_3} = \underset{\sim}{A_3} \circ \underset{\sim}{R_3} = (0.3, 0.28, 0.3, 0.2)$

取 $\underset{\sim}{R} = \begin{pmatrix} \underset{\sim}{B_1} \\ \underset{\sim}{B_2} \\ \underset{\sim}{B_s} \end{pmatrix}$ 为 $X = \{X_1, X_2, X_3\}$ 的单因素模糊综合评价矩阵,若采用本章第二节中权重值确定方法,可得出权重分配 $\underset{\sim}{A_1} = (0.2, 0.35, 0.45)$。

第二级综合评价为

$$\underset{\sim}{B} = \underset{\sim}{A} \circ \underset{\sim}{R} = (0.2, 0.35, 0.45) \begin{pmatrix} 0.3 & 0.32 & 0.26 & 0.27 \\ 0.26 & 0.36 & 0.2 & 0.2 \\ 0.3 & 0.28 & 0.3 & 0.2 \end{pmatrix} = (0.3, 0.35, 0.3, 0.2)$$

根据最大隶属度原则,该种预制构件属于二等品。

第四节　综合评价函数法

综合评价函数法是一种利用统计分析进行综合评价的方法。这种方法的基本思路是:通过对每个技术方案各项指标值的统计分析,形成一个被称之为综合评价函数的数学模型;然后将每个方案的各项指标值代入综合评价函数,求得每个方案的综合评价函数值作为综合单指标评价值;根据该值的大小来比较各方案的优劣,为决策提供科学的依据。

一、评价指标的无量纲化

设有 m 个定量评价指标 $x_1, x_2, \cdots, x_m$,且已取得 n 个技术方案 m 项评价指标的观测数据

$x_{ij}(i=1,2,\cdots,n;j=1,2,\cdots,m)$ 作为以下研究的基础。

为了尽可能地反映实际情况，排除由于量纲不同带来的困难以及数据大小悬殊对计算精度的影响，可先将指标无量纲化。下面介绍几种常用的指标无量纲化方法。

1. "标准化"处理法

取 x_{ij}^*，使其满足式(8-37)：

$$x_{ij}^* = \frac{x_{ij} - \overline{x}_j}{s_j} \quad (i=1,2,\cdots,n;j=1,2,\cdots,m) \tag{8-37}$$

其中：
$$\overline{x}_j = \frac{1}{n}\sum_{i=1}^{n}x_{ij} \quad (j=1,2,\cdots,m)$$

$$s_j = \sqrt{\frac{1}{n}\sum_{i=1}^{n}(x_{ij} - \overline{x}_j)} \quad (j=1,2,\cdots,m)$$

$\overline{x}_j$ 和 s_j 分别表示第 j 个指标的样本平均值和样本均方差。显然，x_{ij}^* 的样本平均值为0，样本均方差为1，以后仍记 x_{ij}^* 为 x_{ij}，并称为"标准观测值"。

2. 极值处理法

如果令 $M_j = \max_i\{x_{ij}\}$，$m_j = \min_i\{x_{ij}\}$，则有：

$$x_{ij}^* = \frac{x_{ij} - m_j}{M_j - m_j} \tag{8-38}$$

式(8-38)中的 x_{ij}^* 是无量纲的，且 $x_{ij}^* \in [0,1]$。

特别地，当 $m_j = 0 (j=1,2,\cdots,m)$ 时，有：

$$x_{ij}^* = \frac{x_{ij}}{M_j} \quad (x_{ij}^* \in [0,1])$$

若采用非线性加权综合评价模型，当评价指标均为极大型且 $m_j > 0 (j=1,2,\cdots,m)$ 时，可取

$$x_{ij}^* = \frac{x_{ij}}{m_j} \quad (x_{ij}^* \in [1,\infty])$$

3. 功效系数法

取 x_{ij}^*，使其满足式(8-39)：

$$x_{ij}^* = c + \frac{x_{ij} - m_j}{M_j - m_j} \times d \tag{8-39}$$

式中，M_j、m_j 分别为指标 x_j 的满意值和不允许值，c、d 均为已知正常数，c 的作用是对变换后的值进行"平移"，d 的作用是对变换后的值进行"放大"或"缩小"。通常取 $c = 60$，$d = 40$，即：

$$x_{ij}^* = 60 + \frac{x_{ij} - m_j}{M_j - m_j} \times 40, x_{ij}^* \in [60,100]$$

为书写方便起见，以下仍记 x_{ij}^* 为 $x_{ij}(i=1,2,\cdots,n;j=1,2,\cdots,m)$。如无特殊说明，指标观测值 x_{ij} 均假定为极大型的无量纲化的标准观测值。

这时容易看出,若采用综合评价的线性模型,则称与 $\max\limits_{i}\{y_i\}$ 相对应的系统的运行(或发展)状况是最好的;若采用综合评价的非线性模型,则称与 $\max\limits_{i}\{y_i\}$ 相对应的系统的运行(或发展)状况是最好的。

二、综合评价函数的构造

取指标向量 $\boldsymbol{x}=(x_1,x_2,\cdots,x_m)^{\mathrm{T}}$ 的线性函数,如式(8-40):

$$y = \sum_{j=1}^{m} b_j x_j = \boldsymbol{b}^{\mathrm{T}} \boldsymbol{x} \tag{8-40}$$

为技术方案的综合评价函数。$\boldsymbol{b}=(b_1,b_2,\cdots,b_m)^{\mathrm{T}}$ 是 m 维待定向量。如用第 i 个技术方案的 m 个观测值 $\boldsymbol{x}_i=(x_{i1},x_{i2},\cdots,x_{im})^{\mathrm{T}}$ 代替式(8-39)中的 $\boldsymbol{x}$,则第 i 个技术方案的综合单指标评价值 y_i 为:

$$y_i = \boldsymbol{b}^{\mathrm{T}} \boldsymbol{x}_i \quad (i=1,2,\cdots,n) \tag{8-41}$$

令

$$\boldsymbol{y} = \begin{pmatrix} y_1 \\ y_2 \\ \vdots \\ y_n \end{pmatrix} \quad \boldsymbol{X} = \begin{pmatrix} x_{11} & x_{12} & \cdots x_{1m} \\ x_{21} & x_{22} & \cdots x_{2m} \\ \vdots & \vdots & \vdots \\ x_{n1} & x_{n2} & \cdots x_{nm} \end{pmatrix}$$

则式(8-41)式可写为式(8-42):

$$\boldsymbol{y} = \boldsymbol{X}\boldsymbol{b} \tag{8-42}$$

确定向量 $\boldsymbol{b}$ 的准则是:能最大限度地体现出"质量"不同的技术方案之间的差异,用数学语言来说,就是求指标向量 $\boldsymbol{x}$ 的线性函数 $\boldsymbol{b}^{\mathrm{T}}\boldsymbol{x}$,使此函数对 n 个技术方案取值的分散程度或方差尽可能的大。而变量 $\boldsymbol{y}=\boldsymbol{b}^{\mathrm{T}}\boldsymbol{x}$ 按 n 个技术方案取值构成的样本方差为:

$$\sigma^2 = \frac{1}{n} \sum_{i=1}^{n} (y_i - \bar{y})^2 = \frac{1}{n} \boldsymbol{y}^{\mathrm{T}} \boldsymbol{y} - \bar{y}^2$$

将 $\boldsymbol{y}=\boldsymbol{X}\boldsymbol{b}$ 代入上式,并注意到原始数据标准化处理,使 $\bar{y}=0$,于是有:

$$n\sigma^2 = \boldsymbol{b}^{\mathrm{T}} \boldsymbol{X}^{\mathrm{T}} \boldsymbol{X} \boldsymbol{b} = \boldsymbol{b}^{\mathrm{T}} \boldsymbol{H} \boldsymbol{b} \tag{8-43}$$

式(8-43)中,$\boldsymbol{H}=\boldsymbol{X}^{\mathrm{T}}\boldsymbol{X}$,$\boldsymbol{H}$ 为对称正定矩阵。

显然,对 $\boldsymbol{b}$ 不加限制时,式(8-43)可取任意大的值。这里限定 $\boldsymbol{b}^{\mathrm{T}}\boldsymbol{b}=1$,求式(8-43)的最大值,实际上就是求使 $\boldsymbol{b}^{\mathrm{T}}\boldsymbol{H}\boldsymbol{b}/\boldsymbol{b}^{\mathrm{T}}\boldsymbol{b}$ 取值最大的向量 $\boldsymbol{b}$。

可以证明,取 $\boldsymbol{b}$ 为对称正定矩阵 $\boldsymbol{H}$ 的最大特征值所对应的特征向量时,方差 $\boldsymbol{b}^{\mathrm{T}}\boldsymbol{H}\boldsymbol{b}$ 取值最大。

三、运算步骤

如果待评价的方案很多,且每一方案涉及的指标也很多时,宜用计算机来帮助解决计算上的困难。综合评价函数法计算机计算程序框图如图 8-3 所示。

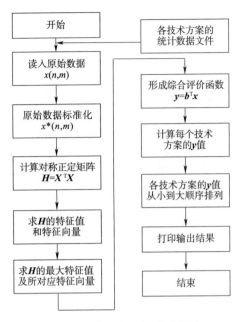

图 8-3 综合评价函数计算流程图

四、综合评价函数法的特点

综合评价函数法是一种加权综合评价法,但其权重分配 b 是按照观测数据在最大限度内体现方案之间差异的原则下产生的,因此,不依赖于人们的主观意识,而是充分利用客观数据所提供的信息进行客观的评价,故评价结果更具有说服力。

此外,这种方法主要适用于对技术方案定量指标的综合评价,如果方案涉及定性指标,则可采用本章第二节中所介绍的方法将定性指标转化为定量的描述,然后再运用此法进行评价。

第五节 层次分析法

层次分析法也是一种多方案多评价因素的评价方法,又称 AHP 法。AHP 法是 20 世纪 70 年代提出的,自 20 世纪 80 年代开始在我国流行。时至今日,仍有许多人对此法进行改进和完善。AHP 法是一种定性与定量评价相结合的方法,特别适用于解决评价因素难以量化且结构复杂的评价问题。

AHP 法的基本做法是,首先把评价因素分解成若干层次,接着自上而下对各层次诸评价因素两两比较(类似于环比评分法),得出评价结果。然后,通过计算,自下而上把各层次的评价结果综合在评价目标下,即可得到诸系统方案的优劣顺序,供决策者决策时参考。

【例 8-3】 某城市被一河流分为两部分,两岸间的交通状况需要改善。现提出了三个方案:再架一桥,在河床下挖一隧道或建设渡轮码头。现要在这三个方案中选出最好的一个实施,因此评价目标是"最好的交通状况改善方案"。那么怎样才算是最好的呢?可以提出下述四个评价因素:有效、安全、经济和环境协调。那么,如何才算有效呢?快速、方便、舒适;安全又应怎样理解呢？交通事故要少，运营事故、行车事故等也要少。同样，经济的含义也有几个方面。这样，我们就可以把该问题的三个备选方案的评价问题用图表示出来(图8-1)。

一般说来，要处理这样复杂的评价问题，AHP 的做法是，先对问题所涉及的因素进行分类，然后构造一个各因素之间相互的联结的层次结构模型。因素可分三类。第一是目标类，如上面例中的"最好的交通改善方案"；第二为准则类，是衡量各方案是否符合目标的标准，如"有效""快速""安全""交通事故少"等；第三是方案措施类，即实现目标的方案、方法、手段等，如再架一桥。

建立多因素多层次评价模型是一项很细致的工作，要有丰富的知识和一定经验，要进行认真的分析。

在具体说明 AHP 法的计算过程之前，先介绍一下 n 个因素的重要性程度的排序与其中任意两个因素重要性之比的关系。设有 n 个因素 $F_1, F_2, \cdots, F_n$，其重要性大小用 $\omega_1, \omega_2, \cdots, \omega_n$ 表示，其中任意两个的重要性之比可排成一个 $n \times n$ 的矩阵 A，即：

$$A = \begin{pmatrix} \omega_1/\omega_1 & \omega_1/\omega_2 & \cdots & \omega_1/\omega_n \\ \omega_2/\omega_1 & \omega_2/\omega_2 & \cdots & \omega_2/\omega_n \\ \cdots & \cdots & \cdots & \cdots \\ \omega_n/\omega_1 & \omega_n/\omega_2 & \cdots & \omega_n/\omega_n \end{pmatrix}$$

若用 a_{ij} 表示 ω_i/ω_j，则矩阵 A 有下列性质：

(1) $a_{ii} = 1$；

(2) $a_{ij} = 1/a_{ji}, 1 \leq i, j \leq n$；

(3) $a_{ij} = a_{ik}/a_{kj}, 1 \leq i, j \leq n$。

另外，若用 $W = (\omega_1, \omega_2, \cdots, \omega_n)^T$ 表示这 n 个因素的重要性程度向量，则有：

$$AW = \begin{pmatrix} \omega_1/\omega_1 & \omega_1/\omega_2 & \cdots & \omega_1/\omega_n \\ \omega_2/\omega_1 & \omega_2/\omega_2 & \cdots & \omega_2/\omega_n \\ \cdots & \cdots & \cdots & \cdots \\ \omega_n/\omega_1 & \omega_n/\omega_2 & \cdots & \omega_n/\omega_n \end{pmatrix} \begin{pmatrix} \omega_1 \\ \omega_2 \\ \vdots \\ \omega_m \end{pmatrix} = n \begin{pmatrix} \omega_1 \\ \omega_2 \\ \vdots \\ \omega_m \end{pmatrix} = nW \quad (8\text{-}44)$$

或
$$(A - nI)W = 0$$

这就是说，W 是 A 的特征向量，n 是特征值。若 W 事先未知，则可根据决策者对 n 个评价因素之间两两相比的关系，主观作出比值的判断矩阵 $\overline{A}$。

若判断矩阵 $\overline{A}$ 具有上述性质(1)~(3)，则 $\overline{A}$ 具有唯一非零的最大特征值 $\lambda_{\max} = n$。然而，人们对复杂的 n 个因素进行两两比较时，不可能达到判断的完全一致，这必然会造成特征值及特征向量中的偏差，此时 $AW = nW$ 变成了 $\overline{A}W' = \lambda_{\max} W'$，这里 $\lambda_{\max}$ 是 $\overline{A}$ 的最大特征值，一般不会等于 n，W' 是带有偏差的重要程度向量。

为了衡量两两比较的一致性，我们定义一致性指标 CI：

$$CI = \frac{\lambda_{\max} - n}{n - 1} \quad (8\text{-}45)$$

当完全一致时，$\lambda_{\max}=n$，$CI=0$；CI 值越大，判断矩阵的一致性越差。一般只要 $CI\leqslant 0.1$，就可以认为判断的一致性可以接受，否则需重新进行两两比较判断。

评价因素越多，即判断矩阵的维数 n 越大，判断的一致性将越差，故应放宽对高维判断矩阵一致性的要求。于是引入修正值 RI，见表 8-4。修正后的一致性指标用 CR 表示，即：

$$CR=\frac{CI}{RI}$$

修正值 RI　　　　　表 8-4

维数	1	2	3	4	5	6	7	8	9
RI	0	0	0.58	0.96	1.12	1.24	1.32	1.41	1.45

为了量化各因素间的两两比较结果，引入 1~9 标度，见表 8-5。根据心理学家的研究结果；人们区分信息等级有极限能力为 7 ± 2，因此采用表 8-5 中的 1~9 标度。从表 8-5 中可以看到，在构造判断矩阵 $\overline{A}$（为了简化，省略 $\overline{A}$ 顶上的横线）时只要给出 $[n(n-1)/2]$ 个判断数值即可。除了表 8-5 中的 1~9 标度法外，还有许多别的标度法。

1~9 标度　　　　　表 8-5

标　度　a_{ij}	定　　义
1	i 因素与 j 因素同等重要
3	i 因素比 j 因素稍微重要
5	i 因素比 j 因素明显重要
7	i 因素比 j 因素强烈重要
9	i 因素比 j 因素极端重要
2,4,6,8	介于以上两种判断之间的状态的标度
倒数	若 j 因素与 i 因素比较，得到的结果为 $a_{ji}=1/a_{ij}$

在介绍了判断矩阵及标度法之后，就可以讨论 W（为了简化，省略 W' 右上角的一撇）和 $\lambda_{\max}$ 的计算方法了。

一般而言，AHP 法中判断矩阵 A 的最大特征值与特征向量用近似方法计算即可。下面只介绍其中最简单的一种。设 $W=(\omega_1,\omega_2,\cdots,\omega_N)^{\mathrm{T}}$

其中，
$$\omega_i\approx\sum_{j=1}^{n}a_{ij}\bigg/\sum_{i=1}^{n}\sum_{j=1}^{n}a_{ij}\qquad(1\leqslant i\leqslant n)$$

则有：
$$\lambda_{\max}=\frac{1}{n}\sum_{i=1}^{n}\frac{(AW)_i}{\omega_i} \qquad(8\text{-}46)$$

以上 W 只是 AHP 评价模型某一层次上各因素相对于一层某一具体因素的重要性向量，最终都要自下而上组合起来，变成各系统方案相对于评价目标的重要性向量，组合方法通过下面一个具体例子来说明。

【例 8-4】 某投资公司有一笔资金可用于 4 种方案：投资房地产、购买股票、投资工业实业和高技术产业。这 4 个投资方案哪个最好？所谓好，指收益大、风险低和周转快。

解:此例的 AHP 评价模型不难构造,如图 8-4 所示。

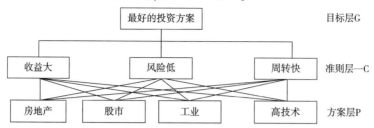

图 8-4 [例 8-4]AHP 评价模型

第一步,先形成准则层三个因素相对于目标层的判断矩阵 G:

$$G = \begin{pmatrix} 1 & 1/3 & 3 \\ 3 & 1 & 5 \\ 1/3 & 1/5 & 1 \end{pmatrix}$$

第二步,再分别形成方案层四个方案相对于准则层三个因素的判断矩阵 C_1, C_2, C_3:

$$C_1 = \begin{pmatrix} 1 & 1/7 & 3 & 5 \\ 7 & 1 & 9 & 7 \\ 1/3 & 1/9 & 1 & 1/2 \\ 1/5 & 1/7 & 2 & 1 \end{pmatrix},$$

$$C_2 = \begin{pmatrix} 1 & 5 & 3 & 7 \\ 1/5 & 1 & 1/5 & 1/2 \\ 1/3 & 5 & 1 & 3 \\ 1/7 & 2 & 1/3 & 1 \end{pmatrix},$$

$$C_3 = \begin{pmatrix} 1 & 1/7 & 3 & 5 \\ 7 & 1 & 9 & 7 \\ 1/3 & 1/9 & 1 & 1/2 \\ 1/5 & 1/7 & 2 & 1 \end{pmatrix}$$

第三步,分别计算 G, C_1, C_2, C_3 的特征向量和特征值,得到:

$$W_G = (\omega_1, \omega_2, \omega_3)^T$$

其中:

$$\omega_1 = (1 + 1/3 + 3)/(1 + 1/3 + 3 + 3 + 1 + 5 + 1/3 + 1/5 + 1) = 0.2915$$

$$\omega_2 = (3 + 1 + 5)/(1 + 1/3 + 3 + 3 + 1 + 5 + 1/3 + 1/5 + 1) = 0.6054$$

$$\omega_3 = (1/3 + 1/5 + 1)/(1 + 1/3 + 3 + 3 + 1 + 5 + 1/3 + 1/5 + 1) = 0.1031$$

$$GW_G = \begin{pmatrix} 1 & 1/3 & 3 \\ 3 & 1 & 5 \\ 1/3 & 1/5 & 1 \end{pmatrix} \begin{pmatrix} 0.2915 \\ 0.6054 \\ 0.1031 \end{pmatrix} = \begin{pmatrix} 0.8026 \\ 1.9954 \\ 0.3213 \end{pmatrix}$$

$$\lambda_G = \frac{1}{3}\left(\frac{0.8026}{0.2915} + \frac{1.9954}{0.6054} + \frac{0.3213}{0.1031}\right) = 3.0554$$

$$W_1 = (\omega_{11}, \omega_{12}, \omega_{13}, \omega_{14})^T$$

其中：

$$\omega_{11} = (1 + 1/7 + 3 + 5)/(1 + 1/7 + 3 + 5 + 7 + 1 + 9 + 7 + 1/3 + \\ 1/9 + 1 + 1/2 + 1/5 + 1/7 + 2 + 1) = 0.2379$$

$$\omega_{12} = 0.6245$$

$$\omega_{13} = 0.0506$$

$$\omega_{14} = 0.870$$

$$C_1 W_1 = \begin{pmatrix} 1 & 1/7 & 3 & 5 \\ 7 & 1 & 9 & 7 \\ 1/3 & 1/9 & 1 & 1/2 \\ 1/5 & 1/7 & 2 & 1 \end{pmatrix} \begin{pmatrix} 0.2379 \\ 0.6245 \\ 0.0506 \\ 0.870 \end{pmatrix} = \begin{pmatrix} 0.9139 \\ 3.3542 \\ 0.2428 \\ 0.3250 \end{pmatrix}$$

$$\lambda_{C1} = \frac{1}{4}\left(\frac{0.9139}{0.2379} + \frac{3.3542}{0.6245} + \frac{0.2428}{0.0506} + \frac{0.3250}{0.0870}\right) = 4.4366$$

以下省去 C_2, C_3 特征向量 W_2, W_3 的计算过程，得：

$$W_2 = (\omega_{21}, \omega_{22}, \omega_{23}, \omega_{24})^T = (0.5210, 0.0619, 0.3039, 0.1132)^T$$

$$C_2 W_2 = \begin{pmatrix} 1 & 5 & 3 & 7 \\ 1/5 & 1 & 1/5 & 1/2 \\ 1/3 & 5 & 1 & 3 \\ 1/7 & 2 & 1/3 & 1 \end{pmatrix} \begin{pmatrix} 0.5210 \\ 0.0619 \\ 0.3039 \\ 0.1132 \end{pmatrix} = \begin{pmatrix} 2.5346 \\ 0.2835 \\ 1.1267 \\ 0.4127 \end{pmatrix}$$

$$\lambda_{C2} = \frac{1}{4}\left(\frac{2.5346}{0.5210} + \frac{0.2835}{0.0619} + \frac{1.1267}{0.3039} + \frac{0.4127}{0.1132}\right) = 4.1195$$

$$W_3 = (\omega_{31}, \omega_{32}, \omega_{33}, \omega_{34})^T = (0.2379, 0.6245, 0.0506, 0.0870)^T$$

$$C_3 W_3 = C_1 W_1 = \begin{pmatrix} 0.9139 \\ 3.3542 \\ 0.2428 \\ 0.3250 \end{pmatrix}$$

$$\lambda_{C3} = \lambda_{C1} = 4.4366$$

第四步，对各级各因素判断矩阵进行一致性检验，得：

$$G: CR = \frac{3.0554 - 3}{3 - 1} \times \frac{1}{0.58} = 0.05 < 0.1，满足要求。$$

$$C_1: CR = \frac{4.4366 - 4}{4 - 1} \times \frac{1}{0.96} = 0.15 > 0.1，一致性差一些，按理应重新构造判断矩阵，但在$$

本例中，要求放松些，可算一致性检验通过。

$$C_2: CR = \frac{4.1955 - 4}{4 - 1} \times \frac{1}{0.96} = 0.07 < 0.1。$$

C_3:情况与C_1相同。

第五步,自下而上组合评价结果:

$$W = \omega_1 W_1 + \omega_2 W_2 + \omega_3 W_3$$

$$= 0.2915 \times \begin{pmatrix} 0.2379 \\ 0.6245 \\ 0.0506 \\ 0.0870 \end{pmatrix} + 0.6054 \times \begin{pmatrix} 0.5210 \\ 0.0619 \\ 0.3039 \\ 0.1132 \end{pmatrix} + 0.1031 \times \begin{pmatrix} 0.2379 \\ 0.6245 \\ 0.0506 \\ 0.0870 \end{pmatrix}$$

$$= \begin{pmatrix} 0.4093 \\ 0.2839 \\ 0.2040 \\ 0.1028 \end{pmatrix}$$

根据W中各方案的相对重要性大小可知,房地产投资是收益大、风险低、资金周转快最好的投资方案,而投资股市次之,投资工业第三,投资高技术最差。当然,如果换一个人,而不是本教材编者来构造判断矩阵,结论会有所不同。

从上面对AHP法的介绍和【例8-4】可以看出,AHP法的评价结果是强烈依赖该法使用者个人的知识、经验和判断的。现在有不少研究者在研究如何使该法更客观。但无论如何,AHP法是一个很好的评价方法,其主要优点就是把其他方法难以量化的评价因素通过两两比较加以量化,把复杂的评价因素构成化解为一目了然的层次结构,使评价过程程序化,易于使用。正因为如此,AHP法在我国得到了广泛应用。

复习思考题

1. 什么是综合评价?综合评价应遵循哪些原则?
2. 什么是评价指标体系?评价指标的分类有哪些?建立评价指标体系应遵循哪些原则?
3. 层次分析法的基本思想是什么?
4. 层次分析法的基本步骤有哪些?
5. 什么是模糊综合评价?
6. 模糊综合评判主要分哪两步?
7. 确定道路交通安全宏观评价的层次结构为:总目标A:道路交通安全情况(宏观评价);准则层C:C_1为人的因素,C_2为车的因素,C_3为路的因素,C_4为环境因素;指标层R:R_1为每10万人死亡率,R_2为每10万人受伤率,R_3为机动车万车死亡率,R_4为机动车万车受伤率,R_5为百公里死亡率,R_6为百公里受伤率。构造的道路交通安全宏观评价层次分析模型如图8-5所示。构造出的判断矩阵见表8-6~表8-10。

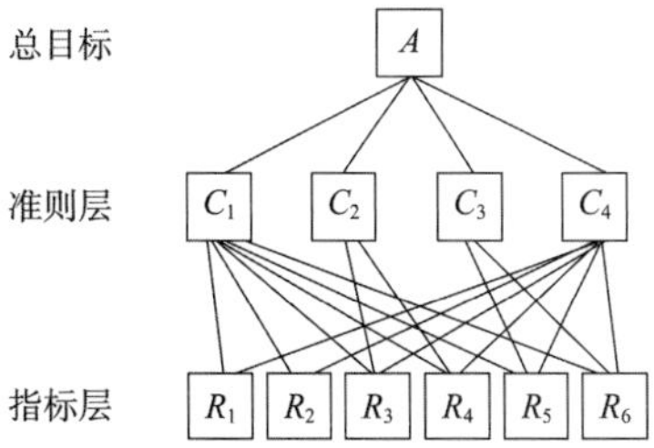

(1) 试分别计算各判断矩阵的特征向量和特征值;
(2) 对各判断矩阵进行一致性检验;

图8-5 道路交通安全层次分析模型

(3)对上述指标相对重要性进行排序。

判断矩阵 $A-C$ 表 8-6

A	C_1	C_2	C_3	C_4
C_1	1	1	2	3
C_2	1	1	2	3
C_3	1/2	1/2	1	2
C_4	1/3	1/3	1/2	1

判断矩阵 C_1-R 表 8-7

C_1	R_1	R_2	R_3	R_4	R_5	R_6
R_1	1	5	2	6	4	9
R_2	1/5	1	1/3	2	1/2	3
R_3	1/2	3	1	4	2	6
R_4	1/6	1/2	1/4	1	1/2	2
R_5	1/4	2	1/2	2	1	4
R_6	1/9	1/3	1/6	1/2	1/4	1

判断矩阵 C_2-R 表 8-8

C_2	R_3	R_4
R_3	1	5
R_4	1/5	1

判断矩阵 C_3-R 表 8-9

C_3	R_5	R_6
R_5	1	5
R_6	1/5	1

判断矩阵 C_4-R 表 8-10

C_4	R_1	R_2	R_3	R_4	R_5	R_6
R_1	1	6	3	7	5	9
R_2	1/6	1	1/4	3	1/3	4
R_3	1/3	4	1	5	3	7
R_4	1/7	1/3	1/5	1	1/3	3
R_5	1/5	3	1/3	3	1	5
R_6	1/9	1/4	1/7	1/3	1/5	1

8. 假设道路交通安全宏观评价标准定为五级,第一级表示道路交通安全情况最好,第五

级则表示道路交通安全情况最差,评价标准建议值列于表 8-11 中。

道路交通安全宏观评价标准建议值　　　　表 8-11

指　标	一	二	三	四	五
10 万人死亡率(R_1)	$R_1 < 4$	$4 \leq R_1 < 6$	$6 \leq R_1 < 8$	$8 \leq R_1 < 10$	$R_1 \geq 10$
10 万人受伤率(R_2)	$R_2 < 70$	$70 \leq R_2 < 90$	$90 \leq R_2 < 110$	$110 \leq R_2 < 130$	$R_2 \geq 130$
机动车万车死亡率(R_3)	$R_3 < 20$	$20 \leq R_3 < 30$	$30 \leq R_3 < 40$	$40 \leq R_3 < 50$	$R_3 \geq 50$
机动车万车受伤率(R_4)	$R_4 < 400$	$400 \leq R_4 < 500$	$500 \leq R_4 < 600$	$600 \leq R_4 < 700$	$R_4 \geq 700$
10 万自行车死亡率(R_5)	$R_5 < 10$	$10 \leq R_5 < 15$	$15 \leq R_5 < 20$	$20 \leq R_5 < 25$	$R_5 \geq 25$
10 万自行车受伤率(R_6)	$R_6 < 200$	$200 \leq R_6 < 300$	$300 \leq R_6 < 400$	$400 \leq R_6 < 500$	$R_6 \geq 500$
百公里死亡率(R_7)	$R_7 < 20$	$20 \leq R_7 < 30$	$30 \leq R_7 < 40$	$40 \leq R_7 < 50$	$R_7 \geq 50$
百公里受伤率(R_8)	$R_8 < 200$	$200 \leq R_8 < 300$	$300 \leq R_8 < 400$	$400 \leq R_8 < 500$	$R_8 \geq 500$

B 市交通局欲评价 2005 年本市的安全情况。已知安全情况与人、车、路、环境等因素有关。各因素对安全的影响程度不同,假设各因素的权重分别为 $W = (0.3509, 0.3509, 0.1891, 0.1091)$,备择集即为评价标准,一级至五级。单因素评判矩阵为

$$\underset{\sim}{R} = \begin{bmatrix} 0.2 & 0.1 & 0.4 & 0.3 & 0 \\ 0.1 & 0.4 & 0.3 & 0 & 0.2 \\ 0.4 & 0.3 & 0 & 0.2 & 0.1 \\ 0.3 & 0 & 0.2 & 0.1 & 0.4 \end{bmatrix}$$

试采用模糊综合评价方法来确定 B 市 2005 年度交通安全等级。

9. 根据 C 地区历年交通统计资料,用以下 6 个评价指标对公路网效应进行评价,各指标取值见表 8-12。公路网效应的评价指标的评价标准可参考表 8-13。

C 地区公路网评价指标计算结果　　　　表 8-12

评价指标	计算结果	评价指标	计算结果
路网拥挤度 S_N	0.97	路网密度 δ	1.91km/(km)^2
路网服务水平 F	1.33	路网铺装率 R_p	0.745
路网等级水平 J_N	3.48 级	路网通达深度 T_N	98.25%

C 地区公路网效应评价指标评价标准　　　　表 8-13

评价指标	评价指标				
	超前	适应	基本适应	不适应	很不适应
路网拥挤度 S_N	<0.6	0.6~0.7	0.7~0.9	0.9~1.20	>1.20
路网等级水平 J_N	<2.8	2.8~3.2	3.2~3.6	3.6~4.0	>4.0
路网服务水平 F	<0.75	0.75~1.0	1.0~1.25	1.25~1.50	>1.50
路网铺装率 R_p(%)	100~95	95~90	90~80	80~60	<60
路网密度 δ	>30	30~25	25~20	20~6.5	<6.5
路网通达深度 T_N(%)	100~95	95~90	90~85	85~80	<80

设有指标集：
$$X = [X_1, X_2, X_3, X_4, X_5, X_6] = [S_N, J_N, F, R_P, \delta, T_N]$$

评语集为：$y = [y_1, y_2, y_3, y_4, y_5] = [$很不适应，不适应，基本适应，适应，超前$]$，关系矩阵（单因素评判矩阵）为：

$$R = \begin{bmatrix} r_{11} & r_{12} & \cdots & r_{15} \\ r_{21} & r_{22} & \cdots & r_{25} \\ \vdots & \vdots & \cdots & \vdots \\ \vdots & \vdots & \cdots & \vdots \\ \vdots & \vdots & \cdots & \vdots \\ r_{61} & r_{62} & \cdots & r_{65} \end{bmatrix} = \begin{bmatrix} 0.25 & 0.50 & 0.25 & 0 & 0 \\ 0 & 0.25 & 0.5 & 0.25 & 0 \\ 0.25 & 0.50 & 0.25 & 0 & 0 \\ 0.25 & 0.50 & 0.25 & 0 & 0 \\ 0.67 & 0.33 & 0 & 0 & 0 \\ 0 & 0 & 0 & 0.33 & 0.67 \end{bmatrix}$$

各指标的权重分别为 $A = [a_1, a_2, a_3, a_4, a_5, a_6] = [0.35, 0.20, 0.08, 0.12, 0.10, 0.15]$。采用模糊综合评判方法对 C 地区的公路网状况进行综合评价。

第九章　运输项目后评价

第一节　概　　述

可行性研究是在项目建设前进行的,其所作的判断、预测结论是否正确,项目的实际效益如何,需要在项目竣工投产后根据现实数据资料进行再评估来检验,这种再评估就是项目后评价。工程项目后评价是指在项目建成投产或投入使用后的一定时刻,对项目的运行进行系统、客观的评价,衡量和分析项目的实际情况及其与预测情况的差距,确定有关项目预测和判断是否正确,并分析其原因,从项目完成过程中吸取经验教训,并为提高项目投资效益提出切实可行的对策措施。

运输项目后评价既是基本建设程序的重要组成部分,也是运输项目科学、系统地建设管理工作的重要组成部分;通过对运输项目从立项到投产运营各个阶段的全面而又系统的分析评价和后评价报告的编制,可以全面总结和不断提高决策、设计、施工、管理水平,为项目建设合理利用资金、提高投资效益、改进管理工作、制订相关政策等提供科学依据。运输项目后评价一般是在运输项目建成投入生产运营2~3年后,用系统工程的方法,对建设项目的立项决策、设计、施工和运营各个阶段工作及其变化的原因,以及成功的经验与失误的教训进行全面的跟踪、调查、分析与评价,检验项目是否合理和有效率。

一、运输项目后评价的任务与运输项目周期

1. 运输项目后评价的任务

运输项目后评价的任务包括如下7项:

(1)根据运输项目的建设进程,审核在项目准备和立项阶段评价文件中所确定的目标是否已经达到。

(2)确定运输项目在项目实施各阶段实际完成的情况,并找出其中的变化。

(3)通过实际与预期的对比,分析运输项目成功与失败的原因。

(4)评价运输项目实施的效率和管理水平。

(5)分析运输项目的经济效益。

(6)分析与评价运输项目对社会和环境的作用与影响。

(7)从被评价的项目中总结经验与教训,提出建议,供未来待建项目借鉴。

运输项目后评价的重点在于对项目的效益评价和影响评价:效益评价主要是对国民经济效益和财务效益的评价;影响评价是指项目对宏观经济发展影响的评价、区域经济发展影响的评价、国家资源以及环境影响的评价和社会影响的评价等。

2. 运输项目后评价与运输项目周期

根据目前国家有关固定资产投资项目的现行规定和实际情况,项目周期可分为下述3

个时期,即项目建设前期、项目运营时期项目建设时期和项目运营时期,这3个时期又大致可以分为6个阶段,如图9-1所示。

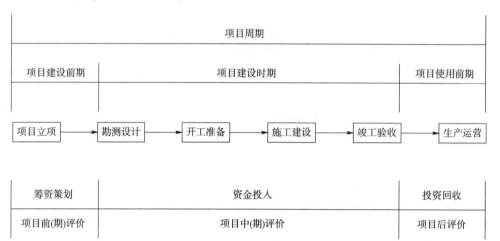

图9-1 项目后评价与项目周期的关系

(1)项目建设前期。

项目建设前期主要涉及项目立项阶段,即项目的评价选择阶段,其研究工作包括项目建议书、预可行性研究、工程可行性研究(国外分为投资机会研究、预可行性研究、技术经济可行性研究3个阶段)及项目评估(包括对可行性研究报告的评估、社会影响评估、环境影响评估等);通过研究评估、审批,最后确立项目。从时间角度来讲,这一时期的评价又可以称为项目前期评价,通过项目前期评价,项目投资者将进行筹资策划。

(2)项目建设时期。

项目建设时期包括设计阶段、开工准备阶段、施工建设阶段和竣工验收阶段。

①设计阶段:工作内容包括项目设计任务书的编制、设计招标投标、项目初步设计、技术设计和施工图设计及设计图纸的审查或评审等。

②开工准备阶段:工作内容包括土地征用、征地拆迁等施工准备工作;招标投标、合同签订、施工许可、工程报建、工程报监(质量监督)等。

③施工阶段:包括设备采购、安装、建筑施工等。

④竣工验收阶段:包括竣工验收、竣工报告及其批准文件。

项目通过竣工验收,便可正式投入使用,进入项目使用期。

这一时期各阶段工作的评价可以称为项目中期评价。通过项目中期评价,投资者会增加大量投入建设资金。

(3)项目运营时期。

项目运营时期主要为项目生产营运阶段,即项目竣工投入生产营运至项目使用期满或使用寿命终结的时期。这一时期的评价即项目的后评价,从投资资金的运动过程来看,它是投资者投资的回收时期。

项目后评价阶段,即项目建设和运营经验教训的总结阶段,它应包括从项目立项到项目生产运营的全过程评价以及对项目未来发展趋势的预测和建议。

项目后评价位于项目周期的最后一个时期,因此又可以看作是一个新的项目周期的"前期",它处于"承前启后"的位置。在项目周期中,后评价的一个基本功能就是要通过项目经验教训的反馈,改进和调整投资项目及其相关计划和规划、政策措施和管理机制等,从而提高投资的决策水平。因此,项目后评价是投资计划和管理的一个重要阶段。

3. 项目后评价与项目周期中其他阶段的区别与联系

1)项目后评价与项目前评价的差别

(1)在项目建设中所处的阶段不同。项目可行性研究和前评价属于项目前期工作,它决定项目是否可以上马。项目后评价是项目竣工投产并达到设计生产能力后对项目进行的再评价,是项目管理的延伸。

(2)比较的标准不同。项目可行性研究和项目前评价依据定额标准、国家参数来衡量建设项目的必要性、合理性和可行性。后评价主要是直接与项目前评价的预测情况或其他同类项目进行对比,检测项目的实际情况与预测情况的差距,并分析产生差距的原因,提出改进措施。

(3)在投资决策中的作用不同。项目可行性研究和前评价直接作用于项目决策,前评价的结论是项目取舍的依据。后评价则是间接作用于项目投资决策,是投资决策的信息反馈。通过后评价反映出项目建设过程和投产阶段(乃至正常生产时期)出现的一系列问题,将各类信息反馈到投资决策部门,从而提高未来项目决策科学化的水平。

(4)评价的内容不同。项目可行性研究和前评价分析研究的内容是项目建设条件、设计方案、实施计划以及经济社会效果。后评价的主要内容是针对除前评价上述内容进行再评价外,还包括对项目决策、项目实施效率等进行评价以及对项目实际运营状况进行较深入的分析。

(5)组织实施上不同。项目可行性研究和前评价主要由投资主体或投资计划部门组织实施。后评价则由投资运行的监督管理机关或单独设立的后评价机构进行,以确保项目后评价的公正性和客观性。

2)项目后评价与项目周期中其他阶段的联系

项目后评价虽然是在项目竣工投产后进行的,但它与项目周期中其他各个阶段密不可分,其他阶段积累的资料是后评价的基础信息。因此,为了进行后评价,国家和有关运输主管部门规定了对此的管理制度,如《公路建设项目后评价报告编制办法》《公路建设项目后评价工作管理方法》中规定要建立"公路建设项目综合管理卡"和"公路建设项目投资管理卡",并规定后评价的主要依据文件有项目建议书、可行性研究报告、初步设计、施工图设计及其审查意见和批复文件;施工阶段重大问题的请示及批复;工程竣工报告、工程验收报告和审计后的工程决算及主要图纸等。此外,应对项目实施后的交通流量、车辆运行特征、车辆运输费用、工程质量、项目财务状况、社会经济效果、环境等进行调查。有的项目还要求有开工评价、中期评价和项目监测等资料,所有这些资料都是进行项目后评价的重要依据。

二、运输项目后评价的原则

运输项目后评价的一般原则表现为评价的公正性、独立性、科学性、实用性、可信性和反馈性等,其重点是后评价的独立性和反馈性。

1. 公正性

项目后评估工作必须从实际出发,尊重客观事实,依据项目建成后的实际状况、成果和已达到的各项指标,实事求是地衡量和评估项目的得失和优劣。在分析论证时,要坚持客观公正的科学态度,历史地、辩证地、全面地看问题,既不脱离当时当地的客观环境和条件评估当时的工作,又要站在发展变化的高度评估项目的成功和失误,分析原因,总结经验教训。

2. 独立性

独立性是保证后评估合法性和公正性的前提。为此,后评估工作应由投资者和受益者以外的第三者(即所谓有资质的独立咨询机构或专家)来执行,避免项目决策者和管理者自己评估自己。同时,后评估工作机构也必须从各级管理部门中独立出来,由专门的评估机构执行。独立性和公正性原则应贯穿后评估工作的全过程,从后评估计划的制订、任务的委托到后评估小组人员的配置以及后评估报告的处理等,都必须坚持独立性,保持公正性。

3. 科学性

后评估工作必须坚持评估方法、工作程序、组织管理以及评估结论的科学性。一是评估所依据的资料数据必须真实可靠,应以项目实施监测的实际资料为依据,建立全面系统的资料信息库,以保证资料的真实可靠;二是针对存在问题提出的改进建议要切实可行;三是评估的结论和总结的经验教训要经得起实践的检验和对指导今后的项目决策与建设工作有益。

4. 实用性

为使后评估成果能对决策发挥作用,后评估报告应紧密结合实际问题,有针对性地作出分析。为此,后评估报告应简单明了,重点突出。项目后评估结论应具有一定的使用价值。针对项目的实际状况,提出针对性和可行性的对策意见,发挥项目后评估的实用价值。

5. 可信性

后评估的可信性一方面取决于评估者的专业素质和经验水平,以及采用方法的精确性和评估过程的透明度,另一方面还取决于所采用资料信息的可靠性和真实性。可信性的一个重要标志是要同时反映出评估项目的成功之处及存在的问题。为此,要求后评估工作必须由精通各方面专业知识和经验丰富的专业评估人员担任,还应有项目的建设人员、管理人员、投资者和受益者参与。评估人员的专业化,主要是指从事后评估工作的队伍,应懂得项目建设各阶段和全过程的工作程序和工作内容,并经过后评估的专业培训。为了保证项目后评估的可信性,要坚持合理性评估原则,使用合乎情理的项目评估目标价值尺度,计量项目的成本和效益等。使用不同的计量尺度,将会给项目的成本和效益带来不同的价值判断。

6. 反馈性

后评价的反馈性表现在信息反馈上。也就是说,后评价的最终目标是要将评价结果反馈到决策部门,作为新项目立项和评估的基础,作为调整投资规划和政策的依据。因此,评价的反馈机制、手段和方法便成了评价成败的关键环节之一。国外一些国家建立了"项目管理信息系统",通过项目周期各阶段的信息交流和反馈,系统地为评价提供资料和向决策机构提供评价的反馈信息。在可能的条件下,后评价报告应分发到相关单位或采取举行报告会、研讨会等形式,使后评价成果扩展,使其在项目建设管理中发挥更大的作用。

第二节　运输项目后评价程序与方法

一、运输项目后评价程序

根据我国项目决策体制、项目管理权限及项目审批程序的规定，原国家计划委员会(现国家发展和改革委员会)对大中型项目，提出了进行后评估的三阶段程序，运输项目后评价程序也按该程序进行。

1. 第一阶段，建设单位自我评估阶段

由项目业主单位或负责国家重点建设项目后评估工作的单位，开展项目后评估的工作，负责编报"项目后评估报告"，并按照业务、行政隶属关系报送行业或地方主管部门，同时上报国家发展和改革委员会备案。

在此阶段，作为项目后评估的自我评估应包括以下5个具体的工作步骤：

(1) 明确目标。

提出问题，明确后评估的任务。通常提出需要进行项目后评估的单位可以是国家或地方的计划部门、银行金融机构、各主管部门，也可以是企业或项目本身。

(2) 组织落实。

建立后评估小组，进行筹划准备。项目后评估工作可以委托工程咨询公司等经过资格审查的有资质的单位承担；有时也可以由项目业主自己组织实施。承办单位在接受任务后即可组织后评估小组进行筹备工作，制订出项目后评估的实施计划，其中包括项目后评估人员的配备、组织机构、时间进度、内容范围、预算安排和评估方法等内容。

(3) 开展调查工作。

进行深入调查和收集资料。按照后评估规定的任务要求，要深入调研，收集实际的基础资料，项目后评估资料一般应包括项目的立项、决策和建设实施资料，项目建成后的效益资料及其他有关资料。

(4) 进行分析评价。

需要对实际资料数据的完整性和准确性进行核实和审查，并按照核实后的资料数据进行对比分析研究和论证。需要形成的总体概念有：项目的总体效果如何？是否按预定计划建设或建成？是否实现了预定目标？投入与产出是否成正比例函数关系？项目的影响和作用如何？对国家、地区、生态、环境有什么影响和作用？项目的可持续性如何？项目有哪些经验和教训等。在对被评项目的认识形成总体概念之后，便可着手编写项目后评价报告。项目后评价报告是调查研究工作最终成果的体现，是项目实施过程阶段性或全过程的经验、教训的汇总，同时也是反馈评价信息的主要文件形式。可以采用一些定量和定性分析相结合的科学方法，合理评估项目的实际成果；找出存在的问题，总结经验教训；提出今后的改进措施和建议。

(5) 形成文件。

将分析研究的结果汇总，编制出项目后评估报告，提交委托单位和上级有关部门。

2. 第二阶段，行业或地方主管部门初步审查阶段

此阶段的工作，主要是由主管部门对项目后评估报告和项目建设实际情况进行深入考

察,结合行业或地方建设项目反映出来的共性问题以及特点和经验,站在国家的立场,从行业或地方的角度,提出对项目后评估报告的初步审查意见。主管部门不仅应对具体项目的后评估工作进行评估,还要为改进行业部门或地方有关工作进行经验总结,最后由主管部门完成"项目后评估审查报告"报送国家发展和改革委员会,并抄送有关部门和单位。

3. 第三阶段,"项目后评估报告"复审阶段

由国家发展和改革委员会组织聘请有关方面专家对主管部门的项目后评估审查报告和项目单位自我评估的项目后评估报告进行复核审查。此时的复审,要求站在国家整体利益的立场上,从宏观与微观相结合的角度提出项目后评估复审报告,报送国家发展和改革委员会,并抄送有关部门和单位备案。

在由行业主管部门或地方安排的后评估项目,其审查报告报国家发展和改革委员会备案后,国家发展和改革委员会将组织有关方面进行抽查复审。注意,由国家发展和改革委员会直接下达的后评估项目,将只进行第三步的复审工作。

以上三阶段的后评估工程程序,既有利于保证项目后评估工作的广泛性、全面性和公开性,也有利于实现评估结论的公正性、科学性和可靠性。

二、运输项目后评价方法

运输项目后评价方法,原则上应采用定量和定性相结合的方法。根据评价的对象和内容,通常采用对比法和逻辑框架分析法。

1. 对比法

对比法可分为"前后对比法"(before and after comparison)和"有无对比法"(with and without comparison)。

(1)前后对比法。

"前后对比法"是指将项目实施前的情况与实施后的情况加以对比,找出项目的作用和效益。在项目后评价中则是指将项目前期的可研究性和评估的预测结论与项目竣工投产运营后某一时点(后评价时确定的年份)的实际结果相比较,从中找出变化和原因。这种对比可用于揭示计划、决策和实施的质量。这是项目过程评价应遵循的原则。但是,一个建设项目,特别是像公路运输类建设项目的实施,是在整个国家和地区社会和经济的大环境中进行的,项目的外部作用往往起着重大影响,其经济效果和社会影响广泛,"前后对比法"这种简单的对比方式往往很难将外部作用与项目本身的作用区别开来。

(2)有无对比法。

"有无对比法"是指将项目实际发生的情况与若无项目可能发生的情况进行对比,以度量项目的真实效益、影响和作用。对比的重点是要分清项目作用的影响与项目以外作用的影响。这种对比用于项目的效益评价和影响评价,是项目后评价的一个重要原则。这里说的"有"与"无"指的是评价的对象,即计划、规划或项目;评价是通过项目的实施所付出的资源代价与项目实施后产生的效果进行对比来得出项目实施结果的好坏。方法运用的关键是要求投入的代价与产出的效果口径一致,也就是说,所度量的效果要真正归因于项目。但是,很多项目,特别是大型社会经济项目、公共工程、公共事业项目,实施后的效果不仅仅是项目的效果和作用,还有项目以外多种因素的影响,因此,简单的"有无对比"往往不能获得

真正项目效果的结论。

在公路建设项目后评价中,应根据"前评估"(可行性研究时的评估)时用"有无对比法"所作的国民经济评价以及区域经济影响分析和社会影响分析的预测结果与项目投产运营后的实际结果进行对比,找出其变化和产生的原因,进行分析。

2. 成功度分析法

使用成功度分析法,需要明确成功度及其标准和对成功度的测定方法。

1)成功度的标准

成功度分析法是项目后评估的一种综合分析方法。应用此法的条件是,要首先对项目实现预期目标的成败程度,即所谓成功度给出一个定性的结论。作为用于衡量成败程度的标准——成功度,通常可以将成功度分为五个等级,各个等级的标准如下:

(1)完全成功的,常用 AA 来表示,表明项目的各项目标都已全面实现或超过;相对于成本而言,项目取得了巨大的效益和影响。

(2)成功的,常用 A 来表示,表明项目的大部分目标已经实现;相对于成本而言,项目达到了预期的效益和影响。

(3)部分成功的,常用 B 来表示,表明项目实现了原定的部分目标,相对于成本而言,项目只取得了一定的效益和影响。

(4)不成功的,常用 C 来表示,表明项目实现的目标非常有限;相对于成本而言,项目几乎没有取得什么效益和影响。

(5)失败的,常用 D 来表示,表明项目的目标是不现实的,根本无法实现;相对于成本而言,项目不得不终止。

2)成功度的测定方法

评估项目的成功度是项目后评估中应用成功度分析法时一项十分重要的工作,它是项目评估专家组对项目后评估结论的集体定性。一个大中型项目通常要对十几个重要的和次重要的综合评估因素指标进行定性分析,才能断定各项指标的等级。这些综合评估指标主要包括:对宏观经济、扩大或增加的生产能力、扶贫和教育的影响,对卫生和健康的影响,对妇女和儿童的影响,对环境的影响,对社会的影响,对技术进步的影响,对机构组织和管理水平的影响,以及经济效益指标等,对于每个具体的项目,上述各项指标的重要程度各不相同。因此,可以通过项目成功度评估的程序,即确定评议专家,然后选定综合评估指标并确定其权重,专家个人打分,专家集体评议,进行数据处理,从而确定各项指标的重要程度,最后得出成功度评估的等级。

项目成功度测定指标见表 9-1。值得注意的是,在评定具体项目的成功度时,并不一定要测定表 9-1 中所有的指标。因此,评估人员只需要根据具体项目的类型和特点,确定表中指标与项目相关的程度,把它们分为"重要""次重要"和"不重要"三类,在表中第二栏里(相关重要性)注明,对"不重要"的指标就不用测定了。一级项目实际需要测定的指标约有 7~10 个。

在测定各项指标时,采用打分制,也就是按照上述评定等级标准的(2)~(5)四级分别用 A、B、C、D 表示。通过指标重要性分析和单项成功度结论的综合,可得到整个项目的成功度指标,也用 A、B、C、D 表示,填在表的最底下一行(总成功度)的成功度栏内。

在实际进行具体测定各项指标的操作时,项目评估组的成员每人填好一张表后,对各项指标的取舍和等级应进行内部讨论,或经必要的数据处理,形成评估组的成功度表,再把结论写入评估报告中。

项目成功度评定表　　　　　表 9-1

序号	评定指标	相关重要性	成功度	序号	评定指标	相关重要性	成功度
1	宏观经济影响			13	项目组织机构		
2	区域经济影响			14	工程进度管理		
3	扩大或增加能力			15	工程质量管理		
4	管理水平			16	工程投资管理		
5	对扶贫的影响			17	项目委托条件		
6	公平与效率			18	项目净现值		
7	教育			19	项目内部收益率		
8	公共卫生与健康			20	项目投资回收期		
9	对就业的影响			21	财务可持续性		
10	环境影响			22	组织机构持续性		
11	技术进步			23	项目可持续性		
12	社会发展			24	项目总成功度		

3. 其他方法

项目后评价也可采用其他的方法进行,如德尔菲法、专家讨论法、层次分析法等。至于采用何种方法为宜,应根据项目条件和评价要求确定。

第三节　运输项目后评价的内容

运输项目后评价的基本内容包括过程评价、效益后评价、影响后评价和可持续评价 4 个方面。

一、过程评价

过程评价就是对运输项目实施过程的评价,即对照项目立项时所确定的目标和任务,分析和评价项目的执行过程,从中找出原因,总价经验教训。过程评价是依据国家现行有关法令、制度的规定,对项目的工程技术水平、管理水平和决策水平进行分析,主要内容包括前期工作评价、建设实施评价、生产运营评价、投资执行情况评价,服务评价和管理水平评价等。

1. 前期工作评价

前期工作评价的主要内容有:

(1)立项条件:可行性研究的合理性和客观性,特别是多方案的比较和选择;前期评估的合法性和公正性;对不同意见和建议的处理等。

(2)勘察设计:勘查工作质量,设计的依据和规范化,设计方案和工艺技术选择;经济规模、设计水平等。

(3)准备工作:开工准备、开工条件和现状调查等。
(4)决策程序:决策程序是否符合规定,项目的目标和目的、决策水平等。

2. 建设实施评价

建设实施评价的内容有:

(1)设备采购:技术和设备的引进和采购是否符合国家有关规定和程序,设备的先进性和适用性是否符合国家或行业的相关技术政策;设备采购招投标和合同执行情况等。

(2)工程建设:施工建设、工程进度及建设期(包括开工时间、完工时间和投产时间)、项目工程质量和安全、工程造价、项目变更、建设程序、同步建设等。

(3)竣工验收和生产准备:竣工验收的主要结论和意见,投入运营的准备和条件,包括资金、物资、技术、人员和机构等。

3. 生产运营评价

后评价中的生产运营评价是指从项目正式投产到后评价期间的生产运营状况,主要内容有项目的设计能力、实际能力及工程技术经济指标的验证;设备和装置的运作、操作和维护;项目的运营效益;资源、材料和人员等配套条件。

4. 投资执行情况评价

投资执行情况评价是根据原定的项目投资预算和资金投入计划,检验资金实际到位的时间和数量是否按施工计划或贷款协议计划执行;投资预算是否得到控制;项目财务执行状况如何;项目资金渠道和贷款条件是否发生变化、变化的原因和影响;项目超过或低于预算如何解决等。

5. 服务评价

在项目的施工和运营中,相关部门的充分服务和投入是项目成功的重要因素,这方面应明确原定工程计划中应提出的服务和投入条件是什么,这些条件是否合理,如不合理,原因是什么;项目是否有特殊的服务要求,是否有漏掉的服务项目;是否按期提供这些服务;是否需要建立相应的管理机构并及时建立起来等。

6. 管理水平评价

管理水平评价是对项目实施全过程的各个阶段管理人员的工作作出评价,主要评价他们是否有效地进行了项目管理,是否与政府机构和其他组织建立起必要的联系,人才和资源是否得到合理地使用,责任心是否强等。主要内容有:

(1)项目实施过程中各阶段的各项制度、规定和程序的管理等。
(2)各阶段执行者资格和资信的审查和管理,管理者的素质和能力等。
(3)各种管理机构的设置及其职能、组织形式和作用及管理信息系统等。
(4)决策管理水平等。

二、效益后评价

效益的后评价主要包括项目的国民经济评价和财务评价。运输项目效益后评价就是对已建成的运输项目的国民经济效益和财务效益指标(内部收益率、净现值等)进行重新计算,以确定是否同可行性研究时测算的经济指标一致,是否符合实际,并从中找出产生重大变化的原因及涉及的问题。

1. 国民经济后评价

项目后评价中的国民经济后评价也和可行性研究中评价一样,是按照资源合理配置原则,从国家整体角度考察项目直接的和间接的费用和效益,用投入品的影子价格、影子工资率、影子汇率和社会折现率等经济参数来分析,计算项目对国民经济的净贡献,评价项目的经济合理性。后评价的基本报表是国民经济效益费用流量表。

2. 财务后评价

项目的财务后评价与可行性研究评价一样,是从企业(项目)角度来分析财务状况,即项目的盈利能力分析和清偿能力分析。项目财务后评价的基本报表有现金流量表、损益表和资产负债表等。但应当注意项目后评估与可行性研究评估的区别。

(1) 评价的目的不同:可行性研究评价的目的在于确定项目的可行性,重点是分析项目本身的条件,对项目未来的长远效益、作用和影响只能根据预测进行分析。后评价则侧重于项目的实施效果、影响和持续性,目的是总结经验教训,特别是总结宏观决策方面的得失。

(2) 评价的数据和参数不同:可行性研究评价采用的数据和参数是在项目建设前预测或颁布的,而后评价则是采用实际发生的数据和在后评价时所颁布的参数,即用实际数据来验证可行性研究评价时的预测数据。

(3) 两种评价的对比:后评价所得实际结果与可行性研究评价所确定的项目的目的和预测结果进行对比。后评价时要注意数据的可比性。在价格上可采用国家颁布的物价上涨指数逐年核算或按国家的不变价格计算。投资成本和收入均应折算为基准年的值(表9-2)。

运输项目评价指标对比表 表9-2

指标	前期测算值	竣工核算值	后评价计算值	指标	前期测算值	竣工核算值	后评价计算值
总投资额(万元)				资产负债率(%)			
运营成本(万元)				流动比例(%)			
运营收入(万元)				速动比例(%)			
财务净现值(万元)				经济净现值(万元)			
财务内部收益率(%)				经济内部收益率(%)			
建设期(年)				外汇兑换率(人民币元/美元)			
投资回收期(年)							

三、影响后评价

影响后评价是指运输项目对于其周围地区在经济、社会、技术和文化以及自然环境所产生的作用。项目的影响后评价应从国家宏观上重点分析项目与整个社会发展的关系,它包括经济、社会和环境三个方面的评价。应将影响后评价作为项目后评价内容的重点。

1. 经济影响后评价

项目后评价中的经济影响后评价主要是分析和评价项目对所在省(自治区、直辖市)和国家等外部区域的经济发展的作用和影响。经济影响后评价的主要内容包括项目的国内资源成本分析、公平分配、扶贫、技术进步、国家经济和区域经济发展(包括对经济结构调整的影响)等方面的影响分析与评价。

(1)对国内资源的成本分析。

国内资源的成本分析是对运输项目建设和生产所用的国内资源价值的测算,用以对比项目的产品(服务)成本与国际市场价格的差别,以便从宏观上判断项目所用(配置)资源的合理性。在测算中,中间投入品应按国际市场价格计算,要素投入应按成本机会计算。

(2)对地区收入分配的影响。

这里主要是指项目对不同地区收入分配的影响,即项目对公平分配和扶贫政策的影响。项目收入分配影响可用以下两个参数来表达:

①贫困地区收益分配系数 D_i。

$$D_i = (G/G_i)^m \tag{9-1}$$

式中:D_i——地区(省级)收益分配系数;
　　G——项目后评价时全国的人均国民收入;
　　G_i——特定项目所在省份在项目后评价时的人均国民收入;
　　m——国家规定的贫困省份的收入分配系数。

②贫困地区收入分配效益 IDR。

$$IDR = ENPV \times D_i = \sum_{t=0}^{n}(CI_t - CO_t)(P/F, i_s, t) \times D_i \tag{9-2}$$

式中:IDR——重新计算的经济净现值,即贫困地区取得的净现值。

通过上述计算可以判别贫困地区应享受的国家优惠政策。

2. 技术影响后评价

技术影响后评价,是指对项目采用的技术给本行业、本地区的技术进步带来的影响进行评价。其评价应参照国家制订的衡量技术进步的制度和测算方法以及部门的技术经济政策来进行,以评价其采用的技术是否先进、合理、适用;对国家、部门、行业地方的技术可产生推动作用的大小,新技术的扩散速度及扩散的效果等。

3. 环境影响后评价

运输项目后评价中的环境影响后评价,是根据项目建设前期评估时批准的《环境影响评价报告书》重新审查项目投产后的环境影响实际结果,环境管理决策措施、规定、规范、参数的可靠性和实际效果,环境影响后评价应根据国家和地方环境质量标准和污染物排放标准以及有关部门的环保规定进行。在审核已实施的环境影响评价报告和评价现状环境影响的同时,还要对未来的环境影响进行预测,对有可能产生冲突事故的项目,要作环境影响风险分析。如果项目会产生对人类和生态危害极大的剧毒物质,或项目位于环境高敏感的地区,或项目已发生严重的环境污染事件时,则需要单独编制一份项目环境影响后评价报告。

环境影响后评价的内容一般应包括下述5个部分:

(1)对项目的污染控制。

(2)对区域的环境质量影响。

(3)对自然资源的利用和保护。

(4)对区域生态平衡的影响。

(5)环境管理能力。

目前,生态环境部、交通运输部等国家主管部门对项目影响评价的上述内容、方法和程序都有具体规定。项目后评价时除应遵照上述规定外,还要侧重分析随着项目进程和时间的推移所发生的变化。由于项目所在地区的环境背景差异很大,工程废弃物各不相同,因此,评价人员要分析特定项目的不同点,找出影响因素中的污染因子,选择合适的权重系数,全面地进行综合,得出环境影响评价的结论。

4. 社会影响后评价

社会影响后评价是指对项目在经济、社会和环境方面产生的有形和无形的效益和结果所进行的分析。从社会的发展观点来看,社会影响评价是分析项目对国家(或地区)社会发展目标的贡献和影响,包括项目本身及其对周围地区社会的影响。考虑到我国社会现状及项目的经济评价和环境影响评价已单独进行,这里的社会影响评价的重点是项目对项目所在地区和周围地区的影响评价,其评价内容主要包括如下7个方面:

(1) 对区域(地方)经济的影响。

这种影响主要是对区域经济结构、资源利用、工农业生产和第三产业的影响以及对交通运输项目相关产业或部门的影响以及对当地国民收入和财政的影响等。对特大型项目,需要进行区域经济与宏观经济影响分析。

(2) 对就业的影响。

就业分为项目直接产生的就业和间接产生的就业。直接就业为项目建设期和运营期的新增就业人数;间接就业是与项目相关的或直接为项目建设和运营服务的就业人数。在项目后评价中,应对实际发生的就业人数与预测的就业人数进行比较。

(3) 对地区居民生活条件和生活质量的影响。

对地区居民生活条件和生活质量的影响包括社区居民收入的变化,人口流动情况、居住条件、服务设施、文化教育、卫生保健、生活习惯、娱乐、生活质量等的变化和影响。

(4) 利益主体范围及其变化。

利益主体是指项目的受益者和受损者(集团、群体、个人)。要分析项目实施前和实施、运营后的利益主体范围及其变化情况。应分析谁是真正的受益者和受损者(分布和人数)、受益和受损的程度,受损者是否得到补偿;并与实施前估计的情况进行比较,找出产生变化的原因。

(5) 地方和社区的发展。

要分析项目对当地城镇和社区基础设施建设和未来发展的影响,对社区的社会稳定、社区的福利设施、社区的组织机构、管理体制的影响等。

(6) 参与和支持。

参与和支持包括相关部门、当地政府和居民对项目计划、建设和运营的参与、支持程度和态度、参与的机制是否建立起来等。

(7) 妇女、民族和宗教信仰。

这里包括对妇女的社会地位、民族团结、风俗习惯和宗教信仰的影响等。

四、可持续性评价

可持续性评价是在项目建成投入运营之后,对项目是否可以持续运营,能否继续持续项目的既定目标,业主是否愿意并依靠自己的能力继续实现既定目标以及项目是否具有可重复性作出分析。

1. 项目可持续性涉及的问题

项目可持续性涉及以下4个方面的问题：

(1)项目今后效益的可持续性。项目今后效益的可持续性是可持续性的核心。国家和省(自治区、直辖市)一级的行政干预主要是为保证决策者和受益者的利益,实现项目可持续性目标。

(2)投资者为获得持久的利益,会对项目进行特别干预,继续支持项目的运营活动和维持其管理机制。

(3)为了国家和地方的发展目标,根据投资和运营成本及机构的能力,确定合理的收益水平和运营期。

(4)一旦主要的外部投资和技术支持中断,就需要国家或地方政府提供财务、技术和管理方面的支持,以维持项目的继续运营。

2. 项目可持续性的影响因素

在进行项目可持续性分析时,应进一步对项目可持续性的影响因素进行分析。通常,影响项目可持续性的因素有以下7种：

(1)政府政策因素。

政府政策因素中主要有哪些政府部门(如计划、财政部门等)参与了项目,它们的目的和作用是什么；对项目目标,各部门是如何理解和表述的；各部门根据各自的目的所提出的条件和政策是否符合实际,如果不符合实际,需要做哪些修改,其理由是什么；政策的变化是否会影响到项目的可持续性等。

(2)管理、组织和参与因素。

后评价要从项目各个机构的管理能力和效率来分析可持续性的条件,如项目管理人员的素质和能力,管理的组织机构、制度和组织形式的作用、人员培训、地方政府和群众的参与和作用等。其中,管理人员的素质和能力最为重要,没有好的管理者,再好的管理体制也难奏效。

(3)财务因素。

对项目财务持续能力的分析,要对照可行性研究报告或评估报告的各项财务报表进行。对任何不一致的地方都要找出其原因。在财务持续性分析中,有两个重点：一是要通过项目的资产负债表和借款还本付息计算表来分析项目的资金结构和投资偿还能力；二是要通过项目未来的不确定性分析来确定项目可持续性的条件和要求。

(4)技术因素。

技术因素影响分析,首先是对照投资前期的评估来确定要分析的关键技术内容和条件,其次是从技术培训和当地的维修条件来分析所选技术装备是否满足项目的需要,并分析技术选择及其运行费用,包括汇率、新产品和技术的潜力和可推广性,以及引进技术和新开发技术成果对财务和管理持续性的影响等。

(5)社会文化因素。

要分析社会文化因素对项目可持续性的影响。

(6)环境和生态圈因素。

要分析环境和生态圈对可持续性的影响。在可持续性分析中,应重点注意环境和生态圈的影响和社会文化因素对项目可持续性可能产生的负面作用和影响,并应借鉴其他项目的经验教训,防止其导致项目终止。

(7) 外部因素。

项目外部的经济、政治、社会、文化和自然因素有时影响和决定着项目的可持续性。这些外部因素如果预先能预测,就可以针对这些因素在项目计划和设计方面保持一定的弹性,做到有备无患。但实际上,这些因素的影响一般预先难以预测和评估,因此在进行可持续性分析时,应针对可能出现的情况,指出可能产生的正、负两方面的影响后果。

第四节 运输项目后评价报告的编制

为使运输项目后评价报告编制工作规范化、科学化,各类运输项目的政府主管部门均制订有《项目后评价报告编制方法》,对后评价报告的编制时间、编制依据、评价方法、后评价报告的主要内容、后评价报告的组成等予以明确规定。

一、后评价报告的编制目的、时间、依据及方法

1. 编制目的

编制公路建设项目后评价报告的目的是通过全面总结,为不断提高决策、设计、施工、管理水平,合理利用资金,提高资金效益,改进管理,制订相关政策等提供科学依据。

2. 编制时间

如公路建设项目后评价报告是在公路通车运营2~3年后,用系统工程的方法,对项目决策、设计、施工和运营各阶段工作及其变化的成因,进行全面的跟踪、调查、分析和评价。

3. 编制依据

如公路运输项目后评价报告必须以项目各阶段的正式文件和项目建成通车2~3年内进行的各种调查及重要运行参数的测试数据为依据。

项目通车后需要进行的调查主要有交通量调查、车辆运行特征调查、车辆运输费用调查、工程质量调查、项目财务状况调查,社会经济效果调查、环境调查等。

项目各阶段的正式文件主要包括项目建议书、可行性研究报告、初步设计、施工图设计及其审查意见、批复文件、施工阶段重大问题的请示及批复、工程竣工报告、工程验收报告和审计后的工程竣工决算及主要图纸等。

4. 编制方法

如公路建设项目后评价的方法应采用综合比较法,即根据项目各阶段所预定的目标,从项目作用与影响、效果与效益、实施与管理、运营与服务等方面追踪对比、分析评价。前期工作的评价技术原则上可用于项目的后评价。

二、项目后评价报告的主体内容

以公路建设项目后评价报告为例,公路建设项目后评价报告的主体内容包括如下4个方面。

1. 建设项目的过程评价

依据国家现行的有关法令、制度和规定,分析和评价项目前期工作、建设实施,运营管理

等执行过程,从中找出变化原因,总结经验教训。

2．建设项目的效益评价

根据实际发生的数据和后评价时国家颁布的参数进行国民经济评价和财务评价,并与前期工作阶段按预测数据进行的评价相比较,分析其差别和差别产生的成因。

3．建设项目的影响评价

分析、评价对影响区域的经济、社会、文化以及自然环境等方面所产生的影响,评价一般可分为社会经济影响评价和环境影响评价。

4．建设项目目标持续性评价

根据对建设项目的公路网状况、配套设施建设。管理体制、方针政策等外部条件分析,以及运行机制、内部管理、运营状况、公路收费、服务情况等内部条件分析,评价项目目标(服务交通量、社会经济效益、财务效益、环境保护等)的持续性,并提出相应的解决措施和建议。

三、公路项目后评价报告的组成

公路项目后评价报告由主报告及附件两部分组成。

主报告应按要求格式编制,包括封面、目录、正文;附件的内容应包括各种专题报告和项目管理卡。

1．目录

公路项目后评价报告目录如图9-2所示。

```
第一章    概述
第二章    建设项目过程评价
第三章    建设项目效益评价
第四章    建设项目影响评价
第五章    建设项目目标持续性评价
第六章    结论
附件：
1.公路建设项目管理卡
2.有关委托、招标、评审、批复等主要文件的复印件
3.专题报告（包括交通量分析与预测、经济评价等）
```

图9-2　公路项目后评价报告目录

2．正文

公路项目后评价报告正文中应包括如下内容:

1）概述

概述的主要内容包括:

(1)建设项目概况,即项目的起讫点(位置),项目立项、决策、设计、开工、竣工、通车时间等,要突出反映项目的特点。

附图包括项目竣工平、纵面缩图(比例为1/100000~1/200000,内容同初步设计文件要求)。

(2)建设标准、规模及主要技术经济指标。

(3)建设项目各阶段主要指标的变化情况。

(4)资金来源及使用情况。

(5)主要结论。

2）建设项目过程评价

建设项目过程评价的主要内容包括：

(1) 前期工作情况和评价。

①前期工作基本情况。

②项目建设的必要性。

③前期工作各阶段审批文件的主要内容。

④前期工作各阶段主要指标的变化分析。

(2) 项目实施情况和评价。

①施工图设计和项目实施情况，包括施工图设计单位及施工单位的选择、建设环境及施工条件、施工监理和施工质量检验、施工计划与实际进度的比较分析等。

②项目开工、竣工、验收等文件内容。

③工程验收的主要结论。

④实施阶段主要指标的变化分析，包括变更设计原因、施工难易、投资增减、工程质量、工程进度的影响等情况分析。

(3) 投资执行情况和评价。

①建设资金筹措。若有变化，分析其变化的原因及影响。

②施工期各年度资金到位情况及投资完成情况（内容、外资数额及其当年利率或汇率）。

③工程竣工决算与初步设计概算、立项决策估算的比较分析（按单项工程分内资和外资）。

④工程投资节余或超支的原因分析。

(4) 运营情况和评价。

①运营情况，包括运营交通量（含路段及各互通立交出入交通量）、车速等运行参数的调查情况。

②运营评价，评价建设项目是否到达预期的效果，分析实际交通量与预测交通量的差异及其原因，并对项目到达预期目标的情况进行分析。

(5) 管理、配套及服务设施情况和评价。

①管理情况和评价，包括项目前期至实施全过程的各阶段各项制度、规定和程序的管理情况，各种管理机构的设置及其功能、组织形式和作用，并对其管理效果进行评价。

②配套及服务设施情况和评价，建设项目配套及服务设施（包括通信、收费、管理所、服务区、停车场、安全防护设施、标志标线、监控系统等）的设计、方案比选及其实施情况，并对其设置的必要性和适宜性进行分析评价。

3）建设项目效益评价

(1) 经济费用效益分析。

参照《公路建设项目经济评价方法与参数》（建标〔2010〕106号），根据通车运营的实际交通量、车速、经济成本等各项数据评价项目的国民经济效益，并与决策阶段预测的结论比较，分析其差别及差别产生的原因。

(2) 财务效益评价。

①对于收费公路（包括独立大桥、隧道），要根据实际财务成本和实际收费收入，进行项目的财务效益分析，并与决策阶段预测的结论比较，分析其差别和差别产生的原因。

②进一步作收费分析,明确贷款偿还能力,并分析物价上涨、汇率变化及收费标准变化对财务效益产生的影响。

(3)资金筹措方式评价。

根据建设资金来源、投资执行情况及财务效益分析,对项目的资金筹措方式进行评价。

4)建设项目影响评价

(1)社会经济影响评价。

分析项目对所在地区社会经济发展所产生的影响,包括土地利用、就业、地方社区发展、生产力布局、扶贫、技术进步等方面的影响。

(2)环境影响评价。

对照项目前期评估时批准的《环境影响报告书》,重点是从项目建设所引起的区域生态平衡、环境质量变化及自然资源的利用和文物保护等方面评价项目环境影响的实际效果。

5)建设项目目标持续性评价

(1)外部条件对项目目标持续性的影响,包括社会经济发展、管理体制、公路网状况、配套设施建设、政策法规等外部条件。

(2)内部条件对项目目标持续性的影响,包括运行机制、内部管理、服务情况、公路收费、运营状况等内部条件。

6)结论

结论应包含的内容有:总体结论、存在的问题、经验与教训以及措施与建议。

复习思考题

1. 项目后评价的概念及项目周期的划分标准是什么?
2. 项目后评价的原则及项目后评价的程序是什么?
3. "前后对比法"与"有无对比法"的概念及差异是什么?
4. 项目后评价的内容是什么?
5. 试根据某具体运输项目列出影响项目可持续性的主要因素。
6. 项目后评价报告应包含哪些主要内容?如何完善项目后评价指标体系?
7. 项目后评估与可行性研究评估的区别与联系是什么?

第十章 运输设备更新的经济分析

设备是运输企业生产的重要物质和技术基础,是运输企业固定资产的重要组成部分。各种机器设备的质量和技术水平是判断运输企业市场竞争能力、技术创新能力的重要标准。随着经济的发展,设备的作用日益突出。

设备使用一定时期,由于物理损坏或因陈旧落后,就不能继续使用或不宜继续使用,其技术状况和经济合理性会逐渐劣化,这时就需要更新。设备更新是指企业为保证生产效率,对技术上和经济上不宜继续使用的设备,用新的设备更换或用先进的技术对原有设备进行技术改造的过程。技术进步的速度越快,设备更新的速度也就越快。

设备更新分析通过对设备整个运行期间的技术经济状况进行分析和研究,能为企业提供科学合理的设备更新决策信息,提高企业运行效率,对提升企业技术创新能力,增强企业市场竞争能力,具有重要的现实意义,是运输企业投资决策的重要组成部分。

第一节 运输设备更新的基本原理

一、设备的磨损

设备在使用和闲置过程中,会逐渐磨损。这里的"磨损",是一种广义的磨损,是指设备原始价值的降低。由于造成设备原始价值降低的原因有两大类,故设备磨损也分为两类。

1. 设备的有形磨损

设备在使用和闲置过程中所发生的实体磨损,称为有形磨损或物质磨损。按引起磨损的原因不同分为两类。

1)第 I 类有形磨损

第 I 类有形磨损是设备在使用中的实体磨损,主要由设备零部件的摩擦、振动、疲劳和腐蚀而产生,通常表现为零部件原始尺寸和形状的改变,公差配合性质的改变,加工精度下降,效率降低,故障增多等,它主要与使用时间和使用强度有关。

第 I 类有形磨损可使设备精度、功能下降,劳动生产率下降,燃料、动力、台时消耗增加,一系列操作费用增加,废品损失及设备停工损失增加,维修费用上升等。当这种有形磨损较严重时,机器设备就不能继续正常工作,甚至发生故障提前失去工作能力,丧失使用价值或需要支付很大的修理费用进行维修,造成经济上的损失。

2)第 II 类有形磨损

第 II 类有形磨损是设备在闲置中的实体磨损,主要由于自然环境的作用及管理不善造成的,通常表现为设备锈蚀、材料老化变质、功能下降等。它在一定程度上与设备闲置时间长短和设备的维护程度有关。

第Ⅱ类有形磨损同样可使设备精度下降,劳动生产率下降。当这种有形磨损达到一定程度时,若进行维修,需要支付很高的维修费用;当这种有形磨损达到严重程度时,维修也无济于事,会使设备失去精度和工作能力,丧失使用价值。

2. 设备的无形磨损

设备的无形磨损是由于技术进步引起的原有设备技术上的陈旧与贬值,也称精神磨损或经济磨损。它不是一般物理意义上的磨损,不表现为设备实体的变化,而表现为设备原始价值的降低。无形磨损按形成原因不同也分为两类。

1) 第Ⅰ类无形磨损

第Ⅰ类无形磨损是由于技术进步而使生产同种设备的社会必要劳动耗费减少,成本降低,价格下降,导致原有设备价值降低。

这种无形磨损虽然使现有设备部分贬值,但设备本身的技术特性和功能不受影响,设备的使用价值并未降低,故不会影响现有设备使用。但由于技术进步对生产部门的影响往往大于修理部门,使设备本身价值降低的程度比其修理费用降低的速度快。

2) 第Ⅱ类无形磨损

第Ⅱ类无形磨损是由于技术进步,市场上出现了性能更完善、效率更高、耗费原材料和所需能源更少的新型设备,而使原设备在技术上相对陈旧落后,导致原有设备相对贬值。

这种无形磨损不仅可以使原有设备相对贬值,而且由于用原有设备生产出来的产品成本过高,会使其局部或全部丧失其使用价值。第Ⅱ类无形磨损虽然使设备贬值,但它是社会生产力发展的反应,这种磨损越大,表明社会技术进步越快。

3. 设备的综合磨损

机器设备在使用期内,既会遭受有形磨损,又会遭受无形磨损,所以设备遭受的磨损是双重的、综合的。两种磨损都会引起设备原始价值的贬低,这一点两者是相同的。不同的是,遭受有形磨损的设备,当有形磨损严重时,在修理之前,往往不能正常工作;而遭受无形磨损的设备,即使无形磨损很严重,仍然可以使用,只不过继续使用它,在经济上是否合算,需要分析研究。

一般情况下,当设备的有形磨损期小于无形磨损期时,仅需对遭到有形磨损的设备进行大修理或换一台相似的设备;若无形磨损期小于有形磨损期时,企业面临的选择是继续使用原有设备还是选用先进的新设备更换尚未折旧完的旧设备;若设备的有形磨损期与无形磨损期接近,则是一种理想的"无维修"设计,也就是说,当设备需要进行大修理时,恰好到了更换的时刻。但这种情况在实际中是很少见的。

二、设备磨损的补偿

要维持企业生产的正常进行,必须对设备的磨损及时进行补偿。由于机器设备遭受的磨损形式不同,补偿磨损的形式也不一样。补偿分局部补偿和完全补偿,修理是对有形磨损的局部补偿,现代化改装是对无形磨损的局部补偿。有形磨损和无形磨损的完全补偿是更新,即用新设备更换旧设备,它也有两种形式:一种是原型更新,即用结构、性能完全相同的新设备更换旧设备,这是对原有设备有形磨损的完全补偿;另一种是新型更新,即用结构更先进、技术更完善、效率更高、性能更好的新型设备更换旧设备,这是对第Ⅱ类无形磨损的完全补偿,也是技术进步的表现之一,是目前设备更新的主要方式。设备磨损形式与补偿方式的关系如图 10-1 所示。

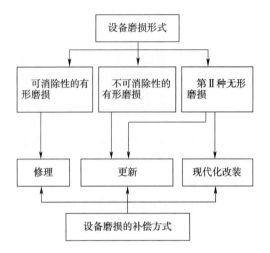

图 10-1　设备磨损形式与补偿方式的关系

设备磨损的补偿方式不同,补偿的资金来源也不同:大修理费用是采用预提或直接分配计入产品成本,随着产品的销售,这部分专用资金得到回收;设备更新的资金来源是提取折旧基金。

三、设备的寿命

1. 设备的自然寿命

设备的自然寿命是指一台设备从全新状态开始使用,直到不能保持正常生产状态,以至不能再用而予以报废为止的全部时间过程,也称物质寿命。设备的自然寿命是由有形磨损决定的,与维修的好坏有关,虽可通过恢复性的修理来延长其物理寿命,但不能从根本上避免设备的磨损。

2. 设备的技术寿命

设备的技术寿命是指从设备开始使用到因技术落后而被淘汰所延续的时间,它是由无形磨损决定的,与技术进步的速度有关,技术进步越快,设备技术寿命越短。通过现代化改装,可延长设备的技术寿命。在技术不断发展进步的情况下,设备的技术寿命一般短于自然寿命。当更先进的设备出现或生产过程对原有设备的技术性能提出更高要求时,原有设备在其自然寿命尚未结束前就会被淘汰。

3. 设备的折旧寿命

设备的折旧寿命是指按照国家财务通则和财务制度规定的折旧原则和方法,将设备的原值通过折旧方式转入产品成本,直到设备的折旧余额达到或接近于零所经历的时间。

4. 设备的使用寿命

设备的使用寿命是指设备产生有效服务所经历的时间,即设备为其设备拥有者服务的时间。对于设备拥有者来说,它是指从设备拥有到被转让或卖掉为止的时间。在自然寿命期内,因设备转让,它可能由若干个拥有者,就有若干个使用寿命。

5.设备的经济寿命

设备的经济寿命是指设备从投入使用开始至其平均年使用费用最低的年限所经历的时间,是从经济角度确定的设备最合理使用期限。一项设备可供使用的年限越长,则分摊到每年的设备购置费用(包括购价、运输费和安装调试费用)越少,同时设备的运行费用(操作费、维修费、材料费及能源消耗费等)越多。一种费用增加,另一种费用减少,其年平均成本是随着使用时间变化的。在设备的整个使用年限内会出现年平均总成本的最低值,而能使年均总成本最低的年数,就是设备的经济寿命。设备的经济寿命是设备最佳更新时机的具体表现,是设备更新经济分析中的一个十分重要的概念。

四、设备更新分析的比较原则

在对设备更新进行经济分析时,除利用前面介绍的技术经济分析原理和方法外,还应遵循以下5个原则:

(1)设备更新的中心内容是确定设备的经济寿命。

设备更新的时机,一般取决于设备的经济寿命,并受技术寿命的制约。

(2)在设备经济分析中一般多分析设备费用。

通常设备更新或大修,其生产能力不变,所产生的收益相同(若生产能力变化了,可经过等同化处理,将生产能力的不同转化为费用的不同)。这样一来,设备更新方案的评价,就是在相同收益情况下对费用进行比较,是费用型方案的分析。可以使用的经济评价方法有年费用成本法、现值费用法及追加投资经济效果评价法。

(3)设备更新分析以费用年值法为主。

不同的设备,不同方案,其服务寿命不同。在对设备进行更新分析时,分析期必须一致。在实际工作中,通常多采用费用年值法来进行方案比较。

(4)设备更新分析须立足现在,只考虑未来发生的现金流量,不考虑沉没成本。

通常旧设备更新,往往未到其折旧寿命期末,由于账面价值和转售价值之间存在差额,故存在沉没成本,即未收回的设备价值。在购置新设备时,沉没成本是一种投资损失,但这一损失是过去决策造成的,不应计入新设备的费用中,可以在企业盈利中予以扣除。但在进行新设备购置决策中,应不考虑沉没成本。

(5)设备更新分析应站在咨询者立场分析问题。

应将新旧设备放在同一位置上进行考虑。对于旧设备,应采用最新资料,看作是一个以目前可实现价格购买,以剩余使用寿命为计算期的设备,与以新设备的现在购置价格购买,以使用寿命为计算期的新设备相比,这样,在更新分析中才不至于发生失误。

第二节 设备的大修理及其技术经济分析

一、设备大修理的概念

如前所述,在使用过程中,设备不断地经受着有形磨损。而对整个设备的零部件来说,有形磨损又是非均匀性的。在任何条件下,设备制造者都不可能制造出各个组成部分的寿命期完全一样的设备。

在设备的实际使用中,一般把为了保持设备在寿命期内的完好使用状态而进行的局部修理或更换工作称为修理或维修。按修理发生的费用和性质又可以将修理工作分为日常维护、小修理、中修理和大修理等几种形式,其中大修理是维修工作中规模最大,花费最多的一种设备维修方式,是在原有实物形态上的一种局部更新。它是通过对设备的全部解体,修理耐久部分,更换全部损坏的零部件,修复所有不符合要求的零部件,全面消除缺陷,以使设备在大修理之后,无论在生产效率、精确度、速度等方面达到或基本达到原设备的出厂标准。因此,对维修经济性的研究,主要是针对大修理而言。

在设备寿命期限内,对设备进行适度的大修理,一般在经济上是合理的。尽管大修过的设备,不论在生产效率、精确度、速度等方面,还是使用中的技术故障频率、有效运行时间等方面,都比同类型的新设备逊色,但是大修理能够利用原有设备中保留下来的零部件,这一点同购置新设备相比,具有很大的优越性,而且这部分比例越大,大修理就越合理。但是,长期无休止的大修理,却是不经济的。一方面,大修理间隔期会随修理次数的增加而缩小;另一方面,大修理的费用越来越高,从而使大修理的经济性逐渐降低,优越性不复存在,这时设备的整体更新将取而代之。

二、设备大修理的经济界限

设备寿命期满前所必需的维修费用总额可能是个相当可观的数字,有时可能超过设备原值的几倍。其中,设备大修理所花费的费用,又占了很大一部分,而且随着设备使用时间的延长,大修理费用越来越高。那么,在什么条件下,进行大修理在经济上才是合理的呢?

首先,某次大修理费用不能超过同种设备的重置价值,这样的大修理在经济上才是合理的。把这一标准称为大修理的最低经济界限,即:

$$K_r \leqslant K_n - S_{ol} \tag{10-1}$$

式中:K_r——本次大修理费用;

K_n——同种设备的重置价值(即同一种新设备在大修理时的市场价格);

S_{ol}——旧设备被替换时的残值。

如果在大修理之后,设备的生产技术特性与同种新设备没有区别,则式(10-1)对衡量修理的经济性便是充分的。但实际情况并非如此,设备在大修理之后,常常缩短了下次大修理的间隔期,同时修理后的设备与新设备相比,技术上的故障会增多,日常维修费用会增加,与设备使用有关的费用也相应增加。因此,还应补充另外一个条件,即设备大修理后,使用该设备完成单位工作的成本,在任何情况下,都不能超过使用新设备完成单位工作的成本,这时,大修理在经济上才是合理的。即:

$$C_{zoj} \leqslant C_{zn} \tag{10-2}$$

式中:C_{zoj}——用第j次大修后的设备完成单位任务的计算费用;

C_{zn}——用具有相同用途的新设备完成单位任务的计算费用。

只有同时满足式(10-1)、式(10-2)的大修理,在经济上才是合理的。对技术上进步较快,无形磨损期较短的设备来说,很可能用新设备完成单位任务的单位费用更低,这时,式(10-2)的条件作为经济界限,则更为重要。

另外,在不同的大修理周期,C_{zoj} 的值是不相等的。因此,进行大修理经济评价时,必须注意大修理的周期数。

【例 10-1】 某厂有一设备已使用 6 年,市场价值为 3 万元,需要进行一次大修理,预计大修理费用为 5 万元,大修理后设备增值为 6.4 万元。大修理后平均每年加工产品 45t,年平均运行成本为 2.53 万元。设备经大修理后可继续使用 4 年,届时设备的残值为 2 万元。现市场新设备价值 32 万元,预计使用 5 年后进行第一次大修理,大修理时设备价值为 7.5 万元,其间每年加工产品 63t,年运行成本为 2.26 万元。假设基准收益率 $i_0 = 10\%$,请对该企业设备大修理决策进行经济分析。

解:(1)已知现有设备大修理费 5 万元,新设备更新所需净费用为 (32-3) = 29 万元。即大修理费用小于设备更新所需净费用,满足大修理最低经济界限条件。

(2)从客观立场上看,该设备大修理后使用的代价为旧设备的市场价值 3 万元加上大修理费 5 万元,合计 8 万元。因此,大修理后设备的初始费用取为 8 万元。

旧设备单位产品成本:

$$C_0 = \frac{[8 - 2(P/F,10\%,4)](A/P,10\%,4) + 2.53}{45} = 0.103(万元)$$

新设备单位产品成本:

$$C_1 = \frac{[32 - 7.5(P/F,10\%,5)](A/P,10\%,5) + 2.26}{63} = 0.151(万元)$$

由于 $C_0 < C_1$,即现有设备大修理后的单位产品成本费用小于同类型新设备的单位产品成本费用,满足大修理条件二。

所以,该企业应选择对设备进行大修理。

三、设备大修理周期数的确定

大修理可消除和补偿有形磨损,使设备得以正常使用,从经济角度讲,有一定的合理性。但设备并不能无休止地进行大修理,应有其经济界限。那么,一台设备到底大修理到第几个周期最为合适?现作如下分析。

设设备第 j 个大修理间隔期内单位工作总费用为 C_{zj},不考虑资金时间价值则有:

$$C_{zj} = \frac{\Delta V_j + C_j}{Q_j} \tag{10-3}$$

式中:ΔV_j——第 j 个大修理间隔期内应分摊的设备价值损耗;$\Delta V_j = V_{j-1} - V_j + K_{rj-1}$

V_{j-1}、V_j——分别为第 $j-1$、j 个大修理间隔期末的设备余值。两者之差,表示了第 j 个间隔期的设备价值损耗;

K_{rj-1}——第 $j-1$ 次大修理费用,当 $j=1$ 时,则 K_{r0} 表示设备购入时的价值;

Q_j——第 j 个大修理间隔期内完成工作总量;

C_j——第 j 个大修理间隔期内设备运行成本。

由式(10-3)可知,在任何大修理周期的 C_{zj} 是由两部分组成的。第一部分是分摊到单位工作量上的设备价值的损耗 $\Delta V_j/Q_j$,分子 ΔV_j 对每个大修理周期来说,可视为常数,分母 Q_j 则是一个变量。因此,随着完成工作总量的增大(即修理周期的增加),分摊到单位工作量上的设备价值的损耗逐渐减少。第二部分是分摊到单位工作量上的设备运行成本。图 10-2

表示了设备大修理间隔周期及大修理次数与设备运行费用之间的关系。

设备投入使用以后,由于有形磨损,运行费用逐渐升高,在临近大修理时达到最大值。进行大修理后,各项技术经济指标都会有不同程度的改善,运行费用显著下降。如图10-2所示,经过第一次大修理,运行费用由 B 降至 E。进入下一个大修理间隔期后,随着使用时间的延长,运行费用又会逐渐增加,再次大修理后,又会有显著下降,在图10-2中,第二次大修理使运行费用由 C 降至 F。第三次大修理后,由 D 降至 G。尽管每次大修理都会使运行费用下降,但后一次大修理后与前一次大修理后相比,运行费用总是要有所升高,且修理间隔期要缩短,即 $P_3G > P_2F > P_1E > OA, T_3 < T_2 < T_1$。这就是说,随着大修理次数的增加,修理费用和设备运行费用都会不断增加。设备使用时间越长,大修理次数越多,运行费用越高。

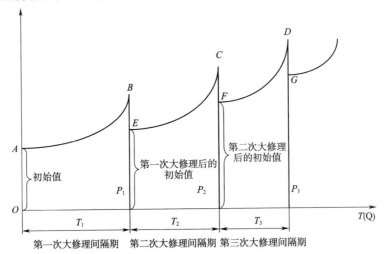

图10-2 修理间隔期与运行费用的关系

如果把同一大修理周期内的这两部分费用 $\Delta V_j/Q_j$ 及 C_j/Q_j 加起来,可表示各个大修理周期内设备的单位工作费用。可见不同的大修理周期,其费用是不同的。

第一个大修理周期:$\Delta V_1/Q_1 + C_1/Q_1$;

第二个大修理周期:$\Delta V_2/Q_2 + C_2/Q_2$。

在计算几个周期之后,就可以进行比较,看哪一个大修理周期内它们的这两项费用之和最小。这个最小费用对应的大修理周期,就是设备大修理的经济年限,超过这个周期进行大修理,经济上是不合算的。

上述分析表明,设备长期进行无止境的大修理,在经济上是不合算的。要提高设备使用经济性,必须找出设备大修理的最佳周期数,超过这个经济界限,就应考虑用新设备代替旧设备了。

第三节 运输设备更新及其技术经济分析

一、设备更新的概念

设备更新,就是用新设备代替原有的旧设备完成相同的工作(或服务)。

一台设备随着使用时间不断增加,由于物质磨损,其效率不断降低,运行和维修费用不断增加,产品质量不断下降,越来越不能满足生产的要求,这时原有设备就需要更新。另外随着科学技术的迅速发展,多功能、高效率的设备不断出现,使得继续使用原有设备不够经济,这时也需要更新。更新有两种形式:一种是用相同的设备去更换有形磨损严重、不能继续使用的旧设备,即原型更新。这类更新,不具有更新技术的性质。另一种是用效率高、功能多、经济效益好的新型设备来更换技术上不能继续使用或经济上不宜继续使用的旧设备,即新型更新。这种更新,才真正解决设备的损坏和技术落后问题。在技术进步飞速的今天,设备更新主要是新型更新。

对一台具体设备来说,应不应该更新,应在什么时候更新,应选用什么样的设备来更新,这主要取决于更新的经济效果。适时更新设备,既能促进技术进步,加速经济增长,又能节约资源,提高经济效益。以下介绍几种设备更新的决策方法。

二、运输设备的最佳更新时机

1. 设备原型更新的最佳时机

有些设备在整个服务期内,没有更先进的同类设备出现,即不存在无形磨损的影响,只有有形磨损使设备的维修费用,特别是大修理费用以及其他运行费用不断增加。当继续使用旧设备还不如再购置一台原型新设备划算时,就应及时更新,这就是原型更新问题。在这种情况下,可以通过分析设备的经济寿命进行更新决策,即在设备年均费用最小时更新最经济。也就是说,设备原型更新问题就是计算设备经济寿命问题。

按照是否考虑资金时间价值,计算设备的经济寿命的确定可以分为经济寿命的静态计算和动态计算。

1)经济寿命的静态计算

(1)年度使用费用逐年增加且呈等差序列变化。

运输企业设备主要是车辆。随着行驶里程的不断增加,车辆的技术性能不断下降,这种现象叫作车辆的低劣化。同时,车辆的磨损不断加剧,车辆的经营费用也不断增加。我们假定车辆的燃料费、保修费、大修理费等经营费用每 1000km 以一个定值增加,并且残值是一次性的,这时,我们可以考虑用低劣化数值法计算车辆的经济寿命。我们把这个定值称为单位行程低劣化增加值,用 λ 表示。

车辆的总费用包括两部分:随行驶里程变化的折旧费用(单位行程车辆的投资费用)和经营费用。经营费用又包括两部分:变动经营费(燃料费、保修费和大修理费)和不随行驶里程变动的固定经营费用(工资及提取的职工福利基金、企业管理费、轮胎费,为简化,假定其不变)。则车辆行驶里程为 L 时的单位里程经营费可表示为:

$$C_1 + (L-1)\lambda$$

那么运行里程 L 内的单位里程平均经营成本为:

$$C_0 = C_1 + \frac{L-1}{2}\lambda$$

车辆的总费用计算公式为:

$$AC = D_L + C_0 = \frac{K_d}{L} + C_1 + \frac{L-1}{2}\lambda \qquad (10\text{-}4)$$

式中：AC——车辆单位行程的总费用；

D_L——车辆的折旧费；

C_0——车辆在行驶里程 L 时的单位行程平均经营费；

K_d——车辆折旧总额（$K_d = K_0 - K_W - V_L$）；

K_0——车辆的原值；

K_W——车装轮胎价值；

L——车辆的行驶里程；

V_L——残值；

C_1——单位里程经营费用初始值。

随着车辆行驶里程的增加，单位里程分摊的车辆费用（即折旧费用）是逐渐减少的，而单位变动经营费用却随着行驶里程的增加而变大。综合考虑这两方面的因素，一般来说，随着车辆行驶里程的增加，车辆的单位行程平均总费用的变化规律是先降后升，呈"U"形曲线，如图10-3 所示。此时可用求极值的方法，求出车辆的经济寿命里程，亦即车辆原型更新的最佳时机。

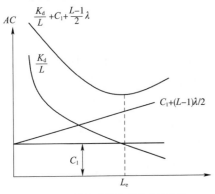

图 10-3 车辆单位行程总费用曲线

设 K_d 为一常数，令 $\dfrac{dAC}{dL} = 0$，则：

$$\frac{dAC}{dL} = -\frac{K_d}{L^2} + \frac{1}{2}\lambda = 0$$

$$\frac{1}{2}\lambda = \frac{K_d}{L^2}$$

所以，当 $L = L_e$ 时车辆的经济寿命里程为：

$$L_e = \sqrt{\frac{2K_d}{\lambda}} \qquad (10\text{-}5)$$

式(10-4)是不考虑资金时间价值，经营费用按某一固定值 λ 增加，且残值是一次性的经济行驶里程的计算公式。式中单位行程低劣化增加值 λ 是计算车辆经济寿命的关键，常用数理统计的方法对变动经营费用的数据进行回归分析，求解 λ。

用行驶里程确定最佳更新时机，反映了车辆的真实使用强度，但未考虑运行条件和第Ⅱ类有形磨损。作为行驶里程指标的补充指标——折算年限，它既考虑了车辆的使用强度，又考虑了运行条件和第Ⅱ类有形磨损的影响。按折算年限指标计算经济寿命年限的公式为：

$$T_c = \frac{L_e}{L_a} \qquad (10\text{-}6)$$

式中：T_c——经济寿命折算年限；
L_a——年平均行驶里程。

年平均行驶里程是用统计方法确定的，与车辆的技术状况、完好率、平均技术速度、公路和地区等使用条件有关，目前我国公路运输车辆的年平均行驶里程一般为5万~6万 km。

【例10-2】 某汽车原值为85167元，车装轮胎价值5000元，车辆最终残值1000元，经营费用增加额为1.26299元/千 km，其他有关数据见表10-1，试求该车经济寿命里程和年限。

解：
$$K_d = K_0 - K_w - V_L = 85617 - 5000 - 1000 = 79167(元)$$

$$L_e = \sqrt{\frac{2K_d}{\lambda}} = \sqrt{\frac{2 \times 79167}{1.26299}} = 354.068(千 km) \approx 35(万 km)$$

$$L_a = \frac{603.61}{14} = 43.115(千 km) \approx 4.3(万 km)$$

$$T_c = \frac{L_e}{L_a} = \frac{354.608}{43.115} = 8.21 \approx 8(年)$$

变动经营费用统计数据 表10-1

里程数	平均累计行程（千 km）	燃料费（元/千 km）	大修理均摊费（元/千 km）	保修费（元/千 km）	合计（元/千 km）
1	39.400	2012.6	—	802.8	2815.4
2	90.373	1879.7		885.0	2764.7
3	141.879	1669.0		1007.8	2676.8
4	180.880	1786.4		1239.0	3025.4
5	238.659	1714.5		1043.8	2758.3
6	238.659	1826.6	332.2	924.8	3083.6
7	352.438	1828.8	332.2	999.1	3160.1
8	386.997	2068.2	332.2	1094.8	3495.2
9	428.498	2012.5	332.2	1171.0	3515.7
10	460.504	2114.2	415.3	1105.6	3635.1
11	512.675	2191.8	415.3	984.3	3591.4
12	547.747	2202.1	415.3	1135.8	3753.2
13	579.303	2335.6	415.3	1269.8	4020.7
14	603.610	2613.5	415.3	1414.8	4443.6

这种确定车辆经济寿命的方法，也同样适用于运输企业其他设备，所不同的只是车辆采用的是行驶里程指标，而其他设备采用使用年限指标。同样是假定机器设备在使用过程中发生的燃料动力费、保养费、修理费（包括大修理费）、停工损失等运行成本，随着设备使用期的增加，每年以某种速度呈线性增加，这种运行成本的逐年递增称为设备的劣化。设设备每年运行成本的劣化增加额为λ，且残值是一定的。则当设备使用年数为T时，第T年的运行

成本为：
$$C_T = C_1 + (T-1)\lambda$$

则 T 年内运行成本的平均值为：
$$C_1 + \frac{T-1}{2}\lambda$$

除运行成本外，在使用设备的年总费用中还有每年分摊的设备购置费用，其金额为：
$$\frac{K_0 - S}{T} \tag{10-7}$$

式中：K_0——设备的原始价值；
　　　S——设备处理时的残值。

则设备年均总费用的计算公式为：
$$AC = \frac{K_0 - S}{T} + C_1 + \frac{T-1}{2}\lambda \tag{10-8}$$

设 S 为一常数，同样可用求极值的方法，找出设备的经济寿命。令 $\mathrm{d}AC/\mathrm{d}T = 0$，则设备经济寿命为：
$$T_{\mathrm{opt}} = \sqrt{\frac{2(K_0 - S)}{\lambda}} \tag{10-9}$$

设备的最小年费用为：
$$AC_{\min} = \sqrt{2(K_0 - S)\lambda} + C_1 - \frac{\lambda}{2} \tag{10-10}$$

【例 10-3】 某设备原始价值 53000 元，预计残值 5000 元，运行成本初始值为 8000 元/年，年运行成本劣化值为 1500 元，试确定其经济寿命及最小年度费用。

解：
$$T_{\mathrm{opt}} = \sqrt{\frac{2\times(53000-5000)}{1500}} = 8（年）$$

$$AC_{\min} = \sqrt{2\times 1500\times(53000-5000)} + 8000 - \frac{1500}{2} = 19250（元）$$

如果有的设备可靠性很好，运行费随时间增加而增加的趋势不十分明显，也就是说低劣化数值很小，此时，按公式计算出来的经济寿命将很长。低劣化数值法，主要考虑消耗指标，但需要掌握大量原始资料，故它有一定的适用范围。

(2) 年度使用费用逐年增加但不呈规律变化。

如果设备每年使用费用逐年增加且无规律可循，残值也不能视为常数，这时可考虑用面值法。即可根据企业的记录或者同类型设备的统计资料或者通过对设备将来实际运行情况的预测，用列表法来判断设备的经济寿命。面值法的计算公式为：

$$C_j = \frac{K_0 - S_j + \sum_{t=1}^{j} C_{ot}}{j} \tag{10-11}$$

式中：C_j——设备使用 j 年的年均总成本；
　　　C_{ot}——第 t 年的年运行成本；

S_j——设备第 j 年的实际残值。

【**例 10-4**】 某公司购置了一台设备,购价为 80000 元,年运行成本及年末残值见表 10-2,试确定其经济寿命。

某设备运行成本及残值(单位:元)　　　　表 10-2

年度	1	2	3	4	5	6	7
年运行成本	10000	12000	14000	18000	23000	28000	34000
年末残值	60000	50000	40000	33000	28000	10000	5000

解:根据经济寿命的定义,找年平均成本最低时,所对应的年数,列表(表 10-3)计算如下:

年总费用计算表(单位:元)　　　　表 10-3

年度 (1)	年运行成本 (2)	累计运行成本 (3)=∑(2)	年平均运行费 (4)=(3)÷(1)	年末残值 (5)	年折旧费 (6)=[80000−(5)]÷(1)	年总费用 (7)=(4)+(6)
1	10000	10000	10000	60000	20000	30000
2	12000	22000	11000	50000	15000	26000
3	14000	36000	12000	40000	13333	25333
4	18000	54000	13500	33000	11750	25250*
5	23000	77000	15400	28000	10400	25800
6	28000	105000	17500	10000	11667	29167
7	34000	139000	19857	5000	10714	30571

也可利用 Excel 电子表格列表进行计算,具体可按照表 10-3 的形式,将横轴、纵轴项目依次输入,并在表的第一年对应的横栏部分输入相应计算公式,即计算出第一年的相应数值。第二、三、四、五、六、七年只要复制、粘贴相应第一年的公式,就可很方便地计算出来。

事实上,如果将折旧寿命当作设备的自然寿命,静态计算出来的年均购置费用,就是按直线折旧法计算出来的折旧额。

通过计算,使用该设备的年平均总费用在使用年限为 4 年时最低,其值为 25250 元,故该设备的经济寿命为 4 年,即第 4 年更新最经济。

2) 经济寿命的动态计算

(1) 年度使用费用逐年增加且呈等差序列变化。

动态模式下设备经济寿命的确定方法,是在考虑资金时间价值的情况下计算年等值费用,并找出使年等值费用最小的年数,来确定设备经济寿命。当设备年度使用费用逐年增加且呈等差序列变化时,即设备运行成本低劣化值呈线性变化,则设备的年平均总费用计算公式为:

$$AC_j = K_0(A/P, i, j) - S_j(A/F, i, j) + C_1 + \lambda(A/G, i, j) \qquad (10-12)$$

式中: C_1——设备第一年的运行成本;

λ——设备低劣化增加值。

在给定基准贴现率 i 时,令 AC 最小的使用年限 j,即为设备的经济寿命。

【例 10-5】 某公司购置了一台设备,购价为 60000 元,每年末残值估计见表 10-4。该设备第一年的使用费为 10000 元,以后每年以 2000 元的数值递增。若基准折现率为 6%,试计算该设备的经济寿命及平均费用。

某设备每年的预计残值(单位:元)　　　　表 10-4

年度	1	2	3	4	5	6	7	8	9
年末估计残值	30000	15000	7500	3750	2000	2000	2000	1500	1000

解: 按照式(10-9)中各项内容,列表计算该设备的经济寿命。计算过程见表 10-5。

某设备贴现率为 6% 时经济寿命计算表(单位:元)　　　　表 10-5

年 度	$K_0(A/P,i,j)$	S_j	$S_j(A/F,i,j)$	$C_1 + \lambda(A/G,i,j)$	C_j
1	63600	30000	30000	10000	43600
2	32724	15000	7281	10970.8	36413.8
3	22446	7500	2355.75	11922.4	32012.65
4	17316	3750	857.25	12854.4	29313.15
5	14244	2000	354.8	13767.2	27656.4
6	12204	2000	286.8	14660.8	26578
7	10746	2000	238.2	15535.2	26043
8	9660	1500	151.5	16390.4	25898.9*
9	8820	1000	87	17226.6	25959.6

从表 10-5 的计算可见,第 8 年时设备的年平均费用最低。因此,该设备的经济寿命为 8 年,第 8 年的平均年费用为 25898.9 元。

也可利用 Excel 电子表格很方便地计算出结果。

(2) 年度使用费用逐年增加但不呈规律变化。

当设备每年使用费用逐年增加且不呈规律变化时,设备的年平均总费用计算公式为:

$$AC_j = [K_0 - S_j(P/F,i,j)](A/P,i,j) + \sum_{t=1}^{j}[C_{ot}(P/F,i,t)](A/P,i,j) \qquad (10-13)$$

式中:AC_j——设备使用 j 年的总费用。

AC 最小的使用年限 j,即为设备的经济寿命。

【例 10-6】 案例同[例 10-4],假定基准贴现率 $i = 10\%$,上述的数据变化见表 10-6。

某设备贴现率为 10% 时经济寿命计算表(单位:千元)　　　　表 10-6

年度 (1)	年运行费 (2)	现值系数 (3)	年运行费现值 (4)=(2)×(3)	资金回收系数 (5)	年末残值 (6)	残值现值 (7)=(6)×(3)	折旧总额 (8)=K_0−(7)	年均运行费 (9)=Σ(4)×(5)	年均折旧费 (10)=(8)×(5)	年均总费用 (11)=(9)+(10)
1	10	0.909	9.1	1.100	60	54.5	25.5	10.0	28.0	38.0
2	12	0.826	9.9	0.576	50	41.3	38.7	10.9	22.3	33.2
3	14	0.751	10.5	0.402	40	30.0	50.0	11.9	20.1	32.0

续上表

年度 (1)	年运行费 (2)	现值系数 (3)	年运行费现值 (4) = (2)×(3)	资金回收系数 (5)	年末残值 (6)	残值现值 (7) = (6)×(3)	折旧总额 (8) = K_0 - (7)	年均运行费 (9) = ∑(4)×(5)	年均折旧费 (10) = (8)×(5)	年均总费用 (11) = (9)+(10)
4	18	0.683	12.3	0.316	33	22.5	57.5	13.2	18.2	31.4
5	23	0.621	14.3	0.264	28	17.4	62.6	14.8	16.5	31.3*
6	28	0.565	15.8	0.230	10	5.7	74.4	16.5	17.1	33.6
7	34	0.513	17.4	0.250	5	2.6	77.4	18.3	15.9	34.2

从表10-6中第(11)列可以看出,该设备年均总费用最低的使用寿命是5年,即经济寿命为5年。

在实际应用中,如果根据经验可大致估计出经济寿命的范围,则只需计算在此范围内各年的等值年费用,然后加以比较。如估计该设备的经济寿命可能在5~7年,则只需计算5、6、7这三个年份的等值年费用,找出等值年费用最低值所在的年限,即为其经济寿命年。这样可减少数值计算的工作量。

也可利用Excel电子表格列表进行计算,具体可参照表10-6的形式,将横轴、纵轴项目依次输入,并在表的第一年对应的横栏部分输入相应计算公式,即计算出第一年的相应数值。第二、三、四、五、六、七年只要复制、粘贴相应第一年的公式,就可很方便地计算出来。

上述静态方法中的面值法和动态方法,都是通过列表来计算的,都是将设备的使用时间定为1年、2年…N年(N为自然寿命期年数),得到几个方案,然后计算每个方案的年费用,并选出年费用最小的方案,这个年费用最小方案的使用时间,就是该设备的经济寿命。

2. 设备新型更新的最佳时机

用经济寿命来决定设备的最佳更新时机,只考虑了设备的有形磨损,而未计无形磨损的影响。这种情况多用于设备在使用期内不发生技术上的过时和陈旧,没有更好的新型设备出现,只是由于有形磨损的影响,造成运行成本的不断提高,这时使用原型设备替换往往要比继续使用旧设备更为经济。但在技术不断进步的条件下,多数设备不仅受第Ⅰ类无形磨损和有形磨损的影响,还要受新型设备的挑战,由于受第Ⅱ类无形磨损的影响,很可能在设备运行成本尚未升高到该用原型设备替代之前,即还未使用到经济寿命年,市面上就已经出现了性能更好、效率更高、消耗费用更省、经济效果更好的新设备,这时就存在一个继续使用旧设备还是购置新设备,以及若更新,又在什么时候更新最为经济的问题。这实质上是一个新型设备最佳更新时机的选择问题。

新型设备更新是以结构更先进、技术更完善、效率更高、能源和原材料消耗更少的新型设备来替换那些技术上陈旧、经济上不宜继续使用的旧设备。因此,新型设备更新问题实质上是现有设备方案与新型设备方案的互斥方案比较问题。

由于新设备方案与旧设备方案的寿命在大多数情况下是不等的。因此,新型设备更新主要是用净年值法和费用年值法进行分析,其原则是:当旧设备再继续使用一年的年平均费用(即旧设备的年边际成本)低于新型设备的最小年平均费用时,不更新旧设备;当旧设备再继续使用一年的年平均费用(即旧设备的年边际成本)超过新型设备的最小年平均费用时,就应立即更新。

【例 10-7】 有旧设备一台,预计目前市场价格为 40000 元,估计还可使用 4 年。目前市场上出现的同类新型设备的价格为 100000 元。两种设备的年运行成本及残值见表 10-7。计算 $i=10\%$ 时,旧设备的合理使用年限。

两种设备的年运行成本及残值(单位:元)　　　　表 10-7

使用时间(年)	旧 设 备			新 设 备		
	年运行费	残值	年费用	年运行费	残值	年费用
1	30000	30000	44000	20000	75000	55000
2	35000	20000	45905	22500	56200	52050
3	40000	10000	47744	26000	43000	49862
4	45000	0	49528	29600	33000	48583
5				34000	21000	48697
6				38500	10000	46159*
7				50000	1000	46458

旧设备与新设备年费用的计算表见表 10-7。由于 47744 > 46159,即旧设备使用 3 年时年费用超过了新设备的最小年费用,因此旧设备的合理使用年限为 2 年,说明旧设备只能再使用 2 年就应更换为新设备。

也可以利用 Excel 电子表格列表进行计算,具体可参照表 10-7 的形式。将横轴、纵轴项目依次输入,并在新旧设备年运行费、残值项下分别输入相应的数据,再在第一年新、旧设备年费用项下,分别输入相应公式,即可计算出第一年新旧设备年费用的相应数值。新旧设备第二、三、四、五、六、七年的年费用只要复制、粘贴相应第一年的公式,就可很方便地计算出来,再加以比较,得出结论。

三、设备更新的技术经济分析

设备更新的经济评价除确定设备经济寿命及更新时机外,还包括设备投资经济合理性研究,不同设备购置及更新改造方案的比较和选择,设备更新、改造和修理的经济分析,设备更新改造经济效果评价等。

1. 静态的年费用比较法

年费用比较法是指从原有旧设备的现状出发,分别计算旧设备再使用一年的总费用和备选新设备在其预计的经济寿命期内的年均总费用,并进行比较,根据年费用最小原则决定是否应该更新设备。

1)旧设备年总费用的计算

旧设备再使用 1 年的总费用可由式(10-14)求得:

$$AC_0 = V_{00} - V_{01} + \frac{V_{00} + V_{01}}{2}i + \Delta C \tag{10-14}$$

式中:AC_0——旧设备下 1 年运行的总费用;

V_{00}——旧设备在决策时可出售的价值;

V_{01}——旧设备 1 年后可出售的价值;

ΔC——旧设备继续使用 1 年在运行费用方面的损失(即使用新设备相对使用旧设备的运行成本的节约额和销售收入的增加额);

i——最低希望收益率;

$\dfrac{V_{00}+V_{01}}{2}i$——因继续使用旧设备而占用资金的时间价值损失,资金占用额取旧设备现在可售价值和 1 年后可售价值的平均值。

上述计算,亦可用企业统计数据列表进行,见表 10-8。

旧设备的年费用计算表(单位:元)　　　　　　表 10-8

项　　目	利 弊 比 较	
	新设备	旧设备
(收入)产量增加收入	1100	
质量提高收入	550	
(费用)直接工资的节约	1210	
间接工资的节约		
因简化工序等导致的其他作业上的节约	4400	
材料损耗减少		
维修费节约	3300	
动力费节约		1100
设备占地面积节约	550	
合计	11110(1)	1100(2)
旧设备运行损失		10010(3)=(1)−(2)
旧设备现在出售价值	7700	
旧设备一年后出售价值	6600	
下年旧设备出售价值减少额		1100(4)
资金时间价值损失($i=10\%$)		715(5)
旧设备的设备费		1815(6)=(4)+(5)
旧设备年总费用		11825(7)=(3)+(6)

表中上栏记录了再继续使用一年旧设备的运行损失,下栏记录使用旧设备的设备费。旧设备年总费用为这两项费用之和,即 11825 元。

2)新设备年均总费用的计算

用于同旧设备年总费用比较的新设备年均总费用,主要包括以下几个方面:

(1)运行劣化损失。新设备随着使用时间的延长,同样也存在设备劣化的问题,劣化程度也将随着使用年数的增加而增加,具体的劣化值取决于设备的性质和使用条件。为了简化计算,假定劣化值逐年按同等数额增加,如果设备使用年限为 T,则 T 年间劣化值的平均值为 $\lambda(T-1)/2$,其中 λ 代表设备年劣化值增量。

新设备的 λ 值往往是难以预先确定的。一般可根据旧设备的耐用年数和相应的劣化程度来估算新设备的年劣化值增量。

(2)设备价值损耗。新设备在使用过程中,其价值会逐渐损耗,表现为设备残值逐年减少。假定设备残值每年以同等的数额递减,则 T 年内每年的设备价值损耗为:

$$\frac{K_n - V_L}{T}$$

式中:K_n——新设备的原始价值;
    V_L——新设备使用 T 年后的残值。

3)资金时间价值损失的计算

新设备在使用期内平均资金占用额为:

$$\frac{K_n - V_L}{2}$$

故因使用新设备而占用资金的时间价值损失为:

$$\frac{(K_n - V_L)i}{T}$$

总计以上三项费用,则得新设备年均总费用为:

$$AC_n = \frac{\lambda(T-1)}{2} + \frac{K_n - V_L}{T} + \frac{(K_n + V_L)i}{2} \quad (10\text{-}15)$$

对上式进行微分,并令

$$\frac{dAC_n}{dT} = 0$$

则

$$T = \sqrt{\frac{2(K_n - V_L)}{\lambda}} \quad (10\text{-}16)$$

式中:T——新设备的经济寿命。

将式(10-16)代入式(10-15),得到按经济寿命计算的新设备年均总费用为:

$$AC_n = \sqrt{2(K_n - V_L)\lambda} + \frac{(K_n + V_L)i - \lambda}{2} \quad (10\text{-}17)$$

若残值 $V_L = 0$,则可简化为:

$$AC_n = \sqrt{2K_n \lambda} + \frac{K_n i - \lambda}{2} \quad (10\text{-}18)$$

当年劣化值增量 λ 不易求得时,可根据经验决定新设备的合理使用年数 T,然后再求年劣化值增量 λ。这时将式(10-16)经整理后再代入式(10-15),则新设备的年均总费用为:

$$AC_n = \frac{2(K_n - V_L)}{T} + \frac{(K_n + V_L)i}{2} - \frac{K_n - V_L}{T^2} \quad (10\text{-}19)$$

例如,新设备的价格 $K_n = 41800$ 元,估计合理的使用年数 $T = 15$ 年,处理时的残值 $V_L = 3700$ 元,最低希望收益率 $i = 10\%$,则 $AC_n = 7186$ 元。

与表10-8的计算结果相比较,用新设备更新旧设备,每年可节约开支 11825 - 7186 = 4639 元。

2. 动态费用年值法

在旧设备能继续使用的情况下,市场上出现了同类新型设备,这时是否更新？这类问题实际上是方案选优问题,常用的方法是动态年成本法。

【例10-8】 某公司于4年前花86000元购置了一台设备,使用寿命10年,残值为3000元,年运行费16000元。目前市场上售价为40000元,现在市场上出现了同类新型设备售价为80000元,使用寿命10年,残值5000元,年运行费只有9000元,若贴现率5%,问是否应立即更换新设备？

解:求解这类问题时,应站在重新购置立场上绘制现金流量图。否则,将导致决策失误。旧设备继续使用,相当于以市场价格买了一台旧设备,这样,新旧设备的现金流量图如图10-4所示。

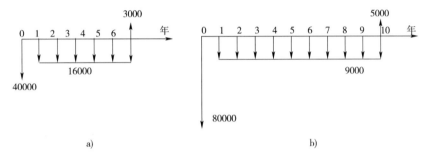

图 10-4 新、旧设备的现金流量图

$$AC_{\text{旧}} = 16000 + 40000 \times (A/P, 5\%, 6) - 3000 \times (A/F, 5\%, 6) = 24697(\text{元})$$
$$AC_{\text{新}} = 9000 + 80000 \times (A/P, 5\%, 10) - 5000 \times (A/F, 5\%, 10) = 18962.5(\text{元})$$

因为 $AC_{\text{新}} < AC_{\text{旧}}$,故应当立即更新旧设备。

第四节 设备现代化改装及技术经济分析

一、设备现代化改装的概念与意义

设备现代化改装是指应用现代的技术成就和先进经验,适应生产的具体要求,改变现有设备的结构(给旧设备换新部件、新装置、新附件),改善现有设备的技术性能,使之全部达到或部分达到新设备的水平。它是提高设备质量的重要途径。

设备现代化改装不同于其他更新形式,是企业内部自主完成的对设备的局部更新,具有很强的针对性和适应性。经过设备现代化改装的设备更能适应生产的具体要求,在某些情况下,其适应具体生产需要的程度,甚至可以超过新设备。

在多数情况下,设备现代化改装所需的投资比较少,带来的效益却比较显著,在经济上有很大的优越性。特别是在更新资金有限的情况下,更具有重要的现实意义。

但设备现代化改装并不是在任何情况下都可行的。当出现完全不同于现有的操作新方法且比老方法有很大优越性时,通常要求采用另一种设备,这时设备现代化改装的技术可能性就不存在了。还有一种情况:设备为了现代化改装,结构需要做重大改动,只能保留很小一部分旧设备,改装的成本很高,经济上的代价很大,这时对旧设备现代化改装,也是没有必要的。此外,设备的役龄对设备现代化改装的技术可能性也有具体影响。对于役龄大的、特别陈旧的设备进行现代化改装,在技术上常常是很困难的,所需成本也很高,对这类设备应尽量更新。对于役龄小的设备进行现代化改装,技术上较容易些。

二、设备现代化改装的技术经济分析

在进行设备现代化改装经济决策时,所要考虑的问题与前面设备更新决策相似,就是在两个或两个以上实施方案中确定一个最佳方案。一般情况下,与现代化改装并存的可行方案有继续使用旧设备、对旧设备进行大修理、用性能更好的新设备更新旧设备。决策的任务就在于从中选择总费用最小的方案,故常采用最低总费用法。通过分别计算现代化改装后设备的总费用现值和继续使用旧设备的总费用现值、对旧设备进行大修理的总费用现值、购置新设备的总费用现值加以比较,来进行方案的比较和选择。针对以下两种不同的情况,应分别用不同的方法决策。

1. 设备所需的服务年限较长

如果假设现代化改装后的设备寿命与继续使用旧设备、对旧设备进行大修理、新购设备寿命相同,可直接算出各可选方案在寿命期内总费用现值,加以比较,费用小者为优者。但正如前面所分析的,绝大多数情况下,设备现代化改装、继续使用旧设备、对旧设备进行大修理或更新的新设备寿命并不相同,这就需要取一个共同的分析期,再加以计算、比较各可选方案总费用现值。可以采用前面章节介绍的最小公倍数法、年值折现法或年费用法。

2. 设备所需服务年限较短

这种情况下,方案的选择与所需设备的服务年限有关。需要设备的服务年限不同,所应选择的最优方案不同。在方案比较中,根据各方案的现金流量,按规定的服务年限,分别计算各方案的费用总现值,就可选出设备在所需服务年限的最优方案。

【例 10-9】 某旧设备目前市场价 15000 元,需要进行现代化改装。现有 3 种方案可供选择:继续使用旧设备、现代化改装、新型更新,各方案的原始资料见表 10-9。假设 $i=8\%$,若需要设备服务年限为 5 年,试选出最优方案。

解:根据已知条件及表 10-9,可进行如下计算:

某设备三种更新方案的原始资料(单位:元)　　　　表 10-9

方案	继续使用旧设备		现代化改装		新型更新	
初始投资	0		133000		162500	
生产能力扩大倍数	0.80		1.2		1.30	
寿命	5 年		6 年		7 年	
年份	年运行费	残值	年运行费	残值	年运行费	残值
1	3000	60000	2500	110000	2000	140000
2	10000	50000	5300	96000	5000	125000

续上表

年份	年运行费	残值	年运行费	残值	年运行费	残值
3	17500	40000	10500	82000	10000	110000
4	25000	32000	16000	70000	15000	95000
5	32000	24000	21000	58000	20000	80000
6			27000	46000	26000	65000
7					32000	50000

$PC_1 = [3000 \times (P/F, 8\%, 1) + 10000 \times (P/F, 8\%, 2) + 17500 \times (P/F, 8\%, 3) + 25000 \times$
$\quad (P/F, 8\%, 4) + (32000 - 24000) \times (P/F, 8\%, 5) + 15000] \div 0.8 = 80077.5(元)$

$PC_2 = [2500 \times (P/F, 8\%, 1) + 5300 \times (P/F, 8\%, 2) + 10500 \times (P/F, 8\%, 3) + 16000 \times$
$\quad (P/F, 8\%, 4) - (58000 - 21000) \times (P/F, 8\%, 5) + 133000] \div 1.2 = 154279.61(元)$

$PC_3 = [2000 \times (P/F, 8\%, 1) + 5000 \times (P/F, 8\%, 2) + 10000 \times (P/F, 8\%, 3) + 15000 \times$
$\quad (P/F, 8\%, 4) - (80000 - 20000) \times (P/F, 8\%, 5) + 162500] \div 1.3 = 112900(元)$

$$PC_1 < PC_3 < PC_2$$

所以，当设备所需服务年限为5年时，应当继续使用旧设备。

应当注意的是，所需设备服务的年限不同，计算出来的最优方案就不同，决策者作出的决策也不同。

第五节 运输设备租赁的经济分析

运输企业扩充设备，是为了利用这些设备来发展生产，提高经济效益。从这个观点出发，设备是否是自有，对企业来说并不重要，重要的是有适用的设备可以使用。所以，企业在购置设备的同时，还应考虑利用租赁来获取设备使用权的可能性和经济性。

一、设备租赁的概念

设备租赁是指设备使用者（承租人）按照合同规定，按期向设备所有者（出租人）支付一定费用而取得设备使用权的一种经济活动。在租赁过程中，双方按合同约定来履行各自的责任和义务，并享有相应的权利。一般常见的租赁设备有大型的施工设备、特殊运输工具、高尖端仪器、计算机通信设备等。租赁费一般由租赁保证金、租金和担保费构成。

二、设备租赁的优势与不足

设备租赁和自有相比具有很多优点。首先，它可以使我们避免拥有设备所带来的许多责任，其中包括可免除维修、损失与毁损，以及设备性能的衰退、过时和更新等，这些麻烦是设备拥有者操心的事；其次，租赁不需筹资，也无须占用企业资金，投入的有限资金还可和得到的利润同时发生，且所得的设备也不作为资产出现在账面上；再次，可避免技术落后的风险。当前科学技术发展迅速，设备更新换代很快，设备的技术寿命缩短。如果企业自己购置设备，而利用率又不高，则设备技术落后的风险很大。另外，企业如果在偿还能力或借款能力方面有问题,租赁还可以作为一种额外的资金来源。此外,设备租金可在所得税前扣除,能享受税费上的利益。

设备租赁虽具有很大优势,但也必须考虑到设备租赁与自有相比的不足,主要表现在:

(1) 比自己直接拥有的设备费用高,租金中包括有出租者的管理费和边际利润。

(2) 不如其他可供选择的财务形式更合算些,如利用银行透支或专项贷款等。

(3) 不管企业的现金流量和经营状况如何,都需按时计付租金。

(4) 在租赁期间,承租人对租赁设备无所有权,只有使用权,故承租人无权随意对设备进行改造,不能处置设备,也不能用于担保、抵押贷款。

(5) 融资租赁合同规定严格,如毁约,可能产生较大损失。

近年来,随着我国经济的发展,设备租赁业务不断扩大,一些专营设备租赁业务的企业相继建立。为了充分利用设备,每个运输企业在设备的配置上,也就不一定要样样齐全,一些不经常使用或周转率很低的设备,可以考虑采用租赁的方式加以解决。

三、设备租赁的形式

1. 经营租赁

经营租赁是指承租人以取得设备使用权为主要目的的租赁。在租赁期内,承租人按租赁合同支付租金,任何一方可以随时以一定方式在通知对方后的规定时间内取消或终止租约。租赁期满,不转让有关设备的所有权。租赁期内,承租人不得计提折旧。该类租约具有可撤销性、短期性、租金高等特点,适用于技术进步快,用途广,使用具有季节性和临时性的设备。

近些年,随着共享经济和互联网技术的发展,一种更具优势的汽车共享方案替代了传统的汽车租赁模式,即汽车分时租赁,它是基于互联网的,以小时甚至分钟计费,随订即用的自助式新型服务租赁方式。多为短时短途分时用车,大致分为满足城市自驾用车为主的公共分时租赁,以满足企业公司需求的商务分时租赁,以景区旅游为主的旅游分时租赁,还有满足零散物流需求的货运分时租赁等。租赁方可以借助移动互联网技术及车联网技术完成选车、订车、控制及使用车辆、支付费用等整个过程,用车全过程实现无人值守。

2. 融资租赁

融资租赁是指承租人以融通资金和对设备的长期使用为主要目的的租赁,也称金融租赁或资本租赁,是一种融资与融物相结合的租赁方式,具有不可撤销性、租期长等特点,适用于大型设备、重型施工机械等贵重设备。融资租赁的实质是承租者通过设备租赁公司筹集资金进行设备投资的一种方式。

在租赁期内,承租人按租赁合同支付租金,租赁双方承担相应的租让和付费义务,而不得任意终止和取消租约。租赁期满,有关设备的所有权将由出租人转让给承租人,其实际上是一种分期付款购买的形式。

在这种方式下,设备是由出租人完全按照承租人的要求选定的,所以出租人对设备的性能、物理性质、老化风险(即维修保养)不负有任何责任,转移了与设备所有权有关的所有风险和报酬。多数情况下,出租人可在租赁期内收回全部成本、利息和利润。租赁期满后,出租人以通过收取名义货价的形式,将租赁物件的所有权转移给承租人。

我国企业利用租赁引进国外设备时常采用这种方式。承租人对融资租赁的设备视同自有设备管理。在租赁期内,承租人可以计提折旧。

经营租赁和融资租赁各有特点,分别适用不同目的的投资者。一般来说,如果临时性短期使用某种设备,则应采用经营租赁方式;如果计划长期使用某种设备,使用期基本接近设备的使用寿命,则应采用融资租赁方式。

四、影响设备租赁和购买的主要影响因素

企业需要进行设备投资时,一般需要考虑项目的寿命期、企业是否需要长期占有设备,设备的技术性能和生产效率,设备对工程质量的保证程度,设备的成套性、灵活性、耐用性、环保性和维修的难易程度,设备的经济寿命,设备过时风险大小,设备投资的资本预算计划,筹措渠道及利率高低。对于租赁和购买,还应考虑如下两类影响因素。

1. 影响设备租赁的因素

对于设备租赁,除考虑上述投资因素外,还应考虑如下影响因素:
(1)租赁期长短;
(2)设备总租赁额和每一租赁期租金额;
(3)租金的支付方式;
(4)折旧、利息及租赁费的节税作用;
(5)设备由企业自行维修还是由租赁机构提供维修服务;
(6)租赁期满后资产的处理方式;
(7)租赁机构的经济实力、信誉、对承租人的服务;
(8)定金、租赁保证金和租赁担保费用。

2. 影响设备购买的因素

对于设备购买,除考虑上述投资因素外,还应考虑如下影响因素:
(1)设备的购置价格、设备价款的支付方式、利率;
(2)设备的年运转费用和维修方式、维修费用;
(3)购买设备的相关保险费。

五、设备租赁的决策分析

企业在具体决定是否租用设备时,可参照前面章节介绍的经济分析方法,对设备租赁和购置进行经济分析。将设备租赁方案与设备购置方案进行比较优选,比较的原则和方法与一般的互斥投资方案的比选方法相同。

需要注意的是,在进行设备租赁的决策分析时,税收的抵减额对费用的影响往往不能忽视。购置设备的成本包括购置费、维修费、耗用能源费、设备投资利息、操作人员工资等,此外还要考虑设备运行成本和折旧的抵税作用。若是贷款购置的,也不能忽视利息支出的抵税作用。

租用设备租赁费可以直接计入成本,但为了和设备购置方案具有可比性,应将租赁费从经营成本分离出来。

根据租赁方式不同,使用成本有不同的内容。经营租赁,不仅有租金支出,还有租赁期

内设备的正常运行成本,以及租金和年运行成本的抵税额;融资租赁,除了考虑以上因素,还要考虑设备折旧的抵税作用。

1. 从收益角度考虑

如果方案要考虑设备产生的收入情况,方案的选择要以收益效果为准。

1) 经营租赁设备方案的净现金流量

净现金流量 = 收入 − 经营成本 − 租赁费 − 经营相关税费 − (收入 − 经营成本 − 租赁费 − 经营相关税费) × 所得税税率

2) 融资租赁设备方案的净现金流量

净现金流量 = 收入 − 经营成本 − 租赁费 − 经营相关税费 − (收入 − 经营成本 − 折旧费 − 租赁费中的手续费和利息租赁费 − 经营相关税费) × 所得税税率

3) 自有资金购置设备方案的净现金流量

净现金流量 = 收入 − 经营成本 − 设备购置费 − 经营相关税费 − (收入 − 经营成本 − 折旧费 − 经营相关税费) × 所得税税率

4) 贷款购置设备方案的净现金流量

净现金流量 = 贷款 + 收入 − 经营成本 − 设备购置费 − 经营相关税费 − 利息 − (收入 − 经营成本 − 折旧费 − 经营相关税费 − 利息) × 所得税税率 − 本金

下面举例说明设备购置方案与租赁方案的比较方法。

【例 10-10】 一台设备价格 54 万元,预计每年可实现经营收入 60 万元,经营成本 40 万元,寿命 6 年,所得税率为 25%。若基准折现率为 12%,假设有下列 4 种投资方式,试分析何种方式最佳。

(1) 用自有资金购买。

(2) 贷款购买,贷款年利率 10%,贷款期 6 年,利息当年付清,本金最后偿还。

(3) 经营租赁,年租金 10 万元。

(4) 融资租赁,先一次支付 50% 的设备价款,然后在 6 年内每年支付 6 万元,其中利息和手续费合计 2 万元。

解: (1) 用自有资金购买:

$$\text{折旧费} = 54/6 = 9(\text{万元/年})$$

$$NPV = -54 + [60 - 40 - (60 - 40 - 9) \times 0.25](P/A, 12\%, 6) = 16.92(\text{万元})$$

(2) 贷款购买:

$$\text{折旧费} = 54/6 = 9(\text{万元/年})$$

$$NPV = [60 - 40 - 5.4 - (60 - 40 - 5.4 - 9) \times 0.25](P/A, 12\%, 6) - 54(P/F, 12\%, 6)$$
$$= 26.91(\text{万元})$$

(3) 经营租赁:

$$NPV = [60 - 40 - 10 - (60 - 40 - 10) \times 0.25](P/A, 12\%, 6) = 30.84(\text{万元})$$

(4) 融资租赁:

$$\text{折旧费} = 54/6 = 9(\text{万元/年})$$

$$NPV = [60 - 40 - 6 - (60 - 40 - 9 - 2) \times 0.25](P/A, 12\%, 6) - 27 = 21.31(\text{万元})$$

由上述计算可知,按经济效益指标,经营租赁方案最优,贷款购买方案次之,用自有资金购买经济效益最差。

2. 从费用角度考虑

在设备技术性能相同的条件下,需要将购置设备和租赁设备的使用成本进行比较。根据互斥方案比选原则,只需比较两个净现金流量的差异部分。

设备租赁时:所得税税率×租赁费 – 租赁费

设备购置时:所得税税率×(折旧费 + 贷款利息) – 设备购置费 – 贷款利息 + 设备净残值

由于每个企业都要将利润收入上交所得税,按财务制度规定,租赁设备的租金允许计入成本;购买设备每年计提的折旧费也允许计入成本;若用借款购入设备,其每年支付的利息也可以计入成本。在其他费用保持不变的情况下,计入成本越多,则利润总额越少,企业缴纳的所得税也越少。因此在充分考虑各种方式的税收优惠影响下,应该选择税后成本更小的方案。

【例 10-11】 某运输企业急需某种设备,其购置费用为 10 万元,如果借款购买,则每年需要按借款利率 8% 来等额支付本利,借款期和设备使用期均为 5 年,期末设备残值 3000 元。这种设备也可以租到,每年租赁费为 28000 元。企业所得税率为 25%。折旧采用直线法,基准折现率为 10%。试分析该企业应采取租赁方案还是购置方案。

解:(1)企业采用购置方案:

$$设备年折旧费 = (100000 - 5000)/5 = 19000(元)$$

各年支付的本利和按下列计算,则各年的还本付息见表 10-10。

$$A = 100000(A/P, 8\%, 5) = 100000 \times 0.25046 = 25046(元)$$

设备借款各年支付的利息(单位:元)　　　　表 10-10

年度	年初剩余本金	还款金额	其中支付利息	其中还本金额
1	100000	25046	8000	17046
2	82954	25046	6636	18410
3	64544	25046	5164	19882
4	44662	25046	3573	21473
5	23189	25046	1855	23191

当借款购买时,企业可以将所支付的利息及折旧从成本中扣除而免税,并且可以回收残值。因此借款购买设备的成本现值,须扣除折旧和支付利息的免税金额。

$$\begin{aligned}P_{购} &= 100000 - 19000 \times 0.25 \times (P/A, 10\%, 5) - 8000 \times 0.25 \times (P/F, 10\%, 1) - \\ &\quad 6636 \times 0.25 \times (P/F, 10\%, 2) - 5164 \times 0.25 \times (P/F, 10\%, 3) - \\ &\quad 3573 \times 0.25 \times (P/F, 10\%, 4) - 1855 \times 0.25 \times (P/F, 10\%, 5) \\ &= 76936.54(元)\end{aligned}$$

(2)企业采用租赁方案:

当租赁设备时,承租人可以将租金计入成本而免税。故计算设备租赁方案的成本现值时,须扣除租金免税金额。

$$P_{租} = 28000 \times (P/A, 10\%, 5) - 28000 \times 0.25 \times (P/A, 10\%, 5) = 79606.8(元)$$

因此,从企业角度,应该选择贷款购买设备的方案。

第六节 Excel 电子表格的运用

【例10-12】 某运输企业针对必须使用的一台设备进行技术经济决策。该设备是5年前花12万元购买的,目前估计的市场价值为3.5万元。现在市场上又出现了一种性能更好、效率更高的新型同类设备,售价为15万元,寿命8年,其运营费用低于现有设备。新、旧设备各年的残值及使用费用见表10-11,基准收益率为15%。

(1) 企业需设备服务3年,是否需要更新该设备?何时更新更经济?
(2) 企业长期需用该设备,是否需要更新该设备?何时更新更经济?

新、旧设备相关费用数据(单位:万元)　　　　表10-11

年度	旧设备		新设备	
	使用费用	残值	使用费用	残值
1	2.2	1.8	0.6	10
2	3.5	0.9	0.9	9
3	4.5	0.4	1.2	8
4			1.5	7
5			1.8	6
6			2.2	5
7			2.8	4
8			3.5	3

解:(1) 企业需设备服务3年。可计算各方案的费用年值,最小者为优。

① 马上更新方案的费用年值:

$$AC = [15 + 0.6(P/F,15\%,1) + 0.9(P/F,15\%,2) + (1.2-8)(P/F,15\%,3)] \times (A/P,15\%,3) = 5.138(万元)$$

② 1年后更新方案的费用年值:

$$AC = [3.5 + (2.2-1.8+15)(P/F,15\%,1) + 0.6(P/F,15\%,2) + (0.9-9)(P/F,15\%,3)] \times (A/P,15\%,3) = 5.264(万元)$$

③ 2年后更新方案的费用年值:

$$AC = [3.5 + 2.2(P/F,15\%,1) + (3.5-0.9+15)(P/F,15\%,2) + (0.6-10)(P/F,15\%,3)] \times (A/P,15\%,3) = 5.492(万元)$$

④ 不更新方案的费用年值:

$$AC = [3.5 + 2.2(P/F,15\%,1) + 3.5(P/F,15\%,2) + (4.5-0.4)(P/F,15\%,3)] \times (A/P,15\%,3) = 4.711(万元)$$

由上述计算可知,在企业需设备服务3年情况下,设备不更新方案的费用年值最小,为4.711万元。所以旧设备可继续使用3年,无须更新。

(2) 企业长期需用该设备。这种情况下,需计算出新设备经济寿命后再作决策。

新设备经济寿命的计算方法可参照前面介绍的方法进行计算,也可以很方便地利用 Excel

电子表格,列表进行计算。可在电子表格纵栏 A1、A2、A3…中分别输入各年的经营成本,在 B1、B2、B3…纵栏中分别输入年数为1、2、3…的现值系数,在 E1、E2、E3…纵栏中分别输入设备使用不同年限时的残值,在 G1、G2、G3…纵栏中分别输入年数为1、2、3…的资金回收系数,并在电子表格第一年对应的 C1、D1、D2、F1、H1 横栏部分分别输入相应计算公式,即计算出第一年的相应数值。具体计算公式的赋值见表 10-12。计算得出设备使用一年的各项数值后,在第二、三、四、五、六、七、八年只要复制、粘贴相应第一年的公式,就可很方便地计算出来。计算结果见表 10-13。

Excel 电子表格赋值表　　　　　　　　表 10-12

单元格	计算公式	说明
C1	= A1 * B1	设备各年经营成本的现值
D1	= A1 * B1	设备使用一年经营成本总现值
D2	= D1 + A1 * B1	设备使用不同年限时经营成本总现值
F1	= E1 * B1	设备使用不同年限时残值的现值
H1	= (15 + D1 — F1) * G1	设备使用不同年限时的年均费用

新设备经济寿命计算表(万元)($i=15\%$)　　　　　　　　表 10-13

年度	A	B	C	D	E	F	G	H
1	0.6	0.8696	0.522	0.522	10	8.696	1.15	7.85
2	0.9	0.7561	0.68	1.202	9	6.805	0.6151	5.78
3	1.2	0.6575	0.789	1.991	8	5.26	0.438	5.14
4	1.5	0.5718	0.858	2.849	7	4.003	0.3503	4.85
5	1.8	0.4972	0.895	3.744	6	2.983	0.2983	4.70
6	2.2	0.4323	0.591	4.695	5	2.162	0.2642	4.63
7	2.8	0.3759	1.053	5.748	4	1.504	0.2404	4.62
8	3.5	0.3269	1.144	6.892	3	0.981	0.2229	4.66

从表 10-13 可看出,新设备使用 7 年,等值年费用最小,为 4.62 万元。因此,新设备经济寿命为 7 年。

再计算各方案费用年值:

①马上更新方案的费用年值:
$$AC = 4.62(万元)$$

②1 年后更新方案的费用年值:
$$AC = \{3.5 + [(2.2 - 1.8 + 4.62)(P/A, 15\%, 7)](P/F, 15\%, 1)\}(A/P, 15\%, 8)$$
$$= 4.59(万元)$$

③2 年后更新方案的费用年值:
$$AC = \{3.5 + 2.2(P/F, 15\%, 1) + [3.5 - 0.9 + 4.62(P/A, 15\%, 7)](P/F, 15\%, 2)\}$$
$$(A/P, 15\%, 9) = 4.60(万元)$$

④3 年后更新方案的费用年值:

$$AC = \{3.5 + 2.2(P/F,15\%,1) + 3.5(P/F,15\%,2) + [4.5 - 0.4 + 4.62(P/A,15\%,7)]$$
$$(P/F,15\%,3)\}(A/P,15\%,10) = 4.66(万元)$$

依据以上计算可知,1年后更新方案的费用年值最小,为4.59万元。因此,在企业长期需用该设备情况下,设备应在使用一年后更新,即第2年更新最经济。

复习思考题

1. 设备的磨损有哪几种形式?各有何特点?其产生原因、造成危害及补偿方式怎样?
2. 设备寿命可划分为哪些种类?各种划分在设备管理中有何意义?
3. 结合实际谈谈设备更新有哪些方式。
4. 简述设备更新经济分析应遵循哪些原则。
5. 对于承租人来讲,设备租赁与购买相比,各有何利弊?设备租赁主要有哪些方式?
6. 某汽车原值为75000元,车装轮胎价值为3500元,估计车辆最终残值2000元,经营费用增加额1.214元/千km,该车运行15年,累计行程56万km,试求该车辆平均的经济寿命里程和年限。
7. 某设备购价为8000元,不论使用多久,其残值都是0,其第一年使用费为2000元,以后每年增加1000元,假定不计利息,计算该设备的经济寿命和最小年度费用。
8. 某运输公司新购置了一台设备,其购入价为30000元,估计可使用10年,并预测到各年的运行费和年末残值(表10-14)。试确定该设备的经济寿命。若考虑资金的时间价值($i=6\%$),其经济寿命如何变化?

某设备各年运行费用及残值(单位:元) 表10-14

年度	1	2	3	4	5	6	7	8	9	10
年运行费	3200	3850	4300	4700	5200	5600	6100	6500	7000	7200
残值	25000	20000	15000	10000	8000	6000	4000	3000	2000	1000

9. 某运输企业现有一部旧车,还可使用3年,现在处理可获残值10000元,若以后处理其年运行费用及残值见表10-15。该车原型新车初始购置费为76000元,年运行费用3600元,经济寿命12年,残值5000元,若$i=8\%$,问现在更新是否经济?何时更新最经济?

车辆各年运行费用及残值(单位:元) 表10-15

使用年数	1	2	3
年运行费用	43000	52000	62000
残值	7000	5000	3500

第十一章 价 值 工 程

价值工程是自第二次世界大战之后发展起来的一门现代管理技术,它充分融技术和经济分析于一体,在新技术、新产品开发等方面具有独特的作用。价值工程应用于各行业所带来的促进作用已日益为人们所普遍关注。本章将以价值工程的推广应用为目标,重点介绍价值工程的概念、工作步骤、功能分析、功能评价、改进与创新等内容。

第一节 价值工程概述

一、价值工程的产生和发展

价值工程是从合理利用资源开始发展起来的一门软科学技术。第二次世界大战期间,美国军火工业有了很大的发展,但同时出现了资源的紧张和短缺,这在客观上提出了合理利用和节约原材料的问题。美国通用电气公司当时在生产中所需用的石棉板,材料短缺,价格昂贵,该公司工程师 L·D·麦尔斯对产品的成本和原材料的选用问题产生了兴趣。他对当时生产中所需石棉板的短缺和价格成倍上涨问题进行了研究。他分析了石棉板的使用功能,石棉板是铺在地上,在产品喷刷涂料时应避免沾污地板和引起火灾。在石棉板短缺的情况下,L·D·麦尔斯找到了同样满足这种功能要求而且不燃烧价格又便宜的一种纸,代替了石棉板,既保证了使用功能,又节约了大量费用开支。于是他想,我们使用原材料的目的是什么?目的是使原材料满足某种需要,而不在于原材料的品种。当我们所使用的某种原材料短缺时,能不能找到另外一种或几种其他材料,同样可以满足生产需要呢?他认为是可能的。

L·D·麦尔斯把这种思想运用到产品设计上。他在实际工作中发现,用户购买物品时,不是购买产品本身,而是购买产品的功能以满足某种需要,并且在购买时希望费用最低。根据这个发现,L·D·麦尔斯把产品设计问题归结为用最低成本费用向用户提供所需功能的问题。因为用户是按照产品的功能满足程度来付款购买产品的,并把它看成产品的价值。L·D·麦尔斯的研究获得了一系列的成果。麦尔斯把他创造的这种方法叫作"价值分析"(Value Analysis, VA),于1947年发表,因此产生了价值分析。1954年,美国海军舰船局把这种方法定名为"价值工程"(Value Engineering, VE)。L·D·麦尔斯研究的成果归纳起来有以下几点:

(1)用户购买的不是产品,而是产品所具有的功能。
(2)用户购买功能时,希望花的钱最少。
(3)从功能和购买功能所花费用之间的关系,提出了"价值"的概念。
(4)研究产品的功能和实现这种功能时所投入的资源之间的关系,并提高其价值,就是价值工程。

1956年,美国海军舰船局在签订订货合同时,除规定产品价格外,还规定企业应用VA/

VE进行设计,在能达到节约目标的前提下,可从节约额中提取20%～30%作为超额利润奖,所以第一年就节约了3500万美元。由于L·D·麦尔斯在价值工程方面的贡献,美国通用电气公司和美国海军都向他颁发了奖状。继海军之后,空军、陆军等部门也相继采用了价值工程技术,不仅军工产品,而且民用产品也自发地应用了VA/VE,并在内政部垦荒局系统、建筑施工系统、邮政科研工程系统、卫生系统等得到应用。价值工程不仅为工程技术部门所关心,也成为美国政府所关注的内容之一。在1977年美国参议院出台的有关文件中,说明VE是节约能量,改善服务和节省资金的有效方法,并呼吁各部门尽可能采用VE。1979年,时任总统卡特在给SAVE年会的信中说:"价值工程在降低成本、节约能源、改进服务以及提高工业和政府劳动生产率方面,已成为一种行之有效的分析方法。"

1955年,价值分析传到日本(日本习惯称"价值分析"),并在一些企业中开始应用。首先在物资和采购部门得到应用,后来发展到老产品更新、新产品设计、系统分析等方面。

20世纪50年代至60年代,价值工程纷纷传入其他国家。特别是20世纪70年代以后,价值工程得到迅速发展。现在,不仅在产品设计、生产领域,而且在工程、组织、预算、服务等领域都有广泛的应用。据日本1981年的抽样调查结果,价值工程在几个行业的实施率为:机械行业82.4%,电机电器行业95.4%,运输行业94.1%,精密制造行业83.3%。价值工程在我国宣传推广是在1978年以后,时间虽短,但推广速度快、普及面大,已为不少企业所采用。

价值工程得到迅速发展不是偶然的,可以说是技术和经济发展的必然产物。它抓住产品成本70%以上由设计决定这一事实,从设计改进入手,成为内涵式发展生产的有力工具。它针对技术和经济脱节这一普遍弊病,促进二者的有机结合。这一先进管理技术从它诞生的那一天起就显示了强大的生命力,并获得了显著的经济效益。

二、价值工程相关概念

1. 价值的定义

人们从事某种生产活动或购买某种物品的时候,首先考虑的是需要花多少钱,以及能取得多大的效果和使用价值。经过权衡,得出值得与否的结论。如果值得,则认为有价值,反之,则认为得不偿失。若生产某种产品,其耗费较少、成本低、取得的效果和使用价值大,则认为该产品价值高。由此可知,在价值工程的概念中所讲的"价值"是指产品的功能(效用)和生产费用(成本)之间的比值,即:

$$价值 = \frac{功能(效用)}{成本(费用)} \quad 或 \quad V = \frac{F}{C} \tag{11-1}$$

从完整意义上讲,产品的价值是用户购买、使用产品时支付单位费用所能取得产品的功能的数量。企业生产的产品只有通过消费才能实现其经营目的,那么,用户(消费者)之所以购买企业生产的产品,并不是为了占有产品本身,而是产品能满足消费者一定的需要,即产品具有某一特殊的功能或一些特殊的功能。消费者需要得到的满足,必须有一定的代价(费用)作为基础,最起码包括拥有该产品的所有权及使用该产品的有关费用支出。因此,从市场角度分析,消费者购买产品通常考虑到该产品功能与费用之间的关系。

对上面公式的理解应注意以下几点:

(1)产品的功能,就是产品为社会所提供的使用价值或效果。任何产品都具备某些特有的功能,正因为如此,人们才需要它。产品的功能取决于产品的设计,而产品的设计不仅决定着产品的功能,还决定着取得这些功能所需要的成本。

(2)产品的功能只有在使用过程中才能体现出来。因此,某一产品的功能大小、高低,是为消费者所承认、所需要的必要功能,而不是设计者、生产者所主观想象的。

(3)产品的成本,就是为实现某种功能所需支付的全部费用。这里所讲的成本是指寿命周期成本,即实现某种功能和使用某种功能所需支付的全部费用。成本包括制造部门的生产成本和使用部门的使用成本,具体来说,有研究费、设计试制费、制造费、安装费、调试费、使用维修费以及报废拆除等费用。

(4)价值工程中的产品"价值",也可以理解为消费者所需要产品的必要功能与产品的寿命周期成本的比值。所以,价值工程不是单纯地追求产品在生产过程中的经济效益,而是以提高产品在整个寿命周期内的经济效益为目的。

2.价值工程的定义

"价值工程"可定义如下:以产品或作业的功能分析为核心,力求用最低的寿命周期成本可靠地实现产品或作业使用所要求的必要功能的一项有组织的创造性活动。

价值工程也叫作价值分析,但是严格地讲,只有在产品的研究、设计、试制过程中,对产品的功能和成本所进行的分析研究,才称之为价值工程。对于为改进产品,提高产品的价值所进行的分析工作,称为价值分析。

价值工程的定义包括以下3项内容:

(1)价值工程以提高产品或作业的价值为目标,从满足用户的需要出发,以最低的费用来保证实现产品必要的功能。

(2)价值工程以功能分析为核心。它不是单纯地通过减少原材料费、人工费、管理费等一般性措施降低产品的成本,而是通过对各种功能的系统分析,找出其中存在的问题,剔除不必要的功能,用更好的办法保证主要功能的实现,从而达到降低成本和提高价值的目的。

(3)价值工程是以有组织的集体活动为基础的。这是因为任何产品的生产过程都是相当复杂的,从研究、设计、试制到生产、销售和使用,这中间不仅涉及企业内部的许多部门,而且还要涉及一些外单位的有关部门。所以,在研究如何提高产品价值的过程中,必须要和本单位、外单位的各有关部门密切配合,有计划、有组织地开展活动。

3.价值工程的特点

价值工程是一种行之有效的降低成本的科学方法。价值工程着重研究用最低费用向用户提供必要功能,其特点有以下5个方面:

(1)以使用者的功能需求为出发点。

任何一种产品或者一项服务工作,如果没有用户或服务对象,那么这种产品或者服务工作就没有存在的必要。这种产品或者服务工作是否景气,是否有发展前途,首先要满足使用者新的或更高的功能需求。价值工程认为,顾客需求的是商品的功能,而不是商品本身。便宜的价格当然也是顾客的另一个愿望,但毕竟这必须以合用的功能为前提;否则,再便宜顾客也不会去购买。

(2)以功能分析为核心。

价值工程的核心是进行产品功能和所需费用的分析,这是价值工程独特的一种研究方法。因为用户要求的不是产品本身,而是产品所提供给他们的功能。价值工程所要研究的,就是用户所需必要功能的内容,和如何用最低费用实现必要功能的途径。

(3) 以提高价值为目的。

应用价值工程的目的是提高价值,即提高功能对成本的比值,这正是企业生产和经营的目的,也是我国经济建设中迫切需要解决的问题。价值工程通过研究产品(或作业)的功能和所需费用,达到提高产品价值的目的,以取得较好的技术经济效益。

(4) 进行有组织的活动。

应用价值工程要采取有组织的活动,发挥集体的智慧。价值工程的运用,涉及企业的经营管理、产品设计、试验研究、产品制造、物资供应、协作配套、生产组织、产品销售、技术服务等各个部门各方面的人员。人员之间要沟通思想、交换意见、统一认识、协调行动,步调一致地开展工作。个人单独研究价值工程学术或者构思技术方案是有可能的,但必须贯彻到集体行动中,才能变成实质性的成果和经济效益。

(5) 采用系统分析的方法。

价值工程在分析研究对象时,采用系统分析的方法。价值工程创始人 L·D·麦尔斯曾指出:"价值分析/价值工程是一个完整的系统,这个系统运用各种已有的技术知识和技能,有效地识别那些对用户的需要和要求没有贡献但增加成本费用的因素,来改进产品、工艺流程或服务工作,以提高价值。"

三、价值工程的工作程序

应用价值工程的过程,实质上就是提出问题、解决问题并不断变革和创新的过程。那么,在运用价值工程对某种产品或某项业务进行分析时,应该提哪些问题呢？一般来说,这些问题是:

(1) 分析的对象是什么？
(2) 它的用途是什么？
(3) 它的成本是多少？
(4) 它的价值是多少？
(5) 有无其他新的方案？
(6) 新方案的成本是多少？
(7) 新方案能否满足要求？

在运用价值工程的过程中,要逐项回答上述问题,就必须按以下价值工程工作程序找出最理想的解决办法。为清楚起见,把价值工程工作程序和对应问题列于表 11-1 中。

价值工程工作程序及对应问题　　　　　表 11-1

分析过程	价值工程工作程序		对应问题
	基本步骤	详细步骤	
分析	功能定义	(1) 对象的选择； (2) 收集信息	这是什么？
		(3) 功能定义； (4) 功能整理	这是干什么用的？

续上表

分析过程	价值工程工作程序		对应问题
	基本步骤	详细步骤	
分析	功能评价	(5) 功能成本分析	它的成本是多少?
		(6) 功能评价; (7) 确定对象范围	它的价值是多少?
综合		(8) 创造革新	有其他方法能实现这些功能吗?
评价	制订改进方案	(9) 评价; (10) 调查、具体化; (11) 详细评价; (12) 提案	新方案的成本是多少? 新方案能满足功能要求吗?

第二节　对象选择和信息收集

对象选择和信息收集是价值工程工作程序的基本环节,也是价值工程的基础。价值工程就是要通过科学的方法选准分析对象,在掌握大量信息的基础上,进行改进和创新,完成功能的再实现。

一、价值工程对象选择的方式

能否正确地选择对象是价值工程收效大小的关键,所以对选择对象要慎重考虑。从一个企业范围来讲,并不是针对所有的产品全部进行价值工程活动;对一个产品来讲,也并不是针对所有的部件、组件、零件进行活动,而是要适当地挑选一下,使得在采用同样的工作量的前提下取得最佳的效果。

在选择分析对象时,可从设计、制造、销售和成本几个方面进行初步分析,然后加以确定。

1. 从设计方面选择

产品的结构、组件、部件和零件是否复杂?它的设计水平怎样?改变设计的可能性是否存在?是否便于维修?例如:有的产品结构复杂,而实现的功能却又比较简单,则这种结构就有简化的可能。

2. 从生产制造方面选择

首先要考虑是否属于量大面广的产品。因为产品批量大,虽然略有改进、节约了点滴成本,但其总的累计数仍是相当可观的。其次还应考虑是否长期以来使用相同的加工方法,工艺有无改进的可能,产品质量好不好,用户意见怎样。

3. 从产品销售方面选择

在产品的销售过程中可以看出产品的寿命周期究竟处于哪一阶段,市场占有率怎样,是否属于市场销售量大的产品,盈利率怎样,用户要求赔偿的事例多否,原因何在,凡此种种情况,通过对产品销售方面的了解,可以作出选择。

4. 从产品成本方面选择

产品寿命周期中,成本是否高于同类产品?与具有相同功能的产品相比,它的成本是否高(包含单位产品成本、单位质量成本、单位功能成本、各道工序成本等)?

二、价值工程对象选择的方法

选择价值工程对象,一般有以下几种方法:

1. 经验分析法

经验分析法是凭借 VE 人员和专家经验来选择确定 VE 对象的一种方法。VE 人员和专家凭借经验,在既考虑需要又考虑可能和区别轻重缓急的情况下,进行综合分析。为提高选择工作的质量,应选调熟悉业务、经验丰富的人员,集体研究,共同商定。

经验分析法是一种常用的方法,它的好处是简便易行,不需经过特殊训练,考虑问题综合、全面;缺点是受 VE 人员的工作态度和经验水平的影响较大,有时难以保证分析质量。在选择对象的过程中,可将这种方法与其他方法结合使用。比如利用经验法进行对象粗选,再用其他方法进行精选,或者将用其他方法选出的对象,再利用经验分析法,通过对有关方面的综合分析加以修正。

2. 价值测定(提问)法

价值测定(提问)法是通过对产品(或零部件、作业)进行价值测定或提出一些问题来选择 VE 对象的方法。这是美国通用电气公司最早开始推行 VE 时使用的一种方法,共有下列 10 个方面的问题:

(1)使用这种材料(或零部件、工艺)能提高产品的价值吗?

(2)这种产品的功能同它的费用相称吗?

(3)产品的各种特性和性能全部都是必需的吗?

(4)有更好的办法来实现这个目的或用途吗?

(5)有更便宜的方法来生产目前使用的这些零部件吗?

(6)能找到可使用的标准产品吗?

(7)从使用数量上来考虑,是否需要使用适当的专用工具来生产?

(8)材料费、工时费、间接费和利润的总和等于它的价格吗?

(9)能从其他可靠的专业化工厂里以更便宜的价格买到这些材料或零件吗?

(10)有人以更低廉的价格从别的地方买到过这种产品吗?

3. 百分比分析法

百分比分析法是根据各个对象所花费的某种费用占该种费用总额的比例大小来选择 VE 对象的方法。如某企业要降低能源消耗费用,则可利用各有关因素占总费用的比例,优先选择占比大的作为 VE 对象。

4. 不均匀分布定律法(ABC 分析法)

不均匀分布定律法,又称 ABC 重点管理法或 ABC 分析法。它是通过统计的方法,对事物、问题进行分类排队,以便抓住事物的主要矛盾的一种定量的科学分类管理方法。这种方法是意大利经济学家巴雷特提出来的。

在利用 ABC 分析法选择对象时,要将零部件(或项目)按其成本大小进行排队,优先选择成本大的少数零件(或项目)作为 VE 的对象。

三、信息收集

在确定了价值工程对象之后,应该围绕分析对象,搜集有关信息。如果不了解国内外同行在材料、产品、工艺、设备等方面的技术,不了解整体技术发展现状和发展趋势,就难以进行技术创新。不了解市场,不了解用户意见,不了解同类产品的成本水平、获利水平等,就难以应用价值工程进行分析。

对企业而言,价值工程工作的进行对信息收集的要求包括两个方面,即企业外部信息和企业内部信息,其各自的具体内容可分别用图 11-1 与图 11-2 表示。

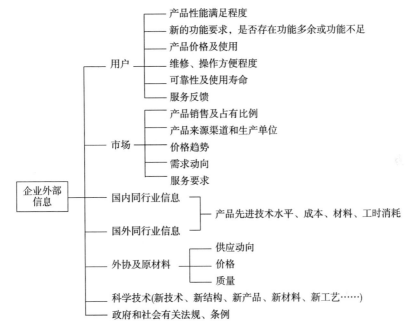

图 11-1 企业外部信息图解

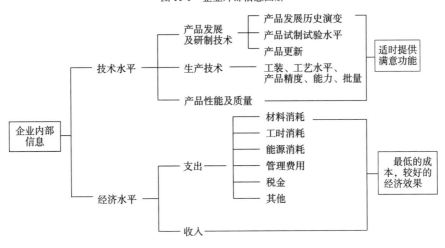

图 11-2 企业内部信息图解

第三节 功能分析

价值工程的本质,不是以产品为中心,而是以功能为中心。因此,功能分析在价值工程中起着至关重要的作用。功能分析的主要内容包括功能定义、功能分类、功能整理和功能评价。本节介绍功能分析,功能评价将在第四节中介绍。

一、功能定义

1. 功能定义的概念

功能定义,就是用最简明的语言或文字,来对分析对象的功能进行确切地描述。

一个产品的功能,是指这个产品所具有的特定职能,也就是产品总体的功用或用途。而产品的组成部分即零件的功能,则是指该零件本身的职能或用途。给"功能"下定义,是为了限定功能概念的内容,明确功能概念所包含的本质,以与其他功能概念相区别。因此,在进行"功能定义"时,既要对产品总的功能下定义,又要对每个零件的功能下定义。

一个产品的设计方案就是要把达到用户要求功能的手段加以具体化。在设计之初,对"功能"的概念往往是抽象的,只有通过设计实践才逐步形成既定功能的具体结构。"功能定义",就是为了明确设计的出发点。如果设计者不能准确地把握住这一点,就不可能设计出具有高价值的产品。

2. 功能定义的目的

(1) 明确设计的依据。

价值分析要求人们把注意力从对产品本身的思考中解脱出来,转移到产品功能的研究上。因为用户追求的是功能,所以功能是设计或确定改进方案的出发点和根据。如果偏离用户要求的功能,那么设计出来的产品,是不会使用户满意的。因此明确用户要求的功能,并正确加以掌握,是设计成功的基础。

(2) 开阔设计思路。

由于用户所要求的是功能,不是具体产品结构,而各种结构方案又都是实现功能的具体手段,于是就存在各种方案的比较问题。比较的结果,可能发现现行方案未必是实现功能价值最高的手段。为了设计出高价值的实现功能的手段,不应仅仅研究现行方案,还应回过头来去研究功能。进行功能定义可以帮助设计者拓宽思路,最终找到价值最高的设计方案。

(3) 便于实现功能评价。

功能评价是站在用户的立场上,对现有实现功能的手段进行评价和对比,以确定提高价值的目标。为了进行功能评价,首先应对功能进行明确的定义,并用定量的方法加以表示。

3. 功能定义的方法

对功能下定义,要根据功能定义的目的,把问题细分到最小单位,用简明准确的语言来表达特定的内容。在实践中常用一个动词加一个名词的办法给"功能"下定义。例如:保持位置、传递扭矩、防止振动、承受冲击力、增大压力、加大动作、形成摩擦、维持密封、改变运动方向等。

二、功能的分类

价值工程中所讲的"功能"是指功用、效用和能力等。由于其包含的范围较广,可以从不同角度进行分类。

1. 按性质上分,功能可分为使用功能和美学功能

使用功能不仅要求产品的可用性,还要求产品的可靠性、安全性、维修性等。例如,一辆汽车,不仅要能开动,而且要故障少、转弯灵活、制动可靠、操纵方便,保证乘客安全、舒适、出现故障或机件磨损后要便于维修。

美学功能包括造型、色彩、图案、包装装潢等方面内容。随着人们生活水平的提高,人们越来越要求产品多样化,对美学功能也愈发重视。在市场上,造型新颖、色彩宜人、图案精美、包装美观、能体现时代气息的产品外观能够首先给人以深刻印象。在性能、价格相当的条件下,这样的产品更具竞争力。

不同的产品,对使用功能和美学功能有不同的侧重。有些产品,如原材料、燃料、地下管道、潜水泵、潜油泵等只有使用功能。有些产品,如工艺品、国画、书法作品等只有美学功能。多数产品则要求二者兼备,不仅电冰箱、洗衣机、家具等家庭生活用品是如此,就是载重汽车、运输场站等运输生产设备、设施也要求在性能优越的同时具有良好的外观。

2. 按重要程度分,功能可分为基本功能和辅助功能

基本功能是产品的主要功能,辅助功能则是次要功能,或是为了使基本功能更好地实现或由于设计、制造的需要附加的功能。例如,小客车的基本功能是提供舒适的乘坐环境,同时,车的尾部设有一个行李舱,为乘客存放小件行李提供方便,这就是辅助功能。基本功能是设计、制造者的注意力之所在,但不等于可以忽视辅助功能。例如,对于汽车客运站来说,站内问询服务处的服务功能只能算是辅助功能,但其影响却非常大。

3. 从有用性角度,功能可分为必要功能和不必要功能

使用功能、美学功能、基本功能、辅助功能都是必要功能。但不必要功能也并不少见,其表现有如下3个方面:

(1)多余功能。

有些功能纯属画蛇添足,不但无用,有时甚至有害。例如初期的洗衣机上曾设计有脸盆,并无必要。又如,在电风扇的扇叶保护罩上,有人设计了许多图案,似乎增加了美学功能,其实不仅无用,而且挡风。

(2)重复功能。

两个或两个以上功能重复,可以去掉。例如,越野吉普车在城市使用,只要单桥驱动就足够了,双桥驱动就是重复,这样不仅提高了成本,还增加了自重,导致油耗更高。

(3)过剩功能。

功能虽是必要的,但满足需要有余,即功能过剩,这是最常见的一种不必要功能。如过高的安全系数、过大的拖运动力、结构寿命不匹配等,造成产品结构笨重,原材料和能源浪费严重。

三、功能整理

经过定义的功能可能有很多,它们之间不是孤立的,而是有内在联系的。为了把这种内

在联系表现出来,就必须将其系统化。这种将各部分功能按一定逻辑排列起来,使之系统化的工作叫作功能整理。

产品都是由许多相互密切联系的零件组成的,而这些零件又往往具有几个功能并能够同时发挥作用。产品越复杂,功能数量就越多,功能之间的关系也越加复杂。从大量定义了的功能中把握住必要的功能,是进行价值分析的关键要求。为了达到这个目的,必须进行功能整理。在功能整理过程中,要找出哪些是产品的基本功能,哪些是产品的辅助功能;哪些是必要的功能,哪些是不必要的功能,以便在实现功能过程中设计出更合理的方案。

1. 功能系统图

功能整理结果的基本格式可用功能系统图来表示。功能系统图的一般格式如图 11-3 所示。

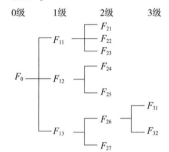

图 11-3 功能系统图的一般格式

在上述功能系统图中涉及如下术语:

(1)"级":每一分枝形成一级。

(2)"功能域"或"功能范围":某功能和它的分枝全体。例如 F_{11} 和 F_{21}、F_{22}、F_{23} 是一个功能域;F_{26} 和 F_{31}、F_{32} 构成一个功能域;F_{13} 和 F_{26}、F_{27} 以及 F_{31}、F_{32} 也构成一个功能域。

(3)"位":同一功能域中的级别用位表示,高一级功能称为"上位",低一级功能称为"下位",同级功能称为"同位"。例如:F_{11} 是 F_{21}、F_{22}、F_{23} 的上位功能;F_{21}、F_{22}、F_{23} 是 F_{11} 的下位功能;F_{21}、F_{22}、F_{23} 之间则是同位关系。功能系统图中不再细分的功能称为"末位"功能,如 F_{21}、F_{31}、F_{27} 等。

功能整理采取的逻辑是上位功能是目的,下位功能是手段,即目的→手段。因此,上位功能也称为"目的功能",下位功能便称为"手段功能"。

功能系统图表明了整个功能系统的内部联系,更进一步地阐明了分析对象的"功能是什么"的问题,它反映了设计意图和构思。功能系统图为功能评价和改进创新提供了基础,使功能评价得以按功能域逐级进行,也为改进创新提供了可供选择的全部功能域。

2. 功能整理方法

功能整理是按"目的→手段"关系进行的。进行功能整理的方法之一是由手段寻求目的,从而把所有手段功能联系起来;方法之二则是由目的寻找手段,将所有手段功能排列起来。

(1)由手段寻找目的。

零部件功能均属手段功能,不具有目的功能的性质。因此,只要定义得当,功能系统图上的末位功能必能与零部件功能相对应。也就是说,从零部件功能开始向目的功能追寻,就能建立全部系统图。

由于已定义的功能较多,为防止遗漏、重复和混乱,可以把所有功能一一制成卡片,一张卡片代表一种功能。卡片格式如图 11-4 所示。

利用功能卡片进行功能整理的方法如下:

①将写有相同功能的卡片集中在一起,得到一组卡片,这就是一个末位功能。为便于下一步整理,可将各组卡片分别用口袋装好,并在口袋上注明功能。

图 11-4 功能卡片的一般格式

②将各组卡片和未集中的单张卡片放在一起,任取一组或一单张卡片,追寻其目的,可找到上位功能。

逐一追寻各组和各单张卡片,将有相同目的功能的放在一起,组成一大组,这就是上一级功能,大组中的各小组和各单张卡片的功能则是同位功能,上、下位功能构成了一个功能域。依照上面的办法,将有相同上位功能的一大组卡片装入口袋,并注明功能。

③仿照以上办法,逐级进行组合,直到追问到零功能为止。每进行一次组合,就形成一个高一级的功能域,组合完毕,全部功能域也就形成了。

从大到小逐一打开各个口袋,顺序排列,功能之间的关系就一目了然,用文字记录下来,就得到了完整的功能系统图。

(2)由目的寻找手段。

由手段追寻目的的功能整理办法适用于不太复杂的现有产品。复杂产品有成千上万个零件,从零件功能开始进行功能整理实际上是不可能的。对于设计中的产品,由于设计尚未定型,从零件功能开始整理也是不现实的。在这两种情况下,可以采取另一种整理方法,即"目的→手段"。

这种方法是从零级功能开始,逐级向下追问手段功能。例如,载重汽车的功能是运载货物。从原理上看,运载货物至少应有两个手段:提供货厢和移动货厢,如图11-5所示。

对于"提供货厢"这一功能可暂不细分。现在来研究"移动货厢"的手段。要想移运货厢,必须有行驶机构(具体实物是车轮),还要驱动行驶机构(用动力机和传动机构实现),并且要把行驶机构和货厢联成整体,如图11-6所示。

图 11-5 载重汽车的 0 级和 1 级功能　　图 11-6 由上位功能追寻功能域的下位功能

再往下,重点是分析"驱动行驶机构"这一功能。逐级往下,就可以大致勾画出载重汽车的功能系统图,再加以修改补充。图11-7为载重汽车的功能系统图,括号内为对应的部件实体。

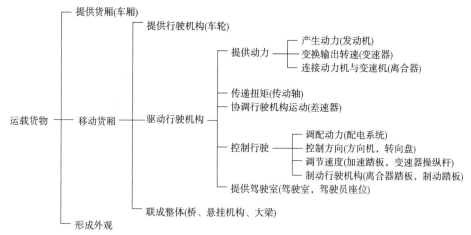

图 11-7 载重汽车的功能的系统图

功能系统图复杂程度和粗细程度可根据需要而定。不同的系统图可有很大差别,粗的只到大部件(如变速器),甚至只到一部机器,如发动机;细的到小零件,如发动机中的活塞,甚至将一个零件的功能再进行细分到工艺结构。就是在同一个系统中,细化程度也有差别。对于像汽车这样复杂的产品,细化到所有零件是不可能的,必要时可将某些功能(如产生动力)单独抽出另绘制更细的功能系统图。

3. 功能系统图的检查

功能整理过程是对产品功能进一步理解的过程。如果说功能定义要强调对单一功能本质的深入理解的话,那么功能整理则要强调对整个产品功能系统的深入理解。功能整理是功能定义的继续、深化和系统化。

功能系统图的表达方式具有多样性,但由于功能系统图是功能系统内在联系的反映,它又有严密性的一面。在绘制功能系统图时,以下几点需予以注意:

(1)功能系统图中的功能要与产品的构件实体相对应,其含义是:系统图中的功能应能包容全部有用构件的功能,系统图中的功能要由构件实体来实现。

(2)下位功能的全体应能保证上位功能的实现,具有等价性。在所绘制的功能系统图中,若全部下位功能不能保证上位功能的实现,则说明下位功能不完全。

(3)上下位功能要有"目的→手段"关系;同位功能之间不存在"目的→手段"关系,是互相独立的。这一点直接涉及功能之间的相互关系。

第四节 功 能 评 价

功能评价就是用功能评价值和实际成本作比较来评价价值的高低,来判断方案的好坏,通过比较,找出改善价值对象的一系列工作的总称。实际分析时,应对功能评价值和实际成本取同样的计量单位。

一、功能评价值的确定

确定功能评价值的原则是:"用户愿花多少钱购买这一功能?"用户总是要挑物美价廉的产品,力求用最少的钱买到同样功能的产品。因此,质量好、价格便宜、成本低就成了人们追求的目标,这一"最低消耗"或"最低成本"就视为该产品的功能评价值。现实分析时,常用目标成本来代表,即目标成本就是功能评价值。确定功能评价值就是确定每一种功能的目标成本。

确定功能评价值的方法较多,如直接评价法、直接公式法、间接评价法等,其中间接评价法是应用最多的一种方法。

间接评价法也称功能重要度法或功能比例法,即首先求出每个零件的功能评价系数(功能重要度系数),再将该系数与产品的目标成本相乘,从而求出每个零件(工序)的功能评价值。其具体步骤为:

(1)确定产品的目标成本 C^*,令其为总功能值 F;

(2)确定各部分功能 F_i 的重要度,定出重要度系数 f_i($\sum f_i = 1$);

(3)按重要度系数分摊目标成本,得出各部分功能评价值:$F_i = C^* \cdot f_i$。

因此,要求出 F_i,就要解决产品整体的目标成本和功能重要度系数这两个问题。

1. 目标成本的确定

目标成本既要有先进性,即必须经过努力才能达到;又要有可行性,即有实现的可能。同行业先进水平对多数企业来说既有先进性,又有可行性,因此可作为目标。数据的获取可采用调查法。收集同类产品的性能指标和成本资料,画在同一直角坐标上,如图11-8所示。横轴表示功能完好度,可由产品技术性能指标评价得出;纵轴表示各性能产品对应的成本。不同厂家的成本是不同的,将最低成本连成一条曲线,该曲线即称为最低成本线。找出所分析对象功能完好程度,如 F_p,其与最低成本线相交点对应的成本 C_p^* 即为该产品的目标成本。

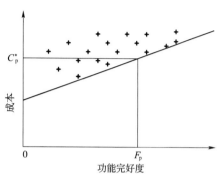

图11-8 最低成本曲线

对于已处于先进水平的企业,可根据企业经营目标(例如打入国际市场的要求,对比国外先进水平),确定一个先进、可行的目标。另外,根据统计,价值工程普遍可降低成本5%~30%,这一统计亦可作为确定目标成本时的参考。

2. 功能评价系数的确定

功能评价系数也称功能重要度系数。目前这一系数的确定主要靠经验判断。常用的判断方法有0-1评分法、0-4评分法和定量评分法等。

(1) 0-1评分法。

0-1评分法就是将选作价值工程对象的产品的主要功能排列起来,然后,一个一个地进行对比,重要的打1分,次要的记0分,全部对比之后,算出每个功能的总得分,再将每个功能总得分除以全部功能总得分,这个比值就是功能评价系数,可表示如下:

$$功能评价系数 = \frac{某功能得分数}{全部功能得分数} \quad (11-2)$$

例如,某产品包括有6个主要功能,对这些功能进行一对一的比较之后,每个功能得分数以及由此而计算出的各功能评价系数见表11-2。

功能评价系数计算表　　　　　　　　　表11-2

功能	F_1	F_2	F_3	F_4	F_5	F_6	得分	功能评价系数
F_1	×	1	1	1	1	1	5	0.333
F_2	0	×	1	1	0	1	3	0.200
F_3	0	0	×	1	1	1	3	0.200
F_4	0	0	0	×	1	1	2	0.133
F_5	0	1	0	0	×	1	2	0.133
F_6	0	0	0	0	0	×	0	0
合计							15	1.0

(2) 0-4评分法。

0-4评分法是请5~15个对产品熟悉的人员各自参加功能的评价。评价两个功能的重要性时采用5种评价计分:

①非常重要的零件得4分,另一个相比的功能很不重要时得0分;
②比较重要的功能得3分,另一个相比的功能不太重要时得1分;
③两个功能同样重要时,各得2分;
④不太重要的功能得1分,另一个相比的功能比较重要时得3分;
⑤功能很不重要的得0分,另一个相比的功能非常重要时得4分。

例如,某个产品有6个零件,相互间进行功能重要性对比。以某一评价人员为例,其评分见表11-3。

某零件功能重要性评价对比表　　　　　　　表11-3

零件名称	A	B	C	D	E	F	得分
A	×	4	4	3	3	2	16
B	0	×	3	2	4	3	12
C	0	1	×	1	2	2	6
D	1	2	3	×	3	3	12
E	1	0	2	1	×	2	6
F	2	1	2	1	2	×	8
总分							60

如请10个评价人员进行评定,可同"0-1评分"一样列表进行汇总,同样求出平均得分值和功能评价系数。

"0-4"评分法的产品零件对比次数总分 $=2n(n-1)$,本例中产品由6个零件组成,总分 $=2\times6(6-1)=60$,如表11-3中所示。

(3)定量评分法。

定量评分法是请5~15个对产品熟悉的人员各自参加功能的评价。评价功能重要性时,可综合应用"0-1"评分法和"0-4"评分法,评定出功能重要性系数。然后对零部件进行逻辑比例分配,最后计算出零部件的功能评价系数。

下面列举普通28in(1in=2.54cm)标准型自行车主要零部件功能评价系数的计算来说明定量评分法。

首先对28in标准型自行车进行功能分析:

①基本功能是陆上短途脚踏交通工具,所起作用是代步及少量载重。既要安全又要可靠,安全功能要求能报警和制动,可靠功能要求坚固耐用,方向控制、附着力强。

②辅助功能要求停靠稳妥、防尘可靠、搬运方便;

③使用功能要求骑行轻快、感觉舒适、维修方便;

④外观功能要求造型大方、装饰新颖、色泽美观。

根据功能分析先对4个功能用"0-4"评分法或"0-1"评分法进行评定,根据所有参加者的评分值求出功能评价系数,见表11-4。

功能评价系数　　　　　　　表11-4

功能	基本功能	辅助功能	使用功能	外观功能
功能评价系数	0.3333	0.0417	0.3333	0.2917

其次将各功能的功能评价系数分配给各要求的功能。分配的比例根据其重要性来决定。例如基本功能中可靠功能比安全功能重要,则可靠功能的重要性占70%,安全功能占30%;可靠功能中坚固耐用功能占70%,方向控制占20%,附着力强占10%等。现将各要求的功能分配到的功能评价系数汇总于表11-5中。

功能评价系数进一步分配　　　　　　　表11-5

基本功能:0.3333	可靠功能:70%,0.23331	坚固耐用:70%,0.16332
		方向控制:20%,0.04666
		附着力强:10%,0.02333
	安全功能:30%,0.0999	制动装置:80%,0.07992
		报警装置:20%,0.01998
辅助功能:0.0417		停靠稳妥:20%,0.00834
		防尘可靠:10%,0.00417
		搬运方便:70%,0.02919
使用功能:0.3333		骑行轻快:60%,0.19989
		感觉舒适:30%,0.09999
		维修方便:10%,0.03333
外观功能:0.2917		造型大方:30%,0.08751
		装饰新颖:40%,0.11668
		色泽美观:30%,0.08751

而后对各零件所能负担的各种功能进行评分评价,最后求出各零件的功能评价系数。

3. 功能评价值的确定

根据式(11-2)先求出功能评价系数,再由式(11-3)算出功能评价值。

$$功能评价值 = 功能评价系数 \times 目标成本 \quad (11-3)$$

若表11-2中产品的目标成本为60元,则F_1、F_2、F_3、F_4、F_5、F_6的功能评价值就分别为19.98、12、12、7.98、7.98、0。

二、功能成本分析

功能成本分析是指所分析功能的现实成本额的求法。企业的成本计算与分析,一般是以产品或零部件为对象。而功能成本分析则是以功能为基准,来计算分析它的成本,但是这种功能的成本往往不好计算。一般来说,功能总是通过某些零件来实现,因此功能的成本,又往往可以把它转化为零件、部件来加以计算。从理论上讲,我们可以把完成各种功能的零件、部件或某项操作加以分析,估算它们的成本。通过对零、部件成本的计算,再估算各种功能的成本。

选定主要分析目标时,要从组成产品的零件成本入手,有的产品只由一个或几个零件组成,有的产品则由成千上万个零件组成。要将每一个产品的成本分解到零件,然后逐一进行分析,再从功能分析着眼利用价值工程的分析方法,找出主要分析的目标。

目标选定的方法有不均匀分布定律法、价值系数判别法、最合适区域法。

1. 不均匀分布定律法（ABC 分析法）

ABC 分析法是应用数理统计分析的方法来选择对象的。该方法由帕莱托（Pareto）所创造，现已获得广泛应用。该方法的基本思路是将某一产品的成本组成逐一分析，将每一个零件占成本比例从高到低排出一个顺序，再归纳出少数零件占多数成本的是哪些零件。一般零件的个数占零件总数的 10% ~ 20%，而成本却占总成本 70% ~ 80% 的这类零件为 A 类零件；另一类零件的个数占 70% ~ 80%，而成本却占 10% ~ 20%，这类零件为 C 类零件，其余为 B 类零件。其中，A 类零件是需要研究的对象。ABC 分析法还可以图表的形式反映出来。

例如，某产品共有 337 个零件，总成本为 4000 元，根据帕莱托原理，分成 A、B、C 三类，见表 11-6。

ABC 分析表　　　　　表 11-6

类别	零件数（个）	零件比例（%）	累计零件比例（%）	零件成本（元）	成本比例（%）	累计成本比例（%）
A 类	35	10.39	10.39	2900	72.5	72.5
B 类	46	13.65	24.04	323	8.08	80.58
C 类	256	75.96	100	777	19.42	100
合计	337	100	—	4000	100	—

因此，将 A 类 35 个零件作为价值工程的对象，本例的 ABC 分析图如图 11-9 所示。

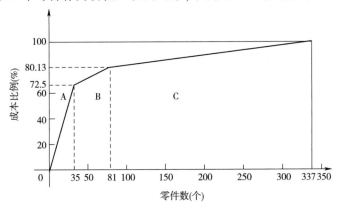

图 11-9　ABC 分析图

从 ABC 分析图中可以清楚地看出问题的所在。只要集中在 A 类零件上做些工作，那么一定会达到降低产品成本的目的。这种分析方法就称为 ABC 分析法。

2. 价值系数判别法

当对产品的功能进行评价以后，得出每一个零件的功能评价系数，同样对产品的成本分析之后，可求得每一个零件的成本系数。

$$\text{成本系数} = \frac{\text{零件成本}}{\text{总成本}}$$

产品中有些零件往往不只完成一个功能，甚至有很多功能。一个好的设计，应该尽量减少产品的零件数量，使多数零、部件都同时完成很多功能。产品中担负着多种功能的零件是很多的，我们称这些零件具有复数功能。一个好的设计应使多数零件具有复数功能，这样就可以减少产品中零件的数量。

(1)如果零部件具有两个以上独立功能,那么就将零部件成本按功能的重要程度加以分配,其功能成本见表11-7。计算时先将零部件成本填入零件成本栏中,再将功能系统图中独立的功能(如 F_1、F_2、F_3……)记入功能范围中,表中 A 零件成本为 200 元,共完成 F_1、F_4、F_5 三种功能。

零部件功能成本分配表　　　　　　　　　　　　表11-7

产品的组成			功 能 范 围				
序号	零件名称	零件成本	F_1	F_2	F_3	F_4	F_5
1	A	200	100			50	50
2	B	400	200		150		50
3	C	100			100		
4	D	300		200		100	
总计		1000	300	200	250	150	100
比例(%)		100.00	30	20	25	15	10

(2)如果功能是上下位关系,如图 11-10 所示,则零件 2 的成本应在功能 F_2、F_3 之间进行摊配,然后将 F_1、F_2 成本相加,加到它们上位功能的成本中去。

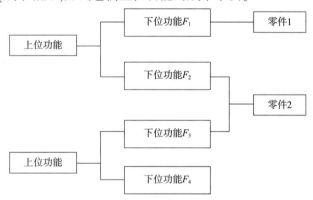

图 11-10　功能上下位关系

(3)如果有些结构较复杂,必须由几个零件同时完成一个功能,此时就比较容易计算,只要将几个零件成本相加,即可得到这一功能的成本。

求得零件的功能评价系数和成本系数之后,就可求得价值系数,即:

$$价值系数 = \frac{功能评价系数}{成本系数}$$

价值系数接近于1或者等于1,说明该零件的功能重要性与所花费成本的比例相适应,即这个零件不是改进的目标。

如果价值系数大于1,说明零件的功能重要性较高,而所花费成本比例相对较小,这时可以考虑提高一点成本(成本增加的数值又在整个成本控制的范围之内),从而使功能进一步提高。另外,还要考虑原功能太高是否存在着多余或不必要的功能,这时可考虑将功能降低一点,或除去多余的功能,然后再相应地降低一点成本。

价值系数小于1,说明零件的功能重要性较差而相应所花费的成本比例较大,这时就需要研究如何对该零件进行改进,在功能不变的条件下降低成本,这就是要改进的目标对象。

举例见表11-8,其中功能评价系数、现实成本和产品的目标成本为60元等均已给出。

价值系数计算表　　　　　　　　　　　　　　　　　　　　表11-8

功能	功能评价系数	功能评价值	现实成本(元)	价 值 系 数	成本降低额(元)
F_1	0.33	19.98	25	0.799	5.02
F_2	0.20	12.00	15	0.800	3.00
F_3	0.20	12.00	16	0.750	4.00
F_4	0.13	7.98	7	1.140	-0.98
F_5	0.13	8.04	10	0.804	1.96
F_6	0.00	0.00	5	0.000	5.00
合计	1.00	60.00	78		18.00

3. 最合适区域法

这种方法是由日本的田中教授提出的,也是一种通过求价值系数选择 VE 目标的方法。在选择 VE 目标时,田中教授提出了一个选用价值系数的最合适区域。这种方法的思路如下:价值系数相同的对象,由于各自的成本系数和功能评价系数的绝对值不同,因而对产品价值的实际影响有很大差异。在选择目标时不应把价值系数相同的对象同等看待,而应优先选择对产品实际影响大的对象,至于对产品影响小的,则可根据必要和可能,决定选择与否,例如有 A、B、C、D 四个零件,有关数据见表11-9。

4个零件的价值系数计算　　　　　　　　　　　　　　　　表11-9

零件名称	功能评价系数	目前成本(元)	成本系数	价值系数
A	0.090	100	0.10	0.9
B	0.009	10	0.01	0.9
C	0.200	100	0.10	2.0
D	0.020	10	0.01	2.0
合计	1.00	1000	1.00	—

从表11-9中可以看出,A、B 两零件和 C、D 两零件的价值系数虽然相同,但由于它们的功能评价系数和成本系数的绝对值不同,所以对产品价值改善的实际影响有很大的差异。例如零件 A 若价值系数提高 0.1,则成本可降低 10 元;而零件 B 价值系数若提高 0.1,成本仅降低 1 元。反之,若使零件 C 的价值系数达到 1,则需将零件 C 的目前成本提高一倍,即成本增加 100 元。而若使零件 D 的价值系数达到 1,则成本最多只增加 10 元。很明显,它们对产品成本和功能的影响是有很大差异的。当然,功能提高一倍,成本并不一定也增加一倍,但相对来说多增加一些是肯定的。所以在根据价值系数选择 VE 目标时,还应区别目标的成本系数和功能评价系数绝对值的大小,分别加以控制。对于成本系数和功能评价系数大的目标,要从严控制,不允许其价值系数对 1 的偏离过大。对 1 的偏离稍大时,即应选为VE 目标。对于功能评价系数和成本系数小的目标,则可放宽控制,即使对 1 的偏离较大,也可不列为 VE 的目标。这样既可使 VE 能抓住少量对象开展工作,不被过多的对象所干扰,又能保证不漏掉重点对象,使 VE 活动能获得圆满的效果。为了解决选择目标的控制问题,

田中教授提出一个最合适区域问题。

如果以成本系数为横坐标,以功能评价系数为纵坐标绘制价值系数坐标图,则与 X 轴或 Y 轴成 $45°$ 的直线即为价值系数等于 1 的标准线,再以 $Y_1 = \sqrt{X_i^2 - 2S}$, $Y_2 = \sqrt{X_i^2 + 2S}$ (S 的意义见后文)作两条曲线,这两条曲线所包络的阴影部分为最合适区域,如图 11-11 所示。凡是落到图中阴影部分的点子(即区域内的一切目标)都被认为其价值系数对于 1 的偏离是可以允许的,因此不再列为 VE 的目标。而在阴影外的点,特别是离阴影远的(即区域外的点子),则应被优先选为 VE 的目标。

构成最合适区域的两条曲线是这样确定的:对于曲线上任意一点 Q,图 11-11 中价值系数坐标图 (X_i, Y_i) 至标准线 $V=1$ 的垂线 QP,即 Q 点到标准线的距离 R 与 OP (即 P 点到坐标中心 O) 的长度 L,R 与 L 的乘积是一个给定的常数 S,如图 11-12 所示。由于 $R \times L = R_1 L_1 = R_2 L_2 = S$,故 L 大则 R 相应要小,L 小则 R 要大,这样两条曲线能满足最合适区域的要求。

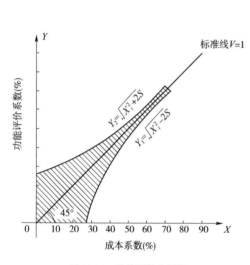 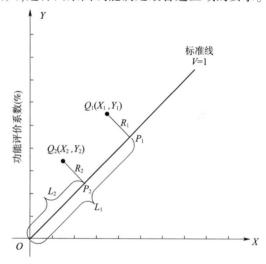

图 11-11 价值系数坐标图　　　　图 11-12 确定最合适区域的坐标图

很明显,若给定的 S 较大,则两条曲线与标准线的距离就大,阴影部分的面积也相应较大,VE 的目标将选择的少一些。反之,若给定的 S 较小,则曲线就更加逼近标准线,选定的 VE 目标就多一些。至于 S 如何取值,将视选择目标的需要人为给定。在应用时可以通过试验,代入不同的 S 值,直到获得满意结果为止。

现举自来水笔作例子来说明这一方法。把自来水笔分为墨水、笔尖、笔圈、吸墨水管、压簧、杆身、杆尾、气孔、笔套 9 个零件。根据功能分析求出各零件的功能评价系数、成本系数,并求得各零件的价值系数(表 11-10)。

自来水笔的功能评价系数、成本系数和价值系数　　表 11-10

零件编号	零件名称	功能评价系数	成本系数	价值系数
1	气孔	4.35	1.12	3.88
2	压簧	5.65	1.23	4.59
3	杆尾	7.76	3.91	1.98
4	笔圈	9.08	6.50	1.40

续上表

零件编号	零件名称	功能评价系数	成本系数	价值系数
5	墨水	16.06	6.93	2.32
6	笔尖	13.60	8.41	1.62
7	吸墨水管	7.25	11.62	0.62
8	笔套	20.54	13.97	1.47
9	杆身	15.68	36.31	0.43

通过试验取 $S=50$，在价值系数坐标图上作出 $Y_1=\sqrt{X_i^2-100}$ 和 $Y_2=\sqrt{X_i^2+100}$ 两条曲线，并把表 11-10 中的数值画在价值系数坐标图上（图 11-13）。

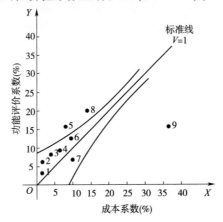

图 11-13　自来水笔的价值系数坐标图

从图 11-13 可以看出，笔尖、笔圈、杆尾、压簧、气孔、吸墨水管都在最合适区域内，可以不列为 VE 目标，墨水、笔套、杆身都在最合适区域外，特别是杆身远离最合适区域，可以列为 VE 目标。

第五节　价值工程的改进与创新

一、方案创造方法

1. 实现目标的系统思考方法

这里所说的实现目标就是指要实现某个功能，其方法见表 11-11。这个方法是由日本经营合理化中心的武知考夫提出来的，而武知考夫名字的罗马字拼音字头为 T·T，故也称为 T·T 实现目标的系统思考方法，此方法的逻辑性很强。

实现目标的系统思考方法步骤表　　表 11-11

序号	步骤	内容	价值工程的应用
1	集中目标	深刻领会对象问题的真正目的，明确地给予定义	功能分析
2	广泛思考	发挥自由联想的效力，冲破现有方案框架，提出多种新方案	方案创造

续上表

序号	步骤	内容	价值工程的应用
3	探索相似点	为了进一步发展强制联想,抽出其中的关键词,开展强制联想,使这些方案得到发展	方案创造
4	系统化	把实现目标的各种方案进行具体化,并把这些方案添加到产品设计上	方案创造
5	排队	把提出的方案按其价值大小排列顺序,并进行选择和分析	概略评价
6	具体和提炼	将概略评价后选出的各种设想方案具体化,并联想对比,以求出解决整个问题的方案	方案具体制订、试验及评价
7	制订模式	确定新方案的细节及实现功能的最有价值的具体方案	最优方案选择

2. 会议研讨法

会议研讨法是利用会议的形式组织专家或内行人士,对需要改善的功能提出改进方案的方法。

(1)一种方法是将所研究的对象,具体地提交给会议,请参加会议的各方面专家各抒己见,集思广益,提出各种改进方案。这种方法在我国称为"诸葛亮"会,在国外称为"头脑风暴法"。

(2)另一种方法是把所研究的对象问题抽象化,向参加会议的人员作原则性介绍,不摊开具体内容,要求参加会议的人员对抽象的问题自由地提出解决方案。

这种方法的优点在于把问题抽象化,提出的解决方案,不受现有事物的约束,可以广泛地考虑问题,提出比较重大的改进方案。这种方法是美国的哥顿提出来的,也称为哥顿法。

会议研讨法是发挥集体智慧的有效方法,但也有受专家权威人士意见的约束,妨碍独立思考能力发展的缺陷。

3. 传阅会签法

这种方法是由主管设计工程师提出改进方案,整理书面材料(包括设想的内容、技术经济效果、必要的图纸资料等),按一定的传递路线,组织有关部门和各方面专家传阅会签,提出修改补充意见,最后由总工程师综合各方面意见决定取舍。这种方法在国外叫专家检查法。

4. 缺点与希望点列举法

人们提出的各种方案,是以解决存在的某个问题为目的的。所谓问题,就是某事物在本质上有什么缺点。把这些缺点都摆出来,想办法去消除它,这种方法就是缺点列举法。

希望点列举法与缺点列举法相反,是专门列举希望和可能,从而找出克服缺点,解决问题途径的方法。

这两种方法是互相联系的,其特点是抓住要害,目标集中。

5. 检查提问法

人们对存在的问题往往不知该从哪入手提出解决方案,这时可以提出一些事先准备的问题要点,以期启发思维,产生新方案。下面介绍奥斯本的事先提出要点的检查提问法。

(1)就现在这样或稍加变化,还能有别的用途和可能提高功能吗?

(2)能不能借用别的方案?有什么东西与这个相似?能借用参考它的方案吗?过去有过相似的东西可以参考吗?可以模仿什么东西吗?模仿谁的?

(3)能不能变化?根据用户的意愿,改变它的意义、颜色、运动、声音、味道、形状、款式等可以吗?能做出一些适合用户需要的、别出心裁的东西吗?

(4)能不能扩大?增加一些什么东西?是否存在必须增加的不足功能?延长时间、增加次数、增加长度、增加强度、增加另外的价值,加倍、加大、综合是否可行?

(5)能不能缩小?把某些东西取消、变小、压缩、变薄、降低、缩短、减轻、消除、分割、缩微是否可行?是否存在应该消去的多余功能?

(6)能不能代用?用什么具有同样功能(或功能更高)而价钱又便宜的别的东西来代用?如别的人、别的东西、别的元件、别的材料、别的工艺、别的动力、别的方法、别的声音等。

(7)能不能替换?如元件的替换、造型的变换、改变布置、改变顺序、因果互换、改变速度、改变日程等。

(8)能不能颠倒?如正反颠倒、里外颠倒、上下颠倒、次序颠倒等。

(9)能不能组合?如合金材料的组合、装配组合、目的组合、方案组合等。

检查提问法适用于新产品设计和老产品更新的价值分析。

6. 类比法

类比法是由美国人哥顿提出来的。他搜集了物理、机械、生物、地质、化学和市场学等方面专家的发明创造方法,分类编组,成功地研究了这些创造过程。他发现,专家们在研究课题中能够使创造活动取得成功的一些特殊技巧,就是把乍看起来是完全不同的、没有关系的东西联系起来,进行类比,这就是类比的方法。这种方法是把人们在解决各种各样的问题时所作的假设和解决办法加以综合类比,以便有效使用。这种方法应用于方案创造,可提高创造效率。

类比法要搜集同主题类似的事物、知识或技巧,从中得到暗示或启发,进行自由联想,提出解决问题的办法。类比法适用于新技术、新产品的开发工作。

二、分析对象的改进和创新

价值工程的工作过程就是"推倒→创造→再实现"的过程。"推倒"是否定现有的实现功能的手段,"创造"是寻找实现功能的新手段,"再实现"不是简单重复,而是通过创造和提高达到功能重新实现的手段。

价值工程的完整程序比较复杂,但其主要内容都体现在以上的过程中。从功能分析进入创造就是从发现问题过渡到解决问题。发现问题、为创造准备条件的功能分析三阶段(功能定义、功能整理、功能评价)具有相对的独立性,从其中的任一阶段开始进入创造都是可行的。当然,由于功能分析的深度不同、掌握的信息量不同,改进、创造的结果会有差别。但是,在初次开展这项工作而缺乏经验和专家指导的情况下,为简化步骤、便于施行,也不必拘泥于价值工程的完整程序。同时,对于一些简单的分析对象,也不必对其进行复杂的分析。

下面分别讨论如何从功能分析的不同阶段着手改进创新的问题。

1. 通过功能定义,着手改进创新

功能定义已经概括、抽象出了分析对象的功能,从而提供了创造的条件。从功能定义着手,进行改进创新是针对某一功能的,其对象可以是整个产品,也可以是某些零部件。这是价值工程最简化的程序。为便于进行,可采用提问方式,所列的问题要通俗、容易被人们理解。提问的多少和细化程度可根据具体情况确定。

用提问的方法,明确问题,引起思考,可以使价值工程程序通俗化,易于被人们掌握、应用,对于价值工程的普及具有重要意义。

2. 通过功能的定义和整理,着手改进创新

经过功能定义和功能整理,不仅明确了分析对象的个别功能,而且对功能系统有了清楚的了解,这时的改进创新就能以系统图为基础进行。

(1)发现不必要功能。

如本章第三节所述,功能系统图与零部件实体应有对应性。当功能与实体不能对应时,有几种可能:第一,功能系统图画得不正确或零部件功能定义不恰当,此时应重新修正功能定义和功能系统图。第二,原产品的功能不够完全,其表现是系统图上的功能没有相应的零部件实体来实现。第三,存在不必要的功能,其表现是零件实体在系统图上找不到相应的位置。

对于上述第二种情况,应完善手段,达到所需要的功能要求。对第三种情况,可用以下方法检查出不必要的功能:

①在功能系统图的末位功能上注出对应的零件名称或代号,当功能系统图上找不到某一零件时,就应研究零件是否属于多余。

②分别研究功能与对应的实体,看是否存在重复功能或过剩功能。

(2)选择一部分功能域进行改进创新。

当产品比较复杂、组成的零部件多、做全面改进研究困难时,可选择一个或几个功能域作为改进对象。这种选择可以借助一些粗略的定量分析进行,如"功能成本比较法",方法如下:

将产品功能按大小顺序排列,再将功能成本按大小顺序排列,将对应的功能和成本用箭头连起来。此时将不难判断:箭头朝上的功能其价值较低,应优先对其进行分析。

3. 按功能评价结果,有重点地进行改进创新

功能评价完成后,功能系统分析就有了最后结果,分析这些结果,可以抓住薄弱环节,有目的、有重点地改进创新,这就要按价值工程的完整程序进行了。功能评价得出价值系数,价值系数有三种可能,即等于1、大于1、小于1。对这三种情况要区别对待。

(1)价值系数等于1,这表明功能和成本匹配很好,是一种理想状况,对此可不重点研究改进。这种情况很少见。

(2)价值系数大于1,即功能大于成本,从原理上讲,这是不可能的,但在功能评价中确有这种现象,它可能由以下原因引起:

①目标成本定得过低,致使与实际成本相近。

②对某些功能的重要度系数估计偏高,使功能值过高。

③用户对功能有更高的要求,从而在功能重要度系数分配时加大了比例。

(3) 价值系数小于1,表明实现功能所费的成本过高或功能过低,需要提高功能或降低成本。这是改进创新的重点。从式(11-1)可以看出,提高价值有以下途径:

① 功能不变,降低成本;
② 功能提高,成本不变;
③ 功能大大提高,成本略有提高;
④ 功能略有降低,成本大大下降;
⑤ 功能提高,成本下降。

实践中这几种途径都可运用,但要结合具体情况,灵活掌握,尤其对第④种途径要持慎重态度。

尽管在功能系统图上的任何一级改进都可以达到提高价值的目的,但是改进的多少、取得效果的大小却是不同的。越接近功能系统图的末端,改进的余地越小,越只能作结构上的小改小革;相反,越接近零级功能,改进就可以越大,就越有可能作原理上的改变,进而带来显著效益。

对一个产品来说,从设计上改进比从加工上改进效果更明显。因此,设计人员不仅要在技术上精益求精,同时应该树立经济观念,做到技术和经济的统一。

三、方案评价

经过创造阶段,人们获得了大量提案,此时需要进行筛选,因此要对方案作出评价。方案评价一般分概略评价、详细评价两种。概略评价可采用定性分析法对方案进行粗选,舍弃明显不合理的方案。详细评价要将各提案和原方案一起评价经济性、技术特性等优劣,这是多目标决策问题,常用的方法有打分法、加权评分法等(参考第八章)。

例如,用加权评分法评价一产品的改进提案。经方案粗选后还有 A、B、C 三个方案待评价。经分析,影响方案优劣的有成本(指标1)和三个技术性能指标(指标2、3、4),进一步分析认为,这4个指标重要程度(即加权系数)为40%、20%、10%、30%,各方案打分(百分制)及计算见表11-12。

方案评价评分表　　　　　　　表11-12

指标	指标权数	A 方案		B 方案		C 方案	
		初评分	加权分	初评分	加权分	初评分	加权分
指标1	0.40	80	32	90	36	70	28
指标2	0.20	60	12	80	16	90	18
指标3	0.10	70	7	60	6	80	8
指标4	0.30	90	27	70	21	70	21
累计得分	1.00		78		79		75

其中"加权分"为用百分制的评分乘加权系数后计算。经评定,以方案 B 为最好。

经过评价选出的方案就可以组织实施,这需要多方面协同努力。一个有作为的企业应该在科学分析的基础上,勇于创新,克服障碍,创造条件,为先进管理技术的应用做出不懈的努力。

复习思考题

1. 解释如下概念：价值、价值工程、功能、功能系统图、功能定义。
2. 简述价值工程的特点及工作步骤。
3. 结合所学专业实际说明功能整理的方法。
4. 为什么用目标成本代替功能评价值？
5. 为什么说价值工程的核心是功能分析？
6. 当价值系数小于1时，提高价值的途径有哪些？
7. 简述价值工程应如何应用于运输及其管理活动。

第十二章 运输技术经济预测

第一节 技术经济预测概述

一、技术经济预测的含义

预测,就是预先推测或测定,是指掌握现有信息的基础上,依照一定的方法和技巧对事物未来发展进行测算。作为预先推知和判断事物未来发展状况的一种活动,预测的目的是揭示事物的发展规律、把握事物未来的发展动态,为科学决策提供必要的信息。

技术经济预测是在调查研究的基础上,依据有关的历史资料、数据,运用适当的方法和技巧对技术经济现象发展变化前景的测定。技术经济预测的主要是为了促进技术的进步和经济发展。因此,技术经济预测不仅包括对经济发展的预测,而且包括对技术发展的预测。

二、技术经济预测的目的和作用

进行技术经济预测完全是为了掌握技术经济发展的前景,更好地发展社会主义市场经济,满足国家经济建设和人民群众日益增长的物质文化生活需要。

(1)技术经济预测是对技术、经济方案作出决策的前提。

技术问题与经济问题都是十分复杂的,如果事先不做周密细致的调查和预测,就很难选出合理的方案,作出正确的决策。要发展某种新技术,首先要知道这种新技术出现已有多长时间,在哪些领域已经得到应用,效果如何,生命期多长,我们是否宜于采用。只有对这些问题事先做过调查和预测,取得可靠的信息之后,才能作出正确决策。

(2)技术经济预测也是制订与执行规划、决定技术与经济发展方向和速度的重要依据。

编制长远规划、短期计划时,应该发展什么产品,产量多大,速度多快,事先都要有个定量与定性的估计。技术经济预测,可以为制订发展规划和计划提供必要的依据。

(3)技术经济预测可以增强产品竞争能力,为生产部门改进技术、提高经济效益而明确方向。

为了发展我国社会主义市场经济,努力使我国的产品在国际市场上占有一定地位,就不能不参与国际竞争。因此,必须通过对国际市场情况的预测,掌握产品的技术发展动向与供求数量,采取相应的对策,以增强产品在国际市场上的竞争能力。在国内,由于存在着企业之间的市场竞争,生产企业为了保持和扩大产品的销售能力,增加赢利,也应该通过对市场需求量的预测,来调节产品的构成和产量。

三、技术经济预测的特点

1. 科学性

预测是应用调查和统计资料,通过一定的程序、方法和模型,取得未来事件的信息。这些信息反映了事物诸因素之间的相互联系和相互制约关系及其程度,基本上反映了事物发展的规律,所以预测具有科学性。

2. 近似性

预测是对未来事件的估量和推测,处在事件发生之前。因为事物的发展不是简单的重复,总要受到各方面不断变化的因素影响,所以事前预计与推测事件的结果,总会与将来事件发生的实际结果存在一定的偏差。预测的数值同未来事件发生的实际数值不可能完全一致,仅仅是一个近似值,所以预测具有近似性。

3. 局限性

宏观世界中必然发生的、确定性的事件在其细节上会带有随机性的偏离。微观世界中个别客体的运动状态都是随机性的。人们在对具有许多复杂因素影响的事件进行预测时,为了建立模型,简化了一些因素和条件,以致预测的结果往往不能表达事物发展的全部,所以预测出来的信息对事物性质的表达,具有一定的局限性。

四、技术经济预测的原则

人们经过长期实践和总结,认识到事物的发展都是按照一定规律进行的。下面列举的原则就是事物发展规律的体现,在进行技术经济预测时,应自觉地遵循这些原则。

1. 惯性原则

惯性原则也称"慢性原则",即"鉴往知来"的意思。任何事物的发展在时间上都具有连续性,表现为特有的过去、现在和未来这样一个过程。没有一种事物的发展与其过去的行为没有联系,过去的行为不仅影响到现在,还会影响到未来。因此,可以从事物的历史和现状推演出事物的未来。例如目前我国大城市的客运交通是以公共汽车为主,以自行车和其他交通方式为辅。据预测,到2020年,尽管客运量和人们的生活水平会有较大的变化,但是这一交通模式仍然会延续下去。

2. 类推原则

许多事物在发展变化中常有类似之处,利用事物与其他事物的发展变化在时间上有前后不同,但在表现形式上有相似之点这一特性,有可能把先发展事物的表现过程类推到后发展事物上去,从而对后发展事物的前景作出预测。例如过去我国货运汽车主要是中型车,其专用化程度很低,今后要发展一定数量小型车和大型车,还要发展专用车辆。但是各种类型车辆所占比例如何确定,就可以借鉴发达国家的经验,类推预测出我国发展各种类型车辆的规模和时间。在利用类推原则进行预测时,一定要注意两事物之间的发展变化的条件。例如使用国外资料类推时,必须考虑到社会制度、经济基础以及人们的生活习惯和观念形态上的差异,正确估计和修正条件不同所带来的偏差,并且应该预见到有时由于条件相差甚远,某些项目的预测是根本不能进行类推的。

3. 相关原则

交通运输的发展与整个国民经济的发展密切相关,它涉及土地资源的利用,能源的开发与使用,以及许多相关领域科学技术进步。

利用相关原则时,最重要的是要找到预测对象的发展变化与哪些因素相关,并且常常要从众多因素中找出最主要的若干因素。如果确认预测对象和某些因素相关,还要鉴别究竟是线性相关还是非线性相关,这样就可以恰当地建立相关模型,提高预测结果的准确程度。

4. 概率推断原则

由于各种因素的干扰,常常使预测变量的未来表现呈现随机变化的形式。随机变化的不确定性给预测工作带来了很大的困难。然而为了给决策工作提供依据,需要预测工作者对具有不确定性结果的预测对象给出较确定的结论,这就需要应用概率推断原则。当推断预测结果能以较大概率出现时,就认为这个结果是成立的、可用的。

五、技术经济预测的分类和步骤

1. 预测的分类

技术经济预测是一个复杂的调查研究和分析判断的过程,涉及的内容非常广泛。按不同的划分标准,分为以下几类:

(1) 按预测范围不同,可分为宏观预测和微观预测。

宏观预测是指对国民经济范围的有关指标所作的预测,如对国民生产总值及其增长、社会物价的总水平、工资水平、就业率、建设规模、资源开发和技术发展等所作的预测。

微观预测则是对一个企业的发展、一种商品的供应和需求以及一项技术的经济效益等所作的预测。

(2) 按预测时期的长短不同,可分为长期预测、中期预测、短期预测和近期预测。

长期预测是指预测期在10年以上的预测,中期预测是指预测期在5~10年的预测,短期预测是指预测期在1~5年的预测,近期预测是指预测期在1年以内的预测。

预测的精度是预测时间长度的函数。预测精度随时间的延长而下降。一般说来,短期预测比中、长期预测误差要小。通常对技术发展的预测以中期预测为主。这是因为预测的时间(5~10年)与一项新技术从开发到用于生产所需的时间相当。经济预测一般以5年为主,这是因为长远规划是以5年为周期。也就是说,预测期限的长短,决定于预测对象的性质、内容和要求,并服从于决策的需要。

(3) 按预测内容的性质可分为技术预测和经济预测。

技术预测主要是预测技术的储备、扩散和发展趋势,预测新技术将在什么时候出现、突破和运用,将给其他方面带来什么变化等。

经济预测则主要是预测经济的发展、社会的需求、市场的购买力和市场的容量及其变化趋势和波动等。因为技术发展与经济发展联系很密切,所以技术预测与经济预测常常要同时进行。这两种预测在内容上虽然不同,但在所用的方法和程序上是基本相同的。

(4) 按预测的方法又可分为定性预测、定量预测和综合预测。

定性预测是在调查研究的基础上,由人们根据自身的知识和经验,对事物未来的发展所作的分析和判断。定量预测则是在掌握比较充分的数据的基础上,运用能够近似地反映事物发展规律的数学模型进行定量计算,并把计算结果作为事物未来发展的预测值。任何一种预测方法都有一定的适用范围,都有一定的局限性。为了克服这种缺点,可以采用多种预测方法进行综合预测。综合预测兼有定性预测与定量预测的长处,并可弥补它们的缺点。

进行综合预测的方法有两类,一类是用不同方法预测同一个问题,比较它们的结果,找出和消除其中的不肯定因素,以提高预测的可靠性;另一类是找出各种相关事件相互影响的规律性,把它们结合起来进行综合预测,以提高预测的精度和可靠性。

2. 预测的步骤

(1) 明确预测目的。

在预测过程中,首先要对预测对象及相关经济活动(或其他对象)进行必要的分析,确定预测对象及具体要求,包括具体的预测指标、预测期限、可能选用的预测方法、预测数量单位和要求达到的精确度等基本资料和数据。

(2) 搜集和分析历史资料。

根据可能选用的预测方法和预测指标,把有关的历史及现状资料、数据尽可能收集齐全,并进一步分析,去伪存真,整理为各种数据样本。搜集资料要注意资料的可靠性,要区分资料中的偶然因素和规律性因素,以确定可用的数据。

一般情况下,资料来源有:

①国家及有关部门的统计资料;

②国外技术进口项目的资料;

③国内外各种技术及经济刊物等资料;

④情报部门整理的参考资料;

⑤本系统企业实际活动的统计资料;

⑥各研究机构的研究成果资料等。

(3) 选择预测方法。

经济(或其他对象)预测的准确性,除了取决于对预测对象历史、现状的了解及其资料、数据的完整性以外,在很大程度上还取决于所选择预测方法的科学性、合理性。预测时,应根据不同预测对象的具体情况,选择适宜的预测方法。

(4) 建立预测模型。

预测对象的影响因素很多,影响关系又很复杂,根据经济理论(或其他学科、领域的理论)和数学、统计学原理,收集整理得到的样本数据及所选择的预测方法,确定预测模型、计算模型参数,对定量预测建立数学模型,对定性预测设定逻辑思维和推理程序,或把两者结合起来综合应用,然后根据建立的预测模型或程序,进行定量预测、定性预测或综合预测。

(5) 模型检验、误差分析和模型修正。

根据历史样本数据,运用数学方法建立的数学模型,是对预测的近似模拟,能否据此预测事物未来发展趋势,必须进行一系列检验。首先是参数的数理统计合理性检验、模型预测精度检验,其次是因变量与自变量间(对因果关系分析模型来说)经济关系的逻辑性检验。只有两种检验结果均符合要求时,该模型才能用于预测。最后运用一部分历史资料对建立的预测模型进行验证,分析其误差,并对误差较大的预测模型作出必要的修正,使其能真正反映预测对象的变化规律。

(6) 计算与分析预测结果、提供预测方案。

根据预测模型、预测期限及误差,对预测对象的各项指标进行实际预测,获得多种预测方案的数据。这一结果不能直接加以应用,还要进一步进行分析评价。经过分析评价,要对预测结果再进行修正才能选出最佳值,作为决策依据。进行修正时,也可建立一些数学模型,如用季节性指数修正或结合专家定性判断预测等因素,最终推荐可能性最大的方案为预测方案。

第二节　技术经济预测的方法

一、专家预测法

1. 专家预测法概述

专家预测法运用专家的知识和经验,考虑预测对象的社会环境,直接分析研究和寻求其特征规律,并推测未来的一种预测方法。这种预测的准确性主要决定于专家知识和经验的广度和深度。因此,所选择和依靠的专家必须具有所需的较高学术水平和较丰富的实际经验。

专家预测由协调者向专家提出问题、提供信息,要求专家对问题表所列示的问题作出明确回答,收回的答卷经协调者归纳整理和分析后,再将结果以函件形式发送给有关专家,如此反复几次,最后再把专家的意见加以归纳和整理,形成预测结论。

专家预测法可分为两种方式:①组织有关专家,进行调查研究,然后通过座谈讨论得出预测的结论。②德尔菲法。在此期间,专家可以根据上轮归纳的结果,修改或坚持自己的意见,并提出坚持或修改的理由。

2. 专家会议法

专家会议法,也称专家座谈法,是指对预测对象由有较丰富知识和经验的人员组成专家小组进行座谈讨论,互相启发、集思广益,最终形成预测结果的方法。专家会议的优点是占有信息量大,考虑的因素比较全面和具体,专家之间可以互相启发,缺点是容易出现屈服于大多数意见或权威人士意见的情况,而忽视少数人的正确意见。采用专家会议法进行预测应特别注意以下两个问题:

(1)选择的专家要合适。

①专家要具有代表性;

②专家要具有丰富的知识和经验;

③专家的人数要适当。

(2)预测的组织工作要合理。

①专家会议组织者最好是预测方面的专家,有较丰富的会议组织能力。

②会议组织者要提前向与会专家提供有关的资料和调查提纲,讲清所要研究的问题和具体要求,以便使与会者有备而来。

③精心选择会议主持人,使与会专家能够充分发表意见。

④要有专人对各位专家的意见进行记录和整理,要注意对专家的意见进行科学的归纳和总结,以便得出科学的结论。

3. 德尔菲法

德尔菲法实际上就是专家小组法,或专家意见征询法,是由美国兰德公司在20世纪40年代首创和使用的,最先用于科技预测,后来在市场预测中也得到广泛应用。该方法采用函询调查方式,向选定的专家发出调查征询表,以一定的回收率收回调查表,把专家的应答意见进行统计、分析,做出下一轮征询意见表,匿名反馈上一轮的结果,再次征询意见。经过3~4

轮的反复征询,得到逐步趋向一致的意见。

经典的德尔菲法一般分4轮进行。

第1轮:发给专家们的咨询表不带任何约束条件,只提出预测主题,围绕预测主题,由专家提出应预测的事件。预测领导小组要对专家填写后寄回的咨询表进行汇总整理,纳入同类事件,排除次要事件,用准确的术语提出一个应预测事件一览表,并将其作为第2轮咨询的反馈材料提供给每一位专家。

第2轮:专家们对第一轮咨询表所列的每一个预测事件作出评价并阐明理由。咨询回收后,由组织者对专家的意见进行综合分析,其结果在第3轮预测时反馈给参加预测的专家。

第3轮:根据第2轮预测结果的统计材料,专家们再进行一次评价和预测,并充分陈述理由。

第4轮:根据第3轮咨询的反馈信息,专家们再次进行评价和预测,在第4轮咨询中,根据组织者的要求,有些专家要对自己的观点重新作出论述。

4. 征询表的设计和处理

由于预测的目的、对象不同,征询表中的应答题的格式也有所差异,因此处理方法和成果表达形式也不相同。

(1) 预测目标实现年份(或其他数值)的统计处理。

将一系列应答完毕的征询表按时序(或数值大小)排列,然后找出中位数、上四分位数和下四分位数。

按统计学定义,中位数、上四分位数、下四分位数的概念如下。

① 中位数 $\bar{x}$,是统计数列中占中间位置的数。设有若干个统计数据,则

当 n 为奇数时,$\bar{x} = x_{\frac{n+1}{2}}$,例如 $n = 7$,$\bar{x} = x_4$;

当 n 为偶数时,$\bar{x} = \frac{1}{2}(x_{\frac{n}{2}} + x_{\frac{n}{2}+1})$,例如 $n = 8$,$\bar{x} = \frac{1}{2}(x_4 + x_5)$。

② 上(下)四分位数 $x_{3/4}(x_{1/4})$,统计数列中占 3/4(1/4) 位置的数,例如有下列以实现某技术方案的年份预测结果的统计数列,则上四分位数、下四分位数分别如下:

1985　1987　1990　1990　1990　1990　1992　1995　1997　1997　2000　2012
　　　　　　　　　↑　　　　　　　　↑　　　　　↑
　　　　　　　下四分位数 $x_{1/4}$　　中位数 $\bar{x}$　　上四分位数 $x_{3/4}$

以中位数表示意见的集中点,以上、下四分位数之差表示意见分散程度。

通常根据四分位数间距来判断意见一致性,从而决断是否还要进行下一轮调查(表12-1)。

目标实现年份判断意见一致性　　　　　　　　　　　　　　　　　表12-1

$x_{\frac{3}{4}} - x_{\frac{1}{4}}$	<10年	10~14年	15~19年	≥20年
评价	优	良	尚可	分散太大

一般统计结果用三角形图或截角三角形图表示,三角形顶点表示中位数,底边的左端和右端表示最早和最迟的估计实现年份(或估计数值)。截角三角形则截去下四分位数以左和上四位数以右的两只三角形,如图12-1所示。

如果需要进行下一轮征询,将统计结果反馈给应答小组,让专家修改自己上一轮的估计。对那些作出答复远离四分位区间的专家,请求他说明理由。如果四分位区间在向中位数收缩,则说明预测过程收敛良好,如图12-2所示。

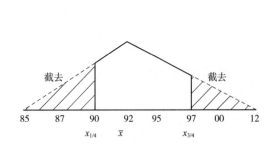

图 12-1 中位数和四分位区间　　　　　图 12-2 四分位区间收敛的过程

综上所述,在征询表的设计和处理过程中,必须令专家给出明确的定量答复,统计简单,反馈清晰,结果明确,以便了解预测过程的收敛程度,以确定是否需要继续征询,最后输出的是一组有序中位数和一组有序的四分位区间。

(2)重要性评分的统计处理。

一项课题提交专家评定,由专家在征询表上做一标记,例如:很重要、重要、不重要,这些指标表示专家认为该项课题的重要程度。

假设有 N 位专家参加应答,其中 a 人认为很重要,b 人认为重要,c 人认为不重要。显然 $N=a+b+c$。以百分比表示方法见表12-2。

重要性评分的统计处理　　　　　　　　　　　　　表 12-2

重要程度	很重要	重要	不重要
百分比(%)	$\dfrac{a}{N}$	$\dfrac{b}{N}$	$\dfrac{c}{N}$

若规定"很重要"为 5 分,"重要"为 3 分,"不重要"为 1 分,不难求得平均分数为:

$$F = \frac{1}{N}(5a + 3b + c)$$

其重要性评分的统计处理示例见表12-3。

重要性评分的统计处理示例　　　　　　　　　　　表 12-3

F	$F \geq 4.5$	$3.5 \leq F < 4.5$	$2 \leq F < 3.5$	$F < 2$
评价	很重要	重要	一般	不重要
记号	★★	★	△	×

若分三组进行评分,还需判别三组意见的一致性。设得分分别为 F_1、F_2 和 F_3,定义:

$$D = |F_1 - F_2| + |F_2 - F_3| + |F_3 - F_1|$$

可知,D 的上界为 8,下界为 0。若 $D > 2.5$,则认为三组意见不一致。

(3)排序法的统计处理。

有时,希望专家们对 n 项研究课题进行比较,以判定它们的开发顺序。

假设有 5 项课题:A、B、C、D 和 E。专家可以根据自己的判断,给出一定的顺序,例如顺序为 A、C、D、E、B，有 N 位专家作应答。应答的结果列于表12-4，应答的结果的排序法的统计处理见表12-5。

排序法的专家应答结果　　　　　　　　　　　　　　　表12-4

顺序(j)		1	2	3	4	5	未排上队
得分($n-j-1$)		5	4	3	2	1	0
专家	1	A	B	C	D	E	
	2	A	C	D	E	B	
	3	A	B	D	E	C	
	…	…	…	…	…	…	
	N	A	C	D	E	B	

排序法的统计处理结果　　　　　　　　　　　　　　　表12-5

统计表	n_{A1}	n_{A2}	n_{A3}	n_{A4}	n_{A5}
	n_{B1}	n_{B2}	n_{B3}	n_{B4}	n_{B5}
	n_{C1}	n_{C2}	n_{C3}	n_{C4}	n_{C5}
	n_{D1}	n_{D2}	n_{D3}	n_{D4}	n_{D5}
	n_{E1}	n_{E2}	n_{E3}	n_{E4}	n_{E5}

显然

$$N = n_{A1} + n_{A2} + n_{A3} + n_{A4} + n_{A5}$$
$$= \sum_{j=1}^{5} n_{Aj} = \sum_{j=1}^{5} n_{Bj} = \cdots = \sum_{j=1}^{5} n_{Ej}$$

式中：n_{Aj}——项目 A 被排在 j 位的次数（专家人数）。

则 A 方案的得分为：

$$F_A = \frac{1}{N}(5n_{A1} + 4n_{A2} + 3n_{A3} + 2n_{A4} + n_{A5}) = \frac{1}{N}\sum_{j=1}^{5}(6-j)n_{Aj}$$

以此类推可得 F_B、F_C、F_D、F_E。于是，就可按 F 的大小排出顺序，例如课题 A、B、C、D、E。然后，必须判断这种顺序是否显著。为此要求算出相邻顺序的评分差异 ΔF，并使用表12-6所列符号。

排序法的显著性判断准则　　　　　　　　　　　　　　　表12-6

ΔF	$\Delta F < 0.1$	$0.1 < \Delta F < 0.8$	$\Delta F \geqslant 0.8$
符号	≈	>	≫
差异程度	几乎无差异	有差异	差异很大

定义 $D = \frac{1}{5}(F_{\max} - F_{\min})$，并认为 $D < 0.3$ 时，次序不明显。

【例12-1】 某研究所为探讨柴油机的开发项目和提高柴油机性能，成立了研究课题组。该课题组查阅了国内外柴油机发展水平和动态的有关资料，在此基础上拟定了26个题目，准备采用德尔菲法进行预测。将被调查的专家分为三组：第一组为教师和研究人员；第二组为工程师；第三组为管理部门的干部和技术专家。大多数题目是用"四性"（正确性、重要性、迫切性、可能性）评分法和"排序法"进行统计处理。

下面说明对其中某个题目的调查。

（1）调查表。

表 12-7 是按"四性"进行调查设计的表格。

调查表格式　　　　　　　表 12-7

序号	组别	题 目	专家意见	
11	第一组	为了进一步改善柴油机工作过程，提高效率和减少污染，必须加强柴油机燃烧理论的研究。对此，您有何意见	按"四性"要求，请您在认为合适条目的右边空格内用"√"标出	
			很正确	
			正确	
			不正确	
			很重要	
			重要	
			不重要	
			很迫切	
			迫切	
			不迫切	
			很可能	
			可能	
			不可能	

（2）得分统计。

按组对每位专家进行统计。例如第一组有 N 位专家，对"重要性"这一项，有 a 人认为"很重要"，b 人认为"重要"，其他人认为"不重要"，则得分（F）为：

$$F = \frac{a+b}{N}$$

设 $N=125, a=67, b=52$，则

$$F = \frac{67+52}{125} \approx 0.95$$

对"正确性""迫切性""可能性"按同样方法进行统计。待三个组表格都填好收齐进行统计后就可得到统计表 12-8。

三组统计结果　　　　　　　表 12-8

组 别	正确性	重要性	迫切性	可能性
第一组	0.95	0.95	0.92	0.84
第二组	1.00	1.00	1.00	0.97
第三组	1.00	1.00	1.00	1.00
总平均	0.97	0.97	0.96	0.90
合计	$D_\Sigma = 0.1 + 0.1 + 0.16 + 0.32 = 0.68$			

(3) 分散度计算。

由于分三个组进行调查,每一组的得分情况可能有偏差,这种偏差称为分散程度,用分散系数 D 表示。

$$D = |F_1 - F_2| + |F_2 - F_3| + |F_3 - F_1|$$

其中：F_1 为第一组的得分；

　　　F_2 为第二组的得分；

　　　F_3 为第三组的得分。

这里由于 $0 \leq F \leq 1$,故 $0 \leq D \leq 2$。

由于 $D_\Sigma = \sum_1^4 D$,所以 $0 \leq D_\Sigma \leq 8$

① 在"正确性"统计中：

$$D_1 = |0.95 - 1| + |1 - 1| + |1 - 0.95| = 0.1$$

② 在"重要性"统计中：

$$D_2 = |0.95 - 1| + |1 - 1| + |1 - 0.95| = 0.1$$

③ 在"迫切性"统计中：

$$D_3 = |0.92 - 1| + |1 - 1| + |1 - 0.92| = 0.16$$

④ 在"可能性"统计中：

$$D_4 = |0.84 - 0.97| + |0.97 - 1| + |1 - 0.84| = 0.32$$

$D_\Sigma = D_1 + D_2 + D_3 + D_4 = 0.1 + 0.1 + 0.16 + 0.32 = 0.68$。由于规定当 $D_\Sigma > 2.4$ 时,表示各组意见分散较大,需进一步调查原因。现 $D_\Sigma = 0.68$,故表明分散度较小。

二、趋势外推法

趋势外推法是根据历史统计资料,预测今后一段时间的发展趋向和可能达到的水平的方法。这种方法比较简单,只要给定了预测时间及数量,就可以进行预测。趋势外推法包括以下几种基本方法。

1. 移动平均法

移动平均法是一种简单平滑预测技术,它的基本思想是：根据时间序列资料、逐项推移,依次计算包含一定项数的序时平均值,以反映长期趋势的方法。移动平均法包括简单移动平均法和加权移动平均法。

(1) 简单移动平均法。

简单移动平均法的计算式为：

$$M_t = \frac{M_{t-1} + M_{t-2} + \cdots + M_{t-n}}{n} \tag{12-1}$$

式中：　　　　t ——周期序号；

　　　　　　　M_t ——对下一期的预测值；

　　　　　　　M_{t-1} ——前期实际值；

　　　　　　　n ——计算移动平均数所选定的数据个数；

$M_{t-2}, M_{t-3}, \cdots, M_{t-n}$——前两期,前三期,…,前 n 期的实际值。

使用简单移动平均法时,需要注意如下 3 点:

①简单移动平均法可以削弱随机变动的影响,具有平滑数据的作用,移动平均数序列比实际数据序列平滑,能在一定程度上描述时间序列的变化趋势。

②合理地选择模型参数 N 值,是用好移动平均法的关键。N 越大,平滑作用越强,对新数据的反应越不灵敏,但抗干扰的能力较强,适应新水平的时间也相对较长;N 越小,则效果越相反。通常根据实际序列的特征和经验选择模型参数 N,N 的取值范围为 $3 \sim 20$。

③在实际序列的线性增长部分,移动平均数的变化,总是落后于实际数据的变化,存在着滞后偏差。N 越大,滞后偏差也越大。

(2)加权移动平均法。

加权移动平均给固定跨越期限内的每个变量值以不同的权重,其原理是:历史各期产品需求的数据信息对预测未来期内的需求量的作用是不一样的,除了以 n 为周期的周期性变化外,远离目标期的变量值的影响力相对较低,故应给予较低的权重。

加权移动平均法的计算公式为:

$$M_t = \frac{w_1 M_{t-1} + w_2 M_{t-2} + \cdots + w_i M_{t-n}}{n} \quad (12\text{-}2)$$

式中: t——周期序号;
M_t——对下一期的预测值;
M_{t-1}——前期实际值;
w_i——第 $(t-i)$ 期实际值的权重;
n——计算移动平均数所选定的数据个数;
$M_{t-2}, M_{t-3}, \cdots, M_{t-n}$——前两期,前三期,…,前 n 期的实际值。

在运用加权平均法时,权重的选择是一个应该注意的问题。经验法和试算法是选择权重的最简单的方法。一般而言,最近期的数据最能预示未来的情况,因而权重应大些。

2. 指数平滑预测法

指数平滑预测法是在加权平均法的基础上发展起来的,也是移动平均法的改进。指数平滑法可分为一次指数平滑法、二次指数平滑法和三次指数平滑法。

(1)一次指数平滑法。

一次指数平滑法,又称指数修匀法,它可以消除时间序列的偶然性变动,进而寻找预测对象的变化特征和趋势,一次指数平滑值的计算公式为:

$$S_t^{(1)} = \alpha y_t + \alpha(1-\alpha) y_{t-1} + \alpha(1-\alpha)^2 y_{t-2} + \cdots \quad (12\text{-}3)$$

式中:$S_t^{(1)}$——第 t 周期的一次指数平滑值;
y_t——第 t 周期的实际值;
α——平滑系数$(0 < \alpha < 1)$。

将上式略加变换,得:

$$S_t^{(1)} = \alpha y_t + (1-\alpha)[\alpha y_{t-1} + \alpha(1-\alpha) y_{t-2} + \cdots]$$
$$S_t^{(1)} = \alpha y_t + (1-\alpha) S_{t-1}^{(1)} \quad (12\text{-}4)$$

式中:$S_{t-1}^{(1)}$——第 $(t-1)$ 周期的一次指数平滑值。

一次指数平滑法是以最近周期的一次指数平滑值作为下一周期的预测值,即:

$$Y_{t+T} = S_t^{(1)} = \alpha y_t + (1-\alpha)S_{t-1}^{(1)} = S_{t-1}^{(1)} + \alpha(y_t - S_{t-1}^{(1)}) \tag{12-5}$$

式(12-5)称为一次指数平滑预测模型。

运用指数平滑法要注意两个关键问题:一是初始值的估计,二是α值的确定。

计算指数平滑值,必须先估算一个初始值 S_1。当实际数据较多(如 50 个以上)时,初始值的影响将逐步被平滑而降低到很小。可以取最早的数据作为初始值,即 $Y_1 = S_1$,如果较少(如 20 个以内),初始值的影响较大,可以取最初几个实际值的平均值作为初始值。

平滑系数α的选择是直接影响预测效果的重要问题,一般根据实际数据序列的特点和经验来考虑。如果时间序列的长期趋势比较稳定,应取较小的α值(如 0.02~0.05),使各观察值在现时指数平滑值中具有大小接近的权数,使较早的观察值亦能充分反映于指数平滑值中。如果时间序列具有迅速明显的变动倾向时,则应取较大的α值(如 0.3~0.7),使新近数据对于现时的指数平滑值具有较大价值,从而使新近变动趋势能强烈地反映在预测中。

(2)二次指数平滑法。

如果实验数据序列具有较明显的线性增长倾向,则不宜用一次指数平滑法,因为滞后偏差将使预测值偏低。此时,可采用二次指数平滑法建立线性预测模型,然后再用模型预测,二次指数平滑是指对一次指数平滑值序列再作一次指数平滑。二次指数平滑值的计算公式为:

$$S_t^{(2)} = \alpha S_t^{(1)} + (1-\alpha)S_{t-1}^{(2)} \tag{12-6}$$

式中:$S_t^{(2)}$——第 t 周期的二次指数平滑值;

$S_t^{(1)}$——第 t 周期的一次指数平滑值;

$S_{t-1}^{(2)}$——第 $(t-1)$ 周期的二次指数平滑值;

α——平滑系数($0 < \alpha < 1$)。

二次指数平滑值并不能直接用于预测,而是仿照二次移动平均法,根据偏差滞后的演变规律建立线性预测模型,线性预测模型为:

$$Y_{t+T} = a_t + b_t T \tag{12-7}$$

式中:t——目前的周期序号;

Y_{t+T}——第 $(t+T)$ 周期的预测值;

a_t——线性模型的截距;

b_t——线性模型的斜率;

T——预测超前周期数。

其中 a_t, b_t 的计算公式为:

$$a_t = 2S_t^{(1)} - S_t^{(2)} \tag{12-8}$$

$$b_t = \frac{\alpha}{1-\alpha}[S_t^{(1)} - S_t^{(2)}] \tag{12-9}$$

(3)三次指数平滑法。

如果实际数据序列有非线性增长倾向,则一次、二次指数平滑法都不能适用了。此时应采用三次指数平滑法建立非线性预测模型,再用模型进行预测。

三次指数平滑法的计算公式为:

$$S_t^{(3)} = \alpha S_t^{(2)} + (1-\alpha) S_{t-1}^{(3)} \tag{12-10}$$

式中:$S_t^{(3)}$——第 t 周期的三次指数平滑值;

$S_t^{(2)}$——第 t 周期的二次指数平滑值;

$S_{t-1}^{(3)}$——第 $(t-1)$ 周期的三次指数平滑值;

α——平滑系数$(0<\alpha<1)$;

三次指数平滑建立的非线性预测模型为:

$$Y_{t+T} = a_t + b_t T + c_t T^2 \tag{12-11}$$

式中:t——目前的周期序号;

Y_{t+T}——第 $(t+T)$ 周期的预测值;

T——预测超前周期数。

其中 a_t, b_t, c_t 的计算公式为:

$$a_t = 2S_t^{(1)} - 3S_t^{(2)} + S_t^{3} \tag{12-12}$$

$$b_t = \frac{\alpha}{2(1-\alpha)^2}[(6-5\alpha)S_t^{(1)} - 2(5-4\alpha)S_t^{(2)} + (4-3\alpha)S_t^{(3)}] \tag{12-13}$$

$$c_t = \frac{\alpha^2}{2(1-\alpha)^2}[S_t^{(1)} - 2S_t^{(2)} + S_t^{(3)}] \tag{12-14}$$

各系数计算公式中的符号意义同前,但应注意到系数 a_t, b_t, c_t 均是指对应于目前周期 t 的系数。

【例 12-2】 某市公路客运量(万人次)的历史数据见表 12-9。试用三次指数平滑法对其未来进行预测(预测 2008—2012 年的值)。

某市公路客运量历史数据表 表 12-9

年　份	原　值	年　份	原　值
1990	2655	1998	4606
1991	3215	1999	4860
1992	3447	2000	5252
1993	3481	2001	5525
1994	3870	2002	5832
1995	4357	2003	5605
1996	5024	2004	6359
1997	5098		

解:根据三次指数平滑法,并利用电子表格进行预测。

(1)建立电子表格,并输入相应的历史数据。如 A 列输入年份,B 列输入公路客运量的历史数据,C 列输入一次指数平滑值,D 列输入二次指数平滑值,E 列输入三次指数平滑值。每一行输入一个特征年的历史数值,如图 12-3 所示。

(2)运用指数平滑法进行一次、二次、三次指数平滑计算。

(3)计算平滑系数 $a_t = 6208.8, b_t = 261.7, c_t = 4.6$。

(4) 利用三次指数平滑公式,可得该市公路客运量三次指数平滑模型如下($\alpha = 0.3$):
$$Y_{t+T} = 6208.8 + 261.7T + 4.6T^2$$

年份	公路旅客周转量	一次平滑值	二次平滑值	三次平滑值
1990	2655	2970	3033	3043
1991	3215	3044	3036	3041
1992	3447	3165	3075	3051
1993	3481	3260	3130	3075
1994	3870	3443	3224	3120
1995	4357	3717	3372	3195
1996	5024	4109	3593	3315
1997	5098	4406	3837	3471
1998	4606	4466	4026	3638
1999	4860	4584	4193	3804
2000	5252	4784	4371	3974
2001	5525	5007	4561	4150
2002	5832	5254	4769	4336
2003	5605	5359	4946	4519
2004	6359	5659	5160	4711

图 12-3　三次指数平滑法 Excel 表

据此可得 2008—2012 年该市公路客运量预测值见表 12-10。

某市公路客运量预测值(三次指数平滑法,单位:万人次)　　表 12-10

年份	2008	2009	2010	2011	2012
公路客运量	7329	7633	7945	8267	8598

3. 生长曲线法

一般说来,预测对象都有一个发生、发展到成熟,又随之衰退的过程,其每个阶段的延续时间和发展速度是不同的。在发生阶段速度较慢,发展阶段速度骤然加快,成熟阶段速度又趋减慢和稳定,衰退阶段速度加速下降。这一发展特点是一条近乎 S 形的曲线,用生长曲线法预测,要求把一组历史数据拟合成生长曲线的数学公式,这种拟合通常借助最小二乘法来完成。对拟合得到的生长曲线进行外推,就可预计预测对象的发展趋势。根据预测中生长曲线的特点和规律,得出一些曲线模型,从而简化预测工作。生长曲线法一般可采用下面的模型进行预测。

(1) 岗帕茨(GOMPERTZ)曲线模型。

岗帕茨是英国统计学家和数学家,他提出的生长曲线模型如下:
$$y = Le^{-be^{-at}} \tag{12-15}$$

式中:L——常数,生长曲线性能参数上限;

　　t——时间(自变量);

　　e——自然对数的底;

　　a、b——常数。

该曲线如图12-4所示。

在用线性回归求得系数 a 和 b 之前,需要对岗帕茨曲线"直线化"。这是通过两次取对数来达到的。经变换后的方程如下：

$$Y = \ln[\ln(L/Y)] = \ln b - at \tag{12-16}$$

岗帕茨曲线的变换式(12-16)中,在时间 t 上回归的直线斜率为 $-a$,截距为 $\ln b$。a 值必定为正值。这种转换的直线向右下方倾斜。

通过一元线性回归取得 a 和 b 的值后,代入式(12-16),再代入未来的 t 值,就得到 y 的预测值。

(2) 皮尔(Pearl)曲线模型。

皮尔曲线模型是美国著名生物学家和人口统计学家皮尔从大量统计数据的整理和归纳中,得出的模型：

$$y = \frac{L}{1 + ae^{-bt}} \tag{12-17}$$

式中：t——时间(自变量)；

L——常数,生长曲线性能参数的上限；

a、b——常数,通过一组历史数据拟合成曲线得到的系数；

e——自然对数的底；

y——性能参数,自变量 t 的函数值。

该曲线如图12-5所示。

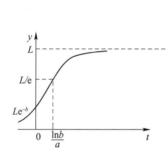

图12-4　岗帕茨曲线

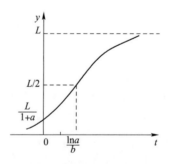

图12-5　皮尔曲线

将一组历史数据拟合成一条皮尔曲线的过程,就是要求出式(12-17)中 a 和 b 的值,这个过程称为参数识别。为了使用线性回归方法进行参数识别,首先要对式(12-17)变换,把直线"取直"。根据上述要求,将式(12-17)进行代数变换成：

$$Y = \ln[(L-y)/y] = \ln a - bt \tag{12-18}$$

经过变换,式(12-18)具有了直线形式,其中 $-b$ 为其斜率,$\ln a$ 为其截距。转换变量 Y 的含义为某项新技术未代换部分和已经代换部分之比,Y 值随 y 的增长而减小,因此 b 一定是正值,这样才能使 Y 随 t 的增加而减小。

式(12-18)中的参数 $\ln a$ 和 b 可以用一元线性回归方法拟合历史数据得到。一旦 a 和 b 通过回归得到之后,代入式(12-17)就得到了皮尔曲线方程。根据已经取得的生长曲线模型,用对数曲线外推的方法,可求得某个 t 时新技术性能参数的预测值。

对生长曲线的上限 L 的估算和使用,是一项非常重要而难度较大的工作。它必须建立在该项技术方法自然限度基础上,预测者应会同该项技术方面的专家,通过收集资料与调查研究,认真准确地予以确定。

【例 12-3】 以军用飞机为例,说明生长曲线模型的应用。

解:当使用皮尔曲线模型时,拟定飞机速度的上限值 $L=3380\mathrm{km/h}$,并通过一元回归取得待定系数值:$a=1071$,$b=0.1255$。

设 1900 年 $t=0$,则 1950 年,1960 年,1985 年时的 t 值分别为 50,60,85。

将 L,a,b 分别代入式(12-17),得:

$$V = \frac{3380}{1 + 1071\mathrm{e}^{-0.1255t}}$$

故预测得 1950 年军用飞机速度:

$$V_{50} = \frac{3380}{1 + 1071\mathrm{e}^{-0.1255 \times 50}} = 1120(\mathrm{km/h})$$

1960 年军用飞机速度:

$$V_{60} = \frac{3380}{1 + 1071\mathrm{e}^{-0.1255 \times 60}} = 2145(\mathrm{km/h})$$

1985 年军用飞机速度:

$$V_{85} = \frac{3380}{1 + 1071\mathrm{e}^{-0.1255 \times 85}} = 3298(\mathrm{km/h})$$

4. 包络曲线

上面所讲的生长曲线法,是描述某种特定技术的增长趋势,这种曲线模型可以完整地表示一种技术从初创到被广泛应用的全过程。随着科学技术的进步,任何一种技术都有可能被更先进、效益更高的技术所代替,这是因为任何一种技术的发展都是有极限的。某一种旧的技术趋向极限,即曲线接近平坦时,另一种新技术随之而出现。这就是说,对某种特定技术来说,其发展是有极限的,但是对实用技术的某一特性来讲,常常在一个较长的历史时期内没有极限,因为其技术参数可通过不同领域的各种技术的零星替换而维持不断发展、不断提高的趋势。例如,运载工具的发展就经历了一个小型机车→列车→汽车→螺旋桨飞机→喷气式飞机→化学燃料火箭以及核火箭的过程。在这个过程中,经过这一系列技术的零星替换,其最大速度变得越来越大,从初始的 100km/h 以内发展到 $10^5 \sim 10^6$ km/h,但对于其中的每一种具体技术(如火车、汽车、螺旋桨飞机等)来说,都有一个呈 S 形成长曲线的发展过程,并且后一种技术的生长曲线高峰总要高于被它替代的前者技术的生长曲线高峰。它们的更新与替代是运载工具的速度不断得以提高的保证。像这样的例子还有很多,如电子计算机技术的发展经历了真空管→晶体管→集成电路→大规模集成电路的过程;粒子加速器加速能量的演变过程也经历了从直流电机到 A、G 同步加速器的过程;对于某一个技术领域来说,由于每一种具体技术都对应有一条 S 形生长曲线,技术替换的结果就形成若干条 S 形生长曲线。若用一条相切于这些 S 形生长曲线的平滑包络线来描述这个替代过程,则可以得到表示一种技术特性发展总体趋势的曲线,图12-6为运载工具发展过程的包络曲线。

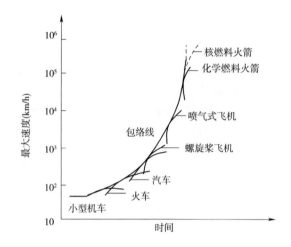

图12-6 运载工具发展过程的包络线

当通过对技术发展的几个阶段进行分析和描述得到一条包络曲线之后,如果要进一步预测某一技术特性的发展,可以利用包络曲线进行外推,但这种外推与一般的趋势外推不同。如简单的时间序列外推或生长曲线外推,是对某一特定的、已在发展中的具体技术发展前景进行预测,是通过对某项技术本身或其相关技术的参数,从过去到现在发展的连续轨迹来考察其基本趋势和规律的。这类方法都是以把过去、现在和未来看作一个连续的有机整体为前提,或者说它们的数学函数在时间序列上具有连续性。而利用包络曲线进行外推所预测的发展趋势,包含着技术突破的内容。这种突破不遵循技术发展的连续性,常常还不知道会用什么具体技术来实现这种突破。因此,在大多数情况下,要预测在包络曲线上某处的点是困难的,往往不知道使用哪种形式的曲线来拟合,必要时可请专家参加意见判断。

在正常情况下,技术的发展过程总是一个技术阶段接着一个技术阶段连续出现的,这种阶段性和连续性使技术特性的发展呈现为包络曲线的趋势。这是所以能够利用包络曲线进行外推预测的基础。但是,技术阶段的连续出现是有条件的,即必须不断地有新的发明创造能够使技术特性得到不断的提高,这就需不断出现技术上的突破,而这一点实际上并不是总能实现的。因此,在利用包络曲线进行预测时,常常需要采用分支的方式进行外推。如图12-6中曲线右上端的两条虚线部分,左面的一条是利用包络曲线进行的趋势外推,右面的一条是利用最后一种技术(如核燃料火箭)的生长曲线外推。前者称为预测上限,后者称为预测下限,上下限之间称为预测带。预测的时间越远,预测带就越宽,这是利用包络线预测的一个特点。

包络曲线法对于不断出现新发明和新技术的技术领域预测是一种较适用的方法,它主要具有以下用处:

(1)当某一技术阶段发展接近极限时,它的生长曲线与包络曲线的差距就会加大。这就可以提醒预测者注意,是否将有新的替代技术出现。这对分析两种技术阶段的替代时期很有参考价值。

(2) 利用包络曲线外推,可以预测未来各个时期技术的特性参数将会增加到什么水平,从而可以大体上推测出将会产生何种相应的新技术。

(3) 包络曲线外推得到的特性参数数据,可以为使用新技术确定规格参数提供指导。

5. 灰色系统预测法

灰色系统预测法是针对社会经济系统中既有已知信息、又有未知信息的实际情况,通过对系统已知信息进行一定数学处理来预测系统发展变化趋势的。常用的是 GM(1,1) 模型(一阶单序列的线性动态模型,主要用于时间序列预测)。

(1) GM(1,1) 模型的建立。

设某预测对象的原始数据序列 $X^{(0)}(i)$ 共有 n 个观察样本 $(i=1,2,\cdots,n)$。对其进行一次累加生成,得到一次累加序列 $X^{(1)}(i)$。

$$X^{(1)}(i) = \sum_{m=1}^{i} X^{(0)}(m) \quad (i=1,2,\cdots,n) \tag{12-19}$$

采用一阶单变量线性动态模型 GM(1,1),视 $X^{(0)}(t)$ 的一阶微分方程为:

$$\frac{dX^{(1)}(t)}{dt} + aX^{(1)}(t) = u \tag{12-20}$$

则其时间响应为:

$$X^{(1)}(t) = \left[X^{(1)}(0) - \frac{u}{a}\right]e^{-at} + \frac{u}{a} \tag{12-21}$$

式中系数 a 与内生控制系数 u 构成的待定参数 A,可按最小二乘法求出:

$$A = (a,u)^T$$

先计算:

$$B = \begin{bmatrix} -0.5[X^{(1)}(1) + X^{(1)}(2)] & 1 \\ -0.5[X^{(1)}(2) + X^{(1)}(3)] & 1 \\ \cdots & \cdots \\ -0.5[X^{(1)}(n-1) + X^{(1)}(n)] & 1 \end{bmatrix}$$

$$Y_n = [X^{(0)}(2), X^{(0)}(3), \cdots, X^{(0)}(n)]^T$$

根据最小二乘法原理有:

$$A = (B^T B)^{-1} B^T Y_n$$

则对应 a,u 值可以求出,GM(1,1) 随即可以确定。

(2) GM(1,1) 模型精度检验。

GM(1,1) 模型精度检验,一般是通过计算后验差来进行,首先要求出原始数据 $X^{(0)}$ 的均方差 S_0 和残差数列 ε_i 的均方差 S_1,其次计算方差比 C 及小误差概率 P 并进行分析判断。

第一步,计算 S_0 及 S_1:

$$S_0 = \sqrt{\sum [X^{(0)}(i) - \bar{X}^{(0)}]^2 / (n-1)}$$

$$S_1=\sqrt{\sum[\boldsymbol{\varepsilon}^{(0)}(i)-\bar{\boldsymbol{\varepsilon}}^{(0)}]^2/(n-1)}$$

第二步，计算判断值：

$C=\dfrac{S_1}{S_0}$是后验差比值，$P=\{|\boldsymbol{\varepsilon}^{(0)}(i)-\bar{\boldsymbol{\varepsilon}}^{(0)}|<0.6745S_0\}$是小误差概率。

灰色系统模型预测精度判断标准见表12-11。

灰色系统模型预测精度判断标准 表12-11

P	C	精度等级
>0.95	<0.35	好
>0.8	<0.5	合格
>0.7	<0.65	勉强合格
≤0.7	≥0.65	不合格

当模型不符合精度要求时，通过残差辨识对模型进行补充和修正。

(3)灰色系统模型的预测。

将时间序列值代入灰色系统模型中，即可逐年计算出一次累加序列的预测值，再通过一次累减，还原成原始数据序列的预测值。

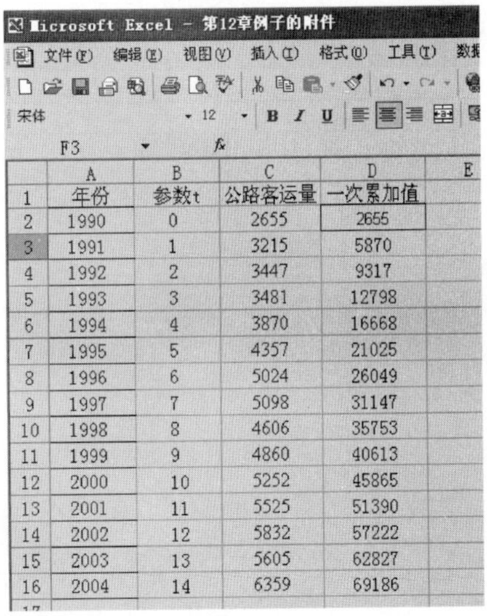

	A	B	C	D	E
1	年份	参数t	公路客运量	一次累加值	
2	1990	0	2655	2655	
3	1991	1	3215	5870	
4	1992	2	3447	9317	
5	1993	3	3481	12798	
6	1994	4	3870	16668	
7	1995	5	4357	21025	
8	1996	6	5024	26049	
9	1997	7	5098	31147	
10	1998	8	4606	35753	
11	1999	9	4860	40613	
12	2000	10	5252	45865	
13	2001	11	5525	51390	
14	2002	12	5832	57222	
15	2003	13	5605	62827	
16	2004	14	6359	69186	

图12-7 灰色系统模型Excel表

【例12-4】 已知某市公路客运量历史数据(表12-9)，试用灰色系统模型进行预测(预测2008—2012年的值)。

解：依据灰色系统的建模方法，可按如下步骤进行：

(1)建立电子表格，并输入相应的历史数据；如A列输入年份，B列输入参数t值，C列输入公路客运量的历史数据，D列计算一次累加值，如图12-7所示。

(2)计算参数$C=0.27$和$P=1.0$，与测精度判断标准值($C<0.35$，$P>0.95$，精度等级为好)进行比较，达到精度要求。

(3)计算系数$a=-0.046$和$u=3274.05$。

(4)建立灰色系统模型为：

$$\boldsymbol{X}_{(t)}^{(1)}=74239.40\mathrm{e}^{0.046t}-71584.40$$

据此可得2008—2012年该市公路客运量预测值，见表12-12。

某市公路客运量预测值(单位：万人次) 表12-12

年份	2008	2009	2010	2011	2012
公路客运量	7560	7914	8285	8672	9078

三、回归预测法

回归预测方法是以相关原理为基础，其基本思路是通过相关分析，找到事物发展变化的决定性的影响因素或主要因素,然后再根据数学模型预测其未来状况。

1. 一元线性回归预测

一元线性回归预测模型的表达式是一个线性方程,其特点是预测对象主要受一个相关因素的影响,且两者呈线性相关关系。

一元线性回归方法在预测应用中一般可分为以下几步。

(1) 画散点图。

设预测对象为因变量 y,相关因素为自变量 x,已知收集到预测对象的 n 对历史数据为:

$$(x_1, y_1), (x_2, y_2), \cdots, (x_n, y_n)$$

将这 n 对数据在平面直角坐标系上划出图形,这种图形称为散点图(图 12-8)。

如果散点图的数据点呈直线式分布,则可考虑用直线方程来描述它们之间的相关关系,画散点图是为了作出初步判定。

(2) 建立回归方程。

一元线性回归方程的基本形式为:

$$y = a + bx \qquad (12\text{-}22)$$

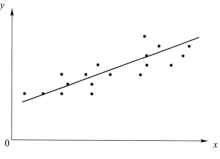

图 12-8 散点图

上式中回归系数 a、b 可利用最小二乘法求得。要使 $\sum \varepsilon^2 = \sum (y_i - \bar{y}_i)^2 = \sum (y_i - a - bx_i)^2$ 最小,依上式,分别对 a 和 b 进行偏微分,有:

$$\frac{\partial (\sum \varepsilon^2)}{\partial a} = -2 \sum (y_i - a - bx_i) = 0$$

$$\frac{\partial (\sum \varepsilon^2)}{\partial b} = -2 \sum x_i (y_i - a - bx_i) = 0$$

得联立方程式:

$$\begin{cases} \sum (y_i - a - bx_i) = 0 \\ \sum x_i (y_i - a - bx_i) = 0 \end{cases}$$

即

$$\begin{cases} na + b \sum x_i = \sum y_i \\ a \sum x_i + b \sum x_i^2 = \sum y_i x_i \end{cases}$$

解此联立方程组,得 a、b 与数据点 (x_i, y_i) 的关系如下:

$$\begin{cases} \hat{b} = \dfrac{\sum x_i y_i - \bar{x} \sum y_i}{\sum x_i^2 - \bar{x} \sum x_i} \\ \hat{a} = \bar{y} - \hat{b} \bar{x} \end{cases} \qquad (12\text{-}23)$$

式中：n——数据点的数目；

$\bar{x}, \bar{y}$——分别为 x_i, y_i 的均值。

根据求得的 $\hat{a}、\hat{b}$，可得一元线性经验回归方程为：

$$\hat{y} = \hat{a} + \hat{b}x \tag{12-24}$$

（3）相关系数及其显著性检验。

根据任何一组数据都可求得回归直线方程，但 y 与 x 是否确实有线性相关关系必须加以检验判定。为方便叙述，下面介绍几个常用记号：

$$l_{xx} = \sum(x_i - \bar{x})^2$$

$$l_{xy} = \sum(x_i - \bar{x})(y_i - \bar{y})$$

$$l_{yy} = \sum(y_i - \bar{y})^2 = \sum(y_i - \hat{y}_i)^2 + \sum(\hat{y}_i - \bar{y})^2 + 2\sum(y_i - \hat{y}_i)(\hat{y}_i - \bar{y}) = Q + U$$

其中：

$$Q = \sum(y_i - \hat{y}_i)^2$$

$$U = \sum(\hat{y}_i - \bar{y})^2$$

$$\sum(y_i - \hat{y}_i)(\hat{y}_i - \bar{y}) = 0$$

① 相关系数 R。

相关系数是描述两个变量线性关系的密切程度的数量指标（记为 R），其计算公式为：

$$R = \left[1 - \frac{\sum(\hat{y}_i - \bar{y})^2}{\sum(y_i - \bar{y})^2}\right]^{1/2} \tag{12-25}$$

或

$$R = \frac{l_{xy}}{\sqrt{l_{xx}l_{yy}}} = \frac{\sum(x_i - \bar{x})(y_i - \bar{y})}{\sqrt{\sum(x_i - \bar{x})^2 \sum(y_i - \bar{y})^2}} \tag{12-26}$$

相关系数 R 的大小反映了 y 与 x 线性关系密切的程度。当 R 的绝对值较大时，用回归直线来近似描述 y 与 x 的相关关系，才有实用价值。实际检验时，查相关关系检验表（可参考有关数理统计教材），得相关系数 R_α，它表示对线性关系密切程度的最低要求数值（临界值）。

其中的 α 称为显著性水平，α 取值越小，显著程度越高。相关系数表中的 $(n-2)$ 称为自由度。当确定了显著水平 α 和自由度 $(n-2)$ 后，查相关系数表即可得到临界值 R_α，相关性检验的判断标准则是：

$R_\alpha \leq |R|$，y 与 x 存在显著的线性关系；

$R_\alpha > |R|$，y 与 x 不存在显著的线性关系。

②t-检验和 F-检验。

从另一个角度来说，$|b|$ 越大，表示 y 随 x 的变化而变化的趋势越明显；$|b|$ 越小，则趋势越不明显。特别地，当 $b=0$ 时，y 几乎不随 x 而变，就说明 y 与 x 没有线性相关关系，所以线性回归的显著性检验可以化为检验 $H_0:b=0$。

a. 检验法1（t-检验）。

在 H_0 下，由于

$$t = \frac{b}{S}\sqrt{l_{xx}} \sim t(n-2)$$

$$S = \sqrt{\frac{l_{xx}l_{yy} - l_{xy}}{(n-2)l_{xx}}}$$

当 $|t| > t_{1-\alpha/2}(n-2)$ 时，拒绝原假设（在 H_0 不成立时，$|t|$ 有变大的趋势，故应取双侧否定域）。

b. 检验法2（F-检验法）。

在 H_0 下，由于

$$F = (n-2)\frac{R^2}{1-R^2} \sim F(1, n-2)$$

当 $F > F_{1-\alpha}(1, n-2)$ 时，拒绝原假设。

(4) 以回归方程为依据进行预测。

当回归方程经相关性检验判断为显著后，即可用于预测。下面通过一个例子来说明一元线性回归的预测方法。

【例12-5】 某市国内生产总值和公路客运量数据见表12-13，试建立一元回归模型预测2008—2012年客运量。

客运量历史资料表　　　　　　　　　　　　　　　　　　　表12-13

年　份	GDP（亿元）	客运量（万人次）
1990	64.84	2655
1991	71.78	3215
1992	83.14	3447
1993	103.82	3481
1994	133.97	3870
1995	169.75	4357
1996	193.62	5024
1997	210.92	5098

续上表

年 份	GDP(亿元)	客运量(万人次)
1998	227.46	4606
1999	241.49	4860
2000	265.57	5252
2001	298.38	5525
2002	329.28	5832
2003	385.34	5605
2004	427.73	6359

解:(1)建立电子表格,并输入相应的历史数据;如 A 列输入年份,B 列输入人口数,C 列输入公路客运量的历史数据,如图 12-9 所示。

(2)调用 Excel 中的"工具",选择其中的"数据分析",进一步选择"回归",单击"确定"。

(3)输入 Y 值区域和 X 值区域;并选择置信度,如要选择 95%,在其相应的框中打勾;输出项选择"新的工作表组",单击"确定",如图 12-10 所示。

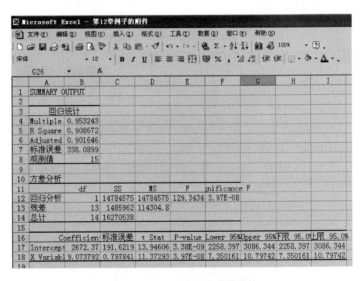

图 12-9 一元线性回归 Excel 表　　　图 12-10 一元线性回归参数计算

(4)计算参数 F、t、R^2。本例中 $F=129.34$,$t=11.37$,R^2(Multiple R)$=0.95$,查多元回归参数表可得,在 15 个样本的条件下,参数临界值为 $F=4.54$,$t=2.13$,计算值大于临界值,故可接受回归模型。

(5)计算回归系数 a 和 b,其中 $a=2672.38$,$b=9.07$,故一元线性回归模型为:
$$y = 2672.38 + 9.07x$$

其中:

x——该市国内生产总值(亿元);

y——该市公路客运量(万人次)。

(6)计算自变量预测值。自变量预测值往往可通过其规划值来替代(如国内生产总值的规划值),如果不能取得其规划值,也可用其年增长率来进行测算,本例取年均增长率为10%来测算,结果如附表所示。

(7)运用已建立的回归模型进行预测,结果见表12-14。

某市公路客运量预测值(单位:万人次)   表12-14

年份	2008	2009	2010	2011	2012
公路客运量	8352	8920	9545	10232	10988

2. 多元线性回归预测

如果影响预测对象变动的主要因素不止一个,可以采用多元线性回归预测法。多元回归原理与一元回归基本相同,但运算较为复杂,一般要借助计算机完成。

多元线性回归方程的一般形式为:

$$y = b_0 + b_1 x_1 + b_2 x_2 + \cdots + b_m x_m \tag{12-27}$$

式中: y——因变量(预测对象);

$x_1, x_2, \cdots, x_m$——互不相关的各个自变量;

$b_0, b_1, b_2, \cdots, b_m$——回归系数,其中 $b_i (i=1,2,\cdots,m)$ 是 y 对 $x_1, x_2, \cdots, x_m$ 的偏回归系数,其含义是当其他自变量保持不变时,x_i 变化一个单位所引起的 y 的变化量。

设有一组反映因变量 y 与自变量 $x_1, x_2, \ldots, x_m$ 相关关系的数据:

y:	y_1	y_2	$\cdots$	y_n
x_1:	x_{11}	x_{12}	$\cdots$	x_{1n}
x_2:	x_{21}	x_{22}	$\cdots$	x_{2n}
$\vdots$	$\cdots$	$\cdots$	$\cdots$	$\vdots$
x_m:	x_{m1}	x_{m2}	$\cdots$	x_{mn}

则 $b_0, b_1, b_2, \cdots, b_m$ 可根据以上数据按残差平方和最小的原则确定。$b_i (i=1,2,\cdots,m)$ 的值应为方程组(12-28)的解:

$$\begin{cases} L_{11} b_1 + L_{12} b_2 + \cdots + L_{1m} b_m = L_{1y} \\ L_{21} b_1 + L_{22} b_2 + \cdots + L_{2m} b_m = L_{2y} \\ \cdots \\ L_{m1} b_1 + L_{m2} b_2 + \cdots + L_{mm} b_m = L_{my} \end{cases} \tag{12-28}$$

其中:

$$L_{ij} = \sum_{t=1}^{n} (x_{it} - \bar{x}_i)(x_{jt} - \bar{x}_j) \quad (i,j=1,2,\cdots,m)$$

$$L_{iy} = \sum_{t=1}^{n} (x_{it} - \bar{x}_i)(y_{jt} - \bar{y}) \quad (i,j=1,2,\cdots,m)$$

$$\bar{x}_i = \frac{1}{n} \sum_{t=1}^{n} x_{it}, \quad \bar{y} = \frac{1}{n} \sum_{t=1}^{n} y_t$$

$$b_0 = \bar{y} - \sum_{i=1}^{m} b_i \cdot \bar{x}_i$$

多元线性回归模型的相关检验可通过计算全相关系数进行，计算公式为：

$$R = \sqrt{\frac{U}{L_{yy}}} \tag{12-29}$$

其中：
$$U = \sum_{i=1}^{m} L_{iy} b_i$$
$$L_{yy} = \sum_{t=1}^{n} (y_t - \bar{y})^2$$

R 值越接近 1，回归模型的预测效果越好。

在取置信度 $1-\alpha = 0.95$ 的情况下，对应于自变量 $x_{i0}(i=1,2,\cdots,m)$ 的预测值 y_0 的置信区间近似为 $\hat{y}_0 \pm 2S$，其中

$$S = \sqrt{\frac{Q}{n-k}}$$

式中 $Q = L_{yy} - U$，$k = m + 1$。

第三节 运输需求预测

运输需求是运输市场的基本因素之一，运输需求是运输供给产生的根源。运输供给（包括运输线路、运输工具、运输场站、运输服务设施等）取决于运输需求，因此，运输需求预测是做好运输规划、进行运输决策重要的基础性工作。

一、运输需求预测的原理

运输需求预测就是把运输需求作为预测对象，结合运输需求的特殊性，运用适当的预测方法，测算未来运输需求的方法。

前面已述及，运输需求是一种派生需求，同时它具有一定的规律性。因此，运输需求预测一般从两个方面入手，一是寻求运输需求的本源需求，同时探索运输需求与本源需求之间的关系，通过预测本源需求，并结合运输需求与本源需求之间的关系，预测未来的运输需求。二是通过一定的方法，直接找寻运输需求自身的历史变化规律，建立运输需求模拟模型，依此进行预测。

二、运输需求预测的类别

运输需求按不同目的和要求，可以从不同的侧面来描述。进行运输需求预测时，预测内容包括运输需求量、运输流量、运输距离、运输需求结构（货物运输需求按货物品种，旅客运输需求按公务、商务、探亲、旅游等，不同运输方式按长途、中途、短途等），运输需求空间分布等。预测需求预测的分类如下：

(1) 按照预测的对象不同，可分为货物运输需求量预测、旅客运输需求量预测。

(2) 按照预测的内容不同，可分为发送量预测、到达量预测、周转量预测、平均运程预测。

(3) 按照预测期间的长短不同，可分为短期预测、中期预测、长期预测。

三、运输需求量预测方法

运输需求量从原理上说是国民经济和人民生活对运输的总需求量,不区分运输方式,然而在实际运输过程中,运输需求量总是具体体现在某种运输方式上,表现为对某种运输方式的需求量。在预测过程中,就需要事先制订相应的运输需求预测方案。一般有两种方案:一是先预测运输总需求量,然后考虑某种运输方式的特性及在所预测区域的特点,分离出某种运输方式的需求量;二是直接预测某种运输方式的需求量。对于运输需求的地区分布一般也可按上述两种方案预测。近年来在运输需求量预测过程中,常将多种方法结合在一起,共同构成运输需求预测的综合方法。

四、运输需求预测的步骤

运输需求预测可按以下步骤进行。

1. 确定预测目标

在运输需求预测过程中,首先要确定运输需求预测的目标,包括预测的内容、预测的期限、预测数量单位和要求达到的精确度等基本资料和数据。如在制订某省公路运输业发展规划时,要求对公路客、货运输需求量进行预测,预测特征年分别为2010年、2015年,预测精度要求置信度为5%。

2. 搜集和分析历史资料

根据预测内容和预测要求及可选用的预测方案和预测方法,设计调查方案。一般来说,历史数据包括两个方面:一是反映国民经济和社会发展的,主要指标有总人口(x_1)、非农业人口(x_2)、国内生产总值(x_3)、工农业总产值(x_4)、工业总产值(x_5)、农业总产值(x_6)、居民人均可支配收入(x_7)、农牧民人均纯收入(x_8)、主要工业产品产量(可根据实际取几种 x_9)、主要农业产品产量(x_{10},亦可根据实际选取)等。二是反映运输需求的,主要指标有公路旅客运输量(y_1)、公路货物运输量(y_2)、铁路旅客运输量(y_3)、铁路货物运输量(y_4)、航空旅客运输量(y_5)、管道货物运输量(y_6)、公路旅客运输周转量(z_1)、公路货物运输周转量(z_2)、铁路旅客运输周转量(z_3)、铁路货物运输周转量(z_4)、航空旅客运输周转量(z_5)、管道货物运输周转量(z_6)(运输需求量指标可根据实际确定,有的区域无某种运输方式,该种运输方式可以暂不考虑)等,还有诸如流向、运距、运输需求结构等。将有关的历史及现状资料、数据尽可能收集齐全,并进行初步分析,整理为各种数据样本。部分数据整理结果见表12-15。

××省国民经济和公路客运量统计表 表12-15

年份	年末总人口(万人)	国内生产总值(万元,1990年不变价)	公路客运量(万人次)
1986	376.09	352805.2	663
1987	381.6	347759.5	719
1988	392.79	388794.9	780
1989	392.57	430005.7	845
1990	401.61	488487.5	916
1991	407.38	541441	993

续上表

年份	年末总人口(万人)	国内生产总值(万元,1990年不变价)	公路客运量(万人次)
1992	421.12	585296.3	1344
1993	427.9	618661.5	1453
1994	434.2	666298.1	1521
1995	440.2	674291.4	1589
1996	447.66	699400	1634
1997	454.43	732174.8	1703
1998	461.02	786285	1812
1999	466.7	861842.3	1906
2000	474	932513.4	1943
2001	481.2	1007113	2074
2002	488.3	1093723	2500
2003	495.6	1192159	2680
2004	502.8	1299454	2889
2005	509.8	1406012	3055

3. 制订预测方案、选择预测方法

根据已经收集到的运输需求历史数据及预测要求,制订预测方案。如采用第二种预测方案,即直接预测公路运输需求量。在方法选择上,应采用多种方法联合使用的方式,即采用回归分析法、灰色系统预测法、年平均增长率法三种方法。

4. 建立预测模型

(1) 多元线性回归模型(仅以公路旅客运输需求量为例)。

影响公路旅客运输量的因素较多。经过上述分析,可以从国民经济主要指标中选择出人口、非农业人口、国内生产总值、工农业总产值、工业总产值、农业总产值、居民人均可支配收入、农牧民人均纯收入8个指标,按照预定的预测方案,经运算,建立该省公路旅客运输量预测多元线性回归模型如:

$$Y_1 = -1916.17 + 5.335X_1 + 0.00159X_3$$

其中,$F = 666.6, R^2 = 0.99, t_1 = 2.57, t_2 = 5.80$。

(2) 灰色系统模型。

$$Y_1 = 10735.3e^{0.073t} - 10072.3$$

其中,$P = 1.0(一级), C = 0.15(一级)$。

(3) 年平均增长率。

年平均增长率为8.40%。

多元线性回归模型的检验一般包括拟合度检验(相关系数 R^2)、回归显著性检验(F-检验)和参数估计值的标准差检验(t-检验)等,按照20个样本、置信度为5%,查 F-检验和 t-检验表可知 $F = 3.49, t_1 = 2.08, t_2 = 2.08$,故本次所建立的客运量预测模型各项检验均获得通过,符合预测要求。灰色系统模型中的检验包括小误差概率 P 和后验差比 C 两项,旅客运输量灰色系统模型也通过 P 和 C 检验,符合精度要求,可以用于预测。

采用多元线性回归模型、灰色系统模型和增长率统计法3种模型,依据3种模型的标准差 $(s_1 = 81.50, s_2 = 188.76, s_3 = 136.45)$,按照 $w_i = (S - S_i)/[S \times (n-1)]$,$S = \sum S_i$,(其中 S_i 为第 i 种预测模型的标准差;n 为预测方法数,确定三种模型的权重为 $w_1 = 0.40, w_2 = 0.27, w_3 = 0.33$,最后确定综合预测模型为 $Y = \sum w_i \times Y_i$。其中 Y 为综合预测值,即经组合处理后的最终预测值;Y_i 为第 i 种预测方法获得的中间预测值;w_i 为第 i 种中间预测值被赋予的权重系数且 $\sum w_i = 1$。

5. 影响因素未来值的确定

根据以上建立的预测模型,旅客运输需求量的影响因素为该省的总人口和国内生产总值。根据该省国民经济和社会发展长远规划,并结合考虑其他因素,可确定其未来值,见表12-16。

××省社会经济主要指标预测结果　　　表12-16

项目	计算单位	"十五"计划		"十一五"计划	
		2005	增长	2010	增长
国内生产总值	万元	2251822	8.0%	3013445	6.0%
总人口	万人	548.24	1.2%	579.07	1.1%

注:表中价值型指标均按不变价计算。

利用表12-15中有关指标未来值对该省公路客运需求量的未来值用多元线性回归模型、灰色系统模型和年平均增长率法3种模型进行预测计算,最后进行组合预测,得出公路旅客运输量预测推荐值见表12-17。

××省客运需求预测推荐值表　　　表12-17

年份	2000		2005		2010	
项目	绝对值	增长率(%)	绝对值	增长率(%)	绝对值	增长率(%)
客运量(万人次)	4750	7.79	6634	6.9	9210	6.78

上述预测结果还可以与该省旅客运输量的历史增长情况进行对比,以判断其与公路旅客运输需求历史发展趋势的差异。计算该省旅客运输需求量的历史增长率为8.40%,预测未来增长率略低于其历史增长,并与其较为接近。

公路货物运输需求量、铁路货物运输需求量、水路货物运输需求量等其他内容的预测与上述方法类似,在此不再赘述。

五、交通量预测

交通量预测对于进行交通规划、交通管理、交通设施的规划、设计方案比较和经济分析以及交通安全,均具有重要意义。交通量反映了社会经济发展和人们的出行对道路网络的通行需求,交通量的大小是影响道路的通行效率、服务水平等的重要因素,同时也是道路网新建和改造的基本依据。

1. 交通量的概念

交通量是指在选定时间段内,通过道路某一地点、某一断面或某一条车道的交通实体数。按交通类型不同分,有机动车交通量、非机动车交通量和行人交通量,一般不加说明则指机动车交通量,且指来往两个方向的车辆数。常用的平均交通量是年平均日交通量($AADT$),其计算公式如式(12-30):

$$AADT = \frac{1}{365}\sum_{i=1}^{365} Q_i \tag{12-30}$$

式中:Q_i——每日交通量。

2. 交通量预测方法

交通量预测方案目前主要有以下两种,一是把某路段年平均日交通量视为预测对象,用类似于运输需求预测的方法,即用定性预测法、趋势外推法或相关因素预测法,由于这一方法在运输需求预测中已经作了详细叙述,这里不再重复。二是通过第三节已经得到的运输需求量,经过适当的转换,求得某路段或整个路网的交通量。交通运输规划与项目评价中的交通量预测通常采用"四步骤法",限于篇幅,本书不作介绍(读者可参考有关交通规划书籍)。

3. 交通量预测所需资料

(1)预测年公路客货流 OD 分布预测值;

(2)区域历年汽车(分车种)保有量资料;

(3)区域历年交通运输部门车辆实载率;

(4)OD 调查中的客货车平均座(吨)位、平均实载率等。

4. 交通量预测的折算方法和步骤

(1)根据历年区域内客、货运输车辆保有量资料,分析预测客、货运输车辆平均座(吨)位及其发展趋势;

(2)根据历年区域内客、货运输车辆实载率的变化情况,分析预测客、货运输车辆平均实载率的发展趋势;

(3)根据特征年客货车平均座(吨)位数及平均实载率,将运输量转为交通量(混合);

(4)根据客、货车车型组成情况及趋势预测,将混合交通量转化为标准车型交通量,转化公式如式(12-31)、式(12-32):

$$V_{ij}^{P} = \frac{P_{ij}}{K_P r_P} u_P \tag{12-31}$$

$$V_{ij}^{F} = \frac{F_{ij}}{K_F r_F} u_F \tag{12-32}$$

式中:V_{ij}^{P},V_{ij}^{F}——分别代表 $i \to j$ 区公路客、货运输车交通量(标准车);

P_{ij},F_{ij}——分别代表 $i \to j$ 区公路客流量和货流量;

K_P——客车平均座位数;

K_F——货车平均吨位数;

r_P、r_F——客、货车实载率;

u_P、u_F——客、货车混合交通量与标准车型交通量之间的换算系数。

复习思考题

1. 简述预测、技术预测、技术经济预测的概念。
2. 技术经济预测有哪些特点?
3. 技术经济预测的程序有哪些?
4. 技术经济预测有哪些方法?
5. 在进行公路运输量(如公路货物周转量)需求预测时,影响其需求的最主要相关因素有哪些?
6. 已知某日用商品最近8个月在某地区的销售量见表12-18。

某日用商品销售量表(单位:万件)　　　　　　　　　　表12-18

月份	4	5	6	7	8	9	10	11
时间序号	1	2	3	4	5	6	7	8
销售量	7.8	8.0	8.1	7.9	8.2	8.0	7.8	8.1

求:(1)用算术平均数预测下一个月($t=9$)的商品销售量;

(2)用一次移动平均法预测下一个月的商品销售量(取$N=3$);

(3)用一次指数平滑法预测下一个月的商品销售量。取平滑系数$\alpha=0.3$,初始值为$S_0^{(1)}=(y_1+y_2+y_3)/3$。

7. 已知某商品最近10个月在某市的销售量见表12-19。

某商品销售量表　　　　　　　　　　表12-19

时期序号(t)	1	2	3	4	5	6	7	8	9	10
销售量(y_t)	9.3	9.3	10.1	11.1	12.1	12.8	13.3	15.1	16.6	18.2

(1)用二次移动平均法建立线性预测模型,并预测$t=11$,$t=12$周期时的商品销售量(取$N=3$);

(2)用二次指数平滑法建立线性预测模型,并预测$t=11$,$t=12$周期时的商品销售量[取$\alpha=0.7$,$S_0^{(1)}=(y_1+y_2+y_3)/3$,$S_0^{(2)}=(S_1+S_2+S_3)/3$。]

8. 某省1987—2005年的公路旅客周转量、工业总产值、农业总产值的统计数据见表12-20。

旅客周转量、工业总产值和农业总产值表　　　　　　　　　　表12-20

年　份	旅客周转量(万人·km)	工业总产值(亿元)	农业总产值(亿元)
1987	516	31.8	49
1988	557	34.3	56
1989	601	40.5	63
1990	652	45.3	66
1991	736	43.5	77
1992	813	47.7	96
1993	851	47.1	99

续上表

年　份	旅客周转量(万人·km)	工业总产值(亿元)	农业总产值(亿元)
1994	991	49.1	113
1995	1155	58.5	162
1996	1320	65.5	201
1997	1401	71.2	225
1998	1602	71.1	260
1999	1796	80.6	295
2000	1921	87.9	312
2001	2153	98.8	365
2002	2449	118.6	445
2003	2377	124.2	520
2004	3162	128.9	636
2005	3595	130.3	746

(1)建立旅客周转量与工业总产值和农业总产值的二元线性回归方程。

(2)利用方差分析检验方程是否有效(取 $\alpha = 0.05$)。

9.某城市在制订发展规划时,需要对公路货物运输量进行预测,经分析确定了农业总产值、工业总产值是影响货运量的主要因素。有关预测机构收集了1996—2005年的统计数据,运用计算机求得以下二元线性回归预测模型。

$$\hat{Y} = 80.2 + 10.9X_1 + 24.7X_2$$

式中：$\hat{Y}$——货运量,万t;

X_1——农业总产值,亿元;

X_2——工业总产值,亿元。

已知 $F = 630.0, t_1 = 3.8, t_2 = 11.0, s = 22.0, n = 10$

求:(1)对回归方程进行统计检验($\alpha = 0.05$)。

(2)对回归系数进行统计检验($\alpha = 0.05$)。

(3)预计2010年该城市的农业总产值为40亿元,工业总产值为70亿元。请预测2010年的公路货物运输量。

附　表

间断复利表

(3%)								
年份 n	一次支付终值系数 $(1+i)^n$ $(F/p,i,n)$	一次支付现值系数 $\dfrac{1}{(1+i)^n}$ $(p/F,i,n)$	偿债基金系数 $\dfrac{i}{(1+i)^n-1}$ $(A/F,i,n)$	资金回收系数 $\dfrac{i(1+i)^n}{(1+i)^n-1}$ $(A/p,i,n)$	等额系列终值系数 $\dfrac{(1+i)^n-1}{i}$ $(F/A,i,n)$	等额系列现值系数 $\dfrac{(1+i)^n-1}{i(1+i)^n}$ $(p/A,i,n)$	等差系列等额支付系数 $\dfrac{1}{i}-\dfrac{n}{(1+n)^n-1}$ $(A/G,i,n)$	等差系列现值系数 $\dfrac{1-(1+in)(1+i)^{-n}}{i^2}$ $(p/G,i,n)$
1	1.030	0.9709	1.0000	1.0300	1.000	0.971	0	0
2	1.061	0.9426	0.4926	0.5226	2.030	1.913	0.493	0.943
3	1.093	0.9151	0.3235	0.3535	3.091	2.829	0.980	2.773
4	1.126	0.8885	0.2390	0.2690	4.184	3.717	1.463	5.438
5	1.159	0.8626	0.1884	0.2184	5.309	4.580	1.941	8.889
6	1.194	0.8375	0.1546	0.1846	6.468	5.417	2.414	13.076
7	1.230	0.8131	0.1305	0.1605	7.662	6.230	2.882	17.955
8	1.267	0.7894	0.1125	0.1425	8.892	7.020	3.345	23.481
9	1.305	0.7664	0.0984	0.1284	10.159	7.786	3.803	29.612
10	1.344	0.7441	0.0872	0.1172	11.464	8.530	4.256	36.309
11	1.384	0.7224	0.0781	0.1081	12.808	9.253	4.705	43.533
12	1.426	0.7014	0.0705	0.1005	14.192	9.954	5.148	51.248
13	1.469	0.6810	0.0640	0.0940	15.618	10.635	5.587	59.420
14	1.513	0.6611	0.0585	0.0885	17.086	11.296	6.021	68.014
15	1.558	0.6419	0.0538	0.0838	18.599	11.938	6.450	77.000
16	1.605	0.6232	0.0496	0.0796	20.157	12.561	6.874	86.348
17	1.653	0.6030	0.0460	0.0760	21.762	13.166	7.294	96.028
18	1.702	0.5874	0.0427	0.0727	23.414	13.754	7.708	106.014
19	1.754	0.5703	0.0398	0.0698	25.117	14.324	8.118	116.279
20	1.806	0.5537	0.0372	0.0672	26.870	14.877	8.523	126.799
21	1.860	0.5375	0.0349	0.0649	28.676	15.415	8.923	137.550
22	1.916	0.5219	0.0327	0.0627	30.537	15.937	9.319	148.509
23	1.974	0.5067	0.0308	0.0608	32.453	16.444	9.709	159.657
24	2.033	0.4919	0.0290	0.0590	34.426	16.936	10.095	170.971
25	2.094	0.4776	0.0274	0.0574	36.459	17.413	10.477	182.434
26	2.157	0.4637	0.0259	0.0559	38.553	17.877	10.853	194.026
27	2.221	0.4502	0.0246	0.0546	40.710	18.327	11.226	205.731
28	2.288	0.4371	0.0233	0.0533	42.931	18.764	11.593	217.532
29	2.357	0.4243	0.0221	0.0521	45.219	19.188	11.956	229.414
30	2.427	0.4120	0.0210	0.0510	47.575	19.600	12.314	241.361
31	2.500	0.4000	0.0200	0.0500	50.003	20.000	12.668	253.361
32	2.575	0.3883	0.0190	0.0490	52.503	20.389	13.017	265.399
33	2.652	0.3770	0.0182	0.0482	55.078	20.766	13.362	277.464
34	2.732	0.3660	0.0173	0.0473	57.730	21.132	13.702	289.544
35	2.814	0.3554	0.0165	0.0465	60.462	21.487	14.037	301.627
40	3.262	0.3066	0.133	0.0433	75.401	23.115	15.650	361.750
45	3.782	0.2644	0.0108	0.0408	92.720	24.519	17.156	420.632
50	4.384	0.2281	0.0089	0.0389	112.797	25.730	18.558	477.480
55	5.082	0.1968	0.0073	0.0373	136.072	26.774	19.860	531.741
60	5.892	0.1697	0.0061	0.0361	163.053	27.676	21.067	583.053
65	6.830	0.1464	0.0051	0.0351	194.333	28.453	22.184	631.201
70	7.918	0.1263	0.0043	0.0343	230.594	29.123	23.215	676.087
75	9.179	0.1089	0.0037	0.0337	272.631	29.702	24.163	717.698
80	10.641	0.0940	0.0031	0.0331	321.363	30.201	25.035	756.087
85	12.366	0.0811	0.0026	0.0326	377.857	30.631	25.835	791.353
90	14.300	0.0699	0.0023	0.0323	443.349	31.002	26.567	823.630
95	16.578	0.0603	0.0019	0.0319	519.272	31.323	27.235	853.074
100	19.219	0.0520	0.0016	0.0316	607.288	31.599	27.844	879.854

续上表

年份 n	(4%)							
	一次支付终值系数 $(1+i)^n$ $(F/p,i,n)$	一次支付现值系数 $\dfrac{1}{(1+i)^n}$ $(p/F,i,n)$	偿债基金系数 $\dfrac{i}{(1+i)^n-1}$ $(A/F,i,n)$	资金回收系数 $\dfrac{i(1+i)^n}{(1+i)^n-1}$ $(A/p,i,n)$	等额系列终值系数 $\dfrac{(1+i)^n-1}{i}$ $(F/A,i,n)$	等额系列现值系数 $\dfrac{(1+i)^n-1}{i(1+i)^n}$ $(p/A,i,n)$	等差系列等额支付系数 $\dfrac{1}{i}-\dfrac{n}{(1+n)^n-1}$ $(A/G,i,n)$	等差系列现值系数 $\dfrac{1-(1+in)(1+i)^{-n}}{i^2}$ $(p/G,i,n)$
1	1.040	0.9615	1.0000	1.0400	1.000	0.962	0	0
2	1.082	0.9246	0.4902	0.5302	2.040	1.886	0.490	0.925
3	1.125	0.8890	0.3203	0.3603	3.122	2.775	0.974	2.703
4	1.170	0.8548	0.2355	0.2755	4.346	3.630	1.451	5.267
5	1.217	0.8219	0.1846	0.2246	5.146	4.452	1.922	8.555
6	1.265	0.7903	0.1508	0.1908	6.633	5.242	2.386	12.506
7	1.316	0.7599	0.1266	0.1666	7.898	6.002	2.843	17.066
8	1.369	0.7307	0.1085	0.1485	9.214	6.733	3.294	22.181
9	1.423	0.7026	0.0945	0.1345	10.583	7.435	3.739	27.801
10	1.480	0.6756	0.0833	0.1233	12.006	8.111	4.177	33.881
11	1.539	0.6496	0.0741	0.1141	13.486	8.760	4.609	40.377
12	1.601	0.6246	0.0666	0.1066	15.026	9.385	5.034	47.248
13	1.665	0.6006	0.0601	0.1001	16.627	9.986	5.453	54.455
14	1.732	0.5775	0.0547	0.0947	18.292	10.563	5.866	61.962
15	1.801	0.5553	0.0499	0.0899	20.024	11.118	6.272	69.735
16	1.873	0.5339	0.0458	0.0858	21.825	11.652	6.672	77.744
17	1.948	0.5134	0.0422	0.0822	23.698	12.166	7.066	85.958
18	2.026	0.4936	0.0390	0.0790	25.645	12.659	7.453	94.350
19	2.107	0.4746	0.0361	0.0761	27.671	13.134	7.834	102.893
20	2.191	0.4564	0.0336	0.0736	29.778	13.590	8.209	111.565
21	2.279	0.4388	0.0313	0.0713	31.969	14.029	8.578	120.341
22	2.370	0.4220	0.0292	0.0692	34.248	14.451	8.941	129.202
23	2.465	0.4057	0.0273	0.0673	36.618	14.857	9.297	138.128
24	2.563	0.3901	0.0256	0.0656	39.083	15.247	9.648	147.101
25	2.666	0.3751	0.0240	0.0640	41.646	15.622	9.993	156.104
26	2.772	0.3607	0.0226	0.0626	44.312	15.983	10.331	165.121
27	2.883	0.3468	0.0212	0.0612	47.084	16.330	10.664	174.138
28	2.999	0.3335	0.0200	0.0600	49.968	16.663	10.991	183.142
29	3.119	0.3207	0.0189	0.0589	52.966	16.984	11.312	192.121
30	3.243	0.3083	0.0178	0.0578	56.085	17.292	11.627	201.062
31	3.373	0.2965	0.0169	0.0569	59.328	17.588	11.937	209.936
32	3.508	0.2851	0.0159	0.0559	62.701	17.874	12.241	218.792
33	3.648	0.2741	0.0151	0.0551	66.210	18.148	12.540	227.563
34	3.794	0.2636	0.0143	0.0543	69.858	18.411	12.832	236.261
35	3.946	0.2543	0.0136	0.0536	73.652	18.665	13.120	244.877
40	4.801	0.2083	0.0105	0.0505	95.026	19.793	14.477	286.530
45	5.841	0.1712	0.0083	0.0483	121.029	20.720	15.705	325.403
50	7.107	0.1407	0.0066	0.0466	152.667	21.452	16.812	361.164
55	8.646	0.1157	0.0052	0.0452	191.159	22.109	17.807	393.689
60	10.520	0.0951	0.0042	0.0442	237.991	22.623	18.697	422.997
65	12.799	0.0781	0.0034	0.0434	294.968	23.047	19.491	449.201
70	15.572	0.0642	0.0027	0.0427	364.290	23.395	20.196	472.479
75	18.945	0.0528	0.0022	0.0422	448.631	23.600	20.821	493.041
80	23.050	0.0434	0.0018	0.0418	551.245	23.915	21.372	511.116
85	28.044	0.0357	0.0015	0.0415	676.090	24.109	21.857	526.938
90	34.119	0.0293	0.0012	0.0412	827.983	24.267	22.283	540.737
95	41.511	0.0241	0.0010	0.0410	1012.785	24.398	22.655	552.731
100	50.505	0.0198	0.0008	0.0408	1237.624	24.505	22.980	563.125

续上表

	(5%)							
年份 n	一次支付终值系数 $(1+i)^n$ $(F/p,i,n)$	一次支付现值系数 $\dfrac{1}{(1+i)^n}$ $(p/F,i,n)$	偿债基金系数 $\dfrac{i}{(1+i)^n-1}$ $(A/F,i,n)$	资金回收系数 $\dfrac{i(1+i)^n}{(1+i)^n-1}$ $(A/p,i,n)$	等额系列终值系数 $\dfrac{(1+i)^n-1}{i}$ $(F/A,i,n)$	等额系列现值系数 $\dfrac{(1+i)^n-1}{i(1+i)^n}$ $(p/A,i,n)$	等差系列等额支付系数 $\dfrac{1}{i}-\dfrac{n}{(1+n)^n-1}$ $(A/G,i,n)$	等差系列现值系数 $\dfrac{1-(1+in)(1+i)^{-n}}{i^2}$ $(p/G,i,n)$
1	1.050	0.9524	1.0000	1.0500	1.000	0.952	0	0
2	1.102	0.9070	0.4878	0.5378	2.050	1.859	0.488	0.907
3	1.158	0.8638	0.3172	0.3672	3.152	2.723	0.967	2.635
4	1.216	0.8227	0.2320	0.2820	4.310	3.546	1.439	5.103
5	1.276	0.7835	0.1810	0.2310	5.526	4.329	1.903	8.237
6	1.340	0.7462	0.1470	0.1970	6.802	5.076	2.358	11.968
7	1.407	0.7107	0.1228	0.1728	8.142	5.786	2.805	16.232
8	1.477	0.6768	0.1047	0.1547	9.549	6.463	3.245	20.970
9	1.551	0.6446	0.0907	0.1407	11.027	7.108	3.676	26.127
10	1.629	0.6139	0.0795	0.1295	12.578	7.722	4.099	31.652
11	1.710	0.5847	0.0704	0.1204	14.207	8.306	4.514	37.499
12	1.796	0.5568	0.0628	0.1128	15.917	8.863	4.922	43.624
13	1.886	0.5303	0.0565	0.1065	17.713	9.394	5.322	49.988
14	1.980	0.5051	0.0510	0.1010	19.599	9.899	5.713	56.554
15	2.079	0.4810	0.0463	0.0963	21.579	10.380	6.097	63.288
16	2.183	0.4581	0.0423	0.0923	23.657	10.838	6.474	70.160
17	2.292	0.4363	0.0387	0.0887	25.840	11.274	6.842	77.140
18	2.407	0.4155	0.0355	0.0855	28.132	11.690	7.203	84.204
19	2.527	0.3957	0.0327	0.0827	30.539	12.085	7.557	91.328
20	2.653	0.3769	0.0302	0.0802	33.066	12.462	7.903	98.488
21	2.786	0.3589	0.0280	0.0780	35.719	12.821	8.242	105.667
22	2.925	0.3418	0.0260	0.0760	38.505	13.163	8.573	112.846
23	3.072	0.3256	0.0241	0.0741	41.430	13.489	8.897	120.009
24	3.225	0.3101	0.0225	0.0725	44.502	13.799	9.214	127.140
25	3.386	0.2953	0.0210	0.0710	47.727	14.094	9.524	134.228
26	3.556	0.2812	0.0196	0.0696	51.113	14.375	9.827	141.259
27	3.733	0.2678	0.0183	0.0683	54.669	14.643	10.122	148.223
28	3.920	0.2551	0.0171	0.0671	58.403	14.898	10.411	155.110
29	4.116	0.2429	0.0160	0.0660	62.323	15.141	10.694	161.913
30	4.322	0.2314	0.0151	0.0651	66.439	15.372	10.969	168.623
31	4.538	0.2204	0.0141	0.0641	70.761	15.593	11.238	175.233
32	4.765	0.2099	0.0133	0.0633	75.299	15.803	11.501	181.739
33	5.003	0.1999	0.0125	0.0625	80.064	16.003	11.757	188.135
34	5.253	0.1904	0.0118	0.0618	85.067	16.193	12.006	194.417
35	5.516	0.1813	0.0111	0.0611	90.320	16.374	12.250	200.581
40	7.040	0.1420	0.0083	0.0583	120.800	17.159	13.377	229.545
45	8.985	0.1113	0.0063	0.0563	159.700	17.774	14.364	255.315
50	11.467	0.0872	0.0048	0.0548	209.348	18.256	15.223	277.915
55	14.636	0.0683	0.0037	0.0537	272.713	18.635	15.966	297.510
60	18.679	0.0535	0.0028	0.0528	353.584	18.929	16.606	314.343
65	23.840	0.0419	0.0022	0.0522	456.798	19.161	17.154	329.691
70	30.426	0.0329	0.0017	0.0517	588.529	19.343	17.621	340.841
75	38.833	0.0258	0.0013	0.0513	756.654	19.485	18.018	351.072
80	49.561	0.0202	0.0010	0.0510	971.229	19.596	18.353	359.646
85	63.254	0.0158	0.0008	0.0508	1245.087	19.684	18.635	366.801
90	80.730	0.0124	0.0006	0.0506	1594.607	19.752	18.871	372.749
95	103.035	0.0097	0.0005	0.0505	2040.694	19.806	19.069	377.677
100	131.501	0.0076	0.0004	0.0504	2610.025	19.848	19.234	381.749

续上表

年份 n	一次支付终值系数 $(1+i)^n$ $(F/p,i,n)$	一次支付现值系数 $\dfrac{1}{(1+i)^n}$ $(p/F,i,n)$	偿债基金系数 $\dfrac{i}{(1+i)^n-1}$ $(A/F,i,n)$	资金回收系数 $\dfrac{i(1+i)^n}{(1+i)^n-1}$ $(A/p,i,n)$	等额系列终值系数 $\dfrac{(1+i)^n-1}{i}$ $(F/A,i,n)$	等额系列现值系数 $\dfrac{(1+i)^n-1}{i(1+i)^n}$ $(p/A,i,n)$	等差系列等额支付系数 $\dfrac{1}{i}-\dfrac{n}{(1+n)^n-1}$ $(A/G,i,n)$	等差系列现值系数 $\dfrac{1-(1+in)(1+i)^{-n}}{i^2}$ $(p/G,i,n)$
1	1.060	0.9434	1.0000	1.0600	1.000	0.943	0	0
2	1.124	0.8900	0.4854	0.5454	2.060	1.833	0.485	0.890
3	1.191	0.8396	0.3141	0.3741	3.184	2.673	0.961	2.569
4	1.262	0.7921	0.2286	0.2886	4.375	3.465	1.427	4.946
5	1.338	0.7473	0.1774	0.2374	5.637	4.212	1.884	7.935
6	1.419	0.7050	0.1434	0.2034	6.975	4.917	2.330	11.459
7	1.504	0.6651	0.1191	0.1791	8.394	5.582	2.768	15.450
8	1.594	0.6274	0.1010	0.1610	9.897	6.210	3.195	19.842
9	1.689	0.5919	0.0870	0.1470	11.491	6.802	3.613	24.577
10	1.791	0.5584	0.0759	0.1359	13.181	7.360	4.022	29.602
11	1.898	0.5268	0.0668	0.1268	14.972	7.887	4.421	34.870
12	2.012	0.4970	0.0593	0.1193	16.870	8.384	4.811	40.337
13	2.133	0.4688	0.0530	0.1130	18.882	8.853	5.192	45.963
14	2.261	0.4423	0.0476	0.1076	21.015	9.295	5.564	51.713
15	2.397	0.4173	0.0430	0.1030	23.276	9.712	5.926	57.555
16	2.540	0.3936	0.0390	0.0990	25.673	10.106	6.279	63.459
17	2.693	0.3714	0.0354	0.0954	28.213	10.477	6.624	69.401
18	2.854	0.3503	0.0324	0.0924	30.906	10.828	6.960	75.357
19	3.026	0.3305	0.0296	0.0896	33.760	11.158	7.287	81.306
20	3.207	0.3118	0.0272	0.0872	36.786	11.470	7.605	87.230
21	3.400	0.2942	0.0250	0.0850	39.993	11.764	7.915	93.114
22	3.604	0.2775	0.0230	0.0830	43.392	12.042	8.217	98.941
23	3.820	0.2618	0.0213	0.0813	46.996	12.303	8.510	104.701
24	4.049	0.2470	0.0197	0.0797	50.816	12.550	8.795	110.381
25	4.292	0.2330	0.0182	0.0782	54.865	12.783	9.072	115.973
26	4.549	0.2198	0.0169	0.0769	59.156	13.003	9.341	121.468
27	4.822	0.2074	0.0157	0.0757	63.706	13.211	9.603	126.860
28	5.112	0.1956	0.0146	0.0746	68.528	13.406	9.857	132.142
29	5.418	0.1846	0.0136	0.0736	73.640	13.591	10.103	137.310
30	5.743	0.1741	0.0126	0.0726	79.058	13.765	10.342	142.359
31	6.088	0.1643	0.0118	0.0718	84.802	13.929	10.547	147.286
32	6.453	0.1550	0.0110	0.0710	90.890	14.084	10.799	152.090
33	6.841	0.1462	0.0103	0.0703	97.343	14.230	11.017	156.768
34	7.251	0.1379	0.0096	0.0696	104.184	14.368	11.228	161.319
35	7.686	0.1301	0.0090	0.0690	111.435	14.498	11.432	165.743
40	10.286	0.0972	0.0065	0.0665	154.762	15.046	12.359	185.957
45	13.765	0.0727	0.0047	0.0647	212.744	15.456	13.141	203.110
50	18.420	0.0543	0.0034	0.0634	290.336	15.762	13.796	217.457
55	24.650	0.0406	0.0025	0.0625	392.172	15.991	14.341	229.322
60	32.988	0.0303	0.0019	0.0619	533.128	16.161	14.791	239.043
65	44.145	0.0227	0.0014	0.0614	719.083	16.289	15.160	246.945
70	59.076	0.0169	0.0010	0.0610	967.932	16.385	15.461	253.327
75	79.057	0.0126	0.0008	0.0608	1300.949	16.456	15.706	258.453
80	105.796	0.0095	0.0006	0.0606	1746.600	16.509	15.903	262.549
85	141.579	0.0071	0.0004	0.0604	2342.982	16.549	16.062	265.810
90	189.465	0.0053	0.0003	0.0603	3141.075	16.579	16.189	268.395
95	253.546	0.0039	0.0002	0.0602	4209.104	16.601	16.290	270.437
100	339.302	0.0029	0.0002	0.0602	5638.368	16.618	16.371	272.047

续上表

	(7%)							
年份 n	一次支付终值系数 $(1+i)^n$ $(F/p,i,n)$	一次支付现值系数 $\dfrac{1}{(1+i)^n}$ $(p/F,i,n)$	偿债基金系数 $\dfrac{i}{(1+i)^n-1}$ $(A/F,i,n)$	资金回收系数 $\dfrac{i(1+i)^n}{(1+i)^n-1}$ $(A/p,i,n)$	等额系列终值系数 $\dfrac{(1+i)^n-1}{i}$ $(F/A,i,n)$	等额系列现值系数 $\dfrac{(1+i)^n-1}{i(1+i)^n}$ $(p/A,i,n)$	等差系列等额支付系数 $\dfrac{1}{i}-\dfrac{n}{(1+n)^n-1}$ $(A/G,i,n)$	等差系列现值系数 $\dfrac{1-(1+in)(1+i)^{-n}}{i^2}$ $(p/G,i,n)$
1	1.070	0.9346	1.0000	1.0700	1.000	0.935	0	0
2	1.145	0.8734	0.4831	0.5531	2.070	1.808	0.483	0.873
3	1.225	0.8163	0.3111	0.3811	3.215	2.624	0.955	2.506
4	1.311	0.7629	0.2252	0.2952	4.440	3.387	1.416	4.795
5	1.403	0.7130	0.1739	0.2439	5.751	4.100	1.865	7.647
6	1.501	0.6663	0.1398	0.2098	7.153	4.767	2.303	10.978
7	1.606	0.6227	0.1156	0.1856	8.634	5.389	2.730	14.715
8	1.718	0.5820	0.0975	0.1675	10.260	5.971	3.147	18.789
9	1.838	0.5439	0.0835	0.1535	11.978	6.515	3.552	23.140
10	1.967	0.5083	0.0724	0.1424	13.816	7.024	3.946	27.716
11	2.105	0.4751	0.0634	0.1334	15.784	7.499	4.330	32.466
12	2.252	0.4440	0.0559	0.1259	17.888	7.943	6.411	62.592
13	2.410	0.4150	0.0497	0.1197	20.141	8.358	5.065	42.330
14	2.579	0.3878	0.0443	0.1143	22.550	8.745	5.417	47.372
15	2.759	0.3624	0.0398	0.1098	25.129	9.108	5.758	52.446
16	2.952	0.3387	0.0359	0.1059	27.888	9.447	6.090	57.527
17	3.159	0.3166	0.0324	0.1024	30.840	9.763	6.411	62.592
18	3.380	0.2959	0.0294	0.0994	33.999	10.059	6.722	67.622
19	3.617	0.2765	0.0268	0.0968	37.379	10.336	7.024	72.599
20	3.870	0.2584	0.0244	0.0944	40.995	10.594	7.316	77.509
21	4.141	0.2415	0.0223	0.0923	44.865	10.836	7.599	82.399
22	4.430	0.2257	0.0204	0.0904	49.006	11.061	7.872	87.079
23	4.741	0.2109	0.0187	0.0887	53.436	11.272	8.137	91.720
24	5.072	0.1971	0.0172	0.0872	58.177	11.469	8.392	96.255
25	5.427	0.1842	0.0158	0.0858	63.249	11.654	8.639	100.676
26	5.807	0.1722	0.0146	0.0846	68.676	11.826	8.877	104.981
27	6.214	0.1609	0.0134	0.0834	74.484	11.987	9.107	109.166
28	6.649	0.1504	0.0124	0.0824	80.698	12.137	9.329	113.226
29	7.114	0.1406	0.0114	0.0814	87.347	12.278	9.543	117.162
30	7.612	0.1314	0.0106	0.0806	94.461	12.409	9.749	120.972
31	8.145	0.1228	0.0098	0.0798	102.073	12.532	9.947	124.655
32	8.715	0.1147	0.0091	0.0791	110.218	12.647	10.138	128.212
33	9.325	0.1072	0.0084	0.0874	118.933	12.754	10.322	1313.643
34	9.978	0.1002	0.0078	0.0778	128.259	12.854	10.499	134.951
35	10.677	0.0937	0.0072	0.0772	138.237	12.948	10.669	138.135
40	14.974	0.0668	0.0050	0.0750	199.635	13.332	11.423	152.293
45	21.002	0.0476	0.0035	0.0735	285.749	12.605	12.036	163.756
50	29.457	0.0339	0.0025	0.0725	406.529	13.801	12.529	172.905
55	41.315	0.0242	0.0017	0.0717	575.929	13.940	12.921	180.124
60	57.946	0.0173	0.0012	0.0712	813.520	14.039	13.232	185.768
65	81.273	0.0123	0.0009	0.0709	1146.755	14.110	13.476	190.145
70	113.989	0.0088	0.0006	0.0706	1164.134	14.160	13.666	193.519
75	159.876	0.0063	0.0004	0.0704	2269.657	14.196	13.814	196.104
80	224.234	0.0045	0.0003	0.0703	3189.063	14.222	13.927	198.075
85	314.500	0.0032	0.0002	0.0702	4478.576	14.240	14.015	199.572
90	441.103	0.0023	0.0002	0.0702	6287.185	14.253	14.081	200.704
95	618.670	0.0016	0.0001	0.0701	8823.854	14.263	14.132	201.558
100	867.716	0.0012	0.0001	0.0701	12381.662	14.269	14.170	202.200

续上表

年份 n	一次支付终值系数 $(1+i)^n$ $(F/p,i,n)$	一次支付现值系数 $\dfrac{1}{(1+i)^n}$ $(p/F,i,n)$	偿债基金系数 $\dfrac{i}{(1+i)^n-1}$ $(A/F,i,n)$	资金回收系数 $\dfrac{i(1+i)^n}{(1+i)^n-1}$ $(A/p,i,n)$	等额系列终值系数 $\dfrac{(1+i)^n-1}{i}$ $(F/A,i,n)$	等额系列现值系数 $\dfrac{(1+i)^n-1}{i(1+i)^n}$ $(p/A,i,n)$	等差系列等额支付系数 $\dfrac{1}{i}-\dfrac{n}{(1+n)^n-1}$ $(A/G,i,n)$	等差系列现值系数 $\dfrac{1-(1+in)(1+i)^{-n}}{i^2}$ $(p/G,i,n)$
				(8%)				
1	1.080	0.9259	1.0000	1.0800	1.000	0.926	0	0
2	1.166	0.8573	0.4808	0.5608	2.080	1.783	0.481	0.857
3	1.260	0.7938	0.3080	0.3880	3.246	2.577	0.949	2.445
4	1.360	0.7350	0.2219	0.3019	4.506	3.312	1.404	4.650
5	1.469	0.6806	0.1705	0.2505	5.867	3.993	1.846	7.372
6	1.587	0.6302	0.1363	0.2163	7.336	4.623	2.276	10.523
7	1.714	0.5835	0.1121	0.1921	8.923	5.206	2.694	14.024
8	1.851	0.5403	0.0940	0.1740	10.637	5.747	3.099	17.806
9	1.999	0.5002	0.0801	0.1601	12.488	6.247	3.491	21.808
10	2.159	0.4632	0.0690	0.1490	14.487	6.710	3.871	25.977
11	2.332	0.4289	0.0601	0.1401	16.645	7.139	4.240	30.266
12	2.518	0.3971	0.0527	0.1327	18.977	7.536	4.596	34.634
13	2.720	0.3677	0.0465	0.1265	21.495	7.904	4.940	39.046
14	2.937	0.3405	0.0413	0.1213	24.215	8.244	5.273	43.472
15	3.172	0.3152	0.0368	0.1168	27.152	8.559	5.594	47.886
16	3.426	0.2919	0.0330	0.1130	30.324	8.851	5.905	52.264
17	3.700	0.2703	0.0296	0.1096	33.750	9.122	6.204	56.588
18	3.996	0.2502	0.0267	0.1067	37.450	9.372	6.492	60.843
19	4.316	0.2317	0.0241	0.1041	41.446	9.604	6.770	65.013
20	4.661	0.2145	0.0219	0.1019	45.762	9.818	7.037	69.090
21	5.034	0.1987	0.0198	0.0998	50.423	10.017	7.294	73.063
22	5.437	0.1839	0.0180	0.0980	55.457	10.201	7.541	76.926
23	5.871	0.1703	0.0164	0.0964	60.893	10.371	7.779	80.673
24	6.341	0.1577	0.0150	0.0950	66.765	10.529	8.007	84.300
25	6.848	0.1460	0.0137	0.0937	73.106	10.675	8.225	87.804
26	7.396	0.1352	0.0125	0.0925	79.954	10.810	8.435	91.184
27	7.988	0.1252	0.0144	0.0914	87.351	10.935	8.636	94.439
28	8.627	0.1159	0.0105	0.0905	95.339	11.051	8.829	97.569
29	9.317	0.1073	0.0096	0.0896	103.966	11.158	9.013	100.574
30	10.063	0.0994	0.0088	0.0888	113.283	11.258	9.190	103.456
31	10.868	0.0920	0.0081	0.0881	123.346	11.350	9.358	106.216
32	11.737	0.0852	0.0075	0.0875	134.214	11.435	9.520	108.857
33	12.676	0.0789	0.0069	0.0869	145.951	11.514	9.674	111.382
34	13.690	0.0730	0.0063	0.0863	158.627	11.587	9.821	113.792
35	14.785	0.0676	0.0058	0.0858	172.317	11.655	9.961	116.092
40	21.725	0.0460	0.0039	0.0839	259.057	11.925	10.570	126.042
45	31.920	0.0313	0.0026	0.0826	386.506	12.108	11.045	133.733
50	46.902	0.0213	0.0017	0.0817	573.770	12.233	11.411	139.593
55	68.914	0.0145	0.0012	0.0812	848.923	12.319	11.690	144.006
60	101.257	0.0099	0.0008	0.0808	1253.213	13.377	11.902	147.300
65	148.780	0.0067	0.0005	0.0805	1847.248	12.416	12.060	149.739
70	218.606	0.0046	0.0004	0.0804	2720.080	12.443	12.178	151.533
75	321.205	0.0031	0.0002	0.0802	4002.557	12.461	12.266	152.845
80	471.955	0.0021	0.0002	0.0802	5886.935	12.474	12.330	153.800
85	693.456	0.0014	0.0001	0.0801	8655.706	12.482	12.377	154.492
90	1018.915	0.0010	0.0001	0.0801	12723.939	12.488	12.412	154.993
95	1497.121	0.0007	0.0001	0.0801	18701.507	12.492	12.437	155.352
100	2199.761	0.0005		0.0800	27484.516	12.494	12.455	155.611

续上表

年份 n	(10%)							
	一次支付终值系数 $(1+i)^n$ $(F/p,i,n)$	一次支付现值系数 $\dfrac{1}{(1+i)^n}$ $(p/F,i,n)$	偿债基金系数 $\dfrac{i}{(1+i)^n-1}$ $(A/F,i,n)$	资金回收系数 $\dfrac{i(1+i)^n}{(1+i)^n-1}$ $(A/p,i,n)$	等额系列终值系数 $\dfrac{(1+i)^n-1}{i}$ $(F/A,i,n)$	等额系列现值系数 $\dfrac{(1+i)^n-1}{i(1+i)^n}$ $(p/A,i,n)$	等差系列等额支付系数 $\dfrac{1}{i}-\dfrac{n}{(1+n)^n-1}$ $(A/G,i,n)$	等差系列现值系数 $\dfrac{1-(1+in)(1+i)^{-n}}{i^2}$ $(p/G,i,n)$
1	1.100	0.9091	1.0000	1.1000	1.000	0.909	0	0
2	1.210	0.8264	0.4762	0.5762	2.100	1.736	0.476	0.826
3	1.331	0.7513	0.3021	0.4021	3.310	2.487	0.937	2.329
4	1.464	0.6830	0.2155	0.3155	4.641	3.170	1.381	4.378
5	1.611	0.6209	0.1638	0.2638	6.105	3.791	1.810	6.862
6	1.772	0.5645	0.1296	0.2296	7.716	4.355	2.224	9.684
7	1.949	0.5132	0.1054	0.2054	9.487	4.868	2.622	12.763
8	2.144	0.4665	0.0874	0.1874	11.436	5.335	3.004	16.029
9	2.358	0.4241	0.0736	0.1736	13.579	5.759	3.372	19.421
10	2.594	0.3855	0.0627	0.1627	15.937	6.145	3.725	22.891
11	2.853	0.3505	0.0540	0.1540	18.531	6.495	4.064	26.396
12	3.138	0.3186	0.0468	0.1468	21.384	6.814	4.388	29.901
13	3.452	0.2897	0.0408	0.1408	24.523	7.103	4.699	33.377
14	3.797	0.3633	0.0357	0.1357	27.975	7.367	4.996	36.800
15	4.177	0.2394	0.0315	0.1315	31.772	7.606	5.279	40.152
16	4.595	0.2176	0.0278	0.1278	35.950	7.824	5.549	43.416
17	5.054	0.1978	0.0247	0.1247	40.545	8.022	5.807	46.582
18	5.560	0.1799	0.0219	0.1219	45.599	8.201	6.053	49.640
19	6.116	0.1635	0.0195	0.1195	51.159	8.365	6.286	52.583
20	6.727	0.1486	0.0175	0.1175	57.275	8.514	6.508	55.407
21	7.400	0.1351	0.0156	0.1156	64.002	8.649	6.719	58.110
22	8.140	0.1228	0.0140	0.1140	71.403	8.772	6.919	60.689
23	8.954	0.1117	0.0126	0.1126	79.543	8.883	7.108	63.146
24	9.850	0.1015	0.0113	0.1113	88.497	8.985	7.288	65.481
25	10.855	0.0923	0.0102	0.1102	98.347	9.077	7.458	67.696
26	11.918	0.0839	0.0092	0.1092	109.182	9.161	7.619	69.794
27	13.110	0.0763	0.0083	0.1083	121.100	9.237	7.770	71.777
28	14.421	0.0693	0.0075	0.1075	134.210	9.307	7.914	73.650
29	15.863	0.0630	0.0076	0.1067	148.631	9.370	8.049	75.415
30	17.449	0.0573	0.0061	0.1061	164.494	9.427	8.176	77.077
31	19.194	0.0521	0.0055	0.1055	181.943	9.479	8.296	78.640
32	12.114	0.0474	0.0050	0.1050	201.138	9.526	8.409	80.108
33	23.225	0.0431	0.0045	0.1045	222.252	9.569	8.515	81.486
34	25.548	0.0391	0.0041	0.1041	245.477	9.609	8.615	82.777
35	28.102	0.0356	0.0037	0.1037	271.024	9.644	8.709	83.987
40	45.259	0.0221	0.0023	0.1023	442.593	9.779	9.096	88.953
45	72.890	0.0137	0.0014	0.1014	718.905	9.863	9.374	92.454
50	117.391	0.0085	0.0009	0.1009	1163.909	9.915	9.570	94.889
55	189.059	0.0053	0.0005	0.1005	1880.591	9.947	9.708	96.562
60	304.482	0.0033	0.0003	0.1003	3034.816	9.967	9.802	97.701
65	490.371	0.0020	0.0002	0.1002	4893.707	9.980	9.867	98.471
70	789.747	0.0013	0.0001	0.1001	7887.470	9.987	9.911	98.987
75	1271.895	0.0008	0.0001	0.1001	12708.954	9.992	9.941	99.332
80	2048.400	0.0005		0.1000	20474.002	9.995	9.961	99.561
85	3298.969	0.0003		0.1000	32979.690	9.997	9.974	99.712
90	5313.023	0.0002		0.1000	53120.226	9.998	9.983	99.812
95	8556.676	0.0001		0.1000	85556.761	9.999	9.989	99.877
100	13780.612	0.0001		0.1000	137796.123	9.999	9.993	99.920

续上表

年份 n	一次支付终值系数 $(1+i)^n$ $(F/p,i,n)$	一次支付现值系数 $\dfrac{1}{(1+i)^n}$ $(p/F,i,n)$	偿债基金系数 $\dfrac{i}{(1+i)^n-1}$ $(A/F,i,n)$	资金回收系数 $\dfrac{i(1+i)^n}{(1+i)^n-1}$ $(A/p,i,n)$	等额系列终值系数 $\dfrac{(1+i)^n-1}{i}$ $(F/A,i,n)$	等额系列现值系数 $\dfrac{(1+i)^n-1}{i(1+i)^n}$ $(p/A,i,n)$	等差系列等额支付系数 $\dfrac{1}{i}-\dfrac{n}{(1+n)^n-1}$ $(A/G,i,n)$	等差系列现值系数 $\dfrac{1-(1+in)(1+i)^{-n}}{i^2}$ $(p/G,i,n)$
1	1.120	0.8929	1.0000	1.1200	1.000	0.893	0	0
2	1.254	0.7972	0.4717	0.5917	2.120	1.690	0.472	0.797
3	1.405	0.7118	0.2963	0.4163	3.374	2.402	0.925	2.221
4	1.574	0.6355	0.2092	0.3292	4.779	3.037	1.359	4.127
5	1.762	0.5674	0.1574	0.2774	6.353	3.605	1.775	6.397
6	1.974	0.5066	0.1232	0.2432	8.115	4.111	2.172	8.930
7	2.211	0.4523	0.0991	0.2191	10.089	4.564	2.551	11.644
8	2.476	0.4039	0.0813	0.2013	12.300	4.968	2.913	14.471
9	2.773	0.3606	0.0677	0.1877	14.776	5.328	3.257	17.356
10	3.106	0.3220	0.0570	0.1770	17.549	5.650	3.585	20.254
11	3.479	0.2875	0.0484	0.1684	20.655	5.938	3.895	23.129
12	3.896	0.2567	0.0414	0.1614	24.133	6.194	4.190	25.952
13	4.363	0.2292	0.0357	0.1557	28.029	6.424	4.468	28.702
14	4.887	0.2046	0.0309	0.1509	32.393	6.628	4.732	31.362
15	5.474	0.1827	0.0268	0.1468	37.280	6.811	4.980	33.920
16	6.130	0.1631	0.0234	0.1434	42.753	6.974	5.215	36.367
17	6.866	0.1456	0.0205	0.1405	48.884	7.120	5.435	38.697
18	7.690	0.1300	0.0179	0.1379	55.750	7.250	5.643	40.908
19	8.613	0.1161	0.0158	0.1358	63.440	7.366	5.838	42.998
20	9.646	0.1037	0.0139	0.1339	72.052	7.469	6.020	44.968
21	10.804	0.0926	0.0122	0.1322	81.699	7.562	6.191	46.819
22	12.100	0.0826	0.0108	0.1308	92.503	7.645	6.351	48.554
23	13.552	0.0738	0.0096	0.1296	104.603	7.718	6.501	50.178
24	15.179	0.0659	0.0085	0.1285	118.155	7.784	6.641	51.693
25	17.000	0.0588	0.0075	0.1275	133.334	7.843	6.771	53.105
26	19.040	0.0525	0.0067	0.1267	150.334	7.896	6.892	54.418
27	21.325	0.0469	0.0059	0.1259	169.374	7.943	7.005	55.637
28	23.884	0.0419	0.0052	0.1252	190.699	7.984	7.110	56.767
29	26.750	0.0374	0.0047	0.1247	214.583	8.022	7.027	57.814
30	29.960	0.0334	0.0041	0.1241	241.333	8.055	7.297	58.782
31	33.555	0.0298	0.0037	0.1237	271.293	8.085	7.381	59.676
32	37.582	0.0266	0.0033	0.1233	304.848	8.112	7.459	60.501
33	42.092	0.0238	0.0029	0.1229	342.429	8.135	7.530	61.261
34	47.143	0.0212	0.0026	0.1226	384.521	8.157	7.596	61.961
35	52.800	0.0189	0.0023	0.1223	431.663	8.176	7.658	62.605
40	93.051	0.0107	0.0013	0.1213	767.091	8.244	7.899	65.116
45	163.988	0.0061	0.0007	0.1207	1358.230	8.283	8.057	66.734
50	289.002	0.0035	0.0004	0.1204	2400.018	8.304	8.160	67.762
55	509.321	0.0020	0.0002	0.1202	4236.005	8.317	8.225	68.408
60	897.597	0.0011	0.0001	0.1201	7471.641	8.324	8.266	68.810
65	1581.872	0.0006	0.0001	0.1201	13173.937	8.328	8.292	69.058
70	2787.800	0.0004		0.1200	23223.332	8.330	8.308	69.210
75	4913.056	0.0002		0.1200	40933.799	8.332	8.138	69.303
80	8658.483	0.0001		0.1200	72145.692	8.332	8.324	69.359
85	15259.206	0.0001		0.1200	127151.714	8.333	8.328	69.393
90	26891.934			0.1200	224091.118	8.333	8.330	69.414
95	47392.777			0.1200	394931.471	8.333	8.331	69.426
100	83522.266			0.1200	696010.547	8.333	8.332	69.434

附　表

续上表

年份 n	(15%)							
	一次支付终值系数 $(1+i)^n$ $(F/p,i,n)$	一次支付现值系数 $\dfrac{1}{(1+i)^n}$ $(p/F,i,n)$	偿债基金系数 $\dfrac{i}{(1+i)^n-1}$ $(A/F,i,n)$	资金回收系数 $\dfrac{i(1+i)^n}{(1+i)^n-1}$ $(A/p,i,n)$	等额系列终值系数 $\dfrac{(1+i)^n-1}{i}$ $(F/A,i,n)$	等额系列现值系数 $\dfrac{(1+i)^n-1}{i(1+i)^n}$ $(p/A,i,n)$	等差系列等额支付系数 $\dfrac{1}{i}-\dfrac{n}{(1+n)^n-1}$ $(A/G,i,n)$	等差系列现值系数 $\dfrac{1-(1+in)(1+i)^{-n}}{i^2}$ $(p/G,i,n)$
1	1.150	0.8696	1.0000	1.500	1.000	0.870	0	0
2	1.323	0.7561	0.4651	0.6151	2.150	1.626	0.465	0.756
3	1.521	0.6575	0.2880	0.4380	3.472	2.283	0.907	2.071
4	1.749	0.5718	0.2003	0.3503	4.993	2.855	1.326	3.786
5	2.011	0.4972	0.1483	0.2983	6.742	3.352	1.723	5.775
6	2.313	0.4323	0.1142	0.2642	8.754	3.784	2.097	7.937
7	2.660	0.3759	0.0904	0.2404	11.067	4.160	2.450	10.192
8	3.059	0.3269	0.0729	0.2229	13.727	4.487	2.781	12.481
9	3.518	0.2843	0.0596	0.2096	16.786	4.772	3.092	14.755
10	4.046	0.2472	0.0493	0.1993	20.304	5.019	3.383	16.979
11	4.652	0.2149	0.0411	0.1911	24.349	5.234	3.655	19.129
12	5.350	0.1869	0.0345	0.1845	29.002	5.421	3.908	21.185
13	6.153	0.1625	0.0291	0.1791	34.352	5.583	4.144	23.135
14	7.076	0.1413	0.0247	0.1747	40.505	5.724	4.362	24.972
15	8.137	0.1229	0.0210	0.1710	47.580	5.847	4.565	26.693
16	9.358	0.1069	0.0179	0.1679	55.717	5.945	4.752	28.296
17	10.761	0.0929	0.0154	0.1654	65.075	6.047	4.925	29.783
18	12.375	0.0808	0.0132	0.1632	75.836	6.128	5.084	31.156
19	14.232	0.0703	0.0113	0.1613	88.212	6.198	5.231	32.421
20	16.367	0.0611	0.0098	0.1598	102.444	6.259	5.365	33.582
21	18.822	0.0531	0.0084	0.1584	118.810	6.312	5.488	34.645
22	21.645	0.0462	0.0073	0.1573	137.632	6.359	5.601	35.615
23	24.891	0.0402	0.0063	0.1563	159.276	6.399	5.704	36.499
24	28.625	0.0349	0.0054	0.1554	184.168	6.434	5.798	37.302
25	32.919	0.0304	0.0047	0.1547	212.793	6.464	5.883	38.031
26	37.857	0.0264	0.0041	0.1541	245.712	6.491	5.961	38.692
27	43.535	0.0230	0.0035	0.1535	283.569	6.514	6.032	39.289
28	50.066	0.0200	0.0031	0.1531	327.104	6.534	6.096	39.828
29	57.575	0.0174	0.0027	0.1527	377.170	6.551	6.154	40.315
30	66.212	0.0151	0.0023	0.1523	434.745	6.566	6.207	40.753
31	76.144	0.0131	0.0020	0.1520	500.957	6.579	6.254	41.147
32	87.565	0.0114	0.0017	0.1517	577.100	6.591	6.297	41.501
33	100.700	0.0099	0.0015	0.1515	664.666	6.600	6.336	41.818
34	115.805	0.0086	0.0013	0.1513	765.365	6.609	6.371	42.103
35	133.176	0.0075	0.0011	0.1511	881.170	6.617	6.402	42.359
40	267.864	0.0037	0.0006	0.1506	1779.090	6.642	6.517	43.283
45	538.769	0.0019	0.0003	0.1503	3583.128	6.654	6.583	43.805
50	1083.657	0.0009	0.0001	0.1501	7217.716	6.661	6.620	44.096
55	2179.622	0.0005	0.0001	0.1501	14524.148	6.664	6.641	44.256
60	4383.999	0.0002		0.1500	29219.992	6.665	6.653	44.343
65	8817.787	0.0001		0.1500	58778.583	6.666	6.659	44.390
70	17735.720	0.0001			118231.467	6.666	6.663	44.416
75	35672.868			0.1500	237812.453	6.666	6.665	44.429
80	71750.879			0.1500	478332.529	6.667	6.666	44.436
85	144316.647			0.1500	962104.313	6.667	6.666	44.440
90	290272.325			0.1500	1585142.168	6.667	6.666	44.442
95	583841.328			0.1500	3892268.851	6.667	6.667	44.443
100	1174313.451			0.1500	7828749.671	6.667	6.667	44.444

续上表

年份 n	(20%)							
	一次支付终值系数 $(1+i)^n$ $(F/p,i,n)$	一次支付现值系数 $\dfrac{1}{(1+i)^n}$ $(p/F,i,n)$	偿债基金系数 $\dfrac{i}{(1+i)^n-1}$ $(A/F,i,n)$	资金回收系数 $\dfrac{i(1+i)^n}{(1+i)^n-1}$ $(A/p,i,n)$	等额系列终值系数 $\dfrac{(1+i)^n-1}{i}$ $(F/A,i,n)$	等额系列现值系数 $\dfrac{(1+i)^n-1}{i(1+i)^n}$ $(p/A,i,n)$	等差系列等额支付系数 $\dfrac{1}{i}-\dfrac{n}{(1+n)^n-1}$ $(A/G,i,n)$	等差系列现值系数 $\dfrac{1-(1+in)(1+i)^{-n}}{i^2}$ $(p/G,i,n)$
1	1.200	0.8333	1.0000	1.2000	1.0000	0.833	0	0
2	1.440	0.6944	0.4545	0.6545	2.200	1.528	0.455	0.694
3	1.728	0.5787	0.2747	0.4747	3.640	2.106	0.879	1.852
4	2.074	0.4823	0.1863	0.3863	5.368	2.589	1.274	3.299
5	2.488	0.4019	0.1344	0.3344	7.442	2.991	1.641	4.906
6	2.986	0.3349	0.1007	0.3007	9.930	3.326	1.979	6.581
7	3.583	0.2791	0.0774	0.2774	12.916	3.605	2.290	8.255
8	4.300	0.2326	0.0606	0.2606	16.499	3.837	2.576	9.883
9	5.160	0.1938	0.0481	0.2481	20.799	4.031	2.836	11.434
10	6.192	0.1615	0.0385	0.2385	25.959	4.192	3.074	12.887
11	7.430	0.1346	0.0311	0.2311	32.150	4.327	3.289	14.233
12	8.916	0.1122	0.0253	0.2253	39.581	4.439	3.484	15.467
13	10.699	0.0935	0.0206	0.2206	48.497	4.533	3.660	16.588
14	12.839	0.0779	0.0169	0.2169	59.196	4.611	3.817	17.601
15	15.407	0.0649	0.0139	0.2139	72.035	4.675	3.959	18.509
16	18.488	0.0541	0.0144	0.2114	87.442	4.730	4.085	19.321
17	22.186	0.0451	0.0094	0.2094	105.931	4.775	4.198	20.042
18	26.623	0.0376	0.0078	0.2078	128.117	4.812	4.298	20.680
19	31.948	0.0313	0.0065	0.2065	154.740	4.843	4.386	21.244
20	38.338	0.0261	0.0054	0.2054	186.688	4.870	4.464	21.739
21	46.005	0.0217	0.0044	0.2044	225.026	4.891	4.533	22.174
22	55.206	0.0181	0.0037	0.2037	271.031	4.909	4.594	22.555
23	66.247	0.0151	0.0031	0.2031	326.237	4.925	4.647	22.887
24	79.497	0.0126	0.0025	0.2025	392.484	4.937	4.694	23.176
25	95.396	0.0105	0.0021	0.2021	471.981	4.948	4.735	23.428
26	114.475	0.0087	0.0013	0.2018	567.377	4.956	4.771	23.646
27	137.371	0.0073	0.0015	0.2015	681.853	4.964	4.802	23.835
28	164.845	0.0061	0.0012	0.2012	819.223	4.970	4.829	23.999
29	197.814	0.0051	0.0010	0.2010	984.068	4.975	4.853	24.141
30	237.376	0.0042	0.0088	0.2008	1181.882	4.979	4.873	24.263
31	284.852	0.0035	0.0007	0.2007	1419.258	4.982	4.891	24.368
32	341.822	0.0029	0.0006	0.2003	1704.109	4.985	4.906	24.459
33	410.186	0.0024	0.0005	0.2005	2045.931	4.988	4.919	24.537
34	492.224	0.0020	0.0004	0.2004	2456.118	4.990	4.931	24.604
35	590.668	0.0017	0.0006	0.2003	2948.341	4.992	4.941	24.661
40	1469.772	0.0007	0.0001	0.2001	7343.858	4.997	4.973	24.847
45	3657.262	0.0003	0.0001	0.2001	18281.310	4.999	4.988	24.932
50	9100.438	0.0001		0.2000	45497.191	4.999	4.995	24.970
55	22644.802			0.2000	113219.011	5.000	4.998	24.987
60	56347.514			0.2000	281732.572	5.000	4.999	24.994
65	140210.647			0.2000	701048.235	5.000	5.000	24.998
70	348888.957			0.2000	1744439.785	5.000	5.000	24.999
75	868147.369			0.2000	4340731.847	5.000	5.000	25.000

附 表

续上表

年份 n	一次支付终值系数 $(1+i)^n$ $(F/p,i,n)$	一次支付现值系数 $\dfrac{1}{(1+i)^n}$ $(p/F,i,n)$	偿债基金系数 $\dfrac{i}{(1+i)^n-1}$ $(A/F,i,n)$	资金回收系数 $\dfrac{i(1+i)^n}{(1+i)^n-1}$ $(A/p,i,n)$	等额系列终值系数 $\dfrac{(1+i)^n-1}{i}$ $(F/A,i,n)$	等额系列现值系数 $\dfrac{(1+i)^n-1}{i(1+i)^n}$ $(p/A,i,n)$	等差系列等额支付系数 $\dfrac{1}{i}-\dfrac{n}{(1+n)^n-1}$ $(A/G,i,n)$	等差系列现值系数 $\dfrac{1-(1+in)(1+i)^{-n}}{i^2}$ $(p/G,i,n)$
colspan(25%)							
1	1.250	0.8000	10.0000	1.2500	1.000	0.800	0	0
2	1.563	0.6400	0.4444	0.6944	20.250	1.440	0.444	0.640
3	1.953	0.5120	0.2623	0.5123	30.813	1.952	0.852	1.664
4	2.441	0.4096	0.1734	0.4234	50.766	2.362	1.225	2.893
5	3.052	0.3277	0.1218	0.3718	80.207	2.689	1.563	4.204
6	3.815	0.2621	0.0888	0.3388	11.259	2.951	1.868	5.514
7	4.768	0.2097	0.0663	0.3163	15.073	3.161	2.142	6.773
8	5.960	0.1678	0.0504	0.3004	19.842	3.329	2.387	7.947
9	7.451	0.1342	0.0388	0.2888	25.802	3.463	2.605	9.021
10	9.313	0.1074	0.0301	0.2801	33.253	3.571	2.797	9.987
11	11.642	0.0859	0.0235	0.2735	42.566	3.656	2.966	10.864
12	14.552	0.0687	0.0184	0.2684	54.208	3.725	3.115	11.602
13	18.190	0.0550	0.0145	0.2645	68.760	3.780	3.244	12.262
14	22.737	0.0440	0.0115	0.2615	86.949	3.824	3.356	12.833
15	28.442	0.0352	0.0091	0.2591	109.687	3.859	3.453	13.326
16	35.527	0.0281	0.0072	0.2572	138.109	3.887	3.537	13.748
17	44.409	0.0225	0.0058	0.2558	173.636	3.910	3.608	14.108
18	55.511	0.0180	0.0046	0.2546	218.045	3.928	3.670	14.415
19	69.389	0.0144	0.0037	0.2537	273.556	3.942	3.722	14.674
20	86.736	0.0115	0.0029	0.2529	342.945	3.954	3.767	14.893
21	108.420	0.0092	0.0023	0.2523	429.681	3.963	3.805	15.078
22	135.525	0.0074	0.0019	0.2519	538.101	3.970	3.836	15.233
23	169.407	0.0059	0.0015	0.2515	673.626	3.976	3.863	15.362
24	211.758	0.0047	0.0012	0.2512	843.033	3.981	3.886	15.471
25	264.698	0.0038	0.0009	0.2509	1054.791	3.985	3.905	15.562
26	330.872	0.0030	0.0008	0.2508	1319.489	3.988	3.921	15.637
27	413.590	0.0024	0.0006	0.2506	1650.361	3.990	3.935	15.700
28	516.988	0.0019	0.0005	0.2505	2063.952	3.992	3.946	15.752
29	646.235	0.0015	0.0004	0.2504	2580.939	3.994	3.959	15.796
30	807.974	0.0012	0.0003	0.2503	3227.174	3.995	3.963	15.832
31	1009.742	0.0010	0.0002	0.2502	4034.968	3.996	3.969	15.861
32	1262.177	0.0008	0.0002	0.2502	5044.710	3.997	3.975	15.886
33	1577.722	0.0006	0.0002	0.2502	6306.887	3.997	3.979	15.906
34	1972.152	0.0005	0.0001	0.2501	7884.609	3.998	3.983	15.923
35	2465.190	0.0004	0.0001	0.2501	9856.761	3.998	3.986	15.937
40	7523.164	0.0001		0.2500	30088.655	3.999	3.995	15.977
45	22958.874			0.2500	91831.496	4.000	3.998	15.991
50	70064.923			0.2500	288255.693	4.000	3.999	15.997
55	213821.177			0.2500	855280.707	4.000	4.000	15.999
60	652530.447			0.2500	2610117.787	4.000	4.000	16.000

续上表

	(30%)							
年份 n	一次支付终值系数 $(1+i)^n$ $(F/p,i,n)$	一次支付现值系数 $\dfrac{1}{(1+i)^n}$ $(p/F,i,n)$	偿债基金系数 $\dfrac{i}{(1+i)^n-1}$ $(A/F,i,n)$	资金回收系数 $\dfrac{i(1+i)^n}{(1+i)^n-1}$ $(A/p,i,n)$	等额系列终值系数 $\dfrac{(1+i)^n-1}{i}$ $(F/A,i,n)$	等额系列现值系数 $\dfrac{(1+i)^n-1}{i(1+i)^n}$ $(p/A,i,n)$	等差系列等额支付系数 $\dfrac{1}{i}-\dfrac{n}{(1+n)^n-1}$ $(A/G,i,n)$	等差系列现值系数 $\dfrac{1-(1+in)(1+i)^{-n}}{i^2}$ $(p/G,i,n)$
1	1.300	0.7692	1.0000	1.3000	1.000	0.769	0	0
2	1.690	0.5917	0.4348	0.7348	2.300	1.361	0.435	0.592
3	2.197	0.4552	0.2506	0.5506	3.990	1.816	0.827	1.502
4	2.856	0.3501	0.1616	0.4616	6.187	2.166	1.178	2.552
5	3.713	0.2693	0.1106	0.4106	9.043	2.436	1.490	3.630
6	4.827	0.2072	0.0784	0.3784	12.756	2.643	1.765	4.666
7	6.275	0.1594	0.0569	0.3569	17.583	2.802	2.006	5.622
8	8.157	0.1226	0.0419	0.3419	23.858	2.925	2.216	6.480
9	10.604	0.0943	0.0312	0.3312	32.015	3.019	2.396	7.234
10	13.786	0.0725	0.0235	0.3235	42.619	3.092	2.551	7.887
11	17.922	0.0558	0.0177	0.3177	56.405	3.147	2.683	8.445
12	23.298	0.0429	0.0135	0.3135	74.327	3.190	2.795	8.917
13	30.288	0.0330	0.0102	0.3102	97.625	3.223	2.889	9.314
14	39.374	0.0254	0.0078	0.3078	127.913	3.249	2.969	9.644
15	51.186	0.0195	0.0060	0.3060	167.286	3.268	3.034	9.917
16	66.542	0.0150	0.0046	0.3046	218.472	3.283	3.089	10.143
17	86.504	0.0116	0.0035	0.3035	285.014	3.295	3.135	10.328
18	112.455	0.0089	0.0027	0.3027	371.518	3.304	3.172	10.479
19	146.192	0.0068	0.0021	0.3021	483.973	3.311	3.202	10.602
20	190.050	0.0053	0.0016	0.3016	630.165	3.316	3.228	10.702
21	247.065	0.0040	0.0012	0.3012	820.215	3.320	3.248	10.783
22	321.184	0.0031	0.0009	0.3009	1067.280	3.323	3.265	10.848
23	417.539	0.0024	0.0007	0.3007	1388.464	3.325	3.278	10.901
24	542.801	0.0018	0.0006	0.3006	1806.003	3.327	3.289	10.943
25	705.641	0.0014	0.0004	0.3004	2348.803	3.329	3.298	10.977
26	917.333	0.0011	0.0003	0.3003	3054.444	3.330	3.305	11.005
27	1192.533	0.0008	0.0003	0.3003	3971.778	3.331	3.311	11.026
28	1550.293	0.0006	0.0002	0.3002	5164.311	3.331	3.315	11.044
29	2015.381	0.0005	0.0001	0.3001	6714.604	3.332	3.319	11.058
30	2619.996	0.0004	0.0001	0.3001	8729.985	3.332	3.322	11.069
31	3405.994	0.0003	0.0001	0.3001	11349.981	3.332	3.324	11.078
32	4427.793	0.0002	0.0001	0.3001	14755.975	3.333	3.326	11.085
33	5756.130	0.0002	0.0001	0.3001	19183.768	3.333	3.328	11.090
34	7482.970	0.0001		0.3000	24939.899	3.333	3.329	11.094
35	9727.860	0.0001		0.3000	32422.868	3.333	3.330	11.098
40	36118.865			0.3000	120392.883	3.333	3.332	11.107
45	134106.817			0.3000	447019.389	3.333	3.333	11.110
50	497929.223			0.3000	1659760.745	3.333	3.333	11.111
55	1848776.352			0.3000	6162584.505	3.333	3.333	11.111
60	6864377.179			0.3000	22881253.930	3.333	3.333	11.111

续上表

年份 n	一次支付终值系数 $(1+i)^n$ $(F/p,i,n)$	一次支付现值系数 $\dfrac{1}{(1+i)^n}$ $(p/F,i,n)$	偿债基金系数 $\dfrac{i}{(1+i)^n-1}$ $(A/F,i,n)$	资金回收系数 $\dfrac{i(1+i)^n}{(1+i)^n-1}$ $(A/p,i,n)$	等额系列终值系数 $\dfrac{(1+i)^n-1}{i}$ $(F/A,i,n)$	等额系列现值系数 $\dfrac{(1+i)^n-1}{i(1+i)^n}$ $(p/A,i,n)$	等差系列等额支付系数 $\dfrac{1}{i}-\dfrac{n}{(1+n)^n-1}$ $(A/G,i,n)$	等差系列现值系数 $\dfrac{1-(1+in)(1+i)^{-n}}{i^2}$ $(p/G,i,n)$
				(40%)				
1	1.400	0.7143	10.0000	1.4000	1.000	0.714	0	0
2	1.960	0.5102	0.4167	0.8167	2.400	1.224	0.417	0.510
3	2.744	0.3644	0.2294	0.6294	4.360	1.589	0.780	1.239
4	3.842	0.2603	0.1408	0.5408	7.104	1.849	1.092	2.020
5	5.378	0.1859	0.0914	0.4914	10.946	2.035	1.358	2.764
6	7.530	0.1328	0.0613	0.4613	16.324	2.168	1.581	3.428
7	10.541	0.0949	0.0419	0.4419	23.853	2.263	1.766	3.997
8	14.758	0.0678	0.0291	0.4291	34.395	2.331	1.919	4.471
9	20.661	0.0484	0.0203	0.4203	49.153	2.379	2.042	4.858
10	28.925	0.0346	0.0143	0.4143	69.814	2.414	2.142	5.170
11	40.496	0.0247	0.0101	0.4101	98.739	2.438	2.221	5.417
12	56.694	0.0176	0.0072	0.4072	139.235	2.456	2.285	5.611
13	79.371	0.0126	0.0051	0.4051	195.929	2.469	2.334	5.762
14	111.120	0.0090	0.0036	0.4036	275.300	2.478	2.373	5.879
15	155.568	0.0064	0.0026	0.4026	386.420	2.484	2.403	5.969
16	217.795	0.0046	0.0018	0.4018	541.988	2.489	2.426	6.038
17	304.913	0.0033	0.0013	0.4013	759.784	2.492	2.444	6.090
18	426.879	0.0023	0.0009	0.4009	1064.697	2.494	2.458	6.130
19	597.630	0.0017	0.0007	0.4007	1491.576	2.496	2.468	6.160
20	836.683	0.0012	0.0005	0.4005	2089.206	2.497	2.476	6.183
21	1171.356	0.0009	0.0003	0.4003	2925.889	2.498	2.482	6.200
22	1639.898	0.0006	0.0002	0.4002	4097.245	2.498	2.487	6.213
23	2295.857	0.0004	0.0002	0.4002	5737.142	2.499	2.490	6.222
24	3214.200	0.0003	0.0001	0.4001	8032.999	2.499	2.493	6.229
25	4499.880	0.0002	0.0001	0.4001	11247.199	2.499	2.494	6.235
26	6299.831	0.0002	0.0001	0.4001	15747.079	2.500	2.496	6.239
27	8819.764	0.0001		0.4000	22046.910	2.500	2.497	6.242
28	12347.670	0.0001		0.4000	30866.674	2.500	2.498	6.244
29	17286.737	0.0001		0.4000	43214.344	2.500	2.498	6.245
30	24201.432			0.4000	60501.081	2.500	2.499	6.247
31	33882.005			0.4000	84702.513	2.500	2.499	6.248
32	47434.807			0.4000	118584.519	2.500	2.499	6.248
33	66408.730			0.4000	166019.326	2.500	2.500	6.249
34	92972.223			0.4000	232428.057	2.500	2.500	6.249
35	130161.112			0.4000	325400.279	2.500	2.500	6.249
40	700037.697			0.4000	1750091.743	2.500	2.500	6.250
45	3764970.745			0.4000	9412424.362	2.500	2.500	6.250
50	20248916.262			0.4000	50622288.153	2.500	2.500	6.250

续上表

年份 n	一次支付终值系数 $(1+i)^n$ $(F/p,i,n)$	一次支付现值系数 $\dfrac{1}{(1+i)^n}$ $(p/F,i,n)$	偿债基金系数 $\dfrac{i}{(1+i)^n-1}$ $(A/F,i,n)$	资金回收系数 $\dfrac{i(1+i)^n}{(1+i)^n-1}$ $(A/p,i,n)$	等额系列终值系数 $\dfrac{(1+i)^n-1}{i}$ $(F/A,i,n)$	等额系列现值系数 $\dfrac{(1+i)^n-1}{i(1+i)^n}$ $(p/A,i,n)$	等差系列等额支付系数 $\dfrac{1}{i}-\dfrac{n}{(1+n)^n-1}$ $(A/G,i,n)$	等差系列现值系数 $\dfrac{1-(1+in)(1+i)^{-n}}{i^2}$ $(p/G,i,n)$
				(50%)				
1	1.500	0.6667	1.0000	1.5000	1.000	0.667	0	0
2	2.250	0.4444	0.4000	0.9000	2.500	1.111	0.400	0.444
3	3.375	0.2963	0.2105	0.7105	4.750	1.407	0.737	1.037
4	5.063	0.1975	0.1231	0.6231	8.125	1.605	1.015	1.630
5	7.594	0.1317	0.0758	0.5758	13.188	1.737	1.242	2.156
6	11.391	0.0878	0.0481	0.5481	20.781	1.824	1.423	2.595
7	17.086	0.0585	0.0311	0.5311	32.172	1.883	1.565	2.947
8	25.629	0.0390	0.0203	0.5203	49.258	1.922	1.675	3.220
9	38.443	0.0260	0.0134	0.5134	74.887	1.948	1.760	3.428
10	57.665	0.0173	0.0088	0.5088	113.330	1.965	1.824	3.584
11	86.498	0.0116	0.0058	0.5058	170.995	1.977	1.871	3.699
12	129.746	0.0077	0.0039	0.5039	257.493	1.985	1.907	3.784
13	194.620	0.0051	0.0026	0.5026	387.239	1.990	1.933	3.846
14	291.929	0.0034	0.0017	0.5017	581.859	1.993	1.952	3.890
15	437.894	0.0023	0.0011	0.5011	873.788	1.995	1.966	3.922
16	656.841	0.0015	0.0008	0.5008	1311.682	1.997	1.976	3.945
17	985.261	0.0010	0.0005	0.5005	1968.523	1.998	1.983	3.961
18	1477.892	0.0007	0.0003	0.5003	2953.784	1.999	1.988	3.973
19	2216.838	0.0005	0.0002	0.5002	4431.676	1.999	1.991	3.981
20	3325.257	0.0003	0.0002	0.5002	6648.513	1.999	1.994	3.987
21	4987.885	0.0002	0.0001	0.5001	9973.770	2.000	1.996	3.991
22	7481.828	0.0001	0.0001	0.5001	14961.655	2.000	1.997	3.994
23	11222.741	0.0001		0.5000	22443.483	2.000	1.998	3.996
24	16834.112	0.0001		0.5000	33666.224	2.000	1.999	3.997
25	25251.168			0.5000	50500.337	2.000	1.999	3.998
26	37876.752			0.5000	75751.505	2.000	1.999	3.999
27	56815.129			0.5000	113628.257	2.000	2.000	3.999
28	85222.693			0.5000	170443.386	2.000	2.000	3.999
29	127834.039			0.5000	255666.079	2.000	2.000	4.000
30	191751.059			0.5000	383500.118	2.000	2.000	4.000
31	287626.589			0.5000	575251.178	2.000	2.000	4.000
32	431439.883			0.5000	862877.767	2.000	2.000	4.000
33	647159.825			0.5000	1294317.650	2.000	2.000	4.000
34	970739.737			0.5000	1941477.475	2.000	2.000	4.000
35	1456109.606			0.5000	2912217.212	2.000	2.000	4.000

参考文献

[1] 隽志才.运输技术经济学[M].5版.北京:人民交通出版社,2013.

[2] 国家发展和改革委员会,中华人民共和国建设部.建设项目经济评价方法与参数[M].3版.北京:中国计划出版社,2006.

[3] 陶树人,等.技术经济评价[M].北京:高等教育出版社,1991.

[4] 林骏,等.交通运输项目经济分析[M].北京:人民交通出版社,1993.

[5] 万海川.技术经济应用题集与题解[M].北京:高等教育出版社,1993.

[6] 邵颖红,黄渝祥,邢爱芳.工程经济学[M].5版.上海:同济大学出版社,2015.

[7] Chan S. Park. Fundament of Engineering Economics(工程经济学原理)[M].北京:中国人民大学出版社,2004年(影印版).

[8] William G. Sullivan, Elin M. Wicks, James T. Luxhoj. Engineering Economics(工程经济学)[M].12版.北京:清华大学出版社,2004年(影印版).

[9] 王克强,等.Excel在工程技术经济学中的应用[M].上海:上海财经大学出版社,2005.

[10] 全国咨询工程师(投资)职业资格考试参考教材委员会.现代咨询方法与实务[M].北京:中国统计出版社,2018.

[11] 刘新海.工程经济学[M].2版.北京:北京大学出版社,2017.

[12] 鹿雁慧,冯晓丹,薛婷,等.工程经济学[M].3版.北京:北京理工大学出版社,2019.

[13] 赵淑芝.运输工程经济学[M].北京:机械工业出版社,2014.

[14] 李红艳,朱九龙.工程经济学[M].2版.北京:北京师范大学出版社,2018.

[15] 孙继德.建设项目的价值工程[M].北京:中国建筑工业出版社,2004.

[16] 国家质量监督检验检疫总局.项目后评价实施指南:GB/T 30339—2013[S].北京:中国标准出版社,2013.

[17] 陈星玉.财务分析[M].北京:电子工业出版社,2015.

[18] 闫航宇.高速公路交通预测及财务效益后评估研究[D].广州:华南理工大学,2017.

[19] 马书红,王元庆,戴学臻.交通运输经济与决策[M].北京:人民交通出版社股份有限公司,2019.